한방에 깨닫는 법

마음 혁명

자현 지음

한 방에 깨닫는 법
마음 혁명

동아시아 정신문화의 정수, 선 수행의 기원과 완성

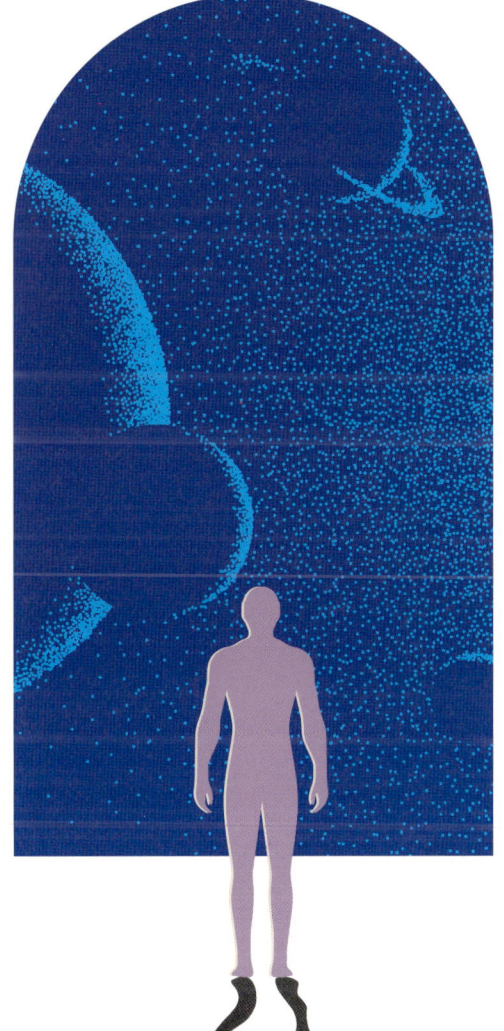

불광출판사

들어가며

동아시아의 정신 혁명을 말하다

'모든 생명은 행복을 추구한다.'

물질은 인간 행복의 배경으로 중요한 의미를 가진다. 인류 문명이 물질의 발달과 무관하지 않다는 점은 이를 잘 나타내 준다. 그러나 인간 행복은 물질만으로 해결되지 않는다. 물질은 인간 행복의 필요조건이지만, 충분조건은 아니기 때문이다.

물질만으로 행복할 수 있다면, 진시황이나 한무제는 불사약을 구하지 않았을 것이다. 또 왕자인 붓다 역시 출가라는 선택을 하지 않았으리라! 즉 인간 행복에는 물질을 넘어선 내면적 가치가 존재하는 것이다.

물질문명의 한계에 직면한 선진국들을 중심으로 명상과 같이 정신적 가치의 요구가 비약적으로 증대하고 있다. 이는 우리나라도 예외는 아니다. 서울에서는 편의점(5만 이상)보다 많다는 교회(6만 이상)가 명상센터보다 적다는 말이 나올 정도로 대도시는 빠르게 변모하고 있다.

인도문화권과 동아시아는 인류의 정신문화를 이끈 양대 산맥이다. 그러나 인도의 불교나 요가가 세계적으로 확산된 것과 달리, 동아시아 전통은 깔끔하게 정리되지 못한 실정이다. 여기에는 불교의 전래와 유교 및 도교 등이 혼재된, 정리하기 어려운 복잡한 구조가 존재하기 때문이다.

그러나 동아시아의 정신문화는 인도의 불교를 흡수하며 현실적이면서도 독특한 정신문화를 완성한다. 이 책은 이러한 동아시아의 특징적인 정신문화에 대한 역사적이고 실질적인 담론이다.

동아시아 정신문화의 특징은 다음과 같이 간취된다.

첫째, 현재의 지금에서 완성 – 죽음 뒤나 천국 또는 다음 생을 기다릴 필요는 없다.

둘째, 현실의 모순 그대로를 직시함 – 안정된 뒤에 행복한 것이 아니라, 행복은 혼란을 관통하는 데 있음을 역설한다.

셋째, 인식 환기를 통한 관점 전환 – 현실을 바꿔 행복한 것이 아니라, 감은 눈을 뜨기만 하면 그대로가 행복임을 올바로 인식하는 구조이다.

넷째, 현재의 인정과 욕망 긍정 – 지금의 현실을 부정하지 않으므로 현재는 그대로 긍정되며, 인간의 욕망 역시 배척되는 것이 아니라 승화될 뿐이다.

다섯째, 걸림 없는 대자유 – 전체가 긍정되기 때문에 언제나 선행 조건 없는 대자유와 조우하게 된다.

여섯째, 타자에게 어떠한 강요도 없는 미학적 관점 – '무엇이 옳다'에 대한 문제가 아니라, 현재의 행복 문제만을 정조준한다. 그래서 타자와 충돌하지 않는다.

이와 같은 동아시아의 정신문화적 특징은 현대인의 정신 혁명이 되기에 충분하다. 이를 인식한다면, 우리는 행복을 위해 배우고 그 자체로 행복이 되는 영원한 자유로 존재할 것이다.

2025년 우란분회에 묶인 바 없는 속박을 걷어 내고,
일우 자현 적음

차례

들어가며　동아시아의 정신 혁명을 말하다 ·· 5

Ⅰ. 무엇이 문제인가 ·· 11
1. 연구 목적 ·· 13
2. 동아시아 명상의 특징과 선행 연구 ·· 22

Ⅱ. 동아시아 명상의 외적 바탕인 일원론 ····································· 37
1. 정교일치 구조와 군주 중심의 일원론 ·· 39
　1) 제·천과 군주의 관계 및 위상 변화 ······································· 39
　2) 내성외왕과 성인군주론 ·· 60
2. 심신일원론과 천인상응설 ··· 70
　1) 심신일원론과 생사의 존재 방식 ·· 70
　2) 천인상응설과 인간의 위상 ·· 82

Ⅲ. 동아시아 명상의 내적 중심인 심성론 ···································· 97
1. 중국철학의 심성론 대두와 심성의 회복 ····································· 99
　1) 심성의 배경과 하늘과의 관계 ··· 99
　2) 맹자 성선설의 당위성과 수양론 ··· 112
2. 중국불교의 심성론 수용과 수행의 목적 ··································· 123
　1) 불교의 중국 전래와 불성사상의 확립 ·································· 123
　2) 중국철학의 수행관과 목적 ··· 139
　　(1) 중국불교 수행론의 특징과 목적 ····································· 148
　　(2) 신유학 수양론의 특징과 목적 ······································· 165

Ⅳ. 동아시아 명상의 특징 검토 — 173

1. 현실 긍정과 변화의 수용 — 177
1) 신통과 죽음의 극복 — 177
2) 변화의 수용과 유심주의 — 181

2. 수행무용론과 선선후교의 수행법 — 191
1) 본래 완성과 수행무용론 — 191
2) 출출세간과 전체 완성 구조 — 200

3. 유심주의와 인간의 실존 — 211
1) 유심주의와 미학적 판단 — 211
2) 변화의 철학과 실존의 해법 — 218

Ⅴ. 대단원의 막을 내리며 — 225

부록. 끝나지 않은 문제와 낭만적 삶 — 235

주 — 262
참고문헌 — 316

I 무엇이 문제인가

1. 연구 목적

동아시아는 인도를 중심으로 하는 인도문화권과 함께 인간 내면 조절법으로서의 명상에 관한 오랜 연원과 전통을 가지고 있다. 이는 이집트와 희랍 그리고 페르시아와 중동의 전통에서 신을 중심으로 인간을 이해하는 것과는 차이가 크다.

　동아시아와 인도문화권에서도 신은 중요한 요소로 존재한다. 그러나 동아시아에서 '신과 대등한 위상을 가진 인간' 또는 '신을 넘어서는 인간(성인聖人)'에 대한 설정이 존재하는 것은, 다른 문화권과 변별되는 특이점임이 분명하다.

　같은 아시아권에 속하지만, 히말라야라는 지리적 장벽에 가로막혀 오랫동안 교류하지 못한 인도 문명과 중국 문명은 각기 독자적인 문명을 구축했다. 그러다 한무제漢武帝(재위 B.C.141~87) 때 장건張騫(B.C.?~114)에 의해 실크로드가 개척되며, 두 문명의 교류와 충돌이 시작된다.[1] 이 두 문명의 교류사에 있어 가장 중요한 역할을 했던 전파자가 바로 불교다.[2] 불교의 동점東漸은 중국문화와 정신을 한 단계 끌어 올리는 결과를 낳았고, 이것이 주변국으로 전파되며 이후 막대한 영향을 미치게 된다. 이렇게 중국을 포함한 동아시아의 사상과 철학은 불교 전파 이전과 이후로 양분되며, 특징적인 풍부함을 강화하는 모습을 보인다.

　인도와 인도문화권, 즉 인도차이나반도가 영국과 프랑스에 의해 식민지화되면서 일찍이 서구에 알려지고 연구된 반면, 동아시아는 서구의 침략이 본격적이지 않았으므로 상대적으로 활발한 연구가 이루어지지 못했다. 즉 자체적으로 연구할 수밖에 없는 제한적인 상황에 놓여 있었는데, 그나마도 주관성이 강한 정신문화와 관련해서는 객관적 연구에 한계가 있었다.

그러다 2차 대전 이후 일본의 영향력 확대와 더불어 일본 불교학자인 스즈키 다이세쓰鈴木大拙에 의해 미국에 선불교가 소개되었고, 1959년 14대 달라이라마인 텐진가쵸(ངག་དབང་བློ་བཟང་, 1935~)가 인도로 망명한 이후 1980년대 미국을 중심으로 티베트불교가 막대한 영향력을 떨치게 된다. 1989년 텐진가쵸가 노벨평화상 수상자가 되는 것 등을 통해, 서구 사회 속 그의 영향력을 인지해 보는 것은 어렵지 않다.

그런데 일본불교는 전통적으로 정토종과 밀교가 두드러지며, 선불교의 영향은 제한적이다. 또 티베트는 1720년 청나라의 제4대 황제인 천고일제千古一帝 강희제康熙帝(재위 1661~1722)에 의해 복속된 후 중국문화권에 존재했지만, 중국과 문화적 이질성이 크며 오히려 인도와 가까운 모습이다. 이는 당나라 문성공주文成公主(623?~680)● 에 의해 티베트에 불교가 전파되었음에도 불구하고,³ 이후 카라마실라Kamalaśīla(연화계蓮華戒, 8세기)를 필두로 하는 인도 밀교가 주류를 이룬다는 점●● 을 통해 분명해진다.⁴

이렇게 놓고 본다면, 중국을 중심으로 하는 **동아시아의 정신문화에 대한 전반적인 연구**는 이제까지 이렇다 할 성과를 내지 못했다. 물론 자체적으로 펑유란馮友蘭(1895~1990)이나 라오쓰광勞思光(1927~2012) 및 차이런허우蔡仁厚(1930~2019) 등에 의해 중국철학사 정리 등의 자체적 노력이 있었다.⁵ 그러나 인도문화권의 불교가 전래하면서 동아시아의 정신적 흐름에 새로운 변화가 나타났다는 점을 고려한다면, 두 문화권을 아울러 정리하는 것에는

● 송첸캄포(སྲོང་བཙན་སྒམ་པོ་, Songtsän Gampo, 松贊干布, 재위 617~649) 왕의 제2 왕비(640년 혼인).
●● 8세기 말, 대승화상大乘和尙(마하연摩訶衍)은 카라마실라와 삼예사(Samye Monastery, 桑耶寺)에서 논쟁한다. 이때를 기점으로 티베트의 선불교는 인도밀교로 완전히 대체된다.

많은 어려움이 존재할 수밖에 없다. 즉 여기에는 중국 전통의 유교와 도가 및 도교, 그리고 불교적 영향을 검토해야 하는 이중 과제가 존재하는 것이다.

러셀은 1945년 그의 대표 저술인 『서양철학사(A History of Western Philosophy)』를 통해 1950년 노벨문학상을 수상하게 된다.[6] 그 당시에는 서양철학만을 다룬 저작이더라도 **'세계철학사'**나 **'철학사'**라는 제목을 붙이는 것이 일반적이었다. 이러한 서양 중심의 문제를 러셀은 『서양철학사』라는 제목을 통해 분명히 하는 동시에 동양철학의 독립된 가치를 인정했다. 즉 서양철학과 구분되는 동양철학을 인정하고, 동양철학 내용이 존재하지 않는 철학사 저작임을 구체화해 『서양철학사』라는 정직한 이름으로 명명한 것이다. 이는 러셀이 많은 찬사를 받은 부분 중 하나가 된다. 실제로 오늘날까지 '세계철학사'나 '철학사'라는 명칭에 걸맞은, 세계 철학 전체를 아우르는 이렇다 할 만한 철학사가 찬술된 경우는 없다.

이러한 문제는 중국철학사에도 재현된다. 중국 전통의 중국철학과 인도불교에서 기원하는 중국불교의 양자를 공히 이해하는 것은 매우 어려웠다. 그러므로 『중국철학사』는 선진先秦의 제자백가諸子百家와 유교를 중심으로 하는 철학사 정도로 범위가 제한되곤 한다. 이는 후스胡適(1891~1962)가 『중국철학사대강中國哲學史大綱』(1919)을 상권만 출판한 뒤 불교가 포함되는 하권을 쓰지 못한 점, 그리고 펑유란이 자신의 저작인 『중국철학사』 권하의 총 16장 중 제7장의 부분과 제8~9장 등에서만 불교를 제한적으로 다루고 있다는 점[7] 등을 통해서 판단 가능하다.

그러나 동아시아의 정신문화는 ① 선진시대의 제자백가와 ② 한나라의 경학經學, 그리고 ③ 위·진남북조의 현학玄學 및 육조청담六朝淸談과 불교의 확대, 이후의 ④ 당나라에서 북송까지의 중국불교와 ⑤ 송宋·명명의 신유학新儒學(Neo-Confucianism)으로 연결되며 계승된다. 이는 동일 지역 내 인간 정신사의 도도한 흐름이 단절될 수 없다는 점에서 지극히 타당하다. 이런 점에서 본다면, 동아시아의 정신사와 명상에 대한 배경, 그리고 특징의 정리는 높은 필연성을 가진 연구임에 틀림없다. 특히 선진국을 중심으로 현대 사회를 사는 인간의 행복·만족과 관련해 명상에 대한 요구가 커지고 있다는 점에서 더욱 그렇다. 즉 시대적 요청과 관련해서도 동아시아의 정신사와 명상의 특징에 대한 검토는 충분한 타당성을 가지는 연구인 셈이다.

동아시아의 정신문화는 다른 문화권과 변별되는 '일원론'을 주축으로 한다. 이 일원론을 바탕으로 춘추·전국시대에 신이 점차 배제되고, '인간 완성(성인)'이라는 측면이 대두하며 구조화되기 시작한다. '완성(완전성)'을 신과 결부시켜 이해하는 이원론적 또는 유신론적인 관점과 달리, 그것을 인간 안에서 구하고 일원론에 입각해 현세에서의 인식 전환(유심주의唯心主義)으로 찾는 것이 동아시아 명상의 가장 큰 특징이다. 여기에 인도문화인 불교가 전파되며 동아시아적 요구와 가치는 보다 밀도 높은 완성을 보이게 된다.

이 책에서는 동아시아 명상의 배경과 특징 및 타당성을 검토했다. 이를 위해 먼저 제Ⅱ장에서는 동아시아 명상의 배경이 되는 일원론에 대해 정리해 보고자 했다. 일원론은 인도 및 유럽이 취하는 관점인 이원론과 변별되는 동아시아 사유의 바탕이다. 그러므로 일원론의 이해는 동아시아의 사유와 명상을 이해하는 가장 중요한 기준이 된다.

이와 관련하여 먼저 정교일치政敎一致에서 파생하는 군주권에 관해 정리해 보고자 한다. 동아시아는 정교일치 구조에서 군주권으로 종교가 통합되는 특이한 모습을 보인다. 이는 현세 권력의 절대화를 의미하며, 동아시아의 현세주의 강조와 명상에 있어서 현재적 측면이 천명되는 모습으로 연결되는 부분이다.

다음으로 일원론의 가장 큰 특징 중 하나인 심신일원心身一元과 천인상응天人相應에 관해 검토한다. 이원론에서는 육체라는 물질(질료)과 대응하는 별도의 정신(형상)세계가 존재하지만, 일원론 구조에서는 이것이 분리될 수 없다. 그렇기 때문에 이 세계 이외에 별도로 존재하는 사후세계 등의 다른 세계가 존재하지 않게 된다. 이로써 이 세계가 전부이며, 정신과 물질은 분리되지 않는다는 심신일원론의 구조를 구축한다.

또 일원론은 천天(하늘)과 인간이 분리될 수 없다고 말하며, 이 둘이 하나로 연결되어 있다는 천인상응과 천인상감天人相感의 인식을 만들어낸다. 이는 인간이 천과 연결된 존재로 영향을 받는 동시에 영향을 줄 수도 있다는 의미를 내포한다. 즉 인간은 천지와 조화되는 위대한 존재이며, 이 때문에 인간 완성의 목적은 천인합일天人合一로 귀결된다.

제Ⅲ장에서는 동아시아의 인간 완성과 명상의 핵심인 심성론心性論에 관해 검토한다. 심성론은 인간의 본성에 대한 것으로, 이는 절대 신관이 존재할 때 신이 부여한 인간의 본질, 즉 완전성이다. 그러나 춘추·전국시대가 되면, 제자백가들에 의해 신의 절대화가 부정되며, 신은 점차 요청적 개념으로 축소된다. 이로 인해 심성론은 동아시아 철학의 가장 중요한 핵심으로 자리 잡게 된다.

절대적 신관이 부족한 동아시아에서 인간은 일원론에 입각한 천인합일을 통해 천지와 하나될 수 있는 위대한 존재이다. 이의 내적인 배경이 바로 심성론에 있다. 또 완전한 심성의 확보 및 회복(혹은 환기)은 동아시아 명상의 목적이 된다. 즉 본래 완전한 심성의 가치를 통하여 천인합일에 이르는 것, 이것이 바로 동아시아 명상의 특징인 것이다. 그리하여 동아시아 명상을 이해하는 데 심성론은 매주 중요한 입론 배경이 되며, 맹자孟子와 순자荀子 등을 막론하고 모두 본질적 성선性善을 주장하며 이의 회복을 역설하기에 이른다.

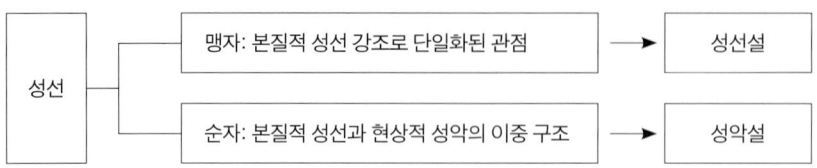

다음으로는 중국적 심성론과 불교를 통해 전래한 여래장如來藏(tathāgata-garbha) 및 불성佛性(buddha-dhātu)사상의 상호 관계와 이를 통한 논리의 성숙적 측면을 검토해 본다. 심성론이 본래 완성을 천명하고 이의 회복에 주안점을 두고 있다면, 불성사상은 미래 완성을 상정하고 이러한 완전성을 현재로 환기한다. 그런데 이 두 가지가 중국철학 안에서 상호 연결되며, 과거와 미래가 모두 완성된 '완전 완성(전체 완성)'의 가치가 구현된다. 이렇게 되면 어떠한 상황에서도 완전성이 무너질 수 없는 상황이므로, 여기에서는 완전성에 대한 인식의 재환기만이 요청될 뿐이다. 이것이 바로 **돈오頓悟**와 같은 인식 전환을 통한, 완전성의 **즉자적 재고再考(자각)**이다.

또 천인합일과 심성론의 완성적 가치는 유심주의에 따른 관점이 강조되는 배경이 된다. 즉 일체가 유심적 판단 안에 존재하는 자기 변현變現의 작용이란 인식이 나타날 수 있는 것이다. 이는 현재를 긍정하고 일체의 변화를 수용하는 동아시아만의 명상적 특징을 파생하게 된다.

제Ⅳ장에서는 동아시아 명상만이 가지는 특징에 대해서 검토해 보고자 하였다. 이원론을 배경으로 하는 인도 및 유럽의 명상(일종의 초월명상)이 목적으로 하는 것은 '이 세계(차안此岸)에 대한 부정'과 '완전한 저 세계(피안彼岸, 이상세계)에 대한 긍정'이다. 그러나 일원론에 입각해 이상세계를 별도로 가설假設할 수 없는 동아시아의 명상은 이들과는 사뭇 다른 관점을 도출한다.

먼저 검토될 동아시아 명상의 특징은 **'현실에 대한 긍정과 변화를 수용하는 변화의 철학'**이라는 점이다. 일원론에 입각한 동아시아 명상에서 현실은 부정의 대상이 아니라 그대로 긍정될 수밖에 없는 존재이다. 일부에서 현실에 대한 부정적 인식이 발견되기도 하지만, 이는 현실 자체를 부정하는 것이 아니라 문제 있는 현실을 바로 잡는 제한적인 부정이다.

현실이 긍정되면 '인간의 감정 역시 긍정'될 수밖에 없으며, 이는 '현실의 변화 역시 긍정'된다는 것을 의미한다. 이렇게 되면 '현실에 대한 전체 긍정의 대긍정 상황'이 전개된다. 어떤 문제도 존재하지 않는 대긍정의 현재적인 유장한 흐름, 이것이 바로 동아시아 명상의 핵심적 특징이라고 하겠다.

다음으로는 실질적인 수행론(수양론)과 관련된 '수행무용론修行無用論(삶 외에 별도의 수행은 필요치 않음)'과 '선선후교先禪後敎(먼저 명상하고 후에 공부함)'의 방법론에 대해 검토한다. 수행무용론은 전체가 그대로 긍정이 되는 상황에서는 별도의 변화를 위한 수행이 존재할 필요가 없는 것을 의미한다. 동아시아의 수행 목적은 불완전한 이 세계, 또는 이곳에서 완전한 저 세계, 또는 저 곳으로의 변화를 의미하는 데 있지 않다. 현재를 환기하여 스스로가 문제없음을 재인식하기만 하면(돈오), 그것으로 더 이상의 수행 변화는 존재하지 않는다. 이로 인해 대두하는 것이 바로 수행무용론이다.

또 심성론에 입각한 본래 완성이나 이에 따른 유심주의에 입각하면, 수행은 부가되는 변화가 아니라 내면의 완전성에 대한 재환기일 뿐이다. 이로 인해 과학과 같은 귀납 논리에 의한 새로운 발견과 발전이 아닌, 연역 논리에 따른 인식 환기만이 존재하게 된다. 이때 대두되는 교육 이론이 내면을 반조返照한 뒤 공부한다는 선선후교의 방법이다. 본질에 이미 완전성이 갖추어져 있으니, 이의 자각이야말로 가장 중요한 공부이자 바탕인 셈이다. 이와 같은 인식 전환은 동아시아 명상만의 중요한 특징이다.

또 일원론에 근거해 전체가 완전성일 뿐이라는 전체 완성의 구조는, 동아시아 불교에서 출세간出世間을 넘어서는 출출세간出出世間의 논리를 만들어낸다. 즉 인도불교와는 다른 '출가무용론出家無用論'이 등장하는 것이다. 또 전체 완성이란, 일상이 곧 그대로 완전하므로, 오직 완전성만이 흐르는 유장한 상태가 지속될 뿐이란 관점을 도출하게 한다.

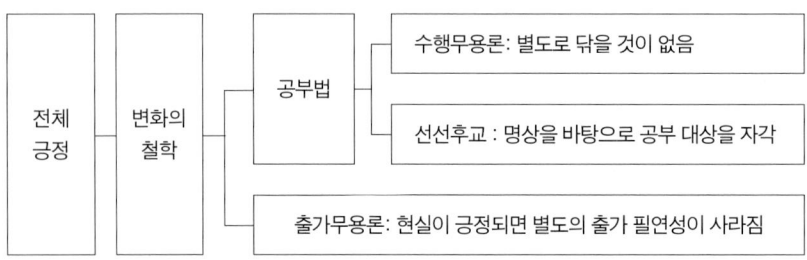

다음으로는 유심주의와 관련된 미학적 판단에 따른 현대의 실존적 해법을 정리해 보고자 했다. 인류의 문명이 구축된 이후에도 물질적 가치는 절대 낮지 않다. 즉 인류 문명의 대부분 시기에 정신은 물질을 극복하거나 물질로부터 결코 자유롭지 못했다. 그러나 현대에 들어와 문명이 고도화되고 선진국화되면서, 이제는 물질을 넘어선 인간 행복의 가치가 강하게 부각되고 있다. 물론 순수 정신의 추구 등은 극소수에 지나지 않지만, 문명이 고도화될수록 정신적 가치와 의미의 비중이 높아간다는 점은 매우 분명한 사실이다.

인간의 행복 추구에는 물질도 중요하지만, 내면적이고 정신적인 관점과 인식 판단 역시 중요하다. 특히 현대에 들어, 내면 조절에 대한 요구가 더욱 강해지고 있는데, 명상을 통한 내면 조절로 모두의 행복이 구현될 수 있다. 이것이 바로 미학적 판단이 필요한 이유이다. 또 주목되는 것은, 현재라는 실존적 가치에서 동아시아 명상이 작동한다는 점이다. 즉 '지금의 나'를 바꿔 '새로운 나'가 되는 것이 아니다. 관점을 환기해 곧장 스스로 주인공이 되어 행복 가치를 구현한다는 점에서, 동아시아의 명상은 갈등과 소외 등 현대의 문제를 극복하는 하나의 뿌리 깊은 대안이 될 수 있는 것이다.

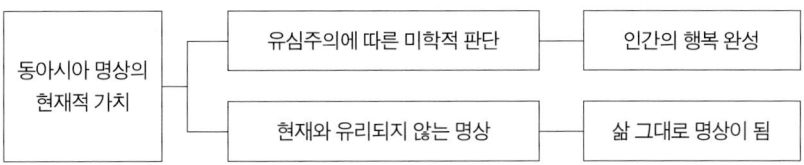

동아시아의 정신사적 흐름과 명상의 특징은 동아시아적 가치를 반조해 보는 동시에, 서구에 동아시아의 정신문화를 바로 알게 해 준다는 점에서 높은 연구 의의를 갖는다. 또 물질문명의 한계와 오래 사는 세상에서 인간의 행복 문제를 정조준하고 있다는 점에서, 이는 현대적 필연성을 가지는 연구라고 하겠다.

2. 동아시아 명상의 특징과 선행 연구

메소포타미아, 이집트, 인더스, 황하의 인류 4대 문명 중 현대까지 연결되는 것은 황하의 중국뿐이다. 이는 황하강 유역에서 문명의 흐름을 바꿀 정도의 강력한 기후 환경적 변화나 이들을 대체할 정도의 특기할 만한 이민족의 침입이 없었다는 것을 의미●한다.[8] 이로 인해 상형문자를 기원으로 한 한자는 현대까지 다수가 사용하는 가장 오래된 문자로 남아 있다.

메소포타미아·이집트·인더스 문명은 황하 문명보다 더 오랜 기원을 가진 면이 있다. 그러나 이들은 기후 환경의 변화와 주변의 다른 문명 및 민족의 도전으로 인해 후대까지 계승되지 못하고 역사 속으로 사라진다. 이런 점에서 본다면, 황하 문명은 매우 독특한, 그러면서도 특징적인 위치에 있다고 하겠다.

유럽부터 인도까지는 코카서스산맥 쪽에서 발원하는 아리안의 민족 이동과 관련된 '인도-유럽어족'을 형성한다. 이들은 이원론적 관점을 취하는데, 우리가 속한 '현상(속俗)'과 이데아 같은 '이상(성聖)'으로 세계를 구분하고 이상을 항구적 완전성으로 비정한다. 이는 '유기체로서의 한계를 극복하려는 추구 의지'와 '완전성의 상정으로 이 세계의 문제가 쉽게 해소되는 편리함' 등에 기인한다.

● 중국 역시 오호五胡 등 많은 이민족의 침입과 이민족 왕조가 개창된다. 그러나 중국을 소위 '문화의 용광로'라고 칭하는 것처럼, 이민족들은 중국문화에 종속되며 중국문화를 풍부하게 해 주는 데 일조했을 뿐이다. 바로 이 점이 다른 문명과 변별되는 중국 문명의 특징이라고 하겠다.

코카서스산맥 엘브루스산. 유럽과 아시아를 나누는 지리적 경계선 역할을 한다.

현상(속)과 이상(성)을 구분하고 그중 이상을 추구하면, 우리가 속한 현상은 언제나 극복되어야 할 부정(고苦)으로 규정되게 마련이다. 인도철학에서 이 세계를 '일체개고一切皆苦(전체가 고통)'나 '고해苦海(고통의 바다)'로 규정하는 것, 이 세계에 대한 집착을 없애기 위해 고행이나 두타행頭陀(dhūta)行을 하는 등의 노력은 모두 이와 같은 관점에 해당한다.

또 현상에서 이상으로 변화하기 위해서는 현상을 넘어서는 분리分離와 이행移行 노력을 통한 거듭남이 필수적이다. 현실과 그에 대한 불만족으로부터 벗어나려는 초월에 대한 도전이 존재하게 되는 것이다.

	거듭남	
현상 → 분리	——————	이행 → 이상

명상과 관련해서도 이원론적 특징은 그대로 적용된다. 현실은 부정적이며 초월성을 지향해서 새로운 정신 경계로의 변화를 추구하는 것이다. 이원론에서 현상은 이상에 대응하는 꿈과 같은 것으로 본질에서는 가상이지만 현실에서는 실제로 경험되는 실제 세계다. 이런 점에서 현상의 문제는 그 안에서는 실제로 존재하는 극복 대상이 된다.

이를 극복하는 방법은 크게 두 가지다. 첫째는 단절과 초월이다. 현상으로부터 물질과 정신을 단절시키고, 이로부터 벗어나는 초월의 방식이다. 인도의 출가와 명상문화가 여기에 해당한다. 둘째는 변화와 초월이다. 현상과의 단절이 쉽지 않기 때문에 적절한 타협으로서 변화를 주고 점진적으로 초월하는 것이다. 반복되는 윤회를 통해 깨달음에 도달하겠다는 것 등이 여기에 해당한다. 깨달음의 입장에서 본다면, 점차적인 점오漸悟의 방식이라 하겠다.

이원론 명상의 극복될 수 없는 문제점은, 어떤 상황에서도 현실에는 완

붓다의 입멸처에 지어진 인도 쿠시나가라 열반당. 이곳에서 붓다는 무여열반을 증득하며 입멸했다.

전한 만족 상태가 존재할 수 없다는 점이다. 왜냐하면 극복 대상은 어떠한 방식으로든 현상에 존재하기 때문•이다.[9] 즉 명상을 통해 정신을 현상과 유리시켜 이상에 둔다고 해도, 육체는 현상에 존재할 수밖에 없다. 그렇기 때문에 정신은 언젠가 현상으로 되돌아올 수밖에 없다. 마치 주말에는 쉬어도 주중의 생업 복귀는 피할 수 없으며, 휴가가 제아무리 길어도 직장으로 돌아와야만 하는 것과 같다. 이로 인해 재가在家와 구분되는 출가出家 같이 전문적인 수행 영역을 확보하려는 노력도 존재한다. 그러나 이 역시 현상 안에 존재하는 이상 추구의 방법일 뿐이므로, 당연히 만족은 불가능하다. 불교에서 육체가 사라지는 무여열반無餘涅槃을 최고의 완전성으로 규정하는 것은 이와 같은 이유 때문이다.

붓다 역시 현상과 이상의 이원론이 가지는 문제의식을 인지하고 있었다. 이는 붓다가 고행주의苦行主義와 수정주의修定主義(명상주의)를 부정하고, 그 대안으로 중도주의中道主義를 취하는 이유가 된다. 붓다는 수정주의를 부정할 때, 스승이었던 알라라 칼라마Alara-kalama와 웃다카 라마풋타Uddaka-ramaputta에게 명상에 매몰되지 않고 현상과 명상을 모두 넘어서는 진정한 지향(완전한 깨달음)에 대해 말한다.[10] 이렇게 해서 붓다가 찾은 해법이 중도주의이다.

그러나 이원론을 배경으로 하는 인도불교에서 붓다가 제시한 중도라는 새로운 관점은 잘 이해되지 못했다. 이로 인해 초기불교와 부파불교에서는 색계의 사선(四禪)과 무색계의 사정(四定) 등이 강조되며, 구차제정(九次第定)

● 인도의 수행문화에서 사선四禪과 사무색정四無色定은 육체는 현상계(속)에 있지만, 정신은 선정禪定을 통해 색계와 무색계에 존재하는 방식이다. 이들은 현상에 존재하는 색계와 무색계의 에너지를 통해 신통을 발휘하기도 한다. 그러나 이들 역시 육체는 현상계에 존재하며 이의 속박으로부터 결코 자유로울 수 없다.

후커우 폭포. 산시성과 섬서성 사이의 황하 중류에 자리한 폭포.

으로● 발전한다.¹¹ 또 대승불교로 넘어오게 되면, 다양한 삼매三昧(samādhi)들이 강력한 모습을 나타낸다. 이는 수정주의의 부정과는 차이가 있다. 그러다 일원론의 중국불교에 오게 되면, 배경문화의 차이로 인해 '일상 긍정'이라는 새로운 해법이 제시되며 상황이 반전한다.¹²

중국 황하 문명과 관련해 주목해야 할 부분은 자꾸만 범람하는 황하(강)의 치수治水다. 황하는 섬서성陝西省의 황토 고원을 통과하는 과정에서 막대한 황토를 강으로 끌어들인다. 이로 인해 황하는 빠른 퇴적과 대규모 범람의 반복을 초래하게 된다.

순舜 임금 때 치수 담당자였던 곤鯀이 형벌을 받아 우산羽山에서 죽고,

● 색계 사선은 '초선·2선·3선·4선', 무색계 사정(사무색정)은 '식무변처정·공무변처정·무소유처정·비상비비상처정', 구차제정은 이들 사선과 사정에 상수멸정을 더한 수행 계위를 말한다.

그의 아들 우가 치수에 성공하며 순 임금에게 양위讓位(선양禪讓)받아 하나라의 개창자 우禹 임금(B.C. 2070?~2025?)이 된다는 기록은 그들이 처한 환경을 잘 나타내 준다.[13] 이는 황하 유역이 황하 문명(은나라-만상晚商시대) 이전부터 대규모의 강력한 정치 권력을 요청받고 있었음을 분명히 해 준다. 즉 황하 문명과 관련해 황하의 범람 문제는 종교보다 강력한 현실로 존재했던 것이다. 이는 군주를 중심으로 하는 대규모의 권력 성립과 이에 따른 군주권 독주 가능성을 인지하게 해 준다.

하나라 이후 조상早商시대에는 강력한 신정神政정치가 행해졌다. 즉 군주를 중심으로 하는 제정일치祭政一致 요소가 확인되는 것이다. 그러다 황하 문명에 해당하는 제19대 반경盤庚(B.C. 1300?)이 은허殷墟로 천도하는 만상(황하 문명)시대가 되면, 조상 숭배라는 동아시아만의 특수성인 맨이즘Man-ism이 등장한다.

하나라 → 상나라(조상시대 – 만상시대 : 은나라) → 주나라(서주시대 – 동주시대 : 춘추·전국시대)

맨이즘은 집안의 가장이 제사의 주관자인 좨주祭主●가 되기 때문에 종교가 독립해서 하나의 거대한 흐름을 만드는 것을 저해한다. 즉 과거 제정일치 사회에서 점차 문화가 발전하면 제정 분리 구조가 나타나는 것이 일반적인데, 황하 문명에서는 이 시기에 맨이즘이 대두하며 종교 분리의 필연성을 약화시켜 정교일치의 구조가 변화하지 않은 것이다. 정리하면, '황하 문명보다 이른 시기부터 존재하던 황하의 범람에 따른 강력한 군주권의 필연성'과 '황하 문명 초기의 맨이즘 발생'이 종교가 군주로부터 이탈하지 못하고 고착

● 한문상 발음은 '제주'이지만 실제 발음은 '좨주'로 한다.

되는 결과를 초래했다는 것이다.

　동아시아에서는 최근까지도 황제가 천단天壇에서 하늘의 제사(천제天祭)를 주관했으며, 제후인 임금은 토지와 곡식신(사직社稷)에 대한 제사를 주관했다. 또 관리들은 산천山川과 성황제城隍祭 등의 중심 제관으로 참여한다. 즉 관리가 그대로 제관이 되는 독립된 종교 영역의 불확실성이 존재하는 것이다. 이러한 동아시아의 특징은 정치 권력의 강화와 종교의 주류 역시 이들이 담당하는 특징을 보이게 한다. 이는 중국에서 왜 관료제가 발달했는지에 대한 하나의 이유를 설명해 준다. 또 불교가 인도에서 전래한 뒤, 종교 권력으로부터 독립하지 못하고[14] 정치 권력의 틀 안에 존재한 것을 통해서도 분명해진다.●[15] 즉 인도불교와는 다른 중국불교만의 특징적인 모습이 나타나는 것이다.

　정치와 종교의 미분리는 이원론의 발전을 약화하고, 단일 세계인 일원론의 가능성을 강하게 유지시킨다. 일원론에서 현상과 이상은 분리된 것이 아니라 하나의 동전에 양면이 존재하는 것처럼 동일성에 대한 방향 차이에 지나지 않는다. 이는 동아시아에서 인식 주체의 변화 및 환기와 관련된 유심주의가 강조되는 배경이 된다.

　한편 이원론의 분리된 두 세계 사이에 존재하는 명상을 통한 변화에는 필연적으로 분리와 이행이라는 과정이 존재하며, 여기에는 이것이 가능한 시간(기간)이 요청될 수밖에 없다. 이는 점진적 변화인 점오漸悟나 명상의 조건에 있어서 출가와 같은 수행 집단의 특수성 및 목적 성취를 위한 특수한 명상법이라는 방법적인 특징이 존재하도록 한다.

● 　중국불교는 당나라를 거쳐 송나라에 이르면 국가적 예속 상태에 처하게 된다. 그리고 명나라 때에 이르면 '금생에 출가하는 것은 다음 생에 유교의 관리가 되기 위해서 공덕을 짓기 위한 것'이라는 말이 나올 정도가 된다. 즉 북방불교가 주된 흐름이 되면서 중국불교는 철저히 정권에 예속되는 것이다.

중국 베이징의 기년전祈年殿. 1420년 명나라 때 건립되었으며, 이후 청나라 황제들도 하늘에 제사를 지냈던 천단이다.

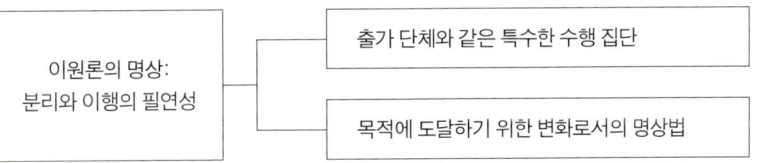

이에 반해 일원론에서는 인식 주체의 관점 변화만이 존재하므로 일상을 벗어난 수행 집단의 필연성이 약화된다. 중국불교에서 궁극적으로 출출세간出出世間(출세간을 벗어난 세간)과 입전수수入鄽垂手(저잣거리로 되돌아감) 및 무애행無礙行이 강조되는 것은 이와 같은 이유다. 또 일원론에서는 현실을 여읜 이상은 존재하지 않기 때문에 현실을 넘어서는 수행 목적이 있을 수 없다. 이는 현실과 유리되지 않는, 또는 현실을 보다 잘살기 위한 수행이라는 관점을 도출하도록 한다. 즉 깨어 있는 현실 그 자체를 목적으로 하는 수행론이 대두하는 것이다.

또 관점의 변화와 환기는 일종의 오류 인식에 대한 수정, 이를테면 천동설 인식을 지동설로 바꾸는 것과 같아 이행 과정에 시간이 필요 없다. 돈오頓悟의 타당성은 바로 여기에서 기인하는 것이다. 이는 이후 수행부정론으로까지 연결되는 것으로 동아시아 명상 전통이 오래되었음에도 수행법이 다양하거나 치밀하지 못한 하나의 이유가 된다.

일부에서는 대혜 종고大慧宗杲(1089~1163)가 말하는 '냉난자지冷煖自知'처럼,[16] 찬물과 더운물은 마셔 본 사람만이 안다는 경험의 우월성을 강조하기도 한다. 그러나 의미 있는 인식 전환은 말단 경험에 있는 것이 아니라, 전환된 인식의 항구적 지속성인 '불가역성'에 있다. 경험한 사실이라 하더라도 잊히지 않는 것은 아니다. 즉 경험이라고 해서 반드시 항구적인 인식 변화를 담보하는 것은 아니란 말이다. 그러나 그중에는 천동설에서 지동설로의 변화처럼, 우주에 나가 사실을 목격하지 않더라도 유비추리만을 통해 불가역성이 발생하는 경우도 존재한다.

인류 문명의 중요한 기초 중 하나인 덧셈·뺄셈·곱셈·나눗셈의 사칙연산이나, 수학의 기초이자 핵심인 0(기본값은 없지만, 작용 값은 있음)의 이해 등은 모두 경험이 아닌 생각의 전회(인식 전환)로 가능하다. 이러한 사칙연산이나 0의 이해는 한 번 이해되면 불가역성이 발생하여 다시는 모르던 상태로 되돌아가지 못한다. 이런 개념이 '돈오'이며, 이는 일원론의 동아시아 명상에만 존재하는 특별한 측면이다.

일원론을 기반으로 하는 동아시아 명상은 이원론의 인도~유럽까지의 명상과 달리 현실과 유리되지 않는다. 즉 현실을 부정하는 것이 아니라 현실을 긍정하기 때문에 수행과 명상은 더 잘살기 위한 행복론으로 작용하게 되는 것이다. 또 사칙연산이나 0의 이해를 통해 불가역성이 발생하는 것처럼, 관점 환기를 통한 인식 전환으로 한 번에 문제가 해결되는 방식이다. 결국 반복적인 시간 소비를 최소화할 수 있다. 이러한 특징은 동아시아 명상이 치열한 삶을 살면서도 행복을 추구하는 현대인에게 적합한 방식임을 분명히 해 준다.

이원론과 일원론에 따른 명상에 대한 관점 차이를 개략적으로 정리해 보면 다음과 같다. 이에 대한 보다 자세한 내용은 이후 본문에서 다루어지게 된다.

	이원론을 배경으로 하는 명상 특징	일원론을 배경으로 하는 명상 특징
1	이상에 근거한 종교의 독립 영역 존재	현실만 존재하므로 별도의 종교 영역 불필요함
2	현실 부정 - 현실 도피 - 감정(인욕) 부정	현실 긍정 - 현실 관통 - 감정(인욕) 긍정
3	수행 기간과 변화 과정 필요 - 점오	유심주의에 따른 관점 전환 - 돈오
4	수행 집단과 수행법 발달	수행 집단의 필연성이 약하며 수행법 부족
5	수행의 누적을 통한 불가역성 발생	관점 환기를 통해 불가역성 발생
6	수행자 같은 특정인만 수행을 함(좁은 외연)	유생(선비) 같은 정치인도 수양을 함(넓은 외연)

중국불교의 교리나 수행 이론, 그리고 신유학의 이기심성론理氣心性論에 따른 수양론, 또 도교의 외단外丹이나 내단법內丹法 등은 나름의 검토와 연구가 진행되었다. 그러나 일원론을 토대로 동아시아의 명상 전반에 걸친 통체統體(분리되지 않는 하나)적인 검토와 특징 도출은 이제까지 시도된 적이 없다. 즉 각론적인 부분적 연구는 진행된 바 있지만, 전체적인 연구는 이제 시작이라는 말이다. 특히 동아시아의 명상은 인식 환기를 통해 현재에서 인식 주체를 확립하고 불가역성을 발생하는 것을 특징으로 삼는다. 이는 이론적인 철학과 실천적인 명상이 분리되는 것이 아니라, 하나로 혼융混融됨을 의미한다. 즉 지행합일知行合一과 같은 미분리가 존재하는 것이다. 이는 명상의 선행 연구 범주에 동양철학 전체가 포함될 수 있음을 의미한다. 이런 점

에서 선행 연구는 각 분야의 대표적인 측면들을 언급하는 정도로 제한할 수밖에 없다.

먼저 동양철학의 전체적인 흐름과 문제의식을 파악하는 것은 앞서 언급한 펑유란이나 라오쓰광 및 차이런허우 같은 이들의 연구가 도움이 된다. 이외에도 장다이녠張岱年(1909~2004)이나 후스胡适(1891~1962), 팡리톈方立天(1933~2014) 등의 연구들도 주목할 만하다.[17]

일원론과 관련된 연구는 두드러진 것이 없지만, 인성(심성론)과 관련된 연구는 맹자의 성선설과 순자의 성악설이 교과서에 수록될 정도로 일반화되었고 많은 연구도 이루어졌다.[18] 그러나 새로운 관점이나 특기할 만한 해석을 하는 것보다는 기존에 인지되고 있는 정도의 일반적인 정도라고 해도 큰 문제는 없다. 이는 너무 일찍부터 연구된 주제이기 때문에 별도의 새로운 자료가 제공되지 않는 한 특별한 변화를 기대하기 어렵다.

다음으로 중국불교사나 여래장사상과 불성사상, 그리고 천태나 화엄에 대한 연구는 일본을 중심으로 활발하게 이루어졌다.[19] 최근에는 불교의 세계적 위상이 증대하고, 한국의 동양철학 안에서도 유교의 축소와 불교의 확대에 따른 변화가 존재하면서 연구의 폭이 증대하는 추세다. 다만 남종선南宗禪 등의 연구가 서구에서 관심의 대상이 되지 못하는 것은 안타까운 일이다.

이 외에 신유학에 관한 연구는 중국이 공산화되면서 상대적으로 연구가 늦어진 상황에서, 성리학은 한국, 양명학은 일본과 대만의 연구가 두드러진다.[20] 현대 사회에서는 유교와 유교문화권의 위축으로 인해 연구자가 줄고 있지만, 동아시아의 수행과 명상에 있어 이들의 관점은 송·명과 그 이후를 대표하는 주된 정신문화라는 점에서 나름의 충분한 의의를 가진다.

끝으로 현대에도 잘 정리되지 못한 측면으로 도가·도교·신선·신도가·신도교·외단外丹·내단內丹 등 다양한 도道와 관련된 부분들이 있다. 이들 역시 동아시아의 정신문화를 이해하는 중요한 축임이 분명하다. 그러나 이는 하나의 단일 체계에서 발전한 것이 아닌, 산발적으로 각기 다른 전통문화와 관련된 것으로 매우 복잡하며 판단이 쉽지 않다. 그러므로 이 책에서는 정설로 확정된 부분에서만 일부 언급하는 것으로 그치고자 한다.

이 책의 연구 범위는 황하 문명 이전부터 현대까지, 4,700여 년에 이르는 동아시아의 정신적 특징과 흐름을 대상으로 한다. 이를 통해 세계 4대 문명 중 지역적 분리로 교류 없이 발전한 동아시아의 특수성을 정리하고, 이의 현대적 가치와 가능성을 제시하고자 했다. 대상 기간으로 본다면 이것은 무리한 연구일 수 있다. 그러나 문화적 핵심은 반복·유전된다는 점과 현대의 명상 수요와 관련해서 판단해 본다면 이는 매우 의미 있다.

특히 인도와 동남아의 인도문화권 및 티베트의 명상 관련 연구가 서구에서 진척되며 한계에 부딪히고 있다는 점, 한편 과학적 방법이 접목된 대안으로서 서구적 명상이 대두하는 상황을 고려할 필요가 있다.

이러한 상황에서 이제까지 미진했던 동아시아 정신문화의 계통 확립과 특징 정리는 상호 대비를 통해 기존의 명상 연구를 풍요롭게 해 줄 수 있고, 일반적으로는 한계에 부딪힌 명상 흐름의 새로운 돌파구로서, 현실과 유리되지 않는 삶의 활력인 '명상'을 제시할 수 있다.

한편 명상은 인간의 정신과 사고방식에 직접적인 영향을 미치므로, 오랜 전통에 입각한 안전성 검토가 필요하다. 이러한 점에서 동아시아 명상은 오랜 기간 전해져 온 전통이므로 그 안전성이 담보된다.

동아시아 정신문명의 특징과 현대적 필연성에 대한 연구를 통해, 인류 문명이 한 단계 진일보하여 더욱 풍요롭고 행복한 시대에 살 가능성이 커질 것이다. 특히 인도문화권이나 서구와는 달리 현대의 시대적 요구와 맞닿아 있는 동아시아만의 특이점들로 인해 동아시아의 정신적 가치가 재평가되는 계기가 만들어지고, 이 책이 그 초석이 되었으면 하는 바람이다.

범관范寬, 〈계산행려도谿山行旅圖〉(송나라)

Ⅱ 동아시아 명상의 외적 바탕인 일원론

1. 정교일치 구조와 군주 중심의 일원론

1) 제·천과 군주의 관계 및 위상 변화

중국의 대표 역사서인 사마천司馬遷(B.C. 145?~B.C. 86)의 『사기史記』는 ① 황제黃帝(공손헌원公孫軒轅)·② 전욱顓頊·③ 제곡帝嚳·④ 요堯·⑤ 순舜의 「오제본기五帝本紀」에서 시작된다.[21] 이에 반해 북송 사마광司馬光(1019~1086)의 『자치통감資治通鑑』은 주나라 위열왕威烈王 23년(B.C. 403)부터 역사 서술을 시작한다.[22] 즉 중국사를 실체적인 관점에서 축소하는 모습을 보이는 것이다. 그러나 남송 말에서 원나라 초를 산 증선지曾先之의 『십팔사략十八史略』 등에는 오제五帝 이전의 삼황三皇, 즉 ① 천황天皇·② 지황地皇·③ 인황人皇 으로부터 중국사가 시작된다.[23] 즉 오제 이전으로 더 끌어 올리는 서술을 보인다.

삼황은 다양한 지방문화와 관련된 신화적 인물들로 중국의 역사서에 따라 비정하는 인물들 간에 다소간 차이가 있다.[24] 즉 중국사 안에서 오늘날까지 통일된 정리가 이루어지지 않고 있는 것이다. 그럼에도 진시황은 전국칠웅戰國七雄을 통일(B.C. 221)하고, 삼황과 관련된 태황泰

황제(공손헌원)의 초상.

- 사마천도 삼황三皇에 대해 인지하고 있었다. 다만 역사적인 한계로 인해 기록하지 않았을 뿐이다. 이는 「진시황본기秦始皇本紀」 등을 통해서 확인해 볼 수 있다(『史記』 6, 「本紀-秦始皇本紀 6」, "古有天皇, 有地皇, 有泰皇, 泰皇最貴").

『역대성현반신상책歷代聖賢半身像冊』에 수록된 사마천, 사마광의 초상.

皇의 '황'과 오제와 관련된 상고上古의 '제'를 더해, B.C. 221년 '황제'●라는 칭호를 만든다.²⁵ 소위 '시황제始皇帝'다. 이는 황과 제가 가지는 전승의 중국문화적 상징과 연원이 B.C. 221년 이전, 즉 선진先秦시대로까지 소급된다는 점을 분명히 해 준다.

그럼에도 전한의 사마천은 불분명한 삼황을 제외하고 오제부터 역사를 서술했다. 다만 사마천이 말하는 오제 역시 체계적인 왕조를 개창한 인물이라기보다는 중국문화가 추구하는 이상세계의 요구가 반영된 전승, 그리고 영웅 설화와 결합한 유력한 씨족장들에 대한 윤색의 결과일 뿐이다. 이 때문에 본격적인 왕조로서 중국사의 서술은 하夏(B.C. 2070?~1600)·상商(은殷 B.C. 1600~1046)·주周(B.C. 1046~256), 즉 삼대三代로부터 시작된다.

오늘날 고고학적 발굴로 드러난 황하 문명은 제19대 반경盤庚(B.C. 1300?)에 의해 은허殷墟로 천도된 후인 상나라 후반 만상晩商시대부터다.²⁶ 하나라 및 상나라의 전기인 조상早商시대는 아직까지 공식적으로 인정되지

● 삼황+오제. 중국문화의 집대성자라는 의미이다.

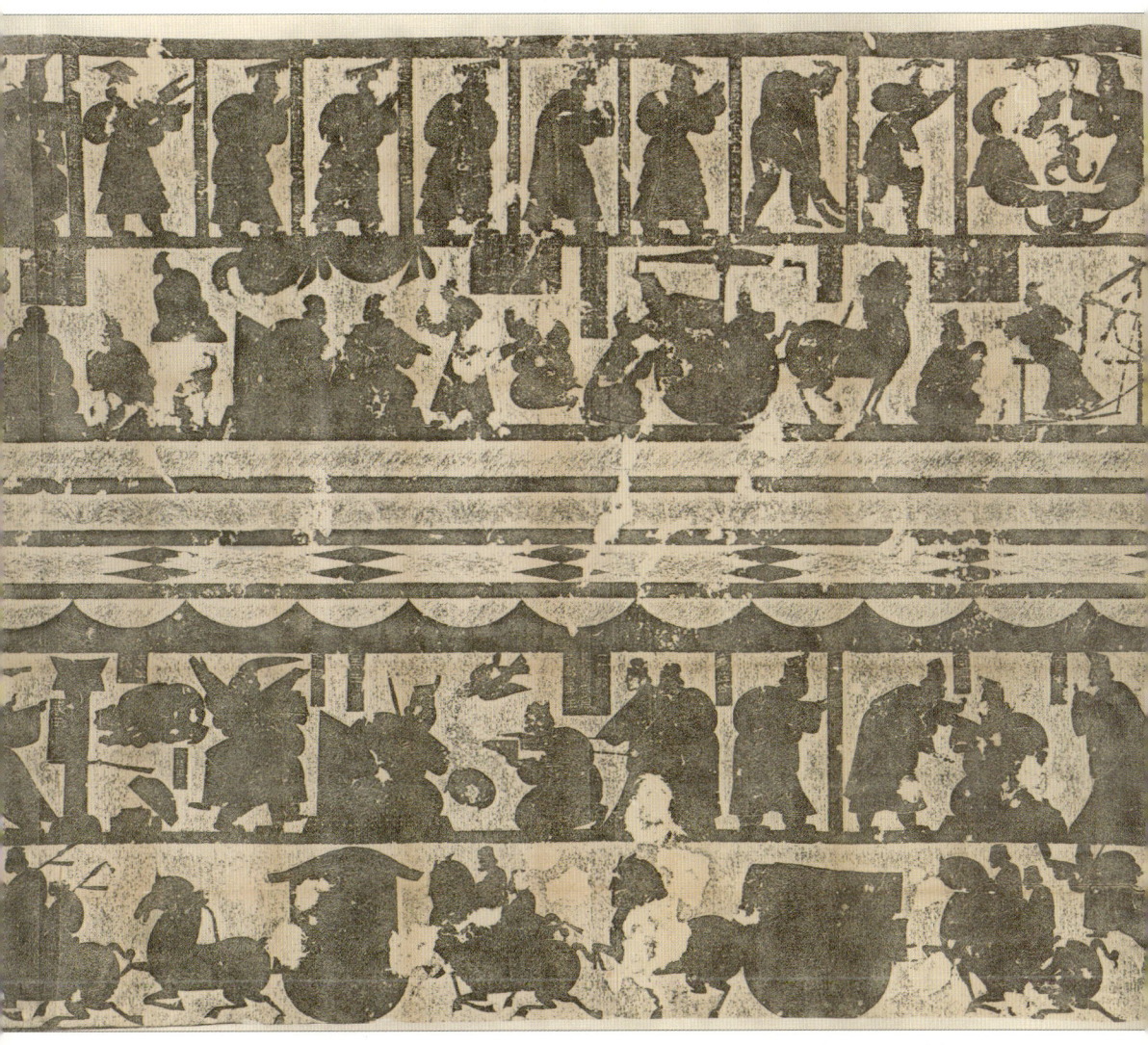

무량사武梁祠 서벽 석각 탁본. 중국 산동성 가상현 무량사묘군武氏祠墓群 안에 자리한 이 석각은 동한 영건永建 6년(151)에 조성된 부조浮雕이다.
중단 조각면(위 탁본의 상단)은 상고 제왕의 열상을 표현한 것이다. 오른쪽에서 왼쪽 방향으로 새겨져 있는데 중국 창조신화의 주인공인 복희·여와를 시작으로, 축융, 신농과 함께 오제인 황제, 전욱, 제곡, 요, 순이 차례대로 자리하고 있으며, 우리에게 우 임금으로 알려진 하우, 그리고 하왕조의 마지막 왕인 하걸까지 새겨져 있다.

못하고 있다.

그러나 하나라와 조상시대의 역사 기록은 『상서尙書(서경書經)』와 『사기』에 상당히 구체적으로 수록되어 있다. 즉 유적과 유물의 방증은 부족하지만, 사실일 개연성 역시 상당하다는 말이다. 실제로 이들 문화와 관련해서, 앙소문화仰韶文化(B.C. 5000~2500)와 이리두二里頭를 대표로 하는 용산문화龍山文化(B.C. 2300~1800) 등의 유적이 발굴되며 유력시되고 있다.[27] 그러나 아직까지 결정적인 유적이 발견되지 않아 공식적인 인정은 받지 못하고 있다. 그러므로 이들 시기는 학문적 영역에서는 일단 차치하는 것이 타당하다.

은나라의 최고 신은 '제帝'다. 제는 하늘을 다스리는 주체로 '상제上帝'라고도 한다.[28] 이 상제의 지상 대리권을 위임받은 인물이 은의 군주인 '하제下帝'다.[29] 이 하제를 축약해 일반적으로 '제'라 한다. 참고로 북송시대 도교의 발달 과정에서 최고의 신으로 부상하는 '옥황상제玉皇上帝'는 상제에서 파생된 단어다.[30]

은나라는 신정정치神政政治를 행했는데, 이때 하제는 갑골(귀갑수골龜甲獸骨)로 널리 알려진 신탁 방식을 통해 정치의 중요 사항들을 결정했다.[31] 즉 상제인 신은 이 세계와 다른, 분절된 별도의 세계가 아닌, 하제와 교감하는 동일 세계 속에 존재하는 상하의 단절 구조에서 함께하는 것이다.

갑골문이 새겨진 소의 견갑골 유물. 1973년 중국 허난성 안양시 은허 유적에서 출토된 이 유물은 상나라 때 신에게 제사를 지낸 내용을 기술하고 있다.

단일한 동일 세계

천상 - 상제 → 옥황상제
지상 - 하제 → 제(상제의 지상 대리권자)

『시경詩經』「대아大雅」의 〈문왕〉에는 주나라를 시작한 "문왕文王(B.C. 1152~B.C. 1056)이● (하늘을) 오르내리며, 제의 좌우에 있다(문왕척강文王陟降, 재제좌우在帝左右)"라는 구절이 있다.[32] 이는 은나라 제의 공간인 하늘이 인간 군주가 오갈 수 있는 평등 세계로서 수직적 나뉨과 차등일 뿐임을 알게 한다. 즉 하나의 세계관(우주론)인 '일원론적 세계관'이 목도되는 것이다. 이와 관련해『시경』「주송周頌」에는 하늘과 통하는 왕실 사당의 의미가 잘 기록되어 있다.

> 화합하고 공경스러운 청묘淸廟에 엄숙하고 유연한 밝은 재상들과 현달한 많은 선비가 (주나라) 문왕의 덕을 받잡았네. **하늘에 계신 이를 마주하고자 매우 분주히 청묘에 모였다네.** '드러나지 않을까', '계승하지 못할까' 하며, 다른 사람들에게 잘못함이 없었다네.[33]

은나라를 이긴 주나라가 안정되면서 주의 신관神觀이 반영돼 '제'라는 명칭은 '천天'으로 바뀌게 된다. 명칭과 내용 면에서 다소 변화하였으나, 천 역시 하느님을 나타내는 하늘 신앙이라는 점에서는 공통된다. 실제로 공영달孔穎達(574~648)의『상서주소尙書註疏』권1 등에서는 제와 천을 상통하는 의미로 보고 있다.[34] 또 주나라의 천이라는 명칭은 주나라만의 독특한 신앙

● 역성혁명의 완성자는 아들인 무왕武王(B.C. 1087~B.C 1043)이다.

이 아니라, 은나라 이전에 존재하던 하나라 최고 신의 명칭을 계승한 것이라고 보는 관점도 있어 주목된다.●35 그러나 이는 자료 부족으로 명확한 사실로 판단을 하기에는 어려움이 있다.

은나라의 '하느님인 상제'와 '군주인 하제'는 주나라에서 '천'과 '천자天子'로 바뀐다. 상제와 하제의 명칭에 수직적으로 독립된 분리(천상과 지상)의 의미가 있다면, 천과 천자(하느님의 아들)는 양자의 연장선상에 종속적 의미가 강조되는 모양새다. 즉 천과 천자는 부모와 자식 같은 '시작'과 '연속'이라는 뜻을 내포하고 있는 것이다.

은→주의 신관 변화

격절	변화	연결
상제 ↓ 하제	→	천 ↓ 천자

● 하夏나라의 '천天'과 은殷나라의 '제帝'는 문화적 습합에 의해 혼용되어 사용되다가 주周나라에 오면서 '천天'이라는 용어가 더 선호된 것으로 판단된다.

이와 같은 인식은 『상서』 「태서泰誓」 등에서 살펴볼 수 있다. 다만 「태서」는 진시황의 분서焚書 사건 이후 재취합되는 위魏·진晉시대의 고문古文(위고문僞古文)이라는 연구가 존재한다. 즉 위고문(위서僞書)의 시비가 있으므로 주의할 필요가 있는 것이다.[36] 이것이 당시를 그대로 반영하는 『상서』의 내용은 아니라는 말이다. 그러나 위고문이 늦어도 위·진시대의 찬술이라는 점은, 그럼에도 이를 통해 중국 고대의 인식을 일정 부분 판단해 보는 것이 가능하다는 점을 인지하게 해 준다.[37]

「태서」
생각건대, **천지는 만물의 부모이며, 인간은 만물의 영장이다**(유천지만물부모惟天地萬物父母, 유인만물지령惟人萬物之靈).[38]

은나라의 하느님과 군주의 분리 구조에서, 주나라의 혈연적 연결로의 변화에는 반경이 주창한 '조상 숭배(Man-ism)'의 강조가 일정 부분 영향을 주었을 것으로 판단된다. 반경은 상나라 중흥의 군주로 수도를 은으로 천도하며●, 전통적인 제帝 중심의 신앙 체계에 조상 숭배, 즉 맨이즘을 부가했다.[39] 현대까지 동아시아의 특징을 규정하는 제사 등의 조상 숭배는 이러한 반경의 중흥과 변화 노력에 따른 결과가 남긴 유산이다.

조상 숭배는 조상을 신처럼 인식하므로,●●[40] 은나라의 하느님과 군주의 격절 구조는 신의 대표로서 하느님과 인간 대표로서 군주를 넘어, 조상

● 반경의 천도로 인해 상나라는 은나라로 불리게 된다. '은'이란 나라 이름이라기보다는 수도에서 파생된 명칭이다.
●● '神'이라는 한자에는 '귀신鬼神'과 '신神'이라는 의미가 동시에 존재한다. 이 때문에 불교는 인도에서 신을 뜻하는 'Deva'를 번역하는 과정에서, 오해를 우려해 '神'이라는 글자 대신 '天'을 사용했다. 이로 인해 제석천帝釋天(Śakkra Devānāmindra, Indra), 범천梵天(Brahmā), 위태천韋馱天(Skanda)과 같은 용례가 발생하게 된다.

강후궤康侯簋. 서주 초기 유물로 안에 새겨진 명문을 통해 서주의 봉건제·청동기 제작 관행은 물론 조상 숭배 관행에 대한 이해를 돕는 핵심 자료로 평가된다.

신을 통한 신적인 측면과의 인식 연결을 초래한다는 관점도 가능하다. 즉 은나라에서 주나라로의 신에 대한 인식의 변화(격절에서 연결) 가능성이 추론되는 것이다. 그러나 이러한 양자의 관계에 대한 명확한 연구는 존재하지 않는다.

고대 중국 군주의 입장에서, 천에게 요청되는 가장 중요한 부분은 군주권의 권위와 관련된 당위성이다. 즉 왕권신수의 관점에서 통치권의 정당성을 천에게 구하는 측면이다. 이는 왕조의 교체를 천명天命의 변화와 임재臨在에 두는 것으로『시경』과『상서』등의 인식을 통해서 확인해 볼 수 있다.

① 『시경』, 「대아大雅」, 〈문왕지십文王之什-황의皇矣(위대하도다!)〉
위대하신 상제上帝께서 지상을 굽어 봄이(임하臨下) 밝으시어,
사방을 두루 살펴 백성의 어려움을 구제하시는구나!
앞선 하夏와 은殷, 두 나라의 정치가 도리에 맞지 않으니,
모든 나라를 살펴 해법을 궁구하고 헤아려 보았다.

상제께서 하고자 하는 것은 그 법도가 아님을 싫어하는 것이니, (은의) 서쪽(제후인 주나라 문왕)을 돌아보시고는 이곳에 함께하게 되셨느니라.⁴¹

② 『시경』, 「주송周頌」, 〈청묘지십淸廟之什-유천지명維天之命(하늘의 명령)〉

하늘의 명령(천명天命)은, 아! 심원하여 그치지 않는구나.
아! 드러나지 않겠는가! 문왕이 (갖춘) 덕의 순수함이여!⁴²

③ 『상서』, 「주서周書」, 〈홍범洪範〉

기자箕子가 말했다. "내가 듣기를, 옛적에 (우禹 임금의 아버지인) 곤鯀이 (황하의) 홍수를 막을 때, 오행五行의 배치를 잘 못하니 **'제帝'가 진노하여 '홍범구주洪範九疇'를 주지 않았다.** (이에) 인륜의 명료함이 혼란되었다. 곤이 형(벌)을 받아 죽은 뒤 (아들인) 우禹가 그 자리를 이어서 잘 경영하니, **'천天'이 이에 우에게 홍범구주를 사여하였다.** (이에) 인륜의 명료함에 질서가 생기게 되었다."⁴³

④ 『상서』, 「상서商書」, 〈탕서湯誓〉

(상나라 탕왕湯王이 하나라의 마지막 군주인 걸왕桀王을 정벌하면서 휘하 군사들에게 한 말) **"하에 죄가 많이 있으니, 천天이 명하여 이를 죽이도록 하였다.** (…중략…) **하씨에게 죄가 있으니, 나는 상제上帝를 두려워하므로 감히 바로잡지 않을 수 없다."**⁴⁴

인용문 ①은 상제가, ②에는 천이 주체로 등장하고 있다. 그러다 ③·④에 오면, '제'와 '천'이 혼용되고 있어 주목된다. 먼저 ③에서는 '곤鯀-제', '우

禹-천'이라는 제와 천의 연결 및 동의적 구조가 목도된다. ③은 내용상으로 순과 우의 교체기를 다루고 있다. 또 ④는 상나라 개국 군주인 탕왕이 역성혁명의 당위성을 말함에, 앞서는 천을 들고, 뒤에는 제를 드는 것을 알 수 있다. 즉 하나라와 상나라의 역성혁명 교체의 내용인 것이다. 이렇게 되면, 이들 문헌은 하나라의 성립 이전으로까지 기원이 올라간다.

그러나 이것이 전 시대의 문헌을 참고했지만, 기록되는 과정에서 주나라 때의 인식을 완전히 벗어나기는 어렵다고 판단된다. 이는 연대가 앞서는 ③이「주서」에 기록된 반면,④는「상서」에 기록되어 있는 것을 통해서도 단적인 판단이 가능하다. 즉 이를 통해서 하나라와 그 이전의 관점을 도출해 보는 것은 어렵고, 다만 주나라 때 제와 천은 혼용된 상호 연결 인식 속에 존재하고 있었다는 정도는 판단해 볼 수가 있는 것이다. 이는 주나라의 천이 앞선 은나라의 제를 배경으로 자신들이 가지고 있던 천의 의미를 발전시킨 결과로 이해된다.[45] 즉 제후국이던 주의 천이 역성혁명에 성공하면서, 선진적인 은의 제 영향을 받아 변모하며 중첩되었다는 말이다. 이는 한국사에서도 부여의 시조인 동명왕東明王과 고구려의 시조인 추모왕鄒牟王(주몽朱蒙)이 섞이며 동명성왕東明聖王이 되는 등의 예 등을 통해서 쉽게 확인되는 부분이다.[46]

주나라 초기(서주西周, 수도 호경鎬京)의 천은 인격천人格天(주재천主宰天)이다.[47]

주나라의 후반으로 낙읍洛邑(현재의 낙양洛陽)이 수도이던 동주東周 열국列國시대가 되면, 중앙정부의 권력이 붕괴하며 각 제후국은 본격적인 경쟁에 돌입한다. 이 동주시대를 전후로 나눈 것이 '춘추春秋시대(B.C. 770~476 혹 403)'와 '전국戰國시대(B.C. 476 혹 403~221)'다.

춘추와 전국의 교체기를 살았던 공자(구丘, B.C. 551~479)에 대한 추모문집인『논어』를 보면, 천의 사용 용례는 대다수 인격천이었음이 확인된다.[48]

『공자의 생애(Life of Confucius)』(원제 미상, 청대 추정)에 수록된 공자의 모습(왼쪽).

그러나 관점에 따라서는 인격천으로부터 이탈하려는 움직임으로 이해될 수 있는 측면도 일부 존재한다. 『논어』 「양화陽貨」에는 말에 대해 경계하는 다음과 같은 구절이 존재한다. 이는 공자가 인격천에 거리를 두었다는 판단을 가능하게 한다.

> 공자가 말했다.
> "나는 말을 하지 않으려 한다."
> 자공이 말했다.
> "선생님께서 말씀하지 않으시면, 저희들은 어떻게 (학문을) 계술繼述할 수 있겠습니까?"
> 공자가 말했다.
> "하늘이 무슨 말을 하더냐? (그래도) 사시四時는 운행되고, 백물百物은 생生한다. 하늘이 무슨 말을 하던가!"[49]

〈노자기우도老子騎牛圖〉.

『논어』와 더불어 선진시대를 대표하는 제자백가 문헌인『노자』제4장에는 "상제지선象(上)帝之先"●과 같은 표현이 수록되어 있다. 이는 인격천의 절대화에 대한 비판이라는 점에서 주목된다. 실제로 '제4장'은 상제로부터 분리된 더 근원적 존재로서의 '도道'를 역설한다. 이는 '제25장'에서도 확인되는데, 인격천에서 의리천義理天(도덕천道德天)으로 변화하는 과정을 인지해 보도록 해 주는 매우 중요한 부분이다.

『노자』제4장
도는 비어 있으므로 작용하니, 어떤 경우에도 기울지 않는다.
심오하구나! 만물의 조종祖宗과 같구나. 그 날카로움을 꺾고 그 헝클어

● 도는 상제보다 앞이라는 의미이다.

짐을 풀어 주며, 그 빛을 조화롭게 하고(화광和光) 티끌과 함께한다(동진同塵).
투명하구나! 존재하는 것 같구나! **나는 (그것[도道]이) 누구의 아들인지 알지 못하지만, 상제象帝(하느님)보다도 앞선 것 같다.**[50]

『노자』 제25장
혼돈에서 형성된 것이 있는데, 천지가 생기기 이전이라.
고요하구나! 비어 있구나! 독립적이지만 고침이 없고 두루 운행되어도 위태롭지 않으니, **가히 천하의 어머니라 이를 만하다. 나는 그 이름을 알지 못한다. (그러므로 억지로) 표현해서 '도道'라 말하고, 억지로 이름하여 '대大'라고 한다.**
대는 흘러가고, 가면 멀어지며, 멀어지면 되돌아온다. 그러므로 도는 대이며, 하늘도 대이고, 땅도 대이며, 왕(혹 인人)[51] 또한 대이다(사대, 도→천→지→왕). 가장 큰 범주 안에 네 가지의 대가 있으니, **왕도 그 하나에 위치한다.**
사람은 땅을 법(본) 받고 땅은 하늘을 법 받으며, 하늘은 도를 법 받고 도는 자연을 법 받는다.[52]

이는 상제라는 인격천의 최고 위치에 대한 부정과 진리로서의 도가 우선된다는 점, 또 인간인 왕 역시 도·천·지와 나란히 할 수 있는 위대성을 가진 존재란 인본주의적 관점을 잘 나타내 준다. 즉 인격천의 격하와 의리천으로의 변화 가능성이 살펴지는 것이다.

이후 전국시대에 제나라의 수도인 임치臨淄의 직하학궁稷下學宮을 이끌었던 순자(순황荀況 혹 손황孫況, B.C. 298~238)의 『순자』 「천론天論」에는 천을 법칙으로 이해하는 의리천의 관점이 강하게 나타나 있어 주목된다.

하늘의 운행에는 항상됨이 있다. (그것은 성군인) 요 임금으로 (인해) 존재하는 것도 아니며, (하나라를 멸망케 한 폭군인) 걸 임금으로 (인해) 사라지는 것도 아니다. **다스림으로써 이것에 응하면 길하고, 혼란스러움으로 이것에 응하면 흉하다.**[53]

(하늘은) 하지 않아도 이루어지고, 구하지 않아도 얻어진다. 대저 이것을 천직天職(하늘의 직분職分)이라 한다.[54]

하늘에는 그때(사시四時)가 있고, 땅에는 그 재원(자원)이 있다. (또) 사람에게는 그 다스림이 있으니, **대저 이것을 능히 셋(천·지·인)이라고 한다.**[55]

하늘은 사람들이 추위를 싫어한다고 해서, 겨울을 없애지 않는다. (또) 땅은 사람들이 요원遼遠한 것을 싫어한다고 해서, 넓음을 거두지 않는다. 군자는 소인들이 떠들어 댄다(흉흉洶洶)고 해서, (그) 행동함을 멈추지 않는다. 하늘에는 상도常道가 있고, 땅에는 상수常數가 있으며, 군자에게는 상체常體(상성常性)가 있다. 군자는 상常을 말하나 소인은 그 공功(공리功利-이익)만을 헤아린다.[56]

군자는 자기에게 있는 일은 서두르지만, 하늘에 있는 것은 원치 않는다. 이로써 날로 진보한다. **소인은 자기에게 있는 일은 등지고, 하늘에 있는 것만을 원한다. 이로써 날로 퇴보한다**●[57]

별이 줄지어 서고 (혹 떨어지고) 나무가 울면 국인國人이 모두 두려워한다.

- 비현실적인 허상만을 좇는다는 의미이다.

묻는다.

"이는 무슨 이유인가?"

(순자가 대답해) 말했다.

"특별한 이유는 없다. 이는 천지의 이변이며 음양의 조화이니, 물物 가운데 드물게 나타나는 현상일 뿐이다. 이것을 괴이하게 여기는 것은 괜찮지만, 두려워하는 것은 잘못이다."[58]

문: "기우제를 지내면 비가 오는 것은 어째서입니까?"

(순자가 대답해) 말했다.

"특별한 이유가 없다. 기우제를 지내지 않아도 비가 오는 것과 같다. 일식과 월식이 일어나면 그 해결책을 구하여 (기원하고), 하늘이 가물면 기우제를 지내며, 점을 쳐 본 후에 대사를 결정하는 것은 **이렇게 구함으로 된다는 것이 아니라** (정사政事를 위해) **'문식文飾(문화로 꾸미고 완성함)'함 일 따름이다. 그러므로 군자는** (이런 일들을) **문식으로 삼지만, 백성들은 신神의 일로 여긴다. 문식으로 삼으면 길하지만 신의 일로 여기면 흉하다."**[59]

하늘에 순종하여 칭송하는 것이, 천명을 제어하여 이용하는 것과 어찌 같겠는가!●[60]

순자의 천에 대한 이해는 '법칙+자연' 측면에서의 이해라는 것을 알 수 있다. 즉 공자에서 순자에 이르는 기간에 주나라의 천에 대한 인식이 인격천에서 의리천으로 빠르게 변모하고 있는 것이다. 이는 춘추시대보다 전쟁이

● 인문적인 합리성이 종교적 신앙보다 낫다는 말이다.

『지성선현반신상책』에 수록된 순자의 초상화.

격렬해지는 전국시대가 되면, 추상적인 의지 대상인 인격적 하느님보다 인간의 이성과 합리적 판단이 강조되기 때문이다. 즉 계속되는 전쟁이 신에 대한 종교적 의존(인격천)을 약화시키고, 실질적인 전략 등의 법칙이나 원리, 원칙(의리천) 등을 요청하게 되어 빠른 대체가 발생하고 있는 것이다.

천·인의 분리를 중국철학의 천인관계론天人關係論에서는 '천인상분天人相分'이라 한다. 또 ① 인격천이 ② 의리천으로 변화하는 과정 속에서 일부는 ③ 자연천自然天, 즉 하늘로 이해되는 모습도 나타난다.●61

발생론적으로만 본다면, 하늘을 자연으로 보는 것이 가장 빨리 정립된 개념이며, 여기에 종교문화가 접목되고 인간의 요청 구조가 작동하면서 인격천의 인식이 만들어진다. 그러다가 인격천이 인간의 지적 발달로 인해 거부되는 과정에서 원리로서의 의리천이 만들어지고, 이로 인해 재차 자연천으로의 일부 회복이 초래된다고 하겠다.

- 펑유란은 중국 전통의 천天의 관념을 ① 물질지천物質之天·② 주재지천主宰之天·③ 운명지천運命之天·④ 자연지천自然之天·⑤ 의리지천義理之天의 다섯 가지로 구분하고 있다.

천에 대한 인식 변화

중국철학의 천인관계론에서는 인격천이 의리천으로 변모하는 과정에서 인격천이 축소되고 의리천·자연천으로 대체되는 것을 '천인상분설天人相分說'이라 말한다. 그러나 인격천과 의리천을 완전히 분리하지 못하고 혼재된 상태에서, '인격천-자연천'의 이해 속에 인간과 하늘의 연결을 주장하는 모습도 나타난다. 이를 '천인상응설天人相應說(천인감응설天人感應說, 천인상응설天人相感說)'이라고 한다.[62] 이 천인상응설은 유신론과는 다른 원시적이며 종교적인 성향을 내포하는데, 이는 천인상분설이 합리적이고 과학적인 성향을 띠는 것과는 차이가 있다.

참고로 중국철학사에서 순자와 같은 천인상분의 합리적 주장은 소수이며, 천인상응이 주류가 된다. 이는 유교에서도 마찬가지인데, 그 이유는 윤리와 도덕의 중심인 강상綱常(삼강·오륜·오상 등)의 원칙을 인간에게 부여할 요청자로서 완전성을 내포한 천이 요청되었기 때문이다. 이와 같은 양상은 공자의 손자인 자사子思(공급孔伋, B.C. 483~402)와 맹자(가軻, B.C. 372~289) 등에게서 나타나는 '심성론心性論'이나 '선왕주의先王主義' 등을 통해 확인해 볼 수 있다.

유교가 순자 중심의 합리적인 관점보다 윤리와 도덕 중심의 내면적이고 종교와 쉽게 연결될 수 있는 측면을 강조했다는 것은, 유교의 종교적인 특징을 이해하는 데 있어 주목된다.

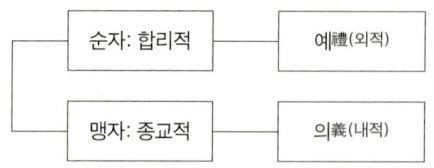

특히 이 부분은 이후의 유교, 정확하게는 송宋·명明 신유학新儒學(Neo-Confucianism)이 명상 종교인 불교의 영향을 강하게 받을 수 있는 배경이 된다는 점에서 더욱 그렇다.

인격천의 붕괴와 의리천의 대두는 춘추·전국의 전쟁이라는 치열한 경쟁 구조 속에 인격천의 개입이 불투명하고, 정의가 지략에 무너지는 비윤리적인 상황이 일반화되기 때문이다. 이로 인해 인격천에 대한 믿음은 이탈하고 인간 이성의 확대가 초래된다.

그럼에도 순자보다 약 10여 년 앞선 시대를 살았던 맹자는 순자의 현실주의적 관점에서의 노력과 전통의 수정을 촉구하는 성악性惡 판단과 달리[63] '적자지심赤子之心'●과 같은 태생적인 본질에 입각한 이상주의적인 관점을 취한다.[64] 맹자는 '우산지목牛山之木'의 비유를 들며, 인간 본성의 본래 완전함(성선性善)을 강조한다.[65] 이는 전국시대의 현실이 혼란 속에 있지만, 태풍 속에서도 태양은 언제나 밝고 흔들림이 없듯 인간의 도덕적 품성 역시 항상

『동주열국지東周列國志』(1785)의 송양공 초상.

● 신생아에게 있는 태생적인 본래 마음.

하다는 주장이다.

이와 같은 현실적 혼란을 넘어서는 본질적 도덕 품성의 강조는 춘추오패春秋五霸에 송나라 양공襄公(자보자부, 자보자보, 제20대, 재위 B.C. 651~637)을 넣는 인식을 통해서 확인해 볼 수 있다.[66] 송양공宋襄公은 소위 '송양지인宋襄之仁'이라는 긍정과 부정의 상반된 두 가지 인식의 고사를 통해 널리 알려진 인물이다.

그는 패자霸者의 기상이 있는 뛰어난 군주였으나, 초나라와의 전쟁 과정에서 충분히 이길 수 있었음에도 도덕과 정의만을 강조하다 대패하며 몰락한다.[67] 이것이 바로 송양지인 사건이다. 이를 도덕주의자들은 살신성인의 의미로 본받아야 한다고 주장하지만,[68] 대다수는 송양공의 하찮은 배려와 어리석음으로 이해한다.[69]

송양지인 사건은 당시 도덕과 정의가 인격천의 가호로 옹호되는 것이 아님을 분명히 해 준다. 만일 인격천이 존재하고, 이 인격천이 도덕과 정의의 근원이며 이의 옹호자라면, 송양공은 반드시 승리해서 바람직한 전쟁의 모범이 되어야 했기 때문이다. 그러나 송양공은 죽음과 패국敗國만을 맞았을 뿐이다. 이와 같은 이상과 현실의 거대한 충돌 속에서 현실이 승리함으로 인해 인격천의 효용에 의심이 일게 되며 이의 반대급부로 인간 이성의 비중이 확대되는 것은 어찌 보면 당연하다.

그럼에도 맹자 등 전통적 인식에 갇혀 있던 이들은 인간 이성의 본질로서 도덕 원칙을 강조했고, 이러한 도덕 원칙을 기존의 인격천을 수정해서 의

● 송양공宋襄公(재위 B.C. 651~637)을 ① 제환공齊桓公(재위 B.C. 685~643)·② 진문공晉文公(재위 B.C. 636~628)·③ 초장왕楚莊王(재위 B.C. 614~591)·④ 진목공秦穆公(재위 B.C. 659~621)과 더불어 춘추오패春秋五霸로 규정하는 대표적인 책은 사마천의『사기』다. 문헌에 따라 춘추오패의 비정에는 차이가 있다. 대표적으로『순자』「11. 왕패王霸」는 송양공과 진목공 대신 오왕吳王 합려闔廬(재위 B.C. 514~496)와 월왕越王 구천句踐(재위 B.C. 496~464)을 넣고 있다.

리천(도덕천)과 연결했다. 즉 인간 본성의 기원이 의리천에서 비롯되었기 때문에 인간과 상호반향相互反響한다는 것이다.

이와 같은 주장이 나름의 설득력을 얻을 수 있었던 것은 두 가지 이유 때문이다. 첫째, 인간 이성에 본질적인 안전장치가 요청된다는 점이다. 만일 이와 같은 안전장치가 없다면, 인간과 문명에 요구되는 윤리와 도덕이 가설될 수 없기 때문이다. 즉 이들은 혼란을 이해하는 것이 아니라 혼란을 정리하려 했고, 이 과정에서 성선론과 같은 본래 완성적인 윤리·도덕적 품성이 대두하게 되는 것이다.

둘째, 전국시대가 B.C. 221년 전국칠웅戰國七雄을 통일한 진왕秦王 영정嬴政(재위 B.C. 241~220, 221년에 진시황 등극)에 의해 종식되며 통일제국이 되고, 이는 초·한 쟁패기를 거쳐 한나라로 연결된다는 점이다. 통일제국에서 인간 이성의 현실적 확대는 문화 발전에 긍정적이다. 그러나 통치자의 입장에서 이것은 변화의 여지가 발생하는 것이므로 긍정적일 수 없다. 이는 중국이 유럽처럼 각국으로 나뉘어 경쟁하는 상태가 아닌, 거대한 단일국가 체계를 갖춘 특수성이 반영된 결과이다.[70] 즉 각국이 경쟁하는 구조라면 현실적인 인간 이성의 발달이 긍정적이었겠지만, 경쟁 상대가 없는 통일제국에서는 문화의 발달보다는 체제의 안정이 더 유리했기 때문이다. 현실 직시보다는 이상理想에 지식인의 시선을 집중시키는 것이 체제 안정에 유리하다는 판단이 작동한다는 말이다.

이는 진시황이 천하를 통일하

『삼재도회三才圖會』(명대)에 수록된 진시황 초상.

고 사상 통제 정책인 분서焚書 사건을 일으킨다는 점,[71] 또 중국 역사상 강력한 정복 군주인 전한의 무제武帝(B.C. 141~87) 때, 동중서董仲舒(B.C 179?~104?)에 의해 유교가 국교화된다는 점, 또 선진시대의 다양한 천과 인간에 대한 관점들이[72] 동중서의 천인상응설로 정리되는 것을 통해서 인지해 볼 수 있다.[73] 이와 같은 천天·인人의 연결에 따른 관계론은 이후 송·명 신유학에서 정程·주朱의 성즉리性卽理(이학理學·정주학程朱學·성리학性理學·주자학朱子學)나 육陸·왕王의 심즉리心卽理(심학心學·육왕학陸王學·심리학心理學·양명학陽明學)로 계승된다.[74]

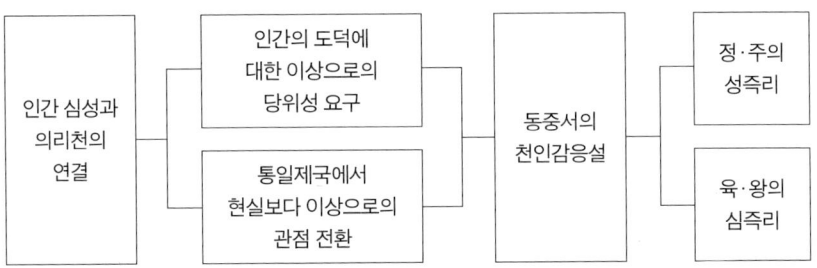

이와 같은 이상적인 종교철학 관점은 합리적인 과학철학 관점과는 다른 '인문적인 유사 과학적 측면'이다. 이 때문에 동아시아 유교는 인문적이지만 수양이 강조되는 도덕철학의 관점을 견지하게 된다. 이는 이들이 주류가 됨에 따라 동아시아 문명 발전이 정체되고 답보하는 결과를 초래한다.

동아시아의 심성론사는 동아시아 문명이 르네상스 이후 서구의 합리성에 압도당하는 결과를 초래하는 한 이유를 알게 해 준다. 다만 인성과 의리천의 연결은 명상과 행복론에 있어서는 분명한 긍정적 발전의 측면이 존재한다. 즉 인식 주체의 판단과 관련된 행복적 가치에서는 강점을 가지는 것이다.

2) 내성외왕과 성인군주론

중국의 전통적인 인식 속에서 군주는 인격천인 제帝·천天과 관련해, 제의 좌우를 오르내리거나 천의 아들(천자)로 비정된다. 그리고 왕조의 건국은 천명天命에 의해 이루어진다. 즉 제·천과의 관계 속에서 군주권의 당위가 주장되는 것이다. 이는 조선 세종의 1445년 「용비어천가」에서도 살펴지는 동아시아 군주론의 기본 당위성과 배경이다.

또 춘추·전국시대가 되면 인격천의 권위는 무너지지만, 그럼에도 전통 인식에 기반한 '권위의 근원으로서 천의 위상'은 일정 부분 유지된다. 순자가 "군자는 문식文飾으로 삼지만, 백성들은 신神의 일로 여긴다."라고 한 것처럼,[75] 고대의 인식 변화에는 오랜 시간이 요구되기 때문이다.

왕권신수의 배경이 되는 뚜렷한 종교적 신관이 존재하지 않는 중국에서 군주권의 당위가 되는 천의 권위를 완전히 무너트리는 것은 불가능하다. 춘추·전국시대가 되면, 인간의 이성이 강조되며 인격천에 대한 비판이 대두하기는 하지만, 대안이 없는 상황에서 천관을 붕괴할 수는 없기 때문이다. 이로 인해 인격천이 의리천으로 변모하고, 의리천 안에서도 인격천의 요소가 잔존한다는 점은 앞서 언급한 바와 같다.

천명天命은 창업 군주가 자신의 혈족을 특수화시키는 방법으로 '은의 하제'와 '주의 천자' 시절에서부터 모두 확인되는 군주의 당위론이다. 즉 군주의 당위성을 확보하는 과정에서 제·천과 군주가 연결되는 구조다.

갑골을 통해서 확인되는 은나라는 강력한 신정정치神政政治를 시행했다.[76] 은나라는 정교일치(제정일치)의 구조를 띠었던 것이다. 제정 분리가 아닌 정교일치의 일원론은 동아시아에서 정치로부터 독립된 종교가 만들어지기 어렵게 한다. 실제로 중국의 정치는 A.D. 67년에 불교가 전래하고,[77] 이의 영향과 관련해 사천성에서 도교●가 만들어진 이후에도[78] 정권에서 도인道

人統이나 사문통沙門統을 통해 불교와 도교를 관리하는 모습을 보인다.[79] 또 불교와 도교 역시 이에 순응하며, 왕즉불王卽佛과 같은 주장을 하기도 한다.[80] 이는 인도와 서구에서 종교가 나름의 독자 영역을 구축하며, 제정 분리의 모습을 보이기 위해 노력한 것과는 다른 문화 흐름이다.

여기에 반경에 의해 시작되는 동아시아의 특징적인 신앙인 조상 숭배, 즉 맨이즘은 제사권을 그 집안의 남성 가장이 독점하도록 했다. 이는 부계씨족제父系氏族制를 확립하는 동시에 집안의 가장이 종교적 수장이 되도록 하는 조치였다.

동아시아의 종교 전통은 초기의 '인격천 숭배'와 이후 첨가되는 '조상 숭배'의 두 가지로 나뉜다. 이 중 후대로 가면 인격천이 의리천으로 변모하며 인격적 요소가 탈각되는 과정에서 조상 숭배가 더욱 강력한 모습을 띠게 된다. 즉 인격천관의 약화를 대체하며 조상신의 강조가 확대되는 모양새다.

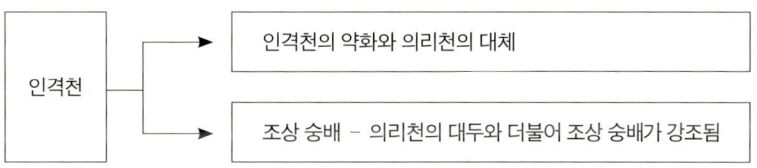

정교일치 상황에서 군주는 세속과 종교의 최고 수장이다. 이와 같은 양상은 군주가 천단天壇이나 봉선封禪하는 방식을 통해 후대까지 유전된다.[81]

또 동아시아에서 정교일치를 보다 공고히 하며 보완한 것이 조상 숭배와 연관된 종법제宗法制다.[82] 종법제는 같은 성씨의 혈족을 대종大宗과 소종小宗으로 나누고, 최고의 대종인 종가宗家를 확립한다. 그러나 각 성씨의 종손들은 차등을 두기 어려운데, 이런 상황에서 군주 가문이 국가에 속한 성씨

● 우길于吉과 장각張角(?~184)의 태평도太平道와 장릉張陵(34~156)의 오두미도五斗米道.

전체의 대표성을 확보한다. 이것이 국왕과 종묘에 내포된 상징이다. 효를 충과 연결시켜 효충孝忠˙을 강조하는 구조는[83] 이와 같은 종법제 체제에서 나타나는 동아시아의 특징적인 혈연 기반 정치 구조이다.

종법제

맨이즘과 각 성씨 대표 – 효 문화 확립

	대종(종손과 종가)	소종	
1대	장남	차남	차남
	↓	↓	↓
2대	장남-차남-차남	장남-차남-차남	장남-차남-차남
	↓ ↓ ↓	↓ ↓ ↓	↓ ↓ ↓
3대	장남 장남 장남 | | | 차남 차남 차남 | | | 차남 차남 차남	장남 장남 장남 | | | 차남 차남 차남 | | | 차남 차남 차남	장남 장남 장남 | | | 차남 차남 차남 | | | 차남 차남 차남

왕통과 각 성씨의 대종

국왕과 종묘가 각 성씨 대종들의 수장이 됨 – 국왕이 모든 대종의 대표이기도 하므로 효와 충의 연결고리가 확보됨 → 효와 충의 연결 인식은 군주에 대한 반란 가능성을 약화시킴

군주가 정치와 종교의 공통 수장이라는 점은 동아시아만의 독특한 이상인격理想人格을 만들어내는데, 이것이 바로 '내성외왕內聖外王'이다.[84] 내성외왕은 내적으로는 성인이며, 외적으로는 군주라는 의미로 성인군주론聖人君主論, 즉 성군론으로 완성된다.

정교일치의 군주론은 '정치적인 힘의 편중'과 '도덕 정치에 대한 요구'를 동시에 요청받을 수밖에 없다. 이와 같은 이상을 현실에서 구현했다고 평가

● 중국은 충보다 효가 우선시된다.

받는 신화적 군주들이 바로 앞서 언급한 삼황·오제이다. 이렇게 놓고 본다면, 중국 문명의 맹아기에서부터 정교일치적인 일원론 구조가 존재했다는 판단도 일정 부분 가능하다.

실제로 당요唐堯(당나라의 우 임금)와 우순虞舜(우나라의 순 임금), 그리고 하우夏禹(하나라의 우 임금)까지는 선양禪讓에 따른 교체로 왕조의 명칭이 나오기는 하지만, 이를 곧장 대등한 왕조로 보기는 어렵다. 즉 당요에서 하우까지는 '선양이라는 수덕修德'이 군주의 표준이며, 우의 하나라부터 '혈통에 의한 계승과 강조'가 나타나는 것이다.

『역대제왕반신상책歷代帝王半身像冊』(청대)에 수록된 당요(당나라의 우 임금) 초상.

우순(우나라 순 임금) 초상.

> 당나라의 요임금이 덕(효孝)이 있는 순에게 선양(양위)함 → 우나라의 순임금이 덕(치수治水)이 있는 우에게 선양(양위)함 → 하나라의 우임금부터는 혈통을 통해 세습함●

하우(하나라 우 임금) 초상.

● 요의 당나라와 순의 우나라는 그들 당대일 뿐이기 때문에 '왕조'라는 명칭을 붙이기가 어렵다.

성군이 혈족을 통해 연속으로 나오는 것은 쉽지 않다. 이런 점에서 요 → 순 → 우까지 이어지는 선양 방식은 나름의 윤리적 타당성을 확보한다. 그러나 이는 동시에 이상적인 윤색이라는 비판을 면하기 어렵다. 맹자의 정전법井田法 주장처럼,[85] 이치적으로는 타당하지만 현실적으로는 가능성이 희박한 이상 추구의 한 표현일 뿐이라는 말이다.

동아시아의 일원론에 입각한 '종교가 현실(정치)에 종속되는 구조'는 종교의 독립성을 약화하고, 내세관이나 사후세계관이 확립되지 못하도록 한다. 즉 강력한 현세 구조를 취하는 특징을 보이는 것이다. 또 현세에 대한 의존 심화는 혈연의 당위성을 강하게 배태胚胎하게 마련이다. 즉 일원론과 혈통의 강조가 상호 연결되면서, 더욱 견고해지는 구조다.

또 직계 혈연 안에서 성군을 만들기 위해서는 양질의 도덕 교육이 요청되게 마련이다. 동아시아를 규정짓는 '혈연'과 '교육열'은 공히 일원론에 기반한 문화 구조인 셈이다.

종교가 분리되어 독립성을 가지지 못하는 동아시아의 일원론 구조에서는 모든 군주가 성인은 아니지만 군주가 아니면 성인이 될 수 없다. 즉 군주 중에서만 성인이 존재할 수 있지, 군주 외의 성인은 성립할 수 없다는 말이다.

일원론 구조에서 군주와 성인의 관계

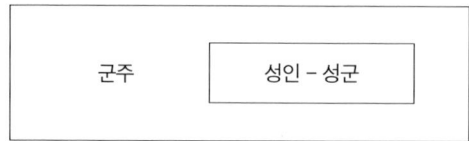

이는 인도에서 유럽까지의 이원론 문화 배경에서 세속적 군주권과 종교가 분리되어 있거나 분리되는 것을 원칙으로 하는 것과는 다르다. 물론 이

들의 분리 역시 세속에서는 필연적으로 겹치는 공유 영역이 존재할 수밖에 없다. 이 때문에 시대나 권력의 향배에 따라 엄격함을 유지하지는 못한다. 그럼에도 이원론 문화 속에서 종교적 성인은 세속적 군주가 아니다. 즉 군주는 종교에 대한 가장 강력한 옹호자이며 수호자로서의 제한적인 면모만을 가질 뿐이다. 이는 국왕이 종교를 장악한 영국의 성공회에서조차 국왕이 성인으로 평가되지 않는다는 점을 통해서도 분명한 판단이 가능하다.

이원론 구조에서 성인과 군주의 관계

세속 – 군주	종교 – 성인

만일 인도문화 속에서 군주가 성인이 될 수 있다면, 왕자 출신의 출가자인 붓다나 마하비라Mahavira(바르다마나वर्धमान, B.C. 599~527) 등은 출가하지 않았을 것이다. 또 앙굴리마라鴦窶利摩羅(Aṅguli-mālya) 사건 등에서 세속적인 정치 권력과 승단의 분리 인식은 분명하게 확인된다.[86]

앙굴리마라는 연쇄 살인마였지만 출가하자 정치 권력의 징벌로부터 면제된다. 이는 붓다가 출가 후에는 세속과 논리적 층위가 다른 것으로, 죄를 범함이 없음●을 강조함에서도 분명하게 인지해 볼 수 있다.[87] 즉 출가(출세간)와 세속(세간)의 분리가 명확히 목도되는 것이다. 또 율장에는 붓다가 정치 권력에 빌미를 제공하지 않기 위해 세속과의 마찰을 지양하는 모습이 다수 확인된다.[88]

동아시아에서 '군주가 아니면 성인이 될 수 없다'는 판단은 군주가 아닌 상태에서 성인으로 평가되는 이들을 추존(추증)해 군주로 만드는 특이한 문

● 출가 후로는 출가 이전의 죄가 상속하지 않는다는 의미로, 재가와 출가의 분리 인식.

『지성선현반신상책至聖先賢半身像册』에 수록된 공자의 초상. 상단에 '문선왕文宣王' 표기를 확인할 수 있다.

〈감문관성제군도監門關聖帝君圖〉. 오색의 구름 속의 관우를 묘사한 이 그림은 상단에 황제의 존호인 '감문관성제군監門關聖帝君'을 갖추었다.

화를 발생하게 한다. 후대 중국에는 '문성文聖'과 '무성武聖'이라 하여 공자와 관우를 각각 성인으로 예우했다. 그런데 이들은 모두 군주가 아니었다. 이 때문에 황제는 공자를 문선왕文宣王(739)과 • 소왕素王으로 추증追贈하고,[89] 관우를 관왕關王과 관제關帝로 추증한다.[90] 즉 동아시아에서는 성인이면서 군주가 아닌 상황을 용납할 수 없었고, 이를 추증이라는 편법을 통해 극복하고 있는 것이다. 이는 문화권적인 강력한 요청이 신분을 넘어서는 상황을 잘 나타내 준다. 즉 양자의 우월 관계가 확인되는 것이다.

이러한 동아시아의 특수한 문화 코드로 인해, 붓다는 기독교의 예수나 이슬람의 무하마드에 비해 성인으로 인정되기가 상대적으로 용이했다. 붓다는 가비라국의 왕자 출신이며, 불교에서는 이를 태자로 격상시켜 표현하곤 한다. 이러한 측면이 동아시아의 불교 정착에 주요했다는 말이다. 물론 불교의 중국 정복과 안착에는 다양한 요인이 존재한다.[91] 그러나 붓다가 왕자 출신이라는 점은 중국인의 관점에서 붓다를 성인으로 인정하기에 유리한 조건이었다는 것만은 분명하다.

'성인=군주'라는 동아시아의 판단은 성인에 대해 군주와 같이 예유하는 상황을 초래한다. 이로 인해 사찰은 황제만이 사용할 수 있는 황금색과 쌍용 표식을 사용할 수 있고, 화려한 단청(금단청錦丹靑)과 북·종의 배치 및 건축면적(칸 수)에 제한이 없게 된다.[92]

또 예법 역시 군주에 준해 이루어졌다. 이로 인해 주나라 때 천자가 양명한 남쪽을 바라보고 정사를 펼쳤던 '군주남면君主南面 신하북면臣下北面(군인남면지술君人南面之術)'의[93] 방식은 사찰에서 전각과 불상을 모시는 기본 법식(남향南向과 남면南面)으로 수용된다.[94] 그리고 삼배三拜나 구배九拜 등 군주

● 현성문선왕玄聖文宣王(1008) / 지성문선왕至聖文宣王(1012) / 대성지선문선왕大成至聖文宣王(1307).

고성향교의 명륜당 전경.

에 대한 예가 그대로 적용되며, 황궁의 건물을 지칭하는 명칭인 전殿과 각閣 등의 이름도 똑같이 적용된다.

동아시아 정교일치 구조에서의 핵심은 종교가 아닌 현세의 정치이다. 여기에 일원론에 따른 내세관의 부재 역시 현세에 무게를 실어 주는 측면이 된다. 이 때문에 동아시아는 친정치親政治적이고 반종교反宗敎적인, 다시 말해 정치성은 강하되 종교성은 약한 성격을 띠며, 강력한 현실적 면모를 보인다.●95 언뜻 도덕과 정신을 강조하는 듯하지만, 실상은 세속적인 면모가 강

- 내세관이 부재한 동아시아에서는 도덕적 기준이 현세에 있어야 한다. 그러므로 도덕과 정신 자세를 강조하는 문화가 만들어진다. 그러나 그럼에도 모든 판단이 현세에서 이루어지므로 오히려 도덕을 가장하는 권모술수와 물질주의가 팽배해지는 아이러니한 특징이 나타난다.

한 것이 동아시아 문화의 특징이다.

이에 반해 정교 분리의 판단에서 보면, 정치가 담당하는 부분은 잠시적인 현세일 뿐이다. 그리고 이와 비교되지 않을 오랜 기간을 사후의 종교 영역에서 보내게 된다. 이 때문에 현실적인 정치 영역을 무시할 수는 없지만, 종교 영역 역시 상당한 비중을 차지할 수 있다.

정교일치의 핵심에 정치가 있다는 것은 정치에 종교가 종속된다는 것을 의미한다. 일원론에 입각해 성군론은 물론, 도덕과 윤리 역시 강조되지만, 그럼에도 현실 권력에 매몰될 가능성이 크기 때문이다. 이로 인해 정치철학인 유교의 교육관 명칭이 인륜을 밝힌다는 '명륜당明倫堂'인 것은 이와 같은 관계 및 이들의 지향을 잘 나타내 준다. 즉 삼강·오륜처럼 인륜을 밝히는 것을 강조하지만, 현실적으로는 도덕과 윤리가 현세적 가치에 밀리는 한계를 보이는 것이다. 이는 정교일치의 성군론에 입각한 동아시아 문화의 가장 아이러니한 특징이며, 오늘날까지 경제력을 따라가지 못하는 정치적 부패가 나타나는 한 요인으로 작용한다.

① 일원론에 입각한 현세적 기준으로 삼강·오륜 같은 인륜 강조
② 인륜은 군주권에 의한 조율 가능성이 존재하므로 군주권의 독주가 발생하기 용이함 → 정치적 부패

2. 심신일원론과 천인상응설

1) 심신일원론과 생사의 존재 방식

정교일치가 정치와 종교의 일원적인 관점을 말한다면, 심신일원론心身一元論은 마음과 육체의 일원을 뜻한다.[96] 이원론적 문화는 형상과 질료의 구분처럼 영혼을 육체와 분리하고, 그 본질을 가설假設적인 육체보다 영속적인 영혼에 둔다. 영육이원靈肉二元의 구조다.

이에 반해 동아시아는 영혼보다 마음이라는 단어를 보다 포괄적인 의미로 사용한다. 마음은 영혼처럼 비물질적인 개념이라기보다 정신과 육체에 모두 통할 수 있는 이중적 개념이다. 즉 유심주의이다.

『맹자』「진심盡心 상上」에서 확인되는 "만물이 나에게 갖추어져 있다(만물개비어아萬物皆備於我)."와[97] 같은 언급은 이러한 유심 구조를 잘 나타내 준다. 수나라의 천태종에서 '일심삼관一心三觀'이나 '일념삼천一念三千'을 주장하고,[98] 당나라 화엄종에서 '일체유심조一切唯心造'나 '초발심시변정각初發心時變正覺' 등을 강조하는 것도 이와 같은 중국문화적 배경에 입각한 불교적인 재발견이다.

또 유교에서 『주역』은 태극과 음양이라는 이이일二而一(둘이면서 하나)의 구조를 말하고 있다.[99] 그리고 송대 성리학性理學(이학理學, 정주학程朱學)에서는 마음 안에서의 청정한 본질에 해당하는 성性 중심의 이해를 견지한다. 물론 같은 송대 신유학이라 하더라도 심리학心理學(심학心學, 육왕학陸王學)에서는 마음을 통체統體로 보기 때문에 심心과 성性의 분리를 반대하는 심 단일론의 태도를 보인다.

그러나 두 가지의 신유학 모두 마음이 전체를 통괄한다고 판단한 것은 분명하다. 이는 장재張載(횡거橫渠, 1020~1077)의 '심통성정설心統性情說(마음이 성과 정을 통어한다)'이나, 심성론을 이기론과 연결해 '이기심성론理氣心性論'이라고 한 것을 통해 분명한 인식이 가능하다. 마음이 법칙적인 이리와 함께 물질적인 기氣로도 연결될 수 있다는 것은 마음이 물질적 요소와도 통한다는 점을 분명히 해 준다. 이 때문에 동아시아에서는 '마음 자세'나 '마음먹기'와 같은 측면이 강조되는 모습을 보이게 된다.

심신일원心身一元의 관점이 잘 확인되는 것은 생명의 발생 인식이다. 유교에서는 인간의 탄생을 부父의 정기精氣와 모母의 질료, 그리고 고향과 별자리인 천체天體 등의 기운이 조합된 순수 창조 결과물로 본다. 마음과 영혼 등도 이때 함께 만들어진다. 즉 불교의 윤회론에서처럼, 외부적인 업식業識●이 들어오거나, 기독교나 이슬람에서 말하는 신에 의한 영혼의 창조 및 육신으로의 안착과 같은 외래적 부분은 존재하지 않는 것이다.

이 때문에 자식은 창조자인 부모에게 종속되는 구조가 형성된다. 이로 인해 부모는 자식을 죽인다고 해도 문제가 아니라는 관점이 나타나기도 한다. 순 임금의 아버지인 고수瞽叟는 후처와 후처의 자식을 위해 순舜을 두 차례나 죽이려 했으며, 순은 이를 전혀 원망하지 않아 대효大孝의 표본이 된다.[100] 또 『삼국유사』 권5의 「손순매아孫順埋兒」에서 손순은 봉양하던 어머니를 위해 외아들을 생매장하기로 결정하고 이를 감행한다. 그런데 이 내용이 왕에게 전해지자 손순은 효자로 큰 포상을 받는다.[101] 이외에도 『삼강행실도三綱行實圖』나 『오륜행실도五倫行實圖』에는 부모님을 봉양하기 위해 넓적다리 살을 베는 등(할고단지割股斷指) 자식의 극단적 희생이 미화되는 내용이 다

● 영혼은 아니지만 일종의 영혼과 유사한, 윤회의 주체이다.

양하게 수록되어 있다.¹⁰²

그러나 반대로 나의 생명 근원인 부모의 원수는 '불구대천不俱戴天(불공대천不共戴天)의 원수'라고 하여 반드시 갚아야 한다고 교육한다. 이 때문에 부모의 복수를 한 이는 살인을 저질러도 사형을 당하지 않고 감형되며, 마땅히 해야 할 일을 한 것으로 미화되기도 한다.¹⁰³ 유교의 생명 근원에 대한 이해는 부모의 초상初喪을 과하게 치르는 것으로도 나타난다. 왜냐하면 부모는 나의 육체적인 형성자를 넘어 영혼을 포함하는 마음의 창조자이기 때문이다. 물론 동아시아 장례 문제에는 일원론에 입각한 '영혼이 또 다른 세계로 갈 곳이 없다.'라는 점이 제일 크지만 말이다.

인간의 발생에 대한 종교적 관점 차이

	유교	불교	기독교·이슬람
1. 발생	부모 정혈을 중심으로 천체와 대지 등의 기운이 조합되어 만들어짐	개인적인 업식이 인연에 맞는 부모와 결합하여 만들어짐	신이 부여한 영혼을 부모가 형성해서 만들어 냄
2. 집단과 개인의 자율성	부모에게 종속되는 집단주의	부모와 분리 가능한 개인주의	부모를 넘어서는 신과의 관계 속에서 형성되는 강력한 개인주의
3. 부모의 영향력	부모의 절대성	개인 중심에 부모의 참여 가능	강력한 신의 영향에 따른 부모의 입지 약화 – 높은 개인성

동아시아에서의 생명은 부모를 중심으로 주변 자연환경 등의 기운이 뭉쳐 만들어진 것이기 때문에 죽고 나면 마음이나 영혼 역시 흐트러진다. 이를 '신멸론神滅論(영혼소멸론)'이라고 한다.¹⁰⁴ 유교에는 조상 숭배에 따른 제사 문화가 강하게 자리 잡고 있기 때문에 일견 신불멸神不滅(영혼불멸론)을 생각

하기 쉽다. 그러나 유교는 선진시대부터 제사와 관련해서는 분명한 신멸론을 주장했다. 이는 『예기』와 『순자』 등 다음과 같은 유력한 유교 문헌들을 통해서 확인해 볼 수 있다.

① 『논어』
번지樊遲가 '지知'●에 대해 물었다. 공자가 말했다. "백성이 의롭도록 힘쓰고, 귀신을 공경하되 멀리하는 것을 가히 지혜라 하겠다."[105]

② 『예기』 「단궁 상」
공자가 말했다. "죽음을 대함에 죽은 것으로만 한다면, 어진 것이 아니니 그렇게 하는 것은 불가하다. (그렇다고) 죽음을 살아 있는 것처럼 한다면, 지혜가 없는 것이니, 그렇게 하는 것도 불가하다.[106]

③ 『예기』 「단궁 하」 〈상례喪禮-제전祭奠〉
전奠에는 소기素器를 사용한다. (이는) 산 사람에게 (슬퍼하는) 애소지심哀素之心이 있기 때문이다. 오직 **제사의 예는 주인(祭主)이 스스로 극진함일 따름이다. 어찌 신이 (와서) 흠향하는 바를 알겠는가? 또한 (오직) 주인(祭主)에게 재계와 공경하는 마음이 있음이로다.**[107]

④ 『예기』 「문상」
종묘宗廟에 제사하여, 귀신에게 흠향케 하는 것은 요행으로 다시 돌아오기를 바라는 것이다.[108]

● 지智와 통한다.

⑤ 『국어』「초어楚語 하」

그 선조를 밝게 제사 지내는데, 엄숙하고 가지런하여 마치 임하여 계신 것 같다.¹⁰⁹

⑥ 『순자』「예론」

그러므로 말하기를 제사란, (망자를) 생각하는 뜻이 모인 정情이라 한다. (이는) 충忠·신信·애愛·경敬의 지극함이며, 예절禮節·문모文貌의 풍성함이다. 만약 성인聖人이 아니면 능히 알지 못할 것이다. 성인은 그것(제사)을 분명히 알고 사군자士君子는 그것을 편안히 행하며, 관인官人은 잘 지켜서 (문제가 없도록) 하고 백성은 풍속을 이룩한다. (제사는) **군자에게 있어서는 인도人道가 되지만, 백성에게 있어서는 귀신의 일이 된다.**¹¹⁰

⑦ 『순자』「예론」

슬퍼하라! 공경하라! 죽은 이 섬기기를 산 사람 섬기듯 하고, 망자 섬기기를 있는 자에게서처럼 하라. (상·제례의 대상은) **형체도 그림자도 없지만, (이는) 인문人文(문화)을 완성하는 일이다.**¹¹¹

⑧ 『묵자』「공맹公孟」

(유교의) 공맹자公孟子가 말했다. "귀신은 없다." 또 말했다. "군자는 반드시 제례를 배워야 한다." 묵자가 말했다. "'귀신은 없다고 하면서 제례를 배워야 한다.'라고 하는 것은 객客이 없는데 객예客禮를 배우는 것이나, 물고기가 없는데 어망魚網을 던지는 것과 같다(같지 않은가?!)."¹¹²

①은 『논어』에 나오는 공자의 말로 신멸의 의미가 강하게 드러난 것은 아니다. 그러나 공경하지만 멀리한다는 것은 '믿는 이들과의 마찰을 피하면

서 귀신을 크게 중시하지 않는다'는 의미의 해석이 가능하다.[113] 공자는 "괴怪·력力·난亂·신神"에 대해 적극적인 언급을 피했다.[114] 판단이 불명확한 지점에 대해 차단하는 공자의 교육자적인 면모가 잘 드러나는 대목이다. 그러나 이러한 이유 때문인지, 공자에게서 신멸의 의미는 뚜렷하게 살펴지는 것이 없다.

그렇지만 유교의 예법禮法과 관련된 기록들에는 신멸의 관점이 분명하게 드러나 있다. 이는 해당 예법의 목적 및 제전의 의미와 관련해 정리가 필요한 부분이 존재하기 때문이다.

②~⑦까지는 제사와 동시에 신멸의 개념이 분명하게 드러난다. 즉 제사는 귀신의 일이 아니라, 후손의 됨됨이와 조상을 기리는 추모 의례일 뿐이라는 것이다. 이는 ⑥의 '인간의 도리'와 '귀신의 일'이라는 두 가지 대립 관점을 통해서 명백히 목도된다.

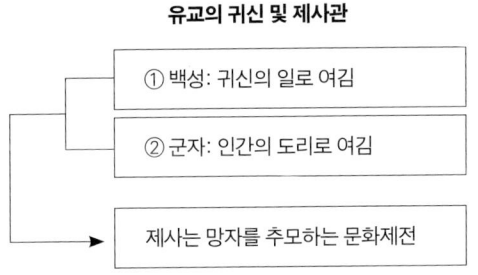

유교의 귀신 및 제사관

① 백성: 귀신의 일로 여김

② 군자: 인간의 도리로 여김

제사는 망자를 추모하는 문화제전

유교는 신멸을 주장하는데, 그럼에도 '제사를 지내야 한다'는 주장은 일견 모순처럼 보인다. 이 때문에 ⑧에서 유교의 비판자인 묵자墨子(적翟, B.C. 480?~390?)는 이의 이율배반적인 측면을 비판한다. 그러나 귀신의 영속성을 믿지 않더라도, 마치 현충일에 순국선열을 위하여 묵념할 수 있는 것처럼, 추모는 충분히 가능하다는 것이 유교의 논리 구조이다.[115]

실제로 유교의 제사에서는 추모 역시 영원히 진행하는 것이 아니다. 제사의 유형적 대상인 신위神位(위패位牌)는 천위遷位라고 하여 세대의 경과에 따라 옮겨지며, 제한된 기간만 지내고 이후는 합사合祀된다. 즉 제사는 신불멸의 관점에 의한 의례가 아닌, 신멸에 따른 일정 기간의 추모만을 상정하고 있는 것이다.●116 만일 제사가 신불멸의 구조에 입각해 존재한다면, 제사는 한정된 기간만 지내는 것이 아니라 영구히 지속되어야 한다. 이렇게 모든 조상을 제사 지내면, 인간의 삶은 유지되기 어렵다.

후대의 기록이기는 하지만, 주희(회암晦庵, 1130~1200)가『주자어류朱子語類』3「귀신鬼神」에서, "죽으면 기는 흩어지고 사라져 자취가 없어지나니 이것이 일상이다. 도리가 그런 것이다."라고 한 것에 주목할 필요가 있다.117 즉 귀신은 사후에 기운이 흩어질 때까지만 잠재적으로 존재하다가 사라지는 제한적 존재일 뿐이다.118 이 기간은 제사가 유지되는 기간과 일정 부분 관련된다.●●119 물론 제사는 신분과 관련하여 규정되기 때문에 반드시 제사를 지내는 기간이 영혼의 소멸 기간을 의미하는 것만은 아니다.120

유교는 인간의 생사生死를 기운의 응집과 소멸이라는 관점으로 이해한다. 또 이의 연장선상에서 귀신, 즉 영혼 역시 고유한 성질을 가지고 독자적으로 영속하지 못하며, 한계를 가지다 흩어지는 대상에 지나지 않는다. 즉 기의 조밀성(청淸·탁濁·후厚·박薄)에 의한 차이가 존재할 뿐, 귀신 역시 기로부터 벗어나 있는 것은 아니라는 말이다.

이러한 유교의 인식은 제사를 통해서도 추론해 볼 수 있다. 제사의 핵심은 귀신에게 음식을 공급하는 일이다. 만일 귀신이 순수한 영적 대상이라면, 음식의 공급보다는 묵념과 같은 추모의 비중이 더 크고 음식 공급은 상징적

- 『홍명집弘明集』에는 신멸神滅과 신불멸神不滅에 대한 논란이 매우 많이 수록되어 있어, 전14권 중 9·10권은 거의 전부가 이 부분에 지면을 할애하고 있을 정도이다(『大正藏』52, 54c-68c). 이는 중국으로 불교가 전래한 초기에 신멸과 신불멸 논쟁이 가장 첨예한 측면이었음을 인지케 해 준다.
- ●● 제사는 혼백에 의한 감응 문제로 보기도 한다.

이어야 한다. 그런데 동아시아 제사는 추모적인 부분도 존재하지만, 물질에 의존하는 흠향歆饗과 음복飮福의 측면 역시 상당하다. 이는 귀신 또한 기의 인식과 무관하지 않다는 점을 분명히 해 준다.

또 주희의 기록이기는 하지만, 앞서 제시한 「귀신」편을 보면 귀신들은 사후에도 다른 곳으로 가지 않고 눈에 보이지 않는 상태로 이 세계에 존재하는 것을 알 수 있다.[121] 주희가 남송 사람이기는 하지만 유교에서 주희의 위상이 높다는 점을 고려해 볼 때, 이와 같은 인식을 유교의 통론으로 수용하는 것도 큰 무리는 아니다. 즉 유교에는 귀신만이 별도로 존재하는 사후세계나 내세관이 존재하지 않는 것이다. 이로 인해 발생하는 귀신의 공간이 이 세계 안의 종묘宗廟나 가묘家廟(조묘朝廟, 사당)다. 동아시아에서는 산 사람과 죽은 이가 하나의 세계를 공유하며 존재하는 모양새다. 이러한 인식 판단은 심신일원론을 주장하는 유교의 관점에서는 당연한 결과다.

실제로 불교가 전래하기 이전의 중국에는 뚜렷한 내세관이 존재하지 않았다. 이 때문에 인도 신화 속 최초 인간으로 사후의 왕(야마천왕)이 되는 야마Yama가 염라閻羅(염매閻魔)로 음역되며 유행하게 된다.[122]

물론 지역에 따라 내세관이 존재하는 경우도 일부 존재한다. 이는 산동반도의 태산부군泰山府君이나[123] 사천의 풍도대제酆都大帝 등의 존재를 통해서 판단해 볼 수 있다.[124] 그러나 이들은 내세관의 완성에까지 이르지 못한다.●[125] 그 결과 당나라에 오면, 불교의 염라대왕을 중심으로 이들이 포함되며 시왕十王 체계가 확립되기에 이른다.[126] 이 과정에서 불교의 중음中陰●●인 49일은 확장되어, 유교적인 100일상(백제)과 소상小喪(기년상朞年喪, 1년상) 및

● 중국에서 내세관이 정립하지 못하는 것은 심신일원론에 의해서 내세관의 필연성이 주류에서 이탈했다는 점, 또 불교가 이른 시기(공식적으로는 67년)에 전래하며 내세관을 대체했기 때문이다.

●● '중유中有'라고도 한다. 죽음에서 다음 생을 받을 때까지의 49일.

대상大喪(3년상)까지 포괄하기에 이른다. 즉 중국불교의 시왕 체계는 불교와 중국문화적 전통이 결합된 결과물인 것이다.

〈통도사 명부전 시왕탱화〉

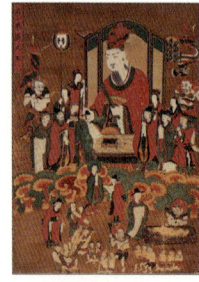
제1 진광대왕도

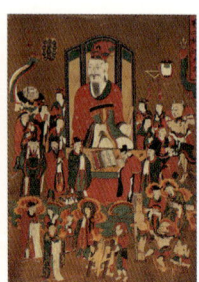
제2 초강대왕도

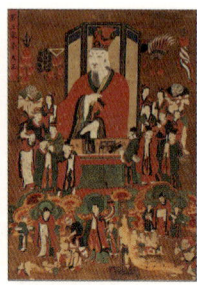
제3 송제대왕도

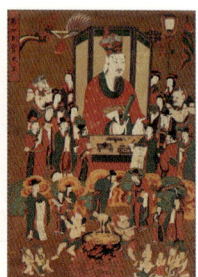
제4 오관대왕도

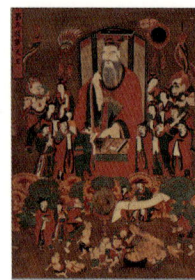
제5 염라대왕도

제6 변성대왕도

제7 태산대왕도

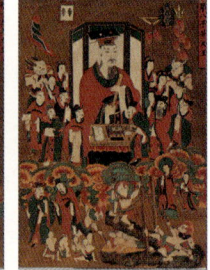
제8 평등대왕도

제9 도시대왕도

제10 오도전륜대왕도

	명부 시왕	특징	기간
1	제1전 진광대왕	망자가 중음신으로 떠돎	7=7일
2	제2전 초강대왕	망자는 나하나루(奈河津)를 건넘	2×7=14일
3	제3전 송제대왕	망자의 주소와 이름을 점검함	3×7=21일
4	제4전 오관대왕	업칭業秤과 대왕을 보좌하고 돕는 동자가 등장함	4×7=28일
5	제5전 염라대왕	업경대業鏡臺에 죄를 비추어 봄	5×7=35일
6	제6전 변성대왕	이 세계의 추선追善 공덕을 기다림	6×7=42일
7	제7전 태산대왕	부모될 이를 갈구함	7×7=49일
8	제8전 평등대왕	자녀의 추선 공덕을 기다림	100일(백제)
9	제9전 도시대왕	추선으로 경전과 불상 조성을 기원함	1년(소상)
10	제10전 오도전륜대왕	나루가 완전히 개방됨	3년(대상)

심신일원론은 심신의 결합 관계 속에서만 인간이 존재하며, 분리된 상태로는 존속할 수 없다는 의미이다. 그러므로 사람이 죽고 난 뒤 영혼의 존속 기간이란, 후손이 그를 기억하는, 추모가 가능한 시간 정도라고 이해하면 된다. 즉 영혼만 독립해서 존재하지 못하는 것이다. 이 때문에 영혼만이 존재하는 사후세계나 내세관도 존재할 수 없다. 또 망자의 에너지 공급을 위해 음식 공급이 주가 되는 제사가 강력한 당위성을 확보하게 된다.[127] 이는 심신일원론의 큰 특징인 동시에 어떻게 동아시아에서 조상 숭배가 강력한 영향력을 지속할 수 있었는지를 알게 해 준다.

심신일원론의 결합 구조는 눈에 보이는 육체의 엄정함이 내면을 투영한다는 관점을 파생하기도 한다. 『예기』「옥조玉藻」의 구사九思·구용九容이나,[128] 『맹자』의 '눈동자는 능히 그 악을 가리지 못한다'[129]는 등의 표현은 이와 같은 심신일원론적 사고를 잘 나타내 준다.

심신이원론의 상황에서는 육체의 자세와 무관하게 정신이 단속되는 것

카피시Kapiśi 출토 〈견염불입상〉, 2세기 후반, 프랑스 기메동양미술관 소장. 심신이원의 관점에서 두 다리가 가지런하지 않은 간다라 불상(간다라 불상은 대부분 오른쪽 무릎이 돌출되어 있다).

〈경주 백률사 금동약사여래 불입상〉(8세기, 국보). 심신일원의 관점에서 두 다리가 가지런한 동아시아 불상의 모습을 확인할 수 있다.

이 가능하다. 왜냐하면 육체와 정신은 하나로 연결되어 있지만, 컵 속의 물처럼 엄밀히는 분절되어 있기 때문이다. 그러나 심신일원론에서 양자는 결합되어 있기 때문에 육체가 단정하지 못한 것은 정신적으로도 문제가 있다는 판단을 도출한다.

심신이원론과 일원론에 따른 인식은 불상의 조성 등에서 단적인 확인이 가능하다.

실제로 과거 동아시아에 만연했던 장애인 차별은 '육체의 장애가 정신의 장애와 직결된다'는 판단에 따른 것이다. 여기에 동아시아에서는 '편부나 편모의 자녀와는 결혼시키지 않는다'는 등 편부·편모를 꺼리는 원칙도 존재한다. 이는 현실 세계만 존재하는 상황에서 생존 조건의 불균형이 사람의 형성과 발전에 강력한 영향을 미친다는 판단 때문이다.

편부·편모는 당연히 생존에 어려움을 수반한다. 그러나 동아시아의 판단은 비단 이 정도에서 그치는 것이 아니다. 인간의 영혼은 육체와 함께 부모를 통해 만들어지고 발달하기 때문에 한쪽이 결여될 경우 성장에 심각한 결함이 발생한다고 본 것이다. 신체의 장애와 같이 직접적이진 않지만, 환경적인 측면에서의 장애라고 판단했던 것이다.

동아시아의 심신일원론과 생명의 발생 인식에서 선천적 장애인은 영혼에까지 문제가 있는 대상으로 인식된다. 이는 심신이원론의 문화권에서 육체의 장애가 영혼의 장애를 의미하는 것은 아니라는 판단과 완전히 다르다. 이 때문에 동아시아에서 장애인은 저급한 인간으로 판단되어 차별이 정당화되었고, 심지어는 가족에 의해 감금당하는 등의 치욕적인 삶을 살기도 했다.

또 심신일원론에서는 이 세계와 다른 별도의 내세관이 존재하지 않기 때문에 장애는 사후에도 회복될 방법이 없다. 사후세계가 존재한다면 현세에서는 장애가 있더라도 내세에는 회복될 개연성이 존재한다. 그러나 동아시아에는 이런 인식이 만들어질 수 없다. 즉 사후의 기운이 흐트러질 때까지도 장애인은 장애를 가진 상태로 존재해야 하는 것이다. 이는 장애인에 대한 차별을 정당화시키는 또 다른 배경이 된다.

같은 이유로, 후천적인 사고 등에 의해 시신이 훼손되는 경우에는 이를 보충·보완해 장례 지내는 모습이 확인된다. 이는 『삼국지』에서 관우가 목이 베여 죽자 나무로 머리를 만들어 장사 지내는 경우 등이 한 예이다.[130] 이는 오늘날까지 교통사고 등으로 인해 시신이 훼손되었을 경우 봉합하여 화장하는 등의 문화로 잔존하고 있다.

또 심신일원론에 입각한 판단은 분절되지 않는 하나의 단일 세계만의 양면적 인식을 초래한다. 이는 이원론 문화에 선과 악, 혹은 선신과 악신(마신, 악마) 등이 대립적으로 존재하는 것과는 다르다. 즉 일원론 문화에는 분절된 두 가지의 불변적인 세계가 아니라, 동전의 양면과 같이 인식 판단의 변화가 정당성을 확보하는 구조로 존재하는 것이다.

이로 인해 이원론 구조 속 선악에서의 '악할 악惡'은 일원론 구조에서는 호오好惡의 '싫을 오惡'라는 의미를 함께 내포하게 된다. 즉 선악과 더불어 좋고 싫음이라는 개념을 동시에 가지는 것(선악과 호오)이다.

이는 명상에서 마음먹기에 따라 변화하는 유심주의와 인식 전환인 돈오頓悟가 대두할 수 있는 배경이 된다. 만일 대상의 본질에 차이가 존재한다면 유심주의와 인식 전환으로 바뀔 수 있는 것은 없다. 이는 오류 인식인 허상에 불과할 뿐이기 때문이다. 그러나 일원론은 인식 주체에 입각한 판단 변화의 중요성을 부각하고, 이는 동아시아 명상과 수행론에서 가장 중요한 요소가 된다. 즉 인식 전환이 명상의 핵심으로 존재하는 것이다.

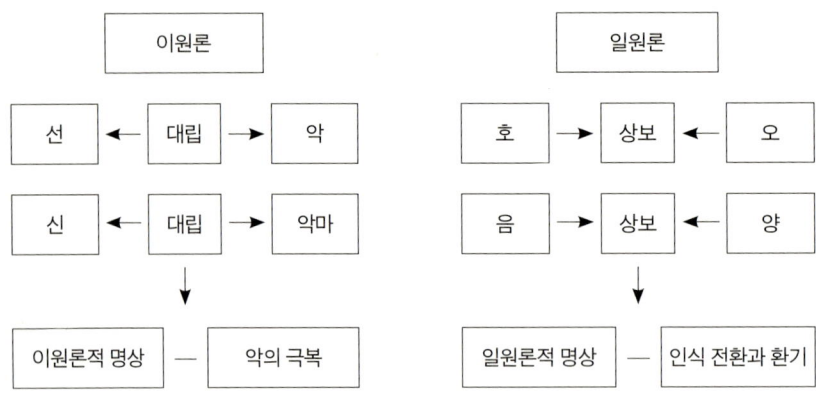

2) 천인상응설과 인간의 위상

동아시아 일원론에서 주목되는 것 중 하나는 천인天人 관계다. 앞서 언급한 바와 같이 왕조의 개창이나 왕권의 특수성을 주장하기 위해 동아시아에서는 천명天命이 이용된다. 즉 천인天人의 당위적인 연결 관계가 드러나는 것이다. 여기에 인간의 발생(자손 생산)에 있어 부모의 정혈 외에도 천체 등이 작동하는 것 역시 천인의 연결을 상정하도록 한다.

우주에서 인간은 천지 사이에 존재하는 하찮은 존재일 뿐이다. 그러나 중국철학에서는 인간을 천지에 상응할 수 있는 특수화된 존재로 이해하며, 이는 강력한 인본주의적 측면이 된다. 이와 관련된 선진시대의 기록을 제시해 보면 다음과 같다.

① 『노자』 제25장
그러므로 도道는 크고 하늘도 크며, 땅도 크고 왕(혹 인人)●131 또한 크다.132 (우리의) 경계 안에 네 가지 큰 것이 있는데, 왕(혹 인人)도 그 하나다. 사람은 땅을 본(법法)받고 땅은 하늘을 본(법)받으며, 하늘은 도를 본(법)받고 도는 자연을 본(법)받는다.133

② 『중용』
하늘이 명한 것을 성性이라고 하고, 성을 따르는 것을 도道라 하며, 도를 닦는 것을 교敎라고 한다.134

③ 『맹자』, 「진심 상」
맹자가 말했다. "그 마음을 다하면 그 성性을 알게 된다. 그 성을 알면 하늘을 알게 된다."135

- 뒤 구절에 "인법지人法地"가 나오는 것으로 보아, "인역대人亦大"가 더 타당하며, 사람 중 최고의 대표성으로 왕王이 차용되는 것으로 판단된다.

④『예기』,「예운」

그러므로 인간은 그 천지의 덕이며, 음양의 교交이고 귀신의 회會이며, 오행의 빼어난 기운(정수의 의미)이다.[136]

⑤『예기』,「예운」

그러므로 인간은 천지의 마음이고 오행(목·화·토·금·수)의 단서이며, 맛 (있는 음식)을 먹고 소리를 분별하며, 색을 입고 사는 존재다.[137]

①을 보면, 인간은 '자연 → 도 → 천 → 지 → 인(혹 자연=도→천→지→인)'의 차등적인 약자지만, 그럼에도 자연을 제외한 다른 셋과는 대등(4대, 도·천·지·인)할 수 있는 위대한 존재임을 알 수 있다. 즉 천지의 조화에 참여하는 존재, 또는 거기에 영향을 줄 수 있는 대등한 존재가 인간이라는 판단이 읽히는 것이다.

②는 '천 → 성 → 도 → 교'라는 차등을 두고 있지만, 인간의 본성을 하늘에 입각해 판단하고 있음을 알 수 있다. 즉 하늘과 인간 본성의 연결 관계를 나타내고 있는 것이다. 다만 ①과는 도를 이해하는 관점에서 차이가 있다. 즉 여기에서의 도는 ①에서와 같은 본질적인 관점에서의 도가 아니라, 성을 밝히기 위한 방법과 노력이라는 의미로 사용되기 때문이다.

③은 '천 → 성 → 심'의 구조로 되어 있어 ②와는 심의 대두라는 점에서 차이가 있다. 그러나 ②에서처럼 인간 본성의 입론 배경을 하늘로 두고 있다는 점에서는 공통된 관점을 보인다.

④와 ⑤에서는 인간이 천지, 음양, 귀신, 오행의 핵심이라는 의미가 확인된다. 즉 유신론에서 주장하는 피조물로서의 인간과는 다른, 인간을 특수하게 중요시하는 인본주의적 인간관이 목도되는 것이다.

이상과 같은 인간의 특수화와 관련해 주목되는 것이 『순자』의 「왕제王

『역대성현반신상책歷代聖賢半身像册』에 수록된 동중서의 초상.

制」다. 여기에서 순자는 "물과 불은 기운은 있으나 살아 있는 것이 아니며, 초목에는 생명이 있으나 앎이 없고, 금수는 앎은 있으나 의義(예의)가 없다. (그러나) 인간은 기운도 있고 생명도 있으며, 앎도 있고 다시금 의도 있다. 그러므로 천하에서 최고로 존(귀)함이 되는 것이다."라고 하였다.[138] 순자의 말을 축약하면, **인간은 만물의 영장이라는 의미이다.** 즉 중국에서는 선진시대에 이미 인본주의적 특징이 확립되고 있는 것이다.

①~⑤는 인간을 천지 우주와 분리시키지 않고 상호 영향을 미치는, 또는 인간 본성의 근거를 하늘로 비정하여 직결시키려는 관점을 확인해 볼 수 있다. 이와 같은 천인관계론을 유교를 중심으로 정리하는 인물이 앞서 언급한 전한 무제 때의 유학자 동중서다. 동중서는『춘추번로春秋繁露』에서 천인상응설天人相應說(천인상감설天人相感說)을 주장해 하늘과 인간의 연결 관계를 제시하고 있다.

『춘추번로』「인부천수人副天數」

천지의 정精이 만물을 생장함에 인간보다 귀한 것이 없다. 인간은 하늘에서 명命을 받으므로 초연超然히 빼어남이 있다. (다른 만물은 장애(재질災疾)가 있어 인의仁義에 능할 수 없으나, 오직 인간만이 홀로 인의에 능하다. (다른 만)물은 장애(재질災疾)가 있어 천지와 짝할 수 없으나, **오직 인간만이 천지와 짝함이 될 뿐**이다.

인간에게는 360마디(관절)가 있으므로 천지의 수(360일)와 짝한다. (인간) 형체의 골육骨肉은 땅의 두터움에 부합한다. (또) 위로 이목耳目의 총명이 있는 것은 일월의 상象(상징)이며, 몸에 구멍과 기맥(혹 혈맥)이 있는 것은 천곡川谷의 상(상징)이 된다. 마음에 애哀·락樂·희喜·노怒가 있는 것은 신기神氣(신묘한 기운)와 같은 유類이다. **인간의 형체를 관찰해 보면, 어찌하여 만물을 넘음이 큰 것인가?** (이는 인간이) '하늘의 종류'이기 때문이다.[139]

『춘추번로』, 「인부천수」

인간의 신체는 머리가 크고 둥그니, 하늘의 형용을 상징한다. 머리카락은 별을 상징하며, 이목이 어그러져 있는 것은 일월의 상징이다. 코와 입의 호흡은 바람의 상징이며, 가슴 속의 지각은 신명神明을 상징한다. 뱃속이 차고 빈 것은 백물百物(만물)의 상징이다. 백물은 땅과 가장 가까우므로 아래의 땅이 중요하다. 천지의 상象(모습)은 허리띠를 맨 것처럼 서로 연결되어 (있으니 그 구분됨이) 중요하다.

(인간의) 목 이상은 정신의 존엄함이니, 밝은 하늘의 형상이다. 목 이하는 풍후豐厚한 비욕卑辱이니 토양에 비견된다. 발은 넓게 퍼진 방형이니 지형地形을 상징한다. 그러므로 예법에서 허리띠에 신紳(끈)을 매도록 한 것이며, 반드시 그 목을 바로 해서 마음을 구별한다.

허리띠 이상은 모두 양이며, 허리띠 이하는 모두 음이 된다. (이를 다시금) 각기 나누면 양은 천기天氣이며, 음은 지기地氣이다. 그러므로 음양이 움직임을 일으키는 것이다. 인간의 발병(족병足病)은 목의 마비로부터 시작되니, 지기地氣가 상승하여 운우雲雨가 되고, 상象(모습) 또한 이에 응하게 된다.

천지의 부절符節과 음양의 부본副本이 항상 몸에 설시되어 있으니, 몸은 마치 하늘과 같다. (인간과 하늘의) 수數가 더불어 서로 참여(상참相參)하므로 명命과 더불어 서로 연결(상련相連)되어 있다.

하늘의 한 해의 수數로 인간의 몸이 형성된다. 그러므로 (인간의) 작은 마디(소절小節)는 360인데, (이는) 날수(일수日數 - 360일)에 부합한다. 큰 마디(대절大節)는 12분인데, (이는) 달수(월수月數 - 12달)에 부합한다. 안에 5장(간장·심장·비장·폐장·신장)이 있는 것은 5행(목·화·토·금·수)의 수數에 부합하며, 밖에 4지(손과 발)가 있는 것은 4시수四時數(춘·하·추·동)에 부합한다. 때로 (눈을) 떠서 보고 때로 감는 것은 낮과 밤에 부합하며, 때로 강하고 때로 부드러운 것은 겨울과 여름에 부합한다. 때로 슬프고 때로 즐거운 것은 음양에 부합하며, 마음에 헤아림과 생각이 있는 것은 도수度數에 부합하며, 행에 윤리가 있는 것은 천지에 부합한다.

이것은 모두 어두운 피부와 몸에 붙어서, 인간과 더불어 존재(구생俱生)한다. 이렇게 짝을 이루어 합해진다. 그 가수可數에 대한 것은 수數가 부합하고 불가수不可數에 대해서는 유형이 부합한다. (이) 모두는 함께 하늘에 부합하는 하나일 뿐이다.[140]

『춘추번로』「위인자천爲人者天」

삶을 위하면, 위인됨에 능할 수 없다. 위인이란 하늘이다. **인간의 인간다움(본성)은 하늘에 근본한다. 하늘 또한 인간의 증조부(조상)이다. 이 인간의 소이所以는 위로 하늘의 유類이다.** 인간의 형체는 천수天數와 화化하여 이루어진다. 인간의 혈기는 천지天志와 화하여 인仁이 되며, 인간의 덕행은 천리天理와 화하여 의義가 된다. 인간의 호好·오惡는 하늘의 난暖·청淸과 화하며, 인간의 희喜·노怒는 하늘의 한寒·서暑와 화한다.

인간이 받는 명命은 하늘의 4시와 화하며, 인생에 희횸·노怒·애哀·락 樂이 갖추어져 있으니 춘春·하夏·추秋·동冬의 종류이다. 희횸는 춘春이 갖춰진 것이고 노怒는 추秋가 갖춰진 것이며, 낙樂은 하夏가 갖춰진 것 이고 애哀는 동冬이 갖춰진 것이다. 하늘의 부본이 인간에게 있으니, 인 간의 성정은 하늘로 말미암아 있을 뿐이다.[141]

『춘추번로』「음양의陰陽義」
하늘 또한 희횸·노怒의 기와 애哀·락樂의 마음이 있다. 인간과 더불어 서로 부합(상합相副)하니, **유합類合으로 (본다면) 하늘과 인간은 하나다.**[142]

동중서는 하늘과 인간의 관계를 직접적으로 연결하며 상호 영향 관계를 강하게 주장하고 있다. 동아시아에서 흔히 이야기되는 인간을 '소우주小宇宙'나 '인내천人乃天'이라고 하는 것 역시 동중서에 의해 정리되는 논리 구조다.

천인상응설의 배경은 천인이 동일한 질료로 이뤄져 있다는 것을 전제로 한다. 일종의 동질성에 의한 동일성이다. 즉 하늘과 인간은 차등적이지만, 본질에서는 공통성을 관통하고 있는 것이다. 이 또한 동아시아의 일원론적 관점에 따른 판단이다.

이와 같은 일원론적인 판단은 이원론에 기반한 하늘과 인간, 또는 신과 인간의 분리와는 다른 동아시아 철학만의 특징이다. 이원론에서 하늘이나 신은 인간 위에 존재하는 절대적인 영향자일 뿐이다. 그러나 일원론에서 하늘과 신은 인간에게 영향을 받기도 하는, 주고받는 평등의 연장선상에 있는 강자일 뿐이다. 즉 이원론에서의 하늘과 신이 왕조 국가의 국왕처럼 일반인과 분리된 존재라면, 일원론의 하늘과 신은 민주국가의 대통령처럼 상호 영향 관계 속에서 국민 누구나가 될 수 있는 개념이라고 이해하면 되겠다. 이는 동아시아의 특징이기도 한 강력한 인간은 신이 될 수 있다는 설정을 가능하게 한다. 즉 양자 간에는 '격절隔絶(이원론)'과 '일관一貫(일원론)'이라는 큰 차이가 존재하는 것이다.

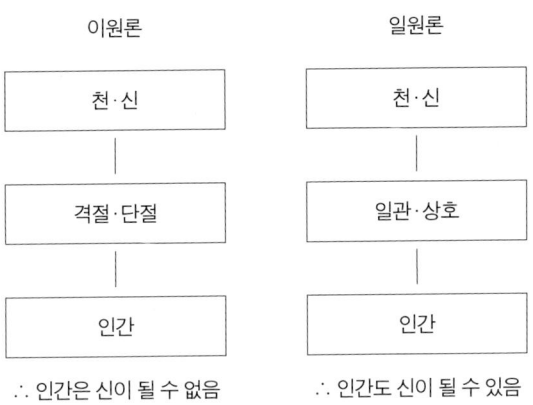

천인의 연결과 인간 본성의 근원으로서 하늘은 동아시아 명상에서 내면에 대한 자각과 각성으로 하늘을 알 수 있다는 관점을 파생한다. 즉 본성에 대한 촉구를 통해 하늘을 알 수 있고, 이는 인간이 소우주인 상황에서는 하늘의 전체를 알 수도 있다는 의미가 된다. 또 이는 마침내 천인합일天人合一의 이해로 진전·완성된다.[143]

이원론의 인도불교에도 수행자는 사선이나 사무색정(四無色定)을 통해, 이 세계에서도 신적인 능력을 구현해 낼 수 있다. 즉 사선과 사무색정을 통한 합일과 이러한 결과로서의 신통을 구현하는 것이다. 이는 마치 한국에 미국대사관이 있는 것과 같다. 즉 이 세계 속에서 사선과 사무색정을 통해 저 세계의 신묘한 힘이 작동하는 구조이다.

그러나 이러한 이원론의 사고가 지향하는 곳은 차안의 이 세계(현실)가 아니라 피안의 저 세계(이상)이다. 이런 점에서 본다면, 인과론의 본성 추구나 천인합일이 지금 여기의 나(현존)와 관련된다는 측면에서, 양자는 큰 관점 차이를 보이게 된다. 즉 양자 사이에는 '이상(이원론)'과 '현실(일원론)'의 분명한 추구 차이가 존재하는 것이다. 이러한 차이는 이후 중국불교에서 '출출세간'과 '평상심시도'와 같은 일상의 긍정 문제를 대두하게 한다.

동중서의 천인상응설의 모식은 이후 북송오자北宋五子 중 주돈이周敦頤(무숙茂叔, 염계濂溪, 1017~1073)의 「태극도설太極圖說」로 재정비되며, 신유학의 우주론 및 인간 발생론의 기본 틀이 된다. 이에 따르면, 태극에서 변화하는 음양·오행의 정기가 합해져 건도乾道는 남성이 되고 곤도坤道는 여성이 되며, 건도와 곤도가 감응해 만물을 변화·생성한다. 이 신묘한 기운을 간직한 인간 중 본질을 자각한 분이 성인으로 표준을 세우며 천지의 덕과 합치해 생사의 의미를 이해하게 된다. 이의 해당 부분을 제시해 보면 다음과 같다.

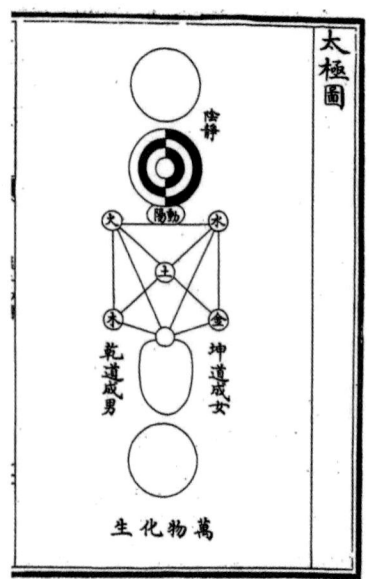

주돈이의 〈태극도〉.

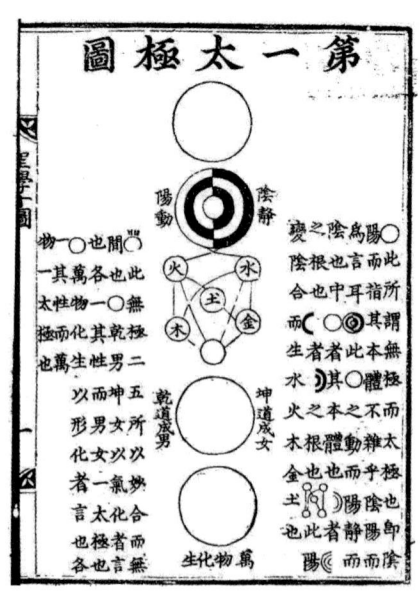

이황의 『성학십도』 중 〈제1 태극도〉. 주돈이의 〈태극도〉를 일목요연하게 정리해 놓은 문자도이다.

무극의 진眞은 2(음양)·5(오행)의 정精이다. 묘하게 합하고 응결하여, 건도는 남자가 되고 곤도는 여자가 된다. (건도와 곤도의) 두 기운이 교감하여 만물이 화생化生하고, 만물이 생생하고 변화함은 무궁하다.
오직 인간만이 그 빼어남을 얻어 최고로 신령하다. 형체가 이미 발생했으면, 신神(정신)의 앎이 나타난다. 오성五性이 감동하여 선악을 나누고, 만사가 나타난다. 성인聖人이 그것으로 중정中正과 인의仁義를 정하고, 주정主靜으로 인극人極을 세운다. 그러므로 성인은 천지의 덕과 합하고, 일월의 밝음과 합하며, 사시(4계절)의 질서와 합하고, 귀신의 길흉과 합한다.
군자는 닦으니(수修) 길하고, 소인은 어그러지니(패悖) 흉하다.
그러므로 말하기를 '하늘의 도를 세우는 것은 음과 양이고, 땅의 도를 세우는 것은 유柔와 강剛이며, 사람의 도를 세우는 것은 인과 의다.'라고 하는 것이다. 또 말하기를, '시작을 추구하고 끝을 살피면(원시반종原始反終), 생사의 의미를 알게 된다.'라고 하였다.
위대하도다. 역易이여! 그 지극함인져!¹⁴⁴

인용문을 보면, 주돈이는 동중서가 인간이 소우주라는 특이점을 강조한 것을 넘어, 성인의 추구까지 제시하는 것을 알 수 있다. 이 성인은 천지와 더불어 존재이며 생사를 아는 완성자이다. 이와 같은 신유학 초기의 인식은 장재(1020~1077) 「서명西銘(정완訂頑)」의 "민포물여民胞物與 물오여야物吾與也(백성은 나의 동포이며, 만물은 나와 함께한다)"와 같은 전체주의적인 연결 인식을 통해서도 확인해 볼 수가 있다.

하늘을 아버지라 칭하고 땅을 어머니라 칭하나니, 나는 그곳에서 자그 마하게 혼연混然 가운데에 있구나.● 그러므로 **천지의 끝까지가 나의 몸이며, 천지의 장수**(수帥)●●**가 나의 성性이다. 백성은 나의 동포이며, 만물은 나와 함께한다.** 대군大君된 자는 우리 부모의 종자宗子(맏아들)이고, 그 대신은 종자의 가상家相(가신)이다.

(…중략…)

성인은 그 덕이 합치된 것이며, 현인은 그 빼어남이다. 무릇 천하의 늙고, 병들고, 외로운 이들(피륭잔질疲癃殘疾, 경독환과煢獨鰥寡)은 모두 나의 형제로 힘들고 의지할 곳이 없는 사람들이다. 그때에 보존하는 것은 자식의 공경함이며, 즐기며 근심하지 않음은 효에 순수함이다.

(…중략…)

변화를 알면 그 일을 잘 잇고, 신神(신묘함)을 궁구하면 그 뜻을 잘 계승한다. 방의 서북쪽 모퉁이(옥루屋漏)●●●에도 부끄러움이 없어야 욕되지 않고, 마음을 보존하고 성性을 기름에 나태하지 않아야 한다.

(…중략…)

부귀와 복택福澤은 장차 나의 생을 두텁게 해 주는 것이며, 빈천과 우척憂戚(근심)은 너를 옥처럼 갈아서 이룩하고자 함이다. 나를 보존하고 모든 일에 충실하다가, 나는 죽어서 편안히 쉬리라.[145]

● 천지라는 부모 사이에 작게 존재한다는 의미이다.
●● 통괄의 의미이다.
●●● 방의 서북쪽 모퉁이에 신주를 보관하는 곳을 말한다.

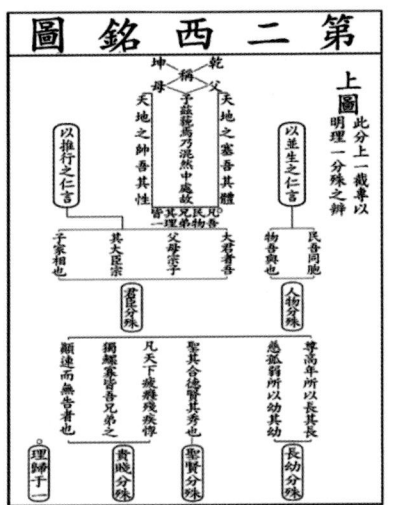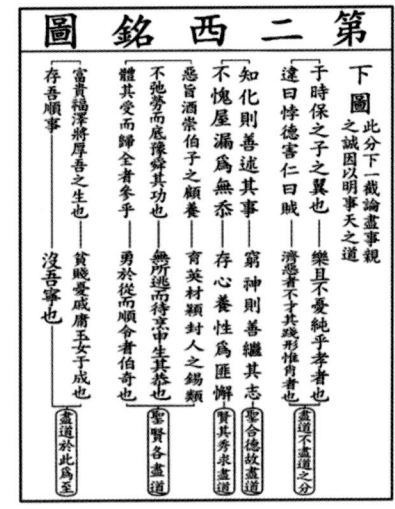

장재의 「서명(정완)」을 이황이 『성학십도』 중 〈제2 서명도〉로 일목요연하게 정리해 놓은 문자도.

인용문을 보면, 만물일체萬物一體와 성인을 이상으로 하며 죽음에 대한 극복이 나타나 있는 것을 알 수 있다. 즉 「태극도설」이 우주론적 구조와 인간의 발생을 통한 우주와의 연결을 제시하고 있다면, 「서명」은 천지 안의 대조화에 입각한 삶의 자세를 나타내 준다는 점에서 차이가 있다. 그러나 성인을 이상인격으로 제시하고 죽음을 천인합일의 관점에서 넘어서려는 것은 동일한 인식 구조임을 알 수 있다.

여기에서 주의할 점은, 앞서 살펴본 『노자』 제25장의 '왕 혹은 인'이 여기에서는 인극人極의 성인으로 변모한다는 점이다. 이는 불교의 영향에 의해 모두가 수행하면 붓다가 될 수 있다는 보살주의와 불성사상이 작용한 결과로 이해된다. 즉 중국 전통의 '군주 중에서만 성인이 될 수 있다'는 성군의 관점이 '누구나 노력하면 성인이 된다'는 측면으로 변모한 것이다. 또 불교에서 열반이 죽음을 넘어서는 것임과 마찬가지로 여기에서는 천인합일을 통한 죽음의 초극이 제시되고 있어 주목된다.

이성李成,〈한림평야도寒林平野圖〉(송나라)

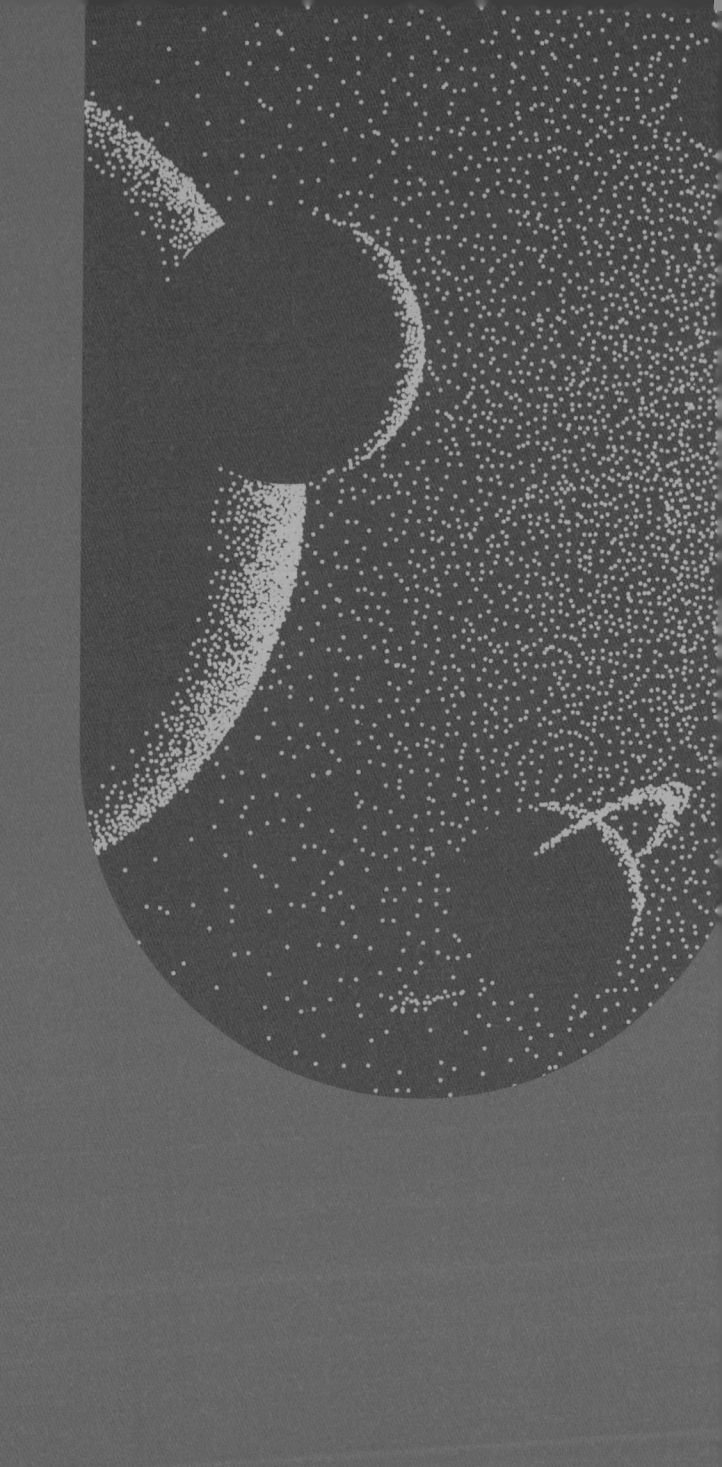

III. 동아시아 명상의 내적 중심인 심성론

1. 중국철학의 심성론 대두와 심성의 회복

1) 심성의 배경과 하늘과의 관계

제帝와 천天에 대한 신관神觀이 강력했던 상황에서 심성(인성)의 기원은 단연 하늘이다. 이는 『상서』「탕고湯誥」의 "아! 위대한 상제上帝께서는 하민下民에게 충衷(충심)을 내려 주셨으니, 항성恒性이 있는 것 같다."라고 한 것이나,[146] 앞서 언급한 『중용』의 "천명지위성天命之謂性(하늘이 명한 것이 이른바 성이다)"라 한 것을 통해서 확인해 볼 수 있다.

하늘이 절대 신의 위상을 가졌다는 점을 전제하면, 심성 역시 하늘에 근거하는 것은 당연하다. 그러나 발생 배경으로서 인격천이 존재하기는 하지만, 아직 이 시기에는 심성이 강력하게 대두하거나 명확하게 정리되지는 않았다. 이는 주나라의 천관天觀이 나름 유지되던 춘추시대(B.C. 770~403, 진쯥의 한韓·위魏·조趙로의 분할부터)까지 계속된다.

『논어』의 천은 인격천이며, 공자의 성에 대한 언급은 「양화陽貨」의 "본성은 서로 비슷한데, 학습에 의해 달라진다."라는 다소 막연한 것에 불과하다.[147] 그러나 춘추에서 전국(B.C. 403~221)으로 시대가 변모하면, 대규모 전쟁에 따른 인간의 지략 및 판단이 비약적으로 요청되며 확대된다. 이러한 결과로 인간의 본질, 즉 성性에 대한 관심이 철학의 중심으로 급부상한다. 대규모 전쟁이 만연하던 전국시대에 기원의 대상으로서 신이나 신의 가호보다는 인간의 지력에 의한 계략(병가·법가)이 더 절실했기 때문이다. 이후 중국철학의 핵심은 '심성을 중심으로 하는 천인 관계'로 발전·전개된다.

전국시대부터 본격화되는 초기의 심성론은 선악의 공존과 같은 혼재를 말하고 있다. 전국시대 진나라 사람으로 공자의 재전再傳 제자(손제자)인 세석世碩은 『양성서養性書』에서 '성유선유악론性有善有惡論'을 제기한다.[148] 이는 심성엔 선악이 동시에 내재하며 후천적인 학습에 의해 차이가 발생한다는 주장이다. 선천적인 심성보다는 후천적인 교육에 비중을 두는 관점이다.

공자의 제자 혹은 재전 제자인 밀자천密子賤이나 칠조개漆雕開 또는 공손니자公孫尼子 등도 사람의 성에는 선과 악이 함께 내재한다고 보았다. 이는 세석의 관점과 유사하다. 그렇다면 이러한 인식이 공문孔門, 즉 공자 문하의 일반론이었다는 판단도 가능하다.[149] 또 이들의 관점은 다소 차이가 있지만, 전국시대 공문의 최고 인물인 순자의 교육 강조와 연결된다는 점에서 주목된다.[150]

다음으로 『맹자』에 등장하는 고자告子(불해不害)는 성무선무악론性無善無惡論을 제창한다.[151] 여기에서 성은 선천적인 본성으로, 이러한 선천적 본성은 자연스러운 것이어서 선함이나 악함이 존재하지 않는다는 관점이다. 고자는 '사람의 성은 흐르는 물과 같아, 동쪽으로 끌어대면 동쪽으로 향하고, 서쪽으로 인도하면 서쪽으로 향한다.'라고 주장한다.[152] 선천적인 선악의 규정성을 부정하는 것이다. 이는 영국의 경험주의 철학자 존 로크John Locke(1632~1704)의 백지설白紙說(theory of tabula rasa, 혹 빈 서판)과[153] 유사한 인간 본성에 대한 관점이다.

중국 심성론과 관련해 가장 주목되는 인물은 단연 맹자와 순자이다. 주의할 점은 맹자가 부각되는 것은 불교가 일반화되는 당나라 말에나 가서라는 점이다. 이는 당의 한유韓愈(퇴지退之, 768~824)나 북송의 도통설道統說 주장 등을 통해서 쉽게 인지되는 부분이다.[154]

이에 반해 순자는 제나라 직하학궁稷下學宮의 수장(좨주祭主)으로[155] 당대 유학의 대표였다.[156] 즉 불교의 영향에 의해 관점이 바뀌는 당나라 이후와는 달리, 전국시대 맹자와 순자는 비교될 수 있는 인물이 아니었던 것이다.

맹자는 공자의 손자인 자사子思(B.C. 483?~402?)의 재전 제자쯤으로 추정되는 자사계 유가를 전지한다.●157 자사와 맹자는 본체론적인 관점에서 접근하는 특징(소위 내성파內省派)을 보이는데, 이러한 점에서 맹자의 성선설은 자사『중용』의 "천명지위성"과 내용적인 연결성을 가진다.

맹자는 고자와의 대론 속에서, 물이 항상 아래로 흐르는 것처럼 인성은 선하다고 주장한다.158 또 인간이 악하게 되는 것은 후에 오염된 것으로 본성은 그런 것이 아님을 '유자입정孺子入井'과 '우산지목牛山之木'의 비유 등을 들어 역설한다.159

맹자의 성은 천天과 연결된 성이며, 완전한 성이다. 즉 하늘로부터 품부稟賦받은 인간 본질이 바로 성인 것이다. 어떤 의미에서 이는 인도철학의 범아일여梵我一如(brahma-ātma-aikyam) 속 아트만ātman과 유사한 측면이 있다.160 그러나 맹자의 성은 인간의 관점이 중심이며, 천이 발생론적이라기보다는 당위와 요청 개념의 비중이 크다는 점에서 차이가 있다. 이는 선진유학이 점차 인격천에서 의리천의 관점을 취하는 것을 통해서도 판단되는 부분이다. 즉 천을 성선의 본질로 파악하지만, 인도철학의 범아일여에 비해 유신론적 경향이 낮고, 신보다는 인간 중심적인 판단을 하고 있는 것이다. 이와 같은 인본주의적 관점은 인도의 바라문교나 힌두교와 변별(신 중심)되는 동아시아만의 큰 특징이다.

● 맹자의 학통은 '증자曾子 → 자사子思 → 맹자孟子'로 보기도 하지만, 자사와 맹자의 연대 차를 고려한다면 중간에 다른 인물이 존재했다고 보는 것이 타당하다. 그러나 이 인물은 중요하지 않았고, 이로 인해 '자사 → 맹자'와 같은 학통이 강조된 것이 아닌가 한다. 이는 순자도 중궁仲弓의 제자가 아니지만, 중궁의 제자인 것처럼 전하는 것을 통해서 방증받아 볼 수 있다. 순자 역시 연대 차를 고려하면, 중궁의 손제자나 증손 제자로 보는 정도가 타당하다.

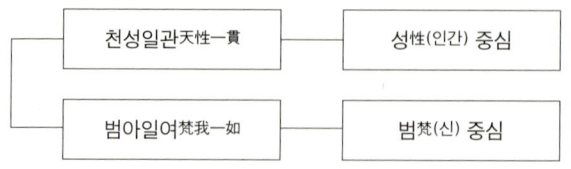

맹자의 성선설과 인도철학의 유사점, 그리고 차이점은 아트만과 비슷하면서도 변별되는 불성佛性사상이[161] 동아시아에 유행하는 배경이 된다. 또 이러한 불성사상의 유행은 당나라 말에 맹자가 재평가되고 주류로 부활하는 측면으로 작용한다.●[162] 즉 성선설과 불성론은 서로가 서로를 북돋아 주는 관계인 셈이다.

『맹자』에는 맹자가 심성의 근거를 천에서 구한 이유가 명확히 드러나지 않는다. 그러나 맹자와 자사와의 관계 및 성선이 작동하기 위한 당위성에서 천과 천명을 상정해 보는 것은 그리 어렵지 않다.[163] 왜냐하면 천이 완전함이자 지선至善으로 존재해야만, 인간의 성선 역시 가능하기 때문이다. 이런 경우 인간에게 존재하는 악은 내부적 오류와 외부적 오염일 뿐으로 제한적일 수

『지성선현반신상책』에 수록된 맹자의 초상화.

● 도통설道統說의 시작은 당나라 말의 한유韓愈이다. 송대 신유학은 도통설을 주장하면서 맹자에게서 단절된 심법이 1,400년을 격절해 북송의 정호程顥에게 상속하는 것으로 표현한다(張德麟 著, 박상리 外 譯, 『程明道의 哲學』[서울: 예문서원, 2004], 33쪽; 狩野直喜 著, 吳二煥 譯, 『中國哲學史』[서울: 乙酉文化社, 1997], 371쪽, "周公沒聖人之道不行, 孟軻死聖人之學不傳… 先生生千四百年之後, 得不傳之學於遺經"). 이는 『맹자』「이루離婁 하」에서 순舜과 문왕文王이 "득지행호중국得志行乎中國, 약합부절若合符節, 선성후성先聖後聖, 기규일야其揆一也"라고 한 전통을 따른 것이다.

밖에 없다.¹⁶⁴ 이와 같은 인식 속에서 맹자는 '양지양능良知良能', 즉 양심이나 어린아이의 마음인 '적자지심赤子之心'을 강조하게 된다.¹⁶⁵ 오류가 없는 본래의 완전성을 잘 함양하고 북돋는 것, 그리고 이를 통해 이 세계를 관통하는 호연지기浩然之氣를 확립하는 것이야말로 맹자 수양론의 핵심이다.¹⁶⁶ 이와 같은 관점은 그의 이상인격관인 선왕주의先王主義를 통해서도 확인된다. 맹자의 성선설은 이후 중국불교 속 화엄의 성기설性起說이나 천태의 성구설性具說, 그리고 남종선의 견성見性(견불성) 주장과 일정 부분 궤를 같이한다. 즉 중국불교 심성론의 철학 배경을 맹자의 인식 구조 속에서 살펴볼 수 있는 것이다.

또 맹자의 성선 주장은 모든 인간은 완전한 선을 내포하고 있다는 점에서 인간 평등을 제시한다. 이는 불성이 강조되면서 나타나는 당 말의 평등 인식에서도 확인되는 측면이기도 하다. 누구든지 자신의 본성을 잘 보존하고 발현시키면 성인이 될 수 있다는¹⁶⁷ 생각을 동아시아의 특징적인 군주론인 성인군주론의 관점에서 해석하면 누구나 군주가 되는 것이 가능하다는 것으로 이해될 수 있다. 즉 천명미상天命靡常인 셈이다.

이러한 인간 이해를 바탕으로 맹자는 귀한 것의 순서를 '군주→사직社稷→백성'으로 규정한다.¹⁶⁸ 이와 같은 민본주의 관점은 서구에서는 현대에 들어와야 가능하다는 점에서 주목된다. 서구가 '야훼Yahweh'라는 신 앞에서의 평등(차등 이하의 평등)을 강조했다면, 맹자는 성선에 기초한 인간 평등을 주장한다. 이런 점에서 진정한 인간 평등과 민본주의의 시작은 맹자라고 해도 큰 과언은 아니다.¹⁶⁹

또 맹자의 성선에 입각한 본성 함양涵養의 주장은 유교가 정치학과 윤리학을 벗어나 종교화되는 측면으로 이해될 수 있다. 실제로 동아시아에서 유교는 불교의 영향을 받는 과정에서 정치철학적인 측면이 약화되고, 수양론이 강조되며, 종교철학으로 변모한다. 이로 인해 유학자는 정치인인 동시에 수양을 하는 도덕인을 강요받게 된다. 즉 수양에 기반한 도덕 정치를 제창하는 것이다. 이는 송宋·명明 신유학이 '위인지학爲人之學(혹 위민지학爲民之學, 백성을 위한 공부)'이 아닌 '위기지학爲己之學(자기를 위한 공부)'을 강조하는 것을 통해서도 인지해 볼 수 있다.[170]

위기지학의 강조는 동아시아의 정치가 인식 주체와 분리되어 발전하지 못하는 한 요인이 된다. 또 유교의 불교적 영향에 따른 수양 강조는 송대부터 불교와 신유학이 대립하는 결과를 초래한다.[171] 이는 한漢·당唐 유학은 불교와 충돌하지 않지만, 중국불교의 영향 아래 수양론이 강조되는 신유학은 불교와 갈등 관계를 보이는 것을 통해서도 판단해 볼 수 있다.

맹자의 주장은 앞서 언급한 세석이나 밀자천 등 당시 공문孔門의 일반론과는 차이가 있다. 즉 공문의 일반론이 현상적이고 후천적인 교육을 강조해 문제의 해결을 주장했다면, 맹자는 본유本有적 관점을 견지하는 이질성을 보이고 있는 것이다. 본유의 강조는 연역적이라는 점에서 현상적이라기보다는 종교적인 측면이 강하다. 이런 점에서 맹자는 당시 비판받지만, 불교가 유행한 뒤에는 오히려 부각되는 아이러니한 모습을 보이게 된다.[172]

맹자의 본유론에 입각한 인간 평등 주장은 전국시대라는 혼란기 및 당시의 군주 체제 강조에 위배되는 문제가 존재한다. 이런 점에서 맹자의 비판자로서 순자荀子가 강력하게 대두하는 것은 공문의 당연한 전개라고 하겠다.

순자는 『순자』 「비십이자非十二子(12명의 스승 아닌 사람들)」에서 자사와 맹자를 공문의 이단으로 강하게 비판한다.

> (자사와 맹자는) 대략적으로 선왕先王을 본받기는 하지만 (전체적인) 통통統을 알지 못한다. 그럼에도 재주가 많고 뜻이 크다. 견문聞見은 잡박雜博하고, 옛 주장에 의지하여 새로운 설을 만들어 오행(목·화·토·금·수)이라 하였다. (그러나) 심히 치우치고 문제가 있어 유類가 없고, 부정확하여 설說

이 없으며, 갑갑하게 막혀 해解가 없다. 그러면서 그 말을 꾸며 정중하게 말한다. "이는 참다운 선왕先王과 군자君子의 말이다." **자사子思가 이것을 제창하고, 맹가孟軻(맹자)가 이것에 화답했다. 세속의 어리석은 선비들이 더해져, 떠들어대며 그 문제점을 알지 못한다.** 드디어 그들의 전해 짐을 받아들여 중니仲尼(공자)와 자유子游(자궁子弓[중궁仲弓]의 오류)가[173] 후세에 존중(자후茲厚)되는 것이 (이들 때문이라 하니,) 이것이 자사와 맹가의 죄이다.[174]

「비십이자」에서 자사와 맹자에 대비되는 유교의 정통 인물은 공자와 자궁이다. 자궁은 중궁으로[175] 순자의 스승쯤에 해당한다.[176] 다만 두 사람의 연대 차로 봤을 때 직접 제자이기는 어렵고, 손제자나 증손 제자쯤으로 보는 것이 타당하다. 즉 순자는 자신이 속한 중궁계인 숭예파崇禮派를 높이고, 자사계인 내성파內省派를 강하게 비판하고 있는 것이다.

이는 다음의 인용문을 통해서도 확인해 볼 수 있다.

지금의 인인仁人은 장차 무엇에 힘써야 하는가? 위로는 순舜(임금)·우禹(임금)의 제도를 본받고, 아래로는 중니·자궁의 의義를 본받아 십이자의 설을 종식함에 힘써야 한다. 이렇게 하면, 천하의 해악이 제거되고 인인의 일이 마쳐지며, 성왕聖王의 자취가 드러날 것이다.[177]

만약 (국가를 경영하는) 방략方略을 총괄하고 언행을 가지런히 하며, 큰 것과 작은 것을 통일하고 뭇 천하의 영걸들로 하여금 대고大古(근본 원칙)를 고지하며 지순至順을 가르친다면, 방 안의 구석과 거적 위에도 성왕의 문장文章이 갖춰 작용하고 태평 시대의 풍속이 일어날 것이다. (이렇게 되면 십이자의) **여섯 가지 학설이 능히 들어올 수 없고, 십이자도 능히 가까**

이할 수 없을 것이다.

(중니와 자궁은) 송곳 꽂을 땅도 없더라도 왕공王公이 더불어 명성을 다툴 수 없다. 한 대부의 직위에 있더라도 한 군주가 단독으로 기용할 수 없고, 한 나라가 단독으로 용납할 수 없다. (그럼에도) 명성이 제후에게 도움이 되므로 신하 삼기를 원하지 않는 이가 없다. 이는 성인으로 위치를 얻지 못한 이들이니, 중니와 자궁이 그들이다.[178]

통通하면 천하를 통일하고 궁窮하면 홀로 귀명貴名을 수립하니, 하늘이 능히 죽이지 못하고 땅이 능히 묻어 버리지 못하며, 걸왕桀王과 도척盜跖의 세상도 능히 더럽히지 못한다. 이는 대유大儒가 아니면 능히 수립할 수 없으니, 중니仲尼·자궁子弓이 그렇다.[179]

순자가 비판하는 비십이자란, '12명의 선생 같지 않은 사람'이라는 의미로 당시 제자백가 중 유명세를 떨치던 이들 가운데 순자가 집중적으로 비판한 6학설(학파)의 12명을 정리한 것이다. 즉 선생이라고 알려졌지만, 실제로는 선생이 아닌 사람을 추린 곳에 자사와 맹자가 적시되어 있는 것이다.

비십이자의 특징과 문제점을 간략히 정리해 보면 다음과 같다.[180]

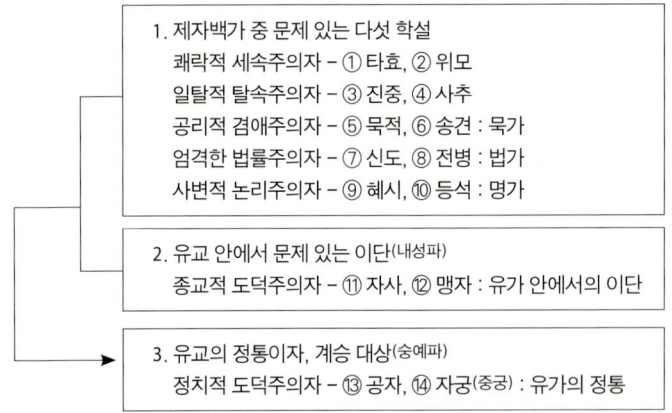

〈호량도濠梁圖〉(청대). 장자와 혜시 사이의 '호량교 논쟁'을 묘사한 그림. 이 그림의 두 주인공 중 혜시는 비십이자 중 하나이지만, 장자는 빠져 있다.

순자는 예학과 제도를 강조하는 자신의 유학적 입장에서 ①~⑩까지의 다른 제자백가들을 비판한다. 흥미로운 것은 노자와 장자·양주楊朱 등의 도가가 빠져 있다는 점이다. 이는 이들이 개인적인 영역을 주된 대상으로 하므로, 전체적인 설득력이 약했기 때문이 아닌가 한다.●181 또 순자의 도가에 대한 관용은 이후 제자인 한비韓非(B.C 218?~233)의『한비자』에 노자의 색채가 강한「해로解老」와「유로喩老」가 존재하는 한 배경이 된다.182

그런데 자사와 맹자는 같은 유가임에도 다른 학파와 대등한 위치에 놓고 비판하고 있다. 이는 순자가 자사와 맹자를 자파의 이단, 유교식 표현으로는 진실을 흐리는 '사이비'로 보았기 때문이다. 공자는『논어』「양화陽貨」에서, "자주색이 붉은색을 빼앗는 것을 싫어한다."라 하며,183 유사성에 의한 혼란을 강도 높게 비판한다. 이와 같은 관점의 연장선상에서 순자의 자사와 맹자 비판 역시 존재하는 것이다. 즉 완전히 다른 학파라면 혼란의 오류가 없지만, 자파 안에서의 이단이기 때문에 더욱 경계해야 한다는 주장이다.

● 순자에도 노자와 장자에 대한 비판은 존재한다(윤무학·김종범,「荀子의 道家 批判과 受容」,『栗谷學研究』43[2020], 340-361쪽). 그러나 양주楊朱에 대한 비판은 이렇다 할 것이 없다. 이에 반해 맹자는 양주와 묵적墨翟(묵자墨子)을 이단으로 비정하며 신랄하게 비판한다(『孟子』,「滕文公下」, "能言距楊墨者, 聖人之徒也").

『지성선현반신상책』에 수록된 자사의 초상화.

실제로 인용문 속 자사와 맹자에 대한 비판 중에는 "**심히 치우치고 문제가 있어 유類가 없고, 부정확하여 설說이 없으며, 갑갑하게 막혀서 해解가 없다. 그러면서도 … '(스스로) 이는 참다운 선왕과 군자의 말이다**(라고 주장한다.)'"라고 하면서, 강도 높은 비판 언어를 사용한다. 이는 순자의 자사와 맹자에 대한 부정적인 관점을 잘 나타내 준다.

그런데 자사와 맹자에 대한 비판 직후에 순자가 공자를 직접 등장시키는 것은 문제가 아닌가 한다. 공자는 유교의 교조다. 이런 점에서 유교 안에서는 그 누구와도 비교 대상이 될 수 없다. 그런데 순자는 공자라는 절대점을 대비시켜 자사와 맹자의 문제가 부각되도록 하고 있다. 이는 자사와 맹자가 공자의 계승자일 수 없다는 이단 비판인 동시에, 논리와 더불어 감정적인 부분이 존재함을 인지케 해 준다.

또 앞서 살펴본 것처럼, 공자와 더불어 자궁이 등장한다는 점에서 중궁계의 숭예파와 자사계 내성파 간 충돌을 판단해 보는 것도 어렵지 않다.[184] 만일 그렇지 않다면, 자궁을 공자와 병렬해 공문의 대표성을 가졌다고 기록하는 것은 이해가 어렵기 때문이다.

또한 순자의 비판에는 자사가 공자의 손자라는 점도 고려되어야 한다. 유교가 가업으로 계승되는 것은 아니지만, 고대 사회에서 종통宗統의 계승자를 비판한다는 것은 상식적이지 않다.

공자의 유일한 아들인 공리孔鯉(백어伯魚)는 공자보다 먼저 사망한다.[185]

이는 손자인 자사의 종통 권위가 높다는 것을 의미한다.[186] 그럼에도 순자는 무리하다고 판단될 수 있는 자사의 비판을 강도 높게 전개하고 있다. 즉 순자에게는 자사와 맹자를 비판해야만 하는 강력한 필연성이 존재했고, 여기에서 대척점에 서는 인물이 바로 자궁인 것이다.

순자는 전국시대 가장 유명한 학자들의 운집처인 제나라 직하학궁稷下學宮의 좨주를 세 번이나 하는 당대 유가의 대표 인물이다.[187] 이런 순자의 가르침은 제자인 한비자韓非子(B.C. 280?~233)와 이사李斯(B.C. 284~208)에게 계승되며, 진시황의 천하통일에 중요한 역할을 한다.[188] 즉 전국시대 말부터 진의 통일기에 걸쳐 순자의 위상은 맹자에 비견될 수 없었던 것이다. 이런 순자의 비판은 자사와 맹자에게 있어서는 치명적이었다.

또 순자의 자사·맹자 비판은 역으로 이들이 당시 순자에 대항할 유가 안의 유력한 세력이었다는 점도 인지토록 해 준다. 즉 맹자의 관점 역시 당시에 나름의 유력한 설득력을 확보하고 있었던 것이다.

아이러니하게도 순자의 자사와 맹자에 대한 강도 높은 비판은 수·당의 불교 확대와 함께 맹자가 유교적 대항마로 부각되기 시작하면서 상황이 반전하게 된다.●[189] 이번에는 역으로 순자가 주류에서 사라지는 결과가 초래되는 것이다.

순자의 심성론은 맹자의 성선설에 대비되는 성악설이다.[190] 순자는 「성악性惡」편을 찬술해 성선론에 거센 반론을 전개한다. 「성악」을 편명으로 했다는 것은 앞서 존재하던 맹자의 성선 주장을 의식한 것으로, 이는 순자의 성선에 대한 관점을 잘 나타내 준다.

● 후일 유교에서는 다섯 성인을 일컫는데, ① 지성至聖-공자, ② 복성復聖-안회, ③ 종성宗聖-증자曾子, ④ 술성述聖-자사子思, ⑤ 아성亞聖-맹자이다. 즉 자사와 맹자가 모두 성인으로 추앙되고 있는 것이다. 이는 순자의 위치 몰락을 의미한다.

순자는 본질적인 선함을 잘 발현시키라는 맹자식의 주장 대신 화강암으로 석굴암 불상을 조각하듯 현재는 문제가 있는 악이지만, 불필요한 것을 덜어내 완성하면 선이 된다고 주장한다. 이는 순자가 살던 전국시대 말의 혼란을 정리하기 위한 순자식 해법에 다름 아니다.

단어적으로 성선과 성악은 두 극단으로 대립하는 것 같다. 그러나 중국철학에서 성선과 성악은 상반되는 것이 아니라, 동일한 성선을 어떻게 인식하느냐에 따른 관점 차이일 뿐이다. 즉 맹자가 본질적 선에 집중했다면, 순자는 현상적 악에 집중해서 이 악을 제거할 것을 주장한 것이다. 즉 두 사람 모두 성선을 말하지만, 관점에 따라서 본체 중심(성선)과 현상 중심(성악)의 차이가 존재하는 셈이다.

맹자 | 본체 중심 − 거울에는 때가 껴 있어도 밝은 본질에는 변함이 없다
　　　　　　　　→ 존심양성
순자 | 현상 중심 − 때가 껴 있는 거울은 현상적으로 문제가 있으므로
　　　　　　　　닦아야 밝음이 회복된다 → 교육 강조

순자의 성악이 본질적 악이라면, 이는 예나 교육을 통한 교정 자체가 불가능하다. 만일 본질이 악이라면, 악은 어떠한 노력으로도 탈각될 수 없기 때문이다. 이런 점에서 중국철학에 완전한 성악설은 존재하지 않는다. 왜냐하면 순자의 악은 탈각시켜 선으로 되돌리기 위한 작업가설적인 현상의 악이며, 순자의 지향점은 극기를 통한 선의 완성이기 때문이다. 순자 역시 선의 완성을 추구한다는 점에서 본다면, 궁극적으로는 성선이라고 해도 크게 틀리지 않다.

참고로 맹자의 성선과 순자의 성악을 통한 인간 이해와 관점 충돌은 중국의 당나라 선불교 안에서 혜능慧能(惠能, 638~713)과 신수神秀(605~706)의

거울 비유에 따른 돈점 논쟁으로 재현된다.[191] 즉 중국철학적인 논점이 순환하고 있는데, 이는 이 논점이 일원론을 배경으로 하는 중국철학 안에서 매우 중요하다는 것을 의미한다. 돈점 논쟁에서의 승자는 성선과 같은 불성의 본유론을 주장한 혜능이다. 즉 맹자와 혜능이 중국 심성론 주장의 승자인 셈이다. 다만 맹자가 시기적으로 빠르지만, 맹자는 순자에 의한 비판으로 직후에 몰락한다. 그런 상황에서 화엄을 거친 혜능의 남종선이 주류가 되자, 이러한 본유론의 흐름에 의해 맹자 역시 사상적으로 부활하게 된다.[192]

순자는 인간의 본성은 악한데, 이를 되돌려 선하게 하는 것은 인위적인 노력임을 강조한다. 이로 인해 개인적으로는 교육이, 사회적으로는 예제와 제도 및 법률의 필연성이 대두하게 된다. 이는 국가의 체제나 정비와 연결될 수 있는 부분이다. 이와 같은 그의 주장은 맹자가 요·순을 통한 선왕주의先王主義를 제시한 것과 달리, 순자가 우禹와 같은 후왕주의後王主義(법후왕法後王)를 제창한 것을 통해서도 확인된다.[193] 또 이는 순자의 제자에 법가인 한비자나 이사가 등장하는 배경이 된다.[194]

순자의 학문 및 집단과 제도적 체제 강조는 공자의 정치 지향에 대한 발전 형태로 보아도 큰 문제가 없다. 이러한 순자의 관점은 한나라 때의 후손인 순열荀悅로 계승된다.[195] 중국에서 인성에 대한 논의가 가장 활발해지는 것은 안정된 통일제국을 확립하는 유방의 한나라(전한, B.C. 202~A.D. 8·후한, 25~220) 때다.[196] 이후 위·진남북조와 당이라는 불교의 논의를 거친 후대 송宋·명명의 신유학에서 인성에 대한 논의는 더욱 활발해진다. 그러나 이는 불교의 영향을 통한 것이므로 이를 배제한 중국적인 측면만을 놓고 본다면 한나라를 드는 것이 타당하다.

전한의 동중서는 심성론으로 성선정악론性善情惡論이나 성삼품론性三品論 내지 성미선혼론性未善論 등 다양한 관점을 제시한다.[197] 또 유향劉向(B.C. 77~6)은 성정상응론性情相應論을 그리고 후한의 왕충王充(A.D. 27~104)은 용

111

기위성론用氣爲性論 등을 제기했다.[198] 그러나 이러한 한나라 때의 인성에 대한 다양한 견해들 중에 맹자의 성선설을 계승한 것은 존재하지 않는다. 즉 맹자의 성선설은 한나라 때까지 공문의 주류가 아니었던 것이다.

이는 두 가지의 판단을 가능하게 한다. 첫째, 맹자의 성선설은 공문의 정설이 아니라는 점이다. 둘째, 순자의 비판과 정리가 이후 한대까지 유교의 주류로 유지되고 있었을 것이라는 점이다. 전한의 성선론 약화는 이 두 가지가 모두 작용한 결과로 보는 것이 타당하다.

또 후대에 '공맹孔孟'이라 병칭될 정도로 맹자가 부활하는 것은 후한의 불교 전래(A.D. 67)와 후한과 위·진남북조의 불교 확대에 따른 유교적인 대항마로써 맹자의 성선설이 요청된 결과이다. 물론 불교의 불성 등 불교심성론의 유행에 있어서는, 맹자와 순자에게서 모두 확인되는 성선에 대한 추구가 존재했다는 점은 재론의 여지가 없다. 즉 선진시대 성선에 대한 논의는 불교의 본체론이 유행하는 배경이 된다. 또 이로 인한 화엄종과 선불교의 유행은 다시금 맹자의 위상 재고를 초래했고, 이 결과 순자에 의해 비십이자로 비판받았던 맹자는 공자와 더불어 병칭되는 최고의 대상으로 끌어올려지게 된다.[199]

이상의 관계를 간략히 정리하면 다음과 같다.

① 맹자와 순자의 성선론적 관점 → ② 불교 본체론의 유행과 발전 → ③ 당나라 화엄종의 성기性起와 선불교의 불성佛性 유행 → ④ 당나라 말 유교 안에서 불교의 대항마로써 성선론의 맹자가 부활함

2) 맹자 성선설의 당위성과 수양론

맹자의 성선설 주장의 입론 근거는 자사 『중용』의 "천명지위성天命之謂性"에

서와 같은 천天이다. 인격천 중심의 춘추시대에서 전국시대로 오면, 점차 천의 인격적 요소가 탈각되며 원리적이고 도덕적인 의리천으로 변모한다는 점은 앞서 언급한 바 있다. 이 시기 맹자는 인간의 본성과 도덕적으로 항상한 배경으로 자사 이래의 천을 재정리해서 제시한다.

맹자의 천은 춘추시대의 인격천과는 다른 의리천의 요소가 강하다. 다만 시대적인 한계상 맹자에게서 인격천의 요소는 완전히 탈각되지 않는다.

맹자에게 있어서 천은 성선의 입론 배경으로 요청된 측면 역시 상당하다. 즉 맹자에게는 바라문교나 기독교·이슬람과 같은 발생자로서의 신 중심이 아닌 인간 중심의 사고가 존재하는 것이다. 맹자에게 있어서 잔존하는 인격천적 요소는 발생론이 아닌 성선의 타당 변증을 위한 요청 개념적 측면이 강하다는 말이다.

천은 맹자의 성선적인 요청 개념 안에서 완전체이며, 지선至善(완전한 선)이어야 한다. 왜냐하면 이런 천에 의해 인간의 본성이 부여되고, 이것이 곧 성선이기 때문이다. 즉 성선론에서 인간이 본유적인 성선을 가질 수 있는 것은, 천이라는 발생론적인 완전한 선이 존재하기 때문이다. 물론 이러한 성선의 존재는 철학적이라기보다는 종교적이며, 믿음의 영역에 한정 지어질 뿐이다. 이런 점에서 맹자의 성선론은 인본적이기는 하지만, 그럼에도 전 시대의 인격천적인 요소를 일정 부분 내포하는 종교적 성향을 보인다고 하겠다.

맹자가 살았던 전국시대는 매우 혼란한 시기이다. 이러한 사회 문제의 해법을 맹자는 "적자지심赤子之心"처럼 태어날 때의 선(본성)을 회복하는 본질적 환기에 두었다. 이는 순자가 현상의 문제를 교육과 예제 및 제도의 정비를 통해 해결하려고 한 것과 다르다. 즉 맹자는 선천적인 수일守一을 주장했지만, 순자는 후천적인 정리와 회복에 주안점을 두고 있는 것이다. 그러나 이들이 모두 선을 목적으로 두었다는 점은 공통되며 분명하다.

성선설의 가장 큰 문제점은 악의 기원에 있다. 즉 인간이 본유적인 성선이라면, '악은 어떻게 존재할 수 있느냐?'의 문제가 존재하는 것이다. 이를 맹자는 우산牛山의 비유를 들어 본질에는 문제가 없지만, 뒤에 발생하는 과정에서의 오류 때문에 악이 존재한다고 주장한다.

맹자가 말했다. "우산의 나무는 예전에는 (울창해) 아름다웠다. 그러나 그 위치가 대국大國의 교외였다. (해서 백성들이) 도끼와 자귀로 벌목하니, (어찌) 아름다울 수 있겠는가? (그러나 산의 본질을 말한다면,) 주야로 휴식하며 (자라나고) 비와 이슬이 윤택하게 한다. (그렇게) 싹이 돋아남이 없지 않으나, 소와 양을 데려와 방목하니 저렇게 (민둥산이 되어) 황폐(탁탁濯濯)해지고 만다.

사람들은 그 황폐함만을 보고는 '(우산에는) 예로부터 목재가 있지 않았다.'라고 한다. (그러나) 어찌 이것이 (우)산의 본성이겠는가?

비록 사람에게 보존된 바에 어찌 인의의 마음이 없겠는가? (다만) 그 양심을 놓아 버린 것이, 다시금 도끼와 자귀로 나무를 부지런히 벌목하는 것과 같다. (그러니) 가히 아름다울 수 있겠는가?

주야로 휴식해서 (자라나는) 것이 '평단지기平旦之氣'다. 그 호오好惡가 다른 사람과 더불어 비슷하게 행하는 것이 거의 드물다.[200] 그런데 그 단 주旦晝(낮)에 행하는 바가 그것을 없애 버린다. 없애기를 반복하면, 그 **'야기夜氣'는 보존됨이 부족하다.** (또) 야기의 보존이 부족하면, 그 **위배됨이 금수禽獸와 멀지 않다.** 다른 사람이 그 금수와 같음을 보고는 '일찍부터 재질이 없다.'라고 한다면, 이것이 어찌 사람의 정情(본모습)이겠는가! 그러므로 진실로 그것(본성)의 길러 줌을 얻으면, 만물은 자라나지 않음이 없다. (또) 진실로 그것의 길러 줌을 잃으면, 만물은 소멸하지 않

● 휩쓸려 약화된다는 의미이다.

음이 없게 된다."²⁰¹

우산의 비유에 따르면, 모든 악의 문제는 비본질적인 것으로 자기 욕망 때문에 존재하는 오류일 뿐이다. 그러나 성이 지선至善으로 완전성이라면, 자기 오류에 의한 악일지라도 존재해서는 안 된다. 이런 점에서 악은 자기 오류일 뿐이라는 주장은 성립할 수 없다. 마치 기독교에서 '야훼가 완전한 선의 신이라면, 이런 신이 만든 아담이 어떻게 원죄를 범할 수 있느냐?'와 같은 논리 모순이 존재하는 것이다. 이런 문제를 기독교는 자유의지 때문이라고 주장한다. 그러나 신의 완전성에 입각한다면, 자유의지에 의한 문제 역시 존재해서는 안 되며 또 존재할 수 없어야 한다.

다음으로 추론될 수 있는 논리는 거울에 때가 끼는 것처럼, 본성에는 문제가 없지만 외부로부터의 오염에 의해 악이 발생한다는 견해다. 그러나 선과 악을 근본적으로 분리하지 않는 일원론의 중국철학에서, 외부로부터의 오염이라는 주장도 성립하기 어렵다. 왜냐하면 악이 선을 가릴 정도가 되기 위해서는 악 역시 선과 대등한 정도로 존재해야만 하기 때문이다. 즉 악의 발생 기원이 선과 분리되어야 하는 것이다. 만일 이렇게 된다면, 이는 일원론이 아니라 이원론적 사고가 된다.

악이 '내적인 자기 오류'이거나 '외적인 오염'이라는 주장엔 천의 완전성과 지선에 대한 전제에 문제가 제기될 수 있다. 즉 자기 오류나 외부 오염이 가능하다면, 인성의 근거인 천이 불완전하거나 지선이 아닐 수 있다는 의미이기 때문이다. 이렇게 되면, 천을 입론 배경으로 하는 성선의 관점은 그 자체로 성립될 수 없게 된다.

맹자에게서 악의 문제는 완전히 해소될 수 없다. 즉 악의 기원 문제는 맹자의 해법 제시 대상을 벗어나 있는 것이다. 그럼에도 맹자는 본성의 회복과 확충을 통해 현존하는 오류 문제(악)를 해결할 수 있다고 판단했다. 즉 대

전제에 모순이 존재하기는 하지만, 여기에까지는 논의의 치밀도가 진전되지 못하며 현재적인 부분에서의 해법만을 제시하고 있는 것이다.

> 맹자가 말했다. "인仁은 사람의 마음이고, 의義는 사람의 길이다. 그 길을 버려두고 따르지 않으며, 그 마음을 잃어버리고 구할 줄 모르니, 안타깝구나(애재哀哉)! 사람이 닭과 개를 잃어버리면 그것을 찾을 줄 알지만, 사람이 그 마음을 잃어버리면 찾을 줄 모른다. 학문의 방법이란 다른 것이 없다. (오직) 그 방심放心을 구할 뿐이다(구방심求放心).²⁰²

인용문을 보면, 맹자 역시 본성의 확충을 주장하지만 그럼에도 문제 인식은 순자처럼 현실에 기반한 것임을 알 수 있다. 즉 이들은 공히 전국시대라는 혼란한 현실에 대한 해법을 제시하며, 그 핵심에는 선의 회복과 완성이 존재하는 것이다. 다만 다른 점은, 맹자는 진흙 속에 떨어진 금덩이처럼 본질은 오염되지 않으므로 드러내면 된다(존심양성存心養性)고 한 반면, 순자는 옥돌 표면의 흠처럼 문제를 깎아내야 한다(교육 강조)고 생각했다.

맹자는 '일체는 모두 나에게 갖추어져 있으나, 노력하지 않으면 문제는 해결되지 않는다.'라고 주장한다.²⁰³ 이를 "요순의 지혜로도 사물을 모두 알지 못함은 먼저 힘써야 할 것에 급히 하기 때문이다."●라고 했다.²⁰⁴

맹자의 확충은 확산으로 전개되는데, 「진심 하」의 다음과 같은 구절은 이를 잘 나타내 준다.

> (호생불해가 물었다.) "어떤 것이 선善이며? 어떤 것이 신信입니까?"
> (맹자가) 답했다. "(사람들이) 가히 하고자 하는 것을 '선善'이라 하며, (선이)

● 우선순위가 있기 때문이라는 의미이다.

자기에게 있는 것을 '신信'이라 합니다. (선이) 충실해진 것을 '미美'라 하고, 충실해서 광휘가 있는 것을 '대大'라 합니다. 대大이면서 변화하는 것을 '성聖'이라 하고, 성聖이면서 알 수 없는 것을 '신神'이라 합니다."[205]

인용문을 보면, 맹자는 선에서 출발하여 점차 확대해 '선善 → 신信 → 미美 → 대大 → 성聖 → 신神'의 순으로 전개하는 것을 알 수 있다. 이는 맹자 수양론의 특징이다.

맹자는 인간의 본성에 인仁·의義·예禮·지智의 사덕四德이 내재하여 있고, 이의 현상적인 단초로 측은지심惻隱之心·수오지심羞惡之心·사양지심辭讓之心·시비지심是非之心의 사단四端을 제시한다. 즉 사단의 확충이 사덕으로 통하는 현상적 측면이며, 이의 통합적 표현이 바로 '불인인지심不忍人之心 (다른 사람에게 차마 하지 못하는 마음)'이라는 것이다.

측은지심은 인의 단서요, 수오지심은 의의 단서이며, 사양지심은 예의 단서요, 시비지심은 지의 단서이다.[206]

맹자가 말했다. "사람에게는 모두 불인인지심不忍人之心이 있다. 선왕先王은 불인인지심을 가지고, 그 불인인지정不忍人之政을 하였다. 불인인지심으로 불인인지정을 행하면, 가히 천하를 통치하는 것이 손바닥 위에서 움직이는 정도가 된다. 사람들에게 모두 불인인지심이 있다고 말하는 것은 지금 사람들이 갑자기 유자孺子(어린아이)가 우물에 빠지려는 것을 보면, 모두 놀라며 측은지심을 가지게 되는 것과 같다. (이것은) 유자의 부모와 친분을 맺으려는 것이 아니며, 향당이나 붕우들에게 칭찬을 받으려는 것도 아니다. (또 아이를 구하지 못했을 때 들을) 비난의 소리를 싫어해서도 아니다. 이로 말미암아 본다면, 측은지심이 없으면 사람이 아니며, 수오지심이 없으면 사람이 아니고, 사양지심이 없으면 사람이 아니며, 시비지심이 없으면 사람이 아닌 것이다."[207]

맹자는 본성을 잘 보존해서 확충하는 존심양성存心養性을 잘하면, 점차 확대되어 천지 간에 가득하게 된다고 주장한다. 이것이 바로 '**평단지기**平旦之氣(내적 존양) → **존야기**存夜氣(밤기운의 보존) → **호연지기**(의義의 집합)'로 연결되는 **양기설**養氣說이다.

(맹자가 말했다.) "그러므로 진실로 그 양양養(본질의 보호와 기름)을 얻는다면, 만물은 자라지 않음이 없다. 진실로 그 양양을 잃는다면, 만물은 소멸하지 않음이 없다." 공자가 말했다. '잡으면 보존되고, 놓치면 잃는다. 출입에는 때가 없으나, 그 방향은 알 수가 없다.' (이는) 오직 (사람의) 마음을 두고 한 말이다.[208]

주야로 휴식해서 (자라나는) 것이 '평단지기平旦之氣'다. 그 호오好惡가 다른 사람과 더불어 비슷하게 행하는 것이 거의 드물다.[209] 그런데 그 단주旦晝(낮)에 행하는 바가 그것을 없애 버린다. 없애기를 반복하면, 그 '야기夜氣'는 보존됨이 부족하다. (또) 야기의 보존이 부족하면, 그 위배됨이 금수禽獸와 멀지 않다. 다른 사람이 그 금수와 같음을 보고는 '일찍부터 재질이 없다.'라고 한다면, 이것이 어찌 사람의 정情(본모습)이겠는가! 그러므로 진실로 그것(본성)의 길러 줌을 얻으면, 만물은 자라나지 않음이 없다. (또) 진실로 그것의 길러 줌을 잃으면, 만물은 소멸하지 않음이 없게 된다.[210]

(공손추가 물었다.) "감히 묻겠습니다. 호연지기란 무엇입니까?" (맹자가) 말

했다. "말하기 어렵다. **그 기운됨이 지극히 크고 지극히 강하니, 곧으로 기르고 해됨이 없다. 그러면 천지 간에 가득 차게 된다.** 그 기 됨이 의義와 도道에 합하니, 이것이 없으면 주리게(위축) 된다. (호연지기) 이는 의義가 모여 생기는 것으로 의가 (어떤 일로) 엄습되어 취해지는 것이 아니다. 행하고도 마음에 흡족하지 않음이 있다면, 주리게(위축) 된다. 그러므로 내가 말하기를 '고자告子는 처음부터 의를 알지 못했다'고 한 것이다. (고자는) 의義를 밖에 두기 때문이다. (호연지기를) 기름에 있어서는 효과를 바라지 말고, 마음을 잊지 말며, 조장助長하지 않아야 한다."[211]

인용문을 보면, 맹자의 수양론은 기를 통한 확대로 귀결됨을 알 수 있다. 즉 성선에서 시작하여 존심양성하고 기를 통해서 전체와 하나 되는 것, 이것이 바로 맹자의 수양론이다.

맹자의 수양론
① 성선 → ② 존심양성 → ③ 호연지기의 확충 및 확대 → ④ 천인합일

기의 강조는 동아시아의 일원론적 사고와 연결된 현실과 유리되지 않는 수양론이다. 즉 자신의 내면에 존재하는 본성의 기운을 잘 보존하고 확충하는 것이 맹자의 수양론이자 명상법이다. 이와 같은 양기養氣를 통해 뜻을 순일하게 하여, 맹자는 40세에 흔들리지 않는 부동심不動心의 단계에 이른다.

부동심은 공자가 40세에 불혹不惑이라고 한 것과 유사한 것으로, 기의 확충을 통해 내면의 의로움(의義)이 분명해지는 것을 의미한다.『주역』「1. 중천건괘重天乾卦(䷀)」의 "확호기불가발確乎其不可拔(확고하여 가히 뽑을 수 없다)"과 같은 것과 유사한 측면이다.[212] 맹자는 부동심의 단계가 자신의 대론자인

고자도 된다고 한 것으로 보아, 당시에는 부동심이 학문과 수양의 성숙도가 높은 사람에게 나타나는 평가의 한 기준이었던 것으로 판단된다.

공손추가 물었다. "(맹)부자夫子가 제나라의 경상卿相이 되어 도道의 행함을 얻는다면, 이로 말미암아 저 패왕覇王과 다름이 없을 것입니다. 이와 같다면 마음에 움직임이 없겠습니까?" 맹자가 말했다. "아닙니다. 나는 40(세)에 마음이 흔들리지 않았습니다(사십부동심四十不動心)." (다시) 말했다. "그렇다면 (맹)부자는 (용맹함으로 이름난) 맹분孟賁보다 훨씬 뛰어나시군요." (맹자가) 말했다. "(부동심,) 그것은 어렵지 않습니다. 고자는 나보다 먼저 마음이 흔들리지 않았습니다(부동심不動心)."

(… 중략 …)

(공손추가) 물었다. "감히 묻겠습니다. (맹)부자의 부동심과 고자 부동심의 (차이를) 들을 수 있겠습니까?"
(맹자가 말했다.) "고자는 말한다. '말로써 얻지 못하면 마음으로 구하지 말고, 마음으로 얻지 못하면 기에서 구하지 말라.'라고. (여기에서 뒤 구절인) '마음으로 얻지 못하면 기에서 구하지 말라'는 것은 가하다. (그러나 앞 구절인) '말로써 얻지 못하면 마음으로 구하지 말라'고 한 것은 불가하다. **대저 뜻(지志)이란, 기의 장수(통솔자)요, 기는 몸에 가득 차 있다.** 그러므로 뜻이 최고이고 기는 그다음이다. 그러므로 말하기를, '그 뜻을 보존하고, 그 기의 사나움을 없게 하라.'라고 한 것이다."
(공손추가) 다시 말했다. "'뜻(지志)이 최고이고 기는 그다음이다.'라고 하고, 또 말하기를 '그 뜻을 보존하고, 그 기의 사나움을 없게 하라.'라고 하시니, 무슨 뜻입니까?"

(맹자가) 말했다. "뜻이 전일하면 기가 움직이며, 기가 전일이면 뜻이 움직인다는 것이다. 이제, 마치 넘어지거나 달리는 것은 기에 의한 것이지만, 도리어 그 마음도 (함께) 움직이는 것과 같다."[213]

맹자가 말하는 부동심은 기를 확충하고 뜻으로 이것을 잘 부려 스스로 장애 됨이 없게 하는 것이다. 이런 점에서 공자가 말한 40세 불혹과 유사한 측면이 존재한다.[214] 그러나 이는 공자가 70세에 "종심소욕불유구從心所慾不踰矩(마음먹은 대로 해도 법도에 어긋나지 않음)"와[215] 같은 변화의 유연한 관점과는 차이가 있다. 왜냐하면 부동심이 안정적인 조율이라면, 종심소욕불유구는 변화 속에서 변화와 충돌하지 않으며 변화를 타고 가는 관점으로 이해될 수 있기 때문이다.

맹자의 수양론은 「고자 상」의 다음과 같은 구절을 통해 간략한 정리가 가능하다.

맹자가 말하였다. "**그 마음을 다하는 자**(진심자盡心者)**는 그 성性을 알고, 그 성을 알면 하늘**(천天)**을 안다. 그 마음을 보존하여 성을 기르면**(존심양성存心養性), **하늘을 섬기는 것**(사천事天)**이다.** 요절과 장수가 둘이 아니니, 수신修身으로써 기다리는 것이 입명立命하는 바이다.[216]

인용문은 ① 진심盡心 → ② 지성知性 → ③ 지천知天의 순서이며, 이는 본심 → 본성 → 하늘의 연결 구조임을 알 수 있다. 또 존심양성하면 곧 사천事天이 된다. 이는 본성의 함양이 사천이라는, 현재에서 깨어 있는 주인공의 삶이라는 의미다. 이를 통해 맹자는 마음에서 시작하는 통체적인 심 개념을 바탕으로 유심 구조적인 전개를 통한 현재적인 천인합일을 지향하고 있음을 알 수 있다.

맹자는 자사의 "천명지위성"의 개념을 진일보시켜 인성을 천과 연결하는 천인합일의 이상을 제시한다. 일원론의 관점에서 하늘과 사람은 결코 분리될 수 없으며, 상호 연결된 동일성 안에서의 다름과 차등일 수밖에 없다. 또 자사와 맹자는 인성의 근본을 천에 두고 있기 때문에 맹자의 수양론은 결국 존심양성과 양기를 통한 천인합일을 제시하지 않을 수 없게 된다. 즉 **본성을 통한 이법천㸃法天의 각성과 주체적인 천인합일이야말로 맹자 수양론의 핵심**이라고 하겠다.

2. 중국불교의 심성론 수용과 수행의 목적

1) 불교의 중국 전래와 불성사상의 확립

불교의 중국 전래는 북방 유목민족에 의한 경우도 존재한다. 그러나 이는 유목문화의 특성상 자료로의 판단이 쉽지 않다.[217] 이 때문에 현재 공식적으로 인정되는 것은 실크로드를 통한 상인들과 전도승傳道僧(전도사)들에 의한 전파다.[218] 가장 일반적인 것은 후한 명제明帝(제2대, 재위 57~75) 영평永平 10년인 A.D. 67년의 금인강정설金人降庭說(감몽구법설感夢求法說)이다.[219]

5호 16국 시대에 일어난 각 나라

중국 간쑤성 옌관의 옛 실크로드 구간.

몽골 고원의 옛 초원의 길 구간.

불교의 초기 전래는 이민족 중심으로 이뤄졌고, 한족으로의 수용은 황노학黃老學과의 연장선인 격의불교格義佛敎나[220] 이방의 신神과 같은 강자의 의미로 받아들여졌다. 이와 같은 내용은 『후한서』 초왕영楚王英(명제의 동생, ?~71)에 대한 기록이나, 승우僧祐(445~518)의 『홍명집弘明集』 등에서 확인해 볼 수 있다.[221]

불교가 중국에서 본격적으로 확대되는 것은 후한이 붕괴하는 삼국시대부터다. 이때 강거국康居國 출신 강승회康僧會(?~280)가 오나라 손권孫權(187~192)의 왕궁에서 기도를 올려 사리를 얻은 이야기 등은 불교의 확대 양상을 잘 나타내 준다.[222]

초기 전래에서 이민족의 종교라는 이미지가 강했던 불교가 중국의 전통적인 유교나 황로학黃老學을 대체하는 것은 통일왕조인 서진西晉(266~316)이 팔왕八王의 난亂(291~306)으로 붕괴하는 위·진남북조시대(220~589)이다. 이때 강북에는 선비鮮卑·흉노匈奴·갈羯·저氐·강羌의 오호가 남하해 16개● 의 왕조가 난립하게 된다. 이는 기존 한족의 가치관과는 다른, 유목민에 의한 이민족 문화가 강북의 주류로 이식되었음을 의미한다.

이 시기 만리장성 밖 유목민들은 이미 불교를 믿고 있었기 때문에, 이들의 남하에 의한 왕조 성립은 불교가 중국에 완전히 정착하는 결과를 초래한다. 이는 갈족羯族이었던 후조의 제3대 석호石虎(295~349, 재위 334~339)와 당시 한족 출신의 중서저작랑中書著作郞 왕도王度 및 중서령中書令 왕파王波 간에 오간 다음의 내용을 통해 분명해진다.

● 최홍崔鴻(478~525)의 『십육국춘추十六國春秋』. 하夏·성한成漢·이조二趙(전조·후조)·삼진三秦(전진·후진·서진)·사연四燕(전연·후연·북연·남연)·오량五凉(전량·후량·북량·남량·서)을 말함.

(불도)징(232~348)의 도화道化가 행해지자, 백성의 다수가 붓다를 받들었다. 모두 사묘寺廟(사찰)를 조영造營하여 서로 다투어 출가했다. (이로 인해) 진위가 혼탁해지고 문제(건과愆過)가 많이 발생했다. (후조의 제3대 황제인) 석호石虎가 글을 내려 중서성中書省에 문의했다.

"붓다는 세존으로 칭하며 국가가 받드는 바이다. (그런데) 마을의 소인으로 벼슬과 지위가 없는 이들이 붓다를 섬기게 되는 것이 타당한가? 또 사문沙門은 모두 응당 고결高潔하고 올바르며(정정貞正), 능히 정진精進을 행한 연후에 도사道士●가 될 수 있다. (그런데) 이제 사문이 너무 많다. 혹 간사한 도둑(간귀姦宄)과 피역避役자도 있어 그 사람(승려)됨이 아님이 많다. 가히 분별해서 거짓됨을 자세히 논의해야 하겠다."

중서저작랑中書著作郎 왕도王度가 상주하여 말했다.
"무릇 왕이 된 자는 '천지天地에 교사郊祀하고, 뭇 신(백신百神)을 받들어 제사한다.'라고 (국가의 제사에 대한 내용이 수록된) 「사전祀典」에 실려 있습니다. (그) 예禮는 상향嘗饗(제수를 장만해서 맛보게 함)에 있습니다. 붓다는 서역西域에서 나타난 외국의 신(붓다를 신으로 본 것임)이므로 공덕이 백성에 베풀어지지 않습니다. (그러니) 천자와 뭇 귀족(제화諸華)들이 봉사奉祀에 응할 바가 아닙니다. 옛적 (후)한의 명제가 꿈에 (붓다를) 감응하여 그 도(불교)가 처음으로 전해졌습니다. (그러나 그때는) **오직 서역인西域人에게만 도읍都邑에 사찰을 건립해 그 신(붓다)을 받들도록 하였습니다. 그때 한漢나라 사람들은 모두 출가할 수 없었습니다. 위나라에서도 (후)한의 제도를 계승해 또한 앞선 궤적과 (같이) 닦았습니다.** 이제 (우리나라인) 대조大趙가 천명을 받음에 옛 법도로 말미암아 통솔하고 있습니다. 중화

● 여기에서는 승려를 가리킨다.

와 서융은 제도가 다르고, 사람과 신에서도 다른 흐름이 있습니다. 외국은 국내와 같지 않고 향제饗祭도 예법이 다릅니다. (그러니) 화하華夏(중국)의 복제와 제사를 (외국적인 불교와) 섞이게 하는 것은 마땅하지 않습니다. (그러므로) 국가적으로 허락하지 말아야 합니다. 조나라 사람들이 모두 절에 가서 향을 사르고 예배하는 것을 허락하지 않아 전례典禮에 따르도록 하십시오. 모든 관료(백벽百辟)와 경사卿士에서 아래로 많은 예민隸民들에 미치도록 전부 (불교를) 금지해야 합니다. 이것을 범하는 자가 있으면, 음사淫祀(삿된 제사)를 (행한 것과) 마찬가지로 동일한 죄罪를 주어야 합니다. 조나라 사람으로 사문이 된 자는 사민四民(네 종류의 백성)의 복장을 쫓도록 환원(속퇴)해야 합니다."

중서령中書令을 칭한 왕파王波도 왕도와 같은 내용을 상주했다.

석호가 하교해서 말했다.
"왕도가 논의論議한 바에 따르면, '붓다는 외국의 신이므로 천자와 뭇 귀족(제화諸華)들이 마땅히 봉사奉祀할 바가 아니다.' 하였다. 짐은 변방(변양邊壤)에서 태어났으나●, 감히 시대의 운명을 당하여 제하諸夏(중국)에 군주로 임하게 되었다. (그러므로 중국의) 향사饗祀에 이르러서는 응당 본래의 풍속(서융의 풍속)을 겸해서 따라야 할 것이다. 붓다는 서융의 신이니, 마땅히 받드는 것이 올바르다. 대저 제도라는 것은 위에서 행하는 것으로 말미암아 영세永世의 준칙이 되는 것이다. (그러므로) 진실로 일에 이지러짐이 없다면, 굳이 전대前代에 구속될 필요가 있겠는가? 동이東夷나 조나라 사람이나 모든 남만南蠻이나, 그 (그릇된) 음사淫祀를 버리고

● 오랑캐라는 의미이다.

불도징.

붓다 섬김을 즐거워하는 이들은 모두 (불)도가 되는 것을 허락한다."

이로써 계율에 태만한 무리도 이로 인해 힘쓰게 되었다.[223]

인용문을 보면, 불도징佛圖澄에 의해 불교가 확대되자 한족의 우월성과 문화적 전통을 내세워 서융西戎(서쪽 오랑캐)의 종교인 불교를 중국(조나라)에서는 금지해야 한다는 주장이 제기된다. 즉 한족의 불교 확대에 대한 반발이 읽히는 것이다. 그러나 석호는 자신도 오랑캐 출신이니 불교를 받들어 새로운 전통을 만들겠다고 하교한다. 또 이러한 불교 범주에는 서융 외에도 동이東夷와 남만南蠻도 포괄된다. 즉 사이四夷• 모두가 포함되는 것이다.

석호는 북방 흉노와 연관된 갈족 출신이다. 이렇게 놓고 본다면, 석호는 북적北狄에 해당한다. 이는 한족 중심의 국가 운영이 석호에게 불리할 수 있음을 의미한다. 즉 갈족인 석호가 다수의 한족을 지배하기 위해서는 한족에 대한 불교 확대가 유리한 측면이 존재하는 것이다.

중국의 한족은 전통적으로 자신들을 중화로 여기고 주변의 이민족들을 동이·서융·남만·북적으로 칭하며, 주변 민족과 국가들을 오랑캐로 폄하했다. 그런데 석호는 불교가 외래의 종교이니 오히려 자신에게 타당하다고 하면서, 한족과 사이四夷의 평등을 불교 안에서 추구하고 있다. 이는 위·진남

● 네 오랑캐. 동이·서융·남만·북적.

북조 시기 북조에서 불교가 어떻게 확대되는지에 대한 분명한 판단을 하게 해 준다. 즉 이민족 지배 시기에 불교를 통한 화이華夷의 융합과 중국과 한족의 억제 코드가 존재하고 있었고, 이는 불교 확대의 중요한 배경으로 작용하고 있는 것이다.

위·진남북조 초기 불교는 이방異方의 종교 색채가 강하고, 유력한 전도승들도 인도나 실크로드 국가 출신이 다수였다. 이렇다 보니, 불교의 전파는 불도징 같은 신이승神異僧의 역할이 컸다. 불도징은 후조後趙(319~351)의 1대 석륵石勒(재위 319~333)에서 제3대 석호에 이르는 기간 동안 자문 역할을 했는데, 공로가 많아 1만 문도를 이끌고 893곳의 사찰을 창건하는 등 불교의 중국 안착 과정에서 혁혁한 역할을 한다.[224] 불도징은 신통을 쓰는 신이승이다. 이는 언어와 문화가 다른 환경 속에서, 불교가 중국에 어떻게 안착하고 확산했는지를 이해하게 해 주는 중요한 측면이 된다.

중국 둔황 막고굴 323굴 북벽에 묘사된 불도징 장면. 석호에게 설법하던 중 유주성의 화재를 진압하기 위해 술로 먹구름을 보내는 장면(중앙)과 탑의 풍령 소리로 석호 일가의 비극을 예언하는 장면(우측 상단), 불도징이 냇가에서 내장을 꺼내어 씻고 있는 장면(하단 중앙)을 묘사하고 있다.

구마라집.

불교가 사상적 안정을 취하는 것은 구역舊譯의 구마라집鳩摩羅什(Kumārajīva, 344~413, 혹 350~409)이 후진後秦(요진姚秦, 384~417) 요흥姚興(394~416)의 후원하에 체계적으로 경전을 번역(구역舊譯)하면서부터다.[225] 구마라집의 번역 이전을 '고역古譯'이라 하는데, 이는 번역에 일정한 체계가 없어 편차가 크고 산발적인 상황에 대한 번역의 통칭이다.

구마라집의 대규모 번역과 함께 먼저 유행하는 게 반야般若사상이다. 반야사상의 유행에는 위·진현학魏·晉玄學과 육조청담六朝淸談 같은 중국의 탈속적인 귀족문화가 한 역할을 했다.

또 당시는 전란이 빈번한 혼란의 시대였기 때문에 도덕적 판단이 불명확했다. 이로 인해 현실에 의미를 두지 않는 본질에 대한 추구가 유행했다. 현학의 대표자인 하안何晏(생生 190~196, 몰歿 249)과 왕필王弼(226~249)의 본무론本無論(혹 귀무론貴無論) 주장이나[226] 배위裵頠의 숭유론崇有論,[227] 곽상郭象의 독화론獨化論[228] 등이 여기에 해당한다.[229] 이는 현실을 '공이라는 무실체無實體(실체는 없지만 작용은 있는 진공묘유眞空妙有)'로 이해하는 반야사상의 흐름과 유사한 궤를 같이할 수 있는 측면이다. 구마라집의 4대 제자(나집사철羅什四哲)● 중 한 명으로 중국인 최초로 공을 이해한 사람으로 일컬어지는 승조(384~414)는 이를 견인한 인물이다.[230]

이 외에 불교는 전쟁 속에서 억울하게 죽은 이들을 극락정토의 연화화

● 승조僧肇·도생道生·도융道融·승예僧叡.

생蓮花化生이나 도리천忉利天(Trāyastriṃśa)을 위시한 천상天上 등의 내세관으로 섭수攝受하는 역할을 한다. 즉 현실의 문제를 극복할 수 있는 또 다른 층위의 방어기제와 해법을 제공해 주는 것이다. 여기에 정의가 무너진 사회적 현실에서 전생과 삼생三生에 따른 인과율의 이해를 제시한 것도 불교의 유행을 견인했다. 극락이나 천상 등의 개념은 전쟁 과정에서 죽은 이들의 문제를 풀어 주었고, 삼생의 인과율은 전쟁이라는 현실의 모순 구조를 이해할 수 있게 해 주는 설득력을 제공했기 때문이다.

남조(南朝)●에서는 본토인 강북 지방을 이민족에게 빼앗기고 남하한 한족들에 의해 현실을 넘어서는 탈속적인 청담淸談이 유행한다. 소위 육조청담이다.

청담은 현학玄學(삼현학三玄學)●●의 유행으로 인해 위魏나라(조위曹魏, 220~265)와 서진西晉(사마진司馬晉, 265~317)에서부터 시작되지만, 본격적인 유행은 남조에서 이루어진다.[231] 이는 무력으로 극복하기 어려운 유목민을 상대해야 하는 상황에서, 현실을 직시하기 어려운 측면을 탈속적인 방어기제로 극복하려고 한 것과 연관된다. 이는 당시 다섯 가지 재료●●●를 혼합한 마약인 오석산五石散(혹 한식산寒食散)이 유행하는 것을 통해서도 판단해 볼 수 있다.[232] 고토故土의 회복이라는 현실적 문제는 극복하기 어려우니, 회수淮水를 중심으로 대치하며 초탈한 정신精神 경계境界를 표방하며 문제를 해소(도피)하려 한 것이다.

청담이 탈속을 추구한다면, 남조에서 유행한 불교사상인 불성론佛性論은 불변의 완전성에 대한 추구이다. 불성사상은 법현法顯(생生 340, 몰歿

● 송·제·양·진의 네 왕조를 말한다. 이 남조에 앞선 오·동진을 합쳐 '육조'라고 하는데, 육조의 순서는 '① 오→② 동진→③ 송→④ 제→⑤ 양→⑥ 진'이다.
●● 삼현학이란, 『노자』·『장자』·『주역』를 말한다.
●●● 석유황石硫黃, 석종유石鍾乳, 자석영紫石英, 적석지赤石脂, 백석영白石英.

418~423)이 418년에 『대반니원경大般泥洹經』 6권●을 번역하면서[233] 비롯되어, 구마라집의 4대 제자 중 한 명인 도생(355~434)을 필두로 남조에서 유행한다.

불성은 붓다가 될 수 있는 확고한 본질로 현상의 문제를 넘어서는 대승불교가 제시한 확실성이다. 이런 점에서 맹자의 성선설과 유사한 측면이 존재한다. 왜냐하면 천天이 부여한 인성人性을 주장하는 성선론이나, 완전성인 붓다가 될 현재적인 확고한 측면인 불성은 모두 지선至善이자 완성일 수밖에 없기 때문이다. 다만 다른 점은 논거의 배경이 성선설은 성선의 기원인 과거에 있다면, 불성은 미래의 완성이라는 미래에 위치한다는 점이다. 즉 양자 사이에는 과거주의와 미래주의의 차이가 존재하는 것이다.

남조에서 불성사상이 유행하는 이유에는 북방 이민족에게 밀려나 남조로 내려온 당시의 사회 현실을 인정할 수 없던 한족들의 사정도 한몫했다. 한족에게는 본토를 잃어버리고 남하한 인정하기 싫은 현실이 있지만, 불성이란 '본질적 완성'과 '정의正義는 항상하다'는 점은 위안이 될 수 있기 때문이다. 즉 청담이 현실을 넘어서려는 초탈에 대한 추구라면, 불성사상은 문제 있는 현실 속에서도 변하지 않는 확고한 정당성으로 이해될 수 있다.

중국의 성론性論은 앞서 언급한 것처럼 통일왕조인 전한에 들어와 발전하지만, 이때에도 명확한 결론이 나지는 않는다. 이후 한나라가 혼란기에 접

● 대승의 『대반열반경』 9권까지에 해당한다.

어들며 유교 역시 중심을 잃게 된다.『삼국지』의 군웅할거 상황에서 두드러진 유교 인물이 존재하지 않는다는 것은 이와 같은 당시 상황을 잘 나타내준다. 이로 인해 위나라의 재통일 과정과 통일왕조로 등장하는 진晉나라(서진, 265~317·동진, 317~420)에서는 유교가 아닌 현학玄學이 유행하게 된다. 이것이 앞서 언급한 위·진현학이다.

현학은 정치나 현상의 문제보다는 이면의 본질을 다루는 사상이다. 이로 인해 이후 남북조라는 분열 왕조 시기에 현학은 불교가 정착할 수 있는 한 배경이 된다. 즉 선진시대부터 시작된 심성론에 대한 논의가 유교의 한계 속에서 불교를 중심으로 전개되는 변화 양상이 초래되는 것이다.

불교는 수행을 통한 깨달음의 명상주의를 표방하는데, 실제로 중국불교 초전기初傳期에 안세고安世高의 소승선관小乘禪觀과 지루가참支婁迦讖(Lokaṣema, 147~?)의 대승관법大乘觀法이 전래한다.[234] 그러나 기후 환경적인 차이로 인해 이러한 대·소승의 수행법은 중국에 큰 영향을 주지 못했다. 또 소승불교의 무상관無常觀이나 부정관不淨觀(혹 백골관) 등의 염세적인 측면은 인도문화의 이원론을 배경으로 하고 있으므로, 일원론의 중국적인 사고방식과 맞지 않았다. 즉 인도불교의 수행론은 중국에 끼친 영향이 제한적일 수밖에 없는 것이다.

이로 인해 중국불교는 명상주의를 표방하지만 효율적인 수행법을 정립하지 못하고, 경전 번역을 통한 사상과 철학, 그리고 구제나 천도와 관련한 신앙 중심의 확대 양상만을 보이게 된다. 이를 바탕으로 중국불교적인 해법, 즉 수행법을 최초로 정립하는 인물이 바로 천태 지의天台智顗(지자智者, 538~597)다.

지의의 천태종天台宗은 위·진남북조의 통일 및 양제煬帝의 후원하에 양주揚州와 강남을 중심으로 대유행하게 된다.[235] 이 천태종의 핵심이 지관을 중심으로 하는 수행법이다. 천태종이 교종과 선종의 구분에서 선종에 속한

천태 3조 천태 지의.

다는 점은 이러한 수행론 강조 양상을 잘 판단해 보게 한다.[236] 이후 중국불교는 당나라 초기의 화엄종과 중기의 선종(북종과 남종)에 의해 인도불교와는 다른 수행법을 정립한다. 즉 인도불교에 중국적 요소가 더해지면서 완성되는 것이 중국불교의 수행법인 셈이다.

중국불교의 수행법과 관련해 중요한 것이 불성사상이다. 왜냐하면 불성사상은 중국철학사에서 가장 중요한 개념인 성론性論이 논의의 한계에 부딪혀 있던 것을 다시금 철학의 중심으로 환기하는 역할을 하기 때문이다.

또 불성사상은 도교와 관련하여 위·진남북조의 외단外丹● 위주의 방식을 내단內丹●●으로 바꾸는 데도 일조한다.[237] 신도교의 단전호흡 등 내단 위주의 수행은 불성사상의 유행에 따른 변화로, 이는 도교의 수행법 변화에 불성이 막대한 영향력을 행사했음을 의미한다. 즉 외단에서 내단으로의 변화에는 불성사상의 영향이 크게 작용하는 것이다.

외단에서 내단으로의 변화

외단을 복용하고 신선이 되려 함 → 불성이라는 미래 붓다의 가능성을 현재에 존재하는 씨앗(성性)과 같은 관점으로 오해함 → 단을 신체 안에서 찾는 내단으로의 변화와 이의 자각을 통해 신선이 되고자 함

- ● 연금술을 통한 외부적인 금단金丹의 제조 방법.
- ●● 단전호흡과 같은 방식을 통한 내적인 단丹의 확립.

불성사상과 유사한 가치로 불성보다 중국에 먼저 전래한 것은 북위北魏(386~534)의 늑라마제勒那摩提(Ratnamati)에 의해 번역된 견혜堅慧(Sāramāti)의 『구경일승보성론究竟一乘寶性論』 전4권에 입각한 여래장如來藏(tathāgata-garbha)사상이다. 여래장사상은 『여래장경如來藏經』·『부증불감경不增不減經』·『승만경勝鬘經』의 소위 여래장 삼부경에 의해 집취되는 인도 대승불교의 한 특징적인 사상이다.[238]

여래장이란, '여래의 태아胎兒'라는 의미로 '모두가 붓다가 될 수 있다'는 대승불교의 보살사상에 입각한 내적인 당위적 측면이다.[239] 즉 여래장이란, 미래에 붓다가 될 것이라는 대승의 천명에 대한 구체적인 안전장치인 셈이다.

이후 동진東晋의 구법승 법현(399 유학, 413 귀국)에 의해 418년 『대반니원경大般泥洹經』 6권이 번역된다.[240] 이의 내용을 바탕으로 유추해서, 도생(355~434)은 일천제一闡提(icchantika, 무성종성無性種姓)도 붓다가 될 수 있다는 일천제성불론一闡提成佛論을 제기한다. 이는 중국불교에 엄청난 충격과 소요를 만들어낸다.[241]

당시까지는 대승불교의 『대반열반경』이 제대로 전래하지 않아 일천제는 성불할 수 없다는 주장이 일반적이었다. 이 때문에 도생은 엄청난 비판에 직면한다. 그러나 이 논란은 421년 담무참曇無讖이 40권 『대반열반경』을 번역하면서 도생의 탁견과 예지로 일단락된다.[242] 이로 인해 '일체중생개(실)유불성一切衆生皆(實)有佛性'이라는, 모든 중생에 대한 불성의 보편론이 확립한다.

40권 『대반열반경』은 하서왕河西王 저거몽손沮渠蒙遜(368~433)의 요청으로 실크로드의 천산남로天山南路에 위치한 고창姑臧에서 416~423년 번역된다.[243] 그러나 여기에는 번역의 저본에 문제가 있었던 것 같다. 『고승전』 권2에 따르면, 앞쪽 10권까지는 중인도에서 입수하고 이후는 실크로드 서역남로西域南路의 호탄(우전于闐)에서 구한 것으로 되어 있다.[244] 그러나 『출삼장

기집出三藏記集』 권8의 「대열반경기大涅槃經記」에는 10권 이후도 인도 쪽에서 입수한 것으로 되어 있어 차이가 있다.[245] 즉 '인도+호탄'과 '인도+인도'의 두 가지 유입 경로가 살펴지는 것이다.

여기에 『대반열반경』이 완질이 아니라, 두 가지 본이 결합한 것이라는 점은 '원본의 통일성'에 문제가 존재할 수 있음을 의미한다. 이 문제가 남조의 『대반열반경』 유행과 더불어 육조시대 송나라(유송劉宋, 420~479)에서 해소된다. 이 결과물이 혜엄慧嚴·혜관慧觀·사령운謝靈運 등이 기존의 법현본과 대조를 통해 정리한 36권본 『대반열반경』이다.[246]

이와 같은 내용들을 간략히 정리해 보면 다음과 같다.[247]

① 법현 번역(418)　　　　　　『대반니원경』 6권 18품
② 담무참 번역(421)　　　　　『대반열반경(북본)』 40권 13품
③ 혜엄 등 재편(5세기 중반)　　『대반열반경(남본)』 36권 25품

『대반열반경』은 방대하므로 불신상주佛身常住와 열반사덕涅槃四德(상常·낙樂·아我·정淨)의 실체론 또 일천제성불론과 승려의 육식 금지 등 다양한 사상을 내포하고 있다.[248] 그러나 그중 최고는 단연 '일체중생개(실)유불성'으로 요약되는 불성사상이다.

불성 및 심성론과 관련해 중요한 인물은 양무제의 초청으로 중국행을 단행한 진제眞諦(Paramārtha, 499~569)다. 진제는 『구경일승보성론究竟一乘寶性論(Rātnagotra-vibhāgo Mahāyānottaratantra-śāstra)』의 영향에 의해 성립된 세친世親(Vasubandhu)의 『불성론』 4권을 번역한다.[249] 『불성론』은 여래장을 주장하는 『구경일승보성론』과 여래장과, 불성을 유사 개념으로 사용하는 『대반열반경』의 관점을 공유하고 있다. 『불성론』과 관련해서는 『구경일승보성론』을 역자인 진제가 개작한 것이라는 주장이 일반적이다.[250]

진제가 중요한 점은 그에 의해 중국 심성론사에서 가장 중요한 전적인 『대승기신론大乘起信論』 전1권이 번역되기 때문이다. 『대승기신론』의 저자는 마명馬鳴(Aśvaghoṣa, 10~160?)으로 알려져 있다. 그러나 마명의 다른 저술인 『불소행찬佛所行讚(Buddhacarita)』 전5권이나 『대장엄론경大莊嚴論經(Kalpanāmaṇḍitikā)』 전15권 등과 비교해 보면, 한 사람의 저작으로 보기 어려울 정도로 『대승기신론』은 내용적인 차이가 크다. 또 『대승기신론』에는 인도철학에서는 비중이 작지만, 중국철학에서는 대표적인 부분인 마음의 강조가 강하게 드러나 있다. 즉 중국철학적인 요소가 다수 존재하는 것이다. 이때문에 『대승기신론』은 중국 찬술설이 계속 제기되곤 하였다.[251]

이로 인해 대만의 모우쭝싼牟宗三(1909~1995) 등은 『대승기신론』이 마명에 가탁된 번역자 진제의 저술이라는 주장을 하기도 한다.[252] 『대승기신론』의 찬술자는 인도불교와 중국불교의 모두에 정통한 최고급 인물인데, 이는 당시로는 진제 외에 달리 이렇다 할 인물이 없기 때문이다.

『대승기신론』은 중국 심성론사의 문제들을 불교적 관점에서 통합해 낸다. 이로 인해 불교를 넘어 신유학의 심성론 구조 확립에도 막대한 영향을 끼치게 된다. 양자의 구조적인 유사성을 제시해 보면 다음과 같다.

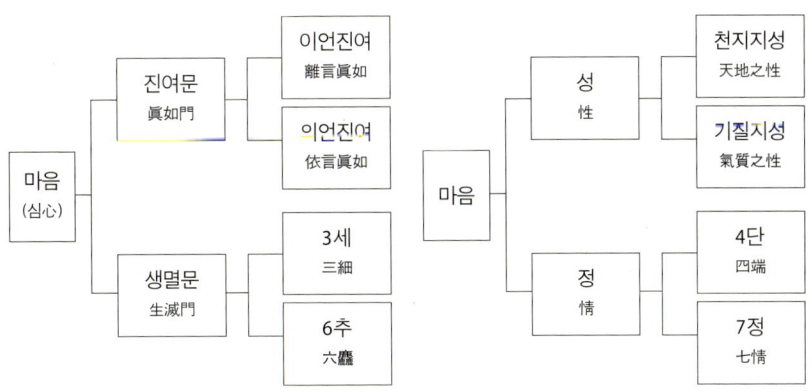

『대승기신론』은 남조에서 유행한 불성사상을 기반으로 중국의 전통적인 심성론이 제시하지 못한 해법을 도출하고 있다.[253] 이로 인해 유교의 심성론도 풍부해지며, 당 말의 회창법란會昌法難(841~847)으로 교종이 타격을 입고, 오대십국(907~979)의 혼란을 수습하는 한족의 송나라에 이르면 북송오자北宋五子●에 의해 신유학이 대두하는 한 배경이 된다. 즉 『불성론』에 의한 본유적인 완전성 강조와 『대승기신론』의 마음에 대한 분석이 신유학의 심성론 확립에 강력한 영향을 미치고 있는 것이다. 그리고 이러한 핵심에 비운의 천재 진제가 위치하는 상황이다.

주희朱熹(1130~1200)는 『주자어류朱子語類』 권5 「성리이性理二」에서 "정이천의 심즉리心卽理와 장횡거의 심통성정心統性情 두 구절은 전도불파顚撲不破"라고 천명한다.[254] 이는 성즉리와 심통성정설이 당시에 정이와 장재에 의해 새롭게 대두한 주장이라는 점, 또 이를 주희는 신유학의 핵심이자 심성론의 중심으로 판단하고 있다는 점을 분명히 해 준다. 즉 신유학에서의 새로운 정리와 변화를 인지해 볼 수 있으며, 이의 영향 관계는 앞선 시대의 불교 외에는 달리 추론 가능한 대상이 없는 상황이다.

주희 초상화(청대).

물론 주희의 성리학性理學(이학, 정주학, 주자학)적인 관점은 동시대의 육구연陸九淵(상산象山, 1139~1192)이나 명나라의 왕수인王守仁(양명陽明, 1472~1529)에 의한 심리학心理學(심학, 육왕학, 양명

● 주돈이周敦頤(염계, 1017~1073), 소옹邵雍(강절, 1011~1077), 정호程顥(명도, 1032~1085), 정이程頤(이천, 1033~1107), 장재張載(횡거, 1020~1077).

학)의 통체적 측면과는 차이가 있다. 이 때문에 신유학 안에서 다시금 성리학과 심리학의 분리가 이루어지는 것이다.[255] 그러나 양자는 전체적인 마음의 구조와 심성론의 이해에서는 큰 차이를 보이지 않는다. 왜냐하면 성리학과 심리학은 성즉리性卽理와 심즉리心卽理라는 목적과 관련된 관점의 차이만을 나타내기 때문이다. 또 이로 인해 양자는 신유학이라는 동일 범주에 묶일 수 있는 것이다.

2) 중국철학의 수행관과 목적

중국철학의 수행론은 크게 불교와 유교 그리고 도교로 나누어 볼 수 있다. 그러나 도교는 불교와 유교에 비해 외연이 적어 상대적으로 일반화되지 못한다. 또 단일한 교조에 의해 확대된 상황이 아니기 때문에 사상과 정리가 체계적이지 못하다. 그러므로 본 연구에서는 불교와 유교를 중심으로 하는 수행론(유교에서는 수양론)만을 파악해 보고자 한다.

불교와 유교의 수행(양)론에는 공통된 특징이 있는데, 이는 일원론을 배경으로 본체론에 입각한 완전성을 재확인하는 방식이라는 점이다. 수행(양)론에서 중요한 것은 당연히 도달해야 할 목적•이다.

이원론을 배경으로 하는 희랍철학과 기독교 및 이슬람에서는 현상계를 불완전한 모순 세계로 인식한다. 이로 인해 이들의 목적은 이 세계를 넘어서는 본질로서의 이데아idea, 또는 천국이 된다. 영화 〈매트릭스〉 시리즈(1999~2021)에서처럼, 이 세계는 본질계(실체)를 이해하기 위한 시험 무대인 동시에 유한적 허상의 비본질계인 것이다.

플라톤의 『국가(The Republic)』 권7에 수록된 소크라테스와 그의 제자이

● 불교에서는 '깨달음-열반', 유교에서는 '성인'.

자 플라톤의 형인 글라우콘Glaucon 사이에서 벌어지는 동굴의 비유는 이들의 사고를 잘 나타내 준다.

> 지금부터 내가 우리의 본성을 어떻게 깨우칠 수 있는지 비유해 보겠다. 이를테면 사람들이 입구 쪽에 빛이 있는 길게 난 지하 동굴에서 지내는 것을 상상해 보라. 그들은 어린 시절부터 다리와 목이 결박되어 고개를 돌릴 수 없기에 오직 앞만 바라볼 수 있고, 그들의 위쪽 뒤쪽 멀리에서는 (횃)불이 타오르고 있다. 죄수들과 (횃)불 사이에는 위로 올라가는 길이 하나 있다. 그리고 길을 따라서는 마치 인형사들이 인형극에서 자신의 앞에 두는 것처럼 벽이 있다.
>
> (… 중략 …)
>
> 우리와 같은 사람들이다. 그들은 지하 동굴 반대편 벽에 투사된 자신들의 그림자밖에 볼 수 없다.
>
> (… 중략 …)
>
> 그리고 저 죄수들이 서로 대화한다면, 죄수들은 비치는 형상에 대해 이름을 붙이고 그것이 실제로 존재한다고 생각하지 않을까?
>
> (… 중략 …)
>
> 그들은 그림자의 형상 외에는 참된 것은 없다고 생각할 것이다.
>
> (… 중략 …)

만약 죄수들이 풀려나 잘못된 인식을 바로잡게 된다면 어찌 될지 다시 생각해 보라. 우선 죄수 중 한 명이 해방되고 일어서 고개를 돌려 주위를 둘러보고 걸어서 (태양)빛 앞으로 다가가 응시하지 않을 수 없다면, 그는 눈부심에 심한 고통을 겪을 것이다. 그리고 과거에 그림자를 통해 봐 오던 실체들을 눈이 부셔 보지 못할 것이다. 만약 이때 옆에서 갑자기 어떤 사람이 죄수에게 이전에 봐 오던 것들은 환영이지만, 지금 보고 있는 것들이 훨씬 더 진실에 가까운 것이라고 한다면 죄수는 무엇이라고 답할까? 그리고 지나가던 것들을 가리키며 그에게 무엇인지를 묻는다면 그는 무엇이라 하겠는가? 그는 이전에 봐 오던 그림자들이 지금 보고 있는 것들보다 더욱 진실한 것이라고 믿지 않겠는가?

(… 중략 …)

클라우콘! 이 우화가 이전의 논쟁에 적용되어야 한다. 죄수들의 지하 동굴은 눈에 보이는 세상이고, 불빛은 태양이다. 그리고 죄수가 위로 올라가는 것을 영혼이 지성의 세계로 올라오는 것으로 본다면, 당신이 궁금해하던 부분에 대한 내 생각을 이해할 수 있을 것이다. 하지만 무엇이 진실이든 간에 제 생각에는 좋음을 나타내는 이데아라는 곳이 인식의 영역에 존재하고, 이는 오로지 끊임없는 노력을 통해 도달할 수 있다. **일단 이데아를 보고 나면 이것이 모든 아름답고 옳은 것의 근본이자, 우리가 보는 세계에서 빛을 만들고 그 빛의 주인이 되며, 진리와 지성의 근간이 된다는 것을 알아야 한다.** 그리고 이것은 이데아를 본 사람에게 있어서, 공적으로나 사적인 상황에서 합리적으로 행동할 수 있는 힘을 줄 것이다.[256]

동굴의 비유는 불완전한 세계에 대한 소크라테스의 관점과 지양점을 잘 나타내 준다. 또 이들의 목적은 당연히 완전한 세계, 이데아의 세계가 된다. 즉 현상계(불완전한 세계)와 본질계(이데아)라는 두 세계가 대립하고 있는 이원의 구조를 취하고 있는 것이다.

현상계가 불완전하다고 전제할 때, 과연 '현상계에서 본질계를 이해하고 이를 위한 각성이 가능할 수 있는지'는 해결이 쉽지 않은 난제이다. 여기에는 '불완전이 어떻게 완전을 인식할 수 있는가?'의 문제가 내포되어 있기 때문이다. 이를 해소하는 방법으로 희랍철학에서는 현상과 본질의 중간자로서, 현상 속에 존재하는 본질적 속성을 가진 대상으로 수數를 제시한다. 수학과 대륙철학의 합리론 발전은 여기에서 기인하는 것이다.

이에 비해 기독교는 신성(본질)을 가진 자로서의 예수를 제시하고, 이슬람은 알라의 계시를 주장한다. 즉 이들(예수와 계시)을 통해, 현상에서 본질(천국)로의 이행이 가능한 것이다.

서구 이원론의 논리 구조와 목적
희랍   불완전한 현상계 → 연결 통로로서의 수학 → 이데아
기독교   불완전한 현상계 → 연결 통로로서의 신성자 예수 → 천국

이슬람　　불완전한 현상계 → 연결 통로로서의 예언과 최종 예언자
　　　　　　　무하마드 → 천국

　　현상이 불완전하다는 점을 고려한다면, 현상 안에 본질의 일부(혹은 속성)가 존재한다는 희랍철학의 주장보다는 현상계가 아닌 본질계에 존재하는 완전한 존재인 신의 개입이 이원론 안에서는 더 타당한 관점일 수 있다. 다만 여기에는 '본질적 존재인 신이 존재하느냐?'와 '신이라는 완전함을 불완전함의 인간이 인지할 수 있느냐?' 또 '완전함이 불완전함에 개입할 필요가 있느냐?' 등의 문제가 존재한다.

　　이원론은 구조의 명확한 제시, 즉 구조의 선명성에서는 분명히 유리한 측면이 있다. 다만 이는 필연적으로 '불완전함과 완전함의 연결'이라는, 연결에서의 중간자 설정에는 문제를 극복하기 어려운 측면이 존재한다. 중간자는 말 그대로 특정 상태에서 양자에 동시에 속하거나, 양자 모두에 속하지 않는 속성을 내포해야 하기 때문이다. 이러한 중간자 문제는 『장자』「내편」〈2. 제물론齊物論〉의 다음과 같은 문제 제기를 통해서도 판단되는 부분이다.

　　〈제물론〉에는 '두 사람의 다툼과 관련된 중간 판단자는 존재할 수 없다.'라는 흥미로운 이야기가 있다.[257] A와 B가 논쟁을 한다고 하자. 두 사람은 논쟁 중이니 서로 맞다고 주장할 경우 제3자의 판단이 요청될 수밖에 없다. 그러나 그 판단자가 A의 견해와 가까운 사람(A-)이라면, 당연히 A에게 유리한 판단을 하므로 객관적인 판단은 불가능하다. 반대로 B와 가까운 경우(B-)는 어떨까? 이 경우도 객관적인 판단은 불가능하다.

　　그러면 A·B의 중립자(C)는 어떨까? 이 사람은 말 그대로 중립에 있기 때문에 어떠한 방향으로도 치우친 판단이 불가능하다. 즉 중립의 아이러니가 발생하는 것이다. 그러면 반대로 A·B와 무관한 경우(D)는 어떨까? 그러나 이렇게 되면 A·B를 전혀 알지 못하니 판단할 수 없다.

A와 B의 대립과 충돌
① A : A에 치우쳐 있으므로 판단 불가
② B : B에 치우쳐 있으므로 판단 불가
③ C : A와 B의 중립자이므로 판단 불가
④ D : A와 B를 모두 모르므로 판단 불가

이렇게 되면, 중립적인 판단자는 어떤 경우에도 존재할 수 없다. 그래서 장자는 다음과 같이 결론지어 말한다.

변화하는 소리(시비)에 서로 응하는 것은 아예 서로 응하지 않는 것과 같다. (이것을) 천예天倪(하늘의 이치)로 조화하며, 만행曼衍(끝없는 변화)에 따르는 것이 연궁窮年(천명을 다 누리게)하는 소이이다.[258]

이원론과 달리 일원론에서는 완전성이 상정되면 그것은 본래부터 존재해야만 하는 '선행 상황'이 된다. 일원론은 이원론에서처럼 현상계와 본질계의 차이가 존재할 수 없다. 즉 현상과 본질은 서로 다른 두 가지가 아닌 동전의 양면처럼 분리되지 않는 두 면일 뿐이기 때문이다.

그렇다면 현상과 본질이 동전처럼 하나인데, 두 가지 모습을 가지게 되는 것은 무엇 때문일까? 이를 동아시아의 일원론에서는 본질에 대한 왜곡된 인식으로 규정한다. 즉 이의 해소에는 인식 주체의 관점 환기가 요청되는 것이다. 물론 이러한 주장에도 문제가 없는 것은 아니다. 왜냐하면 완전한 하나라면, 두 가지의 다른 모습이 그 자체로 성립될 수 없기 때문이다. 이 문제는 중국철학사에서 당나라 불교에 와서야 비로소 표면으로 떠올라 대두하게 된다.

동아시아 수행의 목적은 '완전성 회복'이다. 이 완전성이 회복되기 위해서는 본래부터 완전함으로 존재하고 있었어야만 한다. 이런 점에서 동아시아의 일원론은 완전성을 상정하고 여기에서 철학과 수행의 시작을 삼는 특징을 보이게 된다.

일원론의 완전성 상정과 추구는 선진시대의 심성론과 연결되는 중국철학의 가장 중요한 과제이다.[259] 여기에 대승불교에서는 일체중생의 미래 성불을 주장한다. 이 때문에 대승에서는 현재의 중생은 미래의 붓다가 될 존재로서의 보살로 존재하게 된다. 이렇게 되면 중국철학의 완전성에서 시작되는 심성론에 대승의 미래 성불이 더해지면서, 시종始終의 완전성이라는 논리가 확보된다. 즉 불완전은 허상에 따른 착각일 뿐 어떠한 상황에서도 존재할 수 없는 것이므로, 이는 본래 완성의 항상성이 모든 곳에서 구현되는 구조의 당위를 확보하게 되는 것이다.

① 선진의 심성론 – 과거 완성
② 보살주의·여래장·불성 – 미래 완성
① + ② = 과거 완성과 미래 완성에 따른 현재 완성의 구조 성립
→ ∴ 본래 완성의 항상함 – 일상 긍정

이러한 해법을 먼저 제시한 것은 남조의 불성사상과 『대승기신론』을 거친 후의 통일왕조 수나라 천태종의 천태 지의다. 이러한 천태종의 문제의식을 바탕으로 세계관의 관점에서 발전시키고 유심 구조로 정리하는 것이 당나라의 화엄종이다.[260]

불교는 기본적으로 수행을 통한 성불을 목적으로 하는 수행 종교다. 이러한 점에서 불교철학은 수행 및 명상과 직결될 수밖에 없다. 즉 철학과 명상이 직결되는 것이 불교의 특징인 셈이다.

당나라 중기가 되면, 화엄종의 사상적 발전을 기반으로 개인의 완성을

『지성선현반신상책』에 수록된 북송오자의 초상화. 상단 왼쪽부터 주돈이, 소옹, 정호, 정이, 장재.

강조하는 선불교가 두각을 나타낸다.[261] 선불교가 강남의 개인화된 문화와 결합되어 만들어지는 것이 견(불)성見(佛)性을[262] 통해 돈오를 주장하는 6조 혜능(638~713)에 의한 남종선南宗禪이다. 남종선은 남방문화에 입각한 개인화가 강한 수행 불교로, 장안과 낙양으로 대변되는 관중 중심의 기존 불교(교종)와는 현격한 차이를 보인다.[263]

그러나 당 무종 때 회창법란이 발발하면서, 난의 중심인 관중의 교종은 직격탄을 맞게 된다. 이후 제16대 선종宣宗(재위 846~859)의 복불復佛과[264] 재건 과정에서 피해가 적었던 남종선이 중국불교의 주류로 부각되는 일대 사건이 발생한다.[265]

'천태종 → 화엄종 → 남종선'은 모두 본래 완성에 주목하고 이의 환기에 초점을 맞추고 있다. 또 이렇게 환기된 현실은 그대로 재긍정된다. 출세간을 넘어선 출출세간에 입각한 변화 긍정인 것이다. 이는 중국불교적인 특질과 핵심이 무엇인지를 잘 나타내 준다. 물론 세부적으로는 각 종파의 차이만큼 뚜렷한 차별점과 특징이 견지된다는 점은 주지의 사실이다.

다음으로 유교의 수양론은 수당의 중국불교 발전을 겪은 북송(960~1127)의 북송오자北宋五子에 의해 재편되는 신유학에서 두드러진다.[266] 왜냐하면 선진先秦과 한漢·당唐 유학은 수양 중심이라기보다는 정치철학과 윤리학 및 참위讖緯적인 측면이 강했기 때문이다.[267]

송·명 신유학의 수양론은 주돈이周敦頤(염계濂溪, 1017~1073)의 「태극도설太極圖說」에 입각한 본체론적인 발생론(우주론)과 장재張載(횡거橫渠, 1020~1077)의 「서명西銘」에서 확인되는 인생 모식을 기반으로, 정程·주朱의 성즉리性卽理와 육陸·왕王의 심즉리心卽理로 정리된다. 즉 이理라는 완전성에 대한 추구를 인간 내면의 '성性과 직결시킬 것이냐?'와 '심心과 직결시킬 것이냐?'로 구분되는 것이다. 그러므로 이를 각각 성리학(이학)과 심리학(심학)이라고 한다.

성리학과 심리학이 추구하는 것은 '성과 이理', 또는 '심과 이'의 일치를 각성하는 천인합일이다. 다만 여기에서 중요한 것은 우주의 보편 원칙인 이理가 아닌 인간 주체와 관련된 성과 심이라는 점이다. 이는 이들 신유학에 내포된 인본주의적인 수양 목적을 분명히 해 준다는 점에서 주목된다.

(1) 중국불교 수행론의 특징과 목적

불교는 명상 주위에서 시작되는 수행 종교다. 그러나 문화권적 차이로 인해 인도불교의 '일체개고一切皆苦와 열반적정涅槃寂靜'이나 '차안此岸과 피안彼岸'으로 대변되는 이원론적인 세계관 및 더운 지역의 수행법은 중국불교에 이렇다 할 영향을 주지 못했다. 이는 앞서 언급한 바와 같이 후한 안세고의 소승선관 전래나 지루가참의 대승관법 전래가 기록되어 있음에도[268] 이후 중국불교의 수행문화가 확립되기까지 오랜 시간이 걸리는 이유가 된다.

중국불교의 세계관과 수행론 확립에서 가장 먼저 주목되는 인물은 수나라의 천태 지의다. 지의는 『마하지관摩訶止觀』(전10권), 『소지관小止觀』(전1권)과 『석선바라밀차제법문釋禪波羅蜜次第法門』(전10권), 『육묘법문六妙法門』(전1권)으로 대변되는 지관법止觀法 수행과 삼제원융三諦圓融·일심삼관一心三觀·일념삼천一念三千의 통체적인 철학을 통한 수행 인식을 전개한다.

지관법은 인도불교적으로는 사마타(samatha, 지止)와 위빠사나(vipaśyanā, 관觀)다. 그러나 양자에는 차이가 존재한다. 일반적으로 인도불교는 지止 이후의 관觀이다(지→관). 즉 점차적이다. 이에 반해 지의의 지관은 지관이 일관되며(지=관), 쌍수의 관점을 취하고 있어 차이가 있다. 이는 이원론의 점과 일원론의 돈에 입각한 변화이다. 왜냐하면 지의의 지관은 인도불교는 수행법에 중국 강남의 문화에 입각한 중국적인 수행법을 바탕으로, 천태산 화정봉華頂峰(1,136m)의 깨달음인 화정오도華頂悟道를 중심으로 재구성된 수행론

천태 초조 혜문   2조 혜사 진영

이기 때문이다.[269]

천태의 삼대부三大部 중 『마하지관』에는 실제적인 수행에서 만날 수 있는 다양한 경계들을 분석하고, 이의 구조와 변화들이 잘 설명되어 있다.[270] 그러나 여기에는 수행이라는 개인적 체험의 요소가 강하게 존재하기 때문에 주관성의 오류와 객관적인 분석에는 어려움이 존재한다.

다음으로 지의의 철학 체계이자 수행론인 삼제원융·일심삼관·일념삼천은 공히 인도불교적 측면을 배경으로 중국의 일원론에 입각한 통체적인 완전성을 현실에서 환기하는 인식론적 관점이다. 즉 인도불교를 활용한 중국불교적 완성인 것이다.

먼저 삼제원융이란, 공空·가假·중中, 삼제三諦의 원융함을 뜻한다. '공'이란 이 세상은 실체가 없는 공일뿐이라는 본질을 나타내며, '가'란 그럼에도 존재하는 현실적인 측면들은 연기적인 관계에 의한 일시적인 것(가유假有)임을 의미한다. 마지막으로 '중'이란, 공과 가라는 양극단에 치우치지 않는 것을 말한다. 이러한 삼제가 한 번 더 상호 유기적인 관계 속에서 작용하는 구조가 바로 삼제원융이다.

다음으로 일심삼관이란, 천태종의 초조인 혜문慧門(2조 혜사慧思[515~577]→3조 지의)에서 비롯된 것으로, 한 마음속에 공·가·중의 삼제가 모두 갖추어져 있음을 자각하는 철학 원리이자 체득의 수행론이다.[271] 즉 삼제원융이 이론적인 교리 체계라면, 일심삼관은 이를 관조·체득하는 수행론인 셈이다.

끝으로 일념삼천이란, 일념이라는 작은 한 생각 속에 삼천으로 상징되는 이 세계의 모든 것이 내포되어 있다는 의미이다. 즉 최소의 작은 것 속에 무한의 모든 것이 갖추어져 있다는 관점이다. 여기에서의 삼천이란, 『화엄경』에서 말하는 ① 지옥·② 아귀·③ 축생·④ 수라·⑤ 인·⑥ 천·⑦ 성문·⑧ 연각·⑨ 보살·⑩ 불의 십계十界에 십계를 다시 곱하고 여기에 십여시十如是를 곱해서 1,000을 만든 다음, 이 1,000에 용수龍樹(Nāgārjuna)의『대지도론大智度論』권70에서 말하는 3종세간三種世間인 ① 오음세간五陰(衆)世間·② 중생세간衆生世間·③ 국토세간國土世間을[272] 곱한 것을 말한다(10×10×10×3=3,000).

삼제원융과 일념삼천의 본질 속에 일체가 내포되어 있다는 지의의 관점은 이후 본성(본체) 속에 원래부터 모든 것이 갖추어져 있다는 성구설性具說(성악설性惡說)로 발전한다.[273] 성구설은 성악설이라고도 하는데, 완전한 본성은 악마저도 포함한다는 관점이다.

성구설은 붓다라는 완전성은 악도 포함해야 한다는 판단에 기인한다. 붓다에게 악이 없다면 중생의 악과 대응하기 어려우며, 이들을 인도하는 교화에 문제가 발생할 수 있

천태 8조 형계 담연.

기 때문이다. 또 붓다의 악은 붓다에게 작용으로 현재화하지 않는다. 즉 존재하지만 작용하지는 않는 것이다. 지의의 성구설은 당나라 때 천태종의 재흥을 이룩한 중흥조 형계 담연荊溪湛然(711~782)에 의해 더욱 치밀해진다.[274]

천태사상의 특징은, 모든 것들은 상호 포함 관계 속에 있다는 원융성이다. 이는 일원론을 배경으로 완전성을 상정하는 이해 속에서 피할 수 없는 결과이다. 이러한 천태의 원융성을 더욱 발전시킨 것은 다음 왕조인 당나라 초기에 종남산終南山에서 시작되는 화엄종이다.

천태종의 소의경전所依經典, 즉 중심 경전은 『법화경』이다. 이는 『법화문구法華文句』(10권, 587)·『법화현의法華玄義』(10권, 593)·『마하지관』(10권, 594)이 천태삼대부天台三大部인 것을 통해서 인지해 볼 수 있다. 그러나 천태종은 『법화경』과 더불어 천태 지의의 수행에 따른 종교 체험에 상당한 무게 비중을 둔다. 이 때문에 종파명 역시 법화종이 아닌 천태종이 된다.

화엄종은 『화엄경』에 의거한 세계 인식과 이의 체화體化에 주력한다. 화엄종의 시작은 동진시대(317~420) 불타발타라佛馱跋陀羅(Buddhabhadra,

화엄 초조 두순.

2조 운화 지엄.

359~429)가 418년에 번역한 60권본 『화엄경』(진역본晉譯本)을 배경으로 한다. 이후 종남산을 중심으로 문수의 화신으로 평가되는 초조初祖 두순杜順(법순法順, 557~640)과[275] 2조 운화 지엄雲華智儼(602~668)에 의해 원융한 체계의 기본이 확립된다.[276]

두순은 화엄종의 토대를 마련한 인물로 『화엄법계관문華嚴法界觀門』 1권과 『화엄오교지관華嚴五敎止觀』 1권 및 『화엄일승십현문華嚴一乘十玄門』(두순 설, 지엄 찬)[277] 1권 등의 간략한 저술을 남겼다. 지엄은 두순의 제자로 종남산 지상사至相寺와 운화사雲華寺에 주로 주석했다. 이 때문에 '지상 대사'나 '운화 존자'로 칭해진다. 지엄이 『화엄경수현기華嚴經搜玄記(대방광불화엄경수현분제통지방궤大方廣佛華嚴經搜玄分齊通智方軌)』 5권을 통해 60권 『화엄경』의 체계와 내용을 정리한 것은 화엄종 성립에 중요한 토대가 된다. 이외에도 『화엄오십요문답華嚴五十要問答』 2권 등의 저술이 있다.[278]

화엄종을 완성한 사람은 3조 현수 법장賢首法藏(643~712)이다. 법장 때인 당나라의 성신황제聖神皇帝(재위 690~705)● 시기로 695~699년 실차난타實叉難陀(Śikṣānanda, 652~710)에 의해 80권본 『화엄경』(당역본唐譯本)이 번역된다. 이외에도 『화엄경』은 당나라 제9대 덕종德宗의 정원貞元 년간(785~805)으로 795~798년에 반야般若(prajñā, 734~?)가 번역한 40권본 『화엄경』(정원본貞元本)이 더 있

화엄 3조 현수 법장.

- 측천금륜대성신황제則天金輪大聖神皇帝. 우리에겐 '측천무후'로 잘 알려져 있다. 당시 국호는 '무주武周'.

다. 그러나 40권본은 『화엄경』의 전체가 아닌, 맨 마지막의 선재동자 구법기인「입법계품入法界品」에 해당하는 부분의 번역이다. 이 때문에 화엄종의 성립과 발전에 끼친 영향은 제한적이다.

화엄종은 송나라 때까지도 '현수종賢首宗'으로 불린 것이 일반적이다.[279] 이는 화엄종의 집대성자이자, 실질적인 완성자가 현수 법장임을 분명히 해준다.

화엄종의 제2조 지엄에게는 법장과 신라의 의상이라는 두 걸출한 제자가 있었다. 지엄은 이들의 특징으로 각각 '문지文持(법장)'와 '의지義持(의상)'라는 이름을 부여한다.[280] 즉 법장은 학문적이며, 의상은 내용적이라는 말이다.

법장은 실차난타가 동도인 낙양의 불수기사佛授記寺에서 80권본『화엄경』을 번역할 때 필수筆受로 참여했다.[281] 그러고는 699년 80권본『화엄경』 번역이 완성되자, 태원사太原寺 등에서 화엄종지를 드날린다. 이로 인해 성신황제가 591년 '현수賢首'라는 존호를 주게 된다.[282]

법장은 저술이 매우 많아 20여 종 100여 권에 달한다. 이 중 중요한 것으로『화엄경탐현기華嚴經探玄記』20권과『화엄오교장華嚴五教章(화엄일승교의분제장華嚴一乘教義分齊章)』4권 및『대승기신론의기大乘起信論義記』4권 등이 있다.

화엄사상은 크게 '성기론性起論'과 '연기론緣起論'으로 대별된다. 성기는「여래성기품如來性起品」등에 근거한 것으로 불성현기佛性現起, 즉 '완전성의 발현 및 자기 구현'이 이 세계의 변화일 뿐이라는 등을 내용으로 한다.[283] 이는 일원론적인 중국철학과 상통하는 본체론적인 관점이다. 대승불교의 슬로건인 '보살', 즉 '미래의 누구나 마침내 성불한다.'라는 주장은 종국엔 지금에서의 '현재 완성'을 현시할 수밖에 없다. 왜냐하면 미래에 붓다라는 완전성이 된다는 것은 현재에도 완성되어 있다는 것을 의미하기 때문이다.

현재의 불완전함으로는 어떤 상황에서도 미래의 완전함이 될 수 없다.

이는 역으로 미래의 완전함이 상정된다면, 현재에도 완전하다는 의미를 내포한다. 이렇게 되면, 대승불교에서 현재의 불완전성으로 인식되는 모든 것들이, 사실은 우리의 인식적 착각이자 왜곡이란 관점이 발생할 수밖에 없다. 이것이 중국불교 안에서 전통적 일원론의 본체론적 인식과 결합되며, 화엄의 성기론에 대한 해석으로 완성되는 것이다. 즉 일체의 문제는 오류이자 착각일 뿐이며, 모든 문제는 처음부터 존재하지 않았다는 주장이다. 이와 같은 관점은 당나라 때 유행한 『원각경圓覺經』의 공화空花나 환화幻花와 같은 측면에서도 확인된다.[284] 이러한 '문제 자체의 부정'과 '인식의 전환에 따른 해법 제시'는 이후 남종선의 돈오설頓悟說로 완성된다.

화엄 성기론의 본래 완전성에 주목한 인물은 의지로 불린 신라의 의상이다.[285] 이에 반해 성기의 세계적인 변화, 즉 연기에 주목한 것은 법장이다.[286] 법장의 관점은 두순과 지엄에서부터 확인되는 법계연기의 완성이다.

법장 화엄사상의 핵심은 사종법계四種法界● 중 사사무애법계事事無碍法界인 중중무진의 법계연기法界緣起다. 이는 총체적인 관점에서의 육상원융六相圓融과[287] 개별적인 관계성, 즉 상즉상입相卽相入을 부각하는 신십현문新十玄門(신십현연기新十玄緣起)으로 나눠진다.[288] 즉 전체를 포함하는 개별의 가치를 현시하는 것에 주안점이 맞춰 있는 것이다.●●[289]

육상원융　① 총상總相 - 전체 | ② 별상別相 - 개별
　　　　　③ 동상同相 - 동일 | ④ 이상異相 - 차별
　　　　　⑤ 성상成相 - 완성 | ⑥ 괴상壞相 - 파괴

● 이법계理法界, 사법계事法界, 이사무애법계理事無碍法界, 사사무애법계事事無碍法界.
●● 『송고승전』「법장전」에 의하면, 법장法藏은 10개의 거울로 이루어진 거울이 방을 만들고, 불상을 안치해 상호 비추는 작용을 통하여 시각적 교화를 했다고 한다.

신십현문● ① 동시구족상응문同時具足相應門
② 광협자재무애문廣狹自在無礙門
③ 일다상용부동문一多相容不同門
④ 제법상즉자재문諸法相卽自在門
⑤ 은밀현료구성문隱密顯了俱成門
⑥ 미세상용안립문微細相容安立門
⑦ 인다라망법계문因陀羅網法界門
⑧ 탁사현법생해문託事顯法生解門
⑨ 십세격법이성문十世隔法異成門
⑩ 주반원명구덕문主伴圓明具德門[290]

　　육상원융과 신십현문은 총체와 개별의 상호 원융한 완결성을 의미하며, 이는 일원론의 배경 속에서 당연히 현재적일 수밖에 없다. 그렇기 때문에 이를 이해하면 완전성을 획득할 수 있게 되는데, 이것이 화엄의 일심사상에 입각해 법장이 제시하는 수행론인 '교상즉관법敎相卽觀法'과 '신만성불론信滿成佛論'이다.[291]

　　교상즉관법이란, 화엄사상에서 말하는 육상원융과 신십현문 같은 법계연기를 이해하는 것이 그대로 관법이 되어 깨달음, 즉 완성을 획득한다는 교학적 관점에서의 수행론이다. 또 신만성불론은 믿음이 충만하면 그것만으로도 성불한다는 주장이다. 물론 여기에서의 믿음이란, 화엄사상과 본래 완성에 대한 확신이다.

　　교상즉관법과 신만성불론은 교학과 신앙적 판단이 수행과 직결된다는

● 십현문十玄門은 두순杜順이 설한 것을 지엄智儼이 기록한 『화엄일승십현문華嚴一乘十玄門』에는 법장 신십현문新十玄門의 원형이 되는 십현문, 즉 후일의 구십현문九十玄門이 기록되어 있다. 법장의 신십현은 이 십현문을 수정·보완한 것이다.

것으로, 본래 완성되어 있는 불성현기의 관점에 따른 판단이다. 즉 성기를 이해하고 믿어 흔들리지 않으면 그 자체로 충분하다는 것이다. 이와 같은 법장의 수행론은 이후 남종선의 내부 충돌 결과인 돈수론頓修論 등에 막대한 영향을 끼치게 된다. 돈오를 증득하면 더 이상 닦을 것도 없다는 돈오돈수 주장에는 법장의 화엄사상적 영향이 존재하는 것이다.

마지막으로 선종은 전설적인 인물인 보리 달마菩提達磨(달마達摩, Bodhidharma,?~535)를 초조初祖로 삼지만,●292 실질적인 완성자는 남종선의 혜능이다. 물론 혜능 이전에도 중국불교의 발전과 당나라의 번성에 따른 개인의 행복 추구에 대한 열망이 존재했으며, 이는 5조 홍인弘忍(602~675)의 동산법문東山法門이나 북종선 등으로 대변되는 선禪 수행문화를 촉발한다. 여기에 수나라 때 만들어지는 항주-낙양의 대운하(통제거通濟渠[605])는 강남문화와 개인주의가 강북에까지 영향을 미치게 하는데,[293] 이는 혜능 남종선의 강북 유행의 한 배경이 된다.

혜능 남종선의 핵심은 '견성성불見性成佛', 즉 견성이 곧 성불이라는 주장이다. 혜능은 남조에서 유행하던 불성사상을 현재화하고, 이를 반야공사상의 무실체적 관점으로 모든 문제를 무력화한다. 이렇게 되면, 현재의 관점 환기를 통해 완전성인 성불이 가능해지는 것이다. 중국 심성론은 일원론과 완전성을 배경으로 한다. 그러므로 이를 인식 환기, 즉 각성하기만 하면 문제가 자체로 성립할 수 없게 된다.

이는 철학사적으로 이야기하면, '코페르니쿠스적 전회轉回(Copernican

● 달마는 매우 신비적인 인물로, 등장 문헌은 양현지楊衒之의 『낙양가람기洛陽伽藍記』 권1이 전부이다. 또 그의 출신과 관련된 '향지香至'는 국가 명과 부왕 명으로 되어 있어 차이가 있다. 『능가사자기楞伽師資記』 전1권에는 "대바라문국왕제삼지자大婆羅門國王第三之子"(『大正藏』85, 1284c)로 되어 있어 또 다른데, 현재 전해지는 달마와 관련된 문헌은 모두 후대에 부가된 것으로 그의 주장을 확인하는 것은 불가능하다.

육조 혜능.　　　　　　　　　　　　　대혜 종고.

Revolution)'와 유사하다.²⁹⁴ 천동설은 인간의 인식적 오류이며, 관점만 바꾸면 그 자체로 지동설로의 전환이 이루어진다. 천동설과 지동설의 양자 사이에는 그 어떠한 조건 변화나 질료적 변동이 없다. 이러한 인식 변화에는 오직 인식적 관점 차이만이 존재할 뿐이다.

또 여기에는 지구 밖에 나가서 태양과 지구의 관계를 직접 지각할 필요도 없다. 그리고 한 번 발생한 천동설에서 지동설로의 변화에는 다시는 되돌아갈 수 없는 불가역성이 발생한다. 즉 인식 전환에 따른 불가역성이 존재하는 것이다.

혜능에게 있어 이러한 인식 변화가 바로 '돈오'다. 또 남종선에서는 이 인식 전환을 격발하는 부분이 요청되는데, 이것이 후일 화두가 되는 법거량法擧量, 즉 선문답이다. 이는 각성을 위한 방편 언어라는 점에서, 말 머리, 즉 '화두話頭'●로 불리게 된다.

● '최고의 말'이라는 의미이다.

진헐 청료. 굉지 정각.

　이러한 작업가설적 개념인 화두가 송나라 때 한족의 관료제적 정치 체제에 상응하여, 대혜 종고大慧宗杲(1089~1163)에 의해 구체화하는 것이 화두를 참구하는 간화선看話禪이다.[295] 조동종에서는 간화선과는 달리 인식 전환의 격발로 내적인 반조를 강조한다. 이것이 정리되는 것이 진헐 청료眞歇淸了(1089~1151)와 굉지 정각宏智正覺(1091~1157)의 묵조선默照禪이다.[296] 간화와 묵조는 인식 전환을 위해 달을 가리키는 손가락 같은 선교 방편이다. 그러나 일반 방편과는 다른 특수성 때문에 일부의 선승들은 이를 실체화하는 오류를 범하기도 한다.

　간화와 묵조는 모두 낙서를 금지하기 위해 사용되는 '낙서 금지'라는 글씨로, 이는 또 다른 낙서이다. 그러나 필요에 의해 의도적으로 가설된 특수한 낙서이므로, 모든 낙서가 사라지면 무력화되며 자체로 지워지는 대상이 된다. 이런 점에서 화두의 절대화 등은 존재할 수도, 존재해서도 안 되는 매우 위험한 오류 판단이라고 하겠다.

　돈오가 가능하기 위해서는 인식과 관점의 변화만 존재해야 한다. 변화하는 것은 아무것도 없이 인식적 환기만으로 붓다가 되는 것, 이것이 바로 돈오다. 『벽암록碧巖錄』권1의 첫머리에는 남종선의 가장 중요한 화두로 달마의 입을 빌려 "확연무성廓然無聖", 즉 '확연해서 성스러운 것은 없다.'라고 했다.[297] 이는 남종선에 유행하던 깨달음에 대한 이해 방식 중 하나였음이 분명하다. 즉 현실이 바뀌는 것이 아니라 우리의 인식만 바뀌는 것으로, 실질적인 변화는 존재할 자체가 없다는 의미다. 마치 천동설에서 지동설로의 변화와 같은 측면이다.

또 혜능이 군관 출신의 혜명惠明에게 "불사선불사악不思善不思惡(선도 생각하지 말고, 악도 생각하지 말라)"을 말하고,[298] 수행법으로 무념無念·무상無相·무주無住를 스스로 주장하는 것도[299] 별도의 변화 없이 그 자체로 갖추어져 있는 온전함이 깨침과 성불이기 때문이다. 즉 혜능이 주장하는 견성-성불과 이의 인식적 전회로서의 돈오, 그리고 수행론으로서의 무념무상은 상호 일치되는 양상이다. 이처럼 혜능이 주장하는 '변화 없이 모두를 깨침으로 인도하는 견성과 이러한 돈오 방식'을 소위 '육조혁명六祖革命'이라 한다.[300] 서양의 코페르니쿠스적 전회에 상응하는 동아시아적 인식 환기가 바로 육조혁명인 셈이다.

초기의 불교는 깨달음을 얻을 수 있는 사람이 있고, 그렇지 못한 사람(일천제一闡提, icchantika)도 있다고 생각했다. 이것이 부파(소승)불교의 아라한주의다. 그러나 대승에 들어오면, 오랜 시간이 걸릴 뿐, 우리는 모두 미래에 붓다가 될 수 있다는 생각으로 그 주류가 점차 바뀌게 된다.●[301] 이것이 '보살'의 의미이며, 철학적으로는 여래장사상과 불성사상이 된다. 즉 인도불교의 이상인격은 아라한에서 붓다로, 그리고 특수한 소수의 사람에서 누구나 가

● 대승大乘이라 하더라도 유식학파唯識學派(유가행파瑜伽行派)에서처럼 오성각별설五性各別說(유위종자차별설有爲種子差別說) 등이 유지되는 경우도 있다.

능한 영역으로 그 범주가 확대되는 것이다.

이러한 대승불교가 중국에 전래해, 일원론과 심성론, 그리고 천태와 화엄을 거치게 된다. 이와 동시에 강남문화의 영향을 받은 강남불교와 융합되며, 마침내 혜능의 견성-성불과 돈오설로 완성된다. 즉 대승이 '모든 존재의 미래 붓다(현재는 가능성으로서의 보살)를 주장'했다면, 혜능은 '인식 전환에 따른 현재 붓다를 천명'한 것이다. 이런 점에서 남종선은 불교의 문제의식을 계승하는 동시에 지극히 중국적이다. 왜냐하면 현재 붓다는 '현재의 나인 그대로의 붓다'를 의미하는 것으로, 인도불교에는 없던 중국 선불교만의 특징이기 때문이다.[302] 이는 중국 전통의 성선설이 불성과 결합한 측면에 따른 결과다. 이로 인해 중국의 선불교는 붓다를 넘어서는 '조사祖師'라는 새로운 이상인격을 수립하는 대담성까지 보이게 된다. 즉 여래선如來禪을 넘어서는 조사선祖師禪의 당위성을 천명하고 주장하기에 이른 것이다.

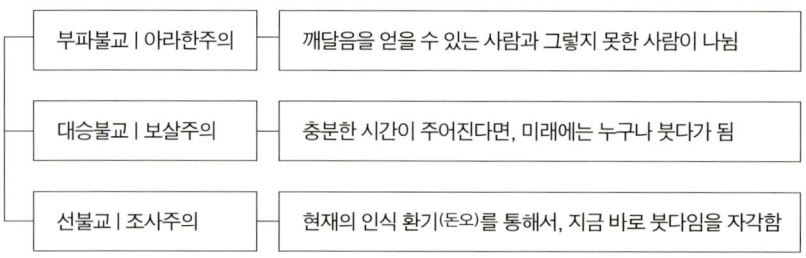

대승불교는 부파(소승)불교의 교리나 이상의 차이가 가지는 대승의 당위성을 변증하기 위해, 불타관을 확장해서 석가모니와 다른 세계 및 시간대의 붓다들을 요청했다. 다른 공간의 아미타불이나 약사여래, 또는 다른 시간대의 미륵, 그리고 내용적 층위가 다른 비로자나불 등이 여기에 해당한다. 이를 후대의 동아시아 불교에서는 시간적으로 삼세불三世佛(혹 삼세불三歲佛), 공간적으로 삼계불三界佛, 완전성과 관련해서 삼신불三身佛 등으로 묶어서

김천 직지사 대웅전(보물)에 봉안되어 있는 석가여래삼존상과 석가여래삼불회도(국보).
석가여래를 중심으로 아미타여래와 약사여래를 모셨다.

칭하기도 한다.• 석가모니와 다른 붓다들의 존재는 굳이 석가모니와 교설이 일치할 필요가 없다는 것을 의미한다.

대승이 봉착했던 새로운 붓다의 요구와 교리적 불일치 등에 의한 문제 상황들을 견성-성불의 돈오를 통해 현재 붓다를 주장한 남종선 역시 맞닥뜨린다. 『육조단경』에는 남종선이 이 문제를 대담하게 극복하려는 모습이 기록되어 있어 주목된다. 바로 혜능을 '붓다'로 기술하고 있는 것이다.••303 혜능이 새로운 붓다라면 기존의 불교와는 다른 체계가 나와도 전혀 문제될 것 없는 정당성이 확보된다. 이와 같은 연장선상에 여래선을 넘어서는 조사선과 조사의 특수화, 그리고 당 말에 나타나는 진귀조사설眞歸祖師說 등이 존재한다.

진귀조사설은 인도 부다가야의 보리수 아래에서 증득한 붓다의 깨달

- 삼세불이란 '과거 연등불→현재 석가모니불→미래 미륵불', 삼계불은 '서방 아미타불→중앙 석가모니불→동방 약사여래', 삼신불은 '화신 석가모니불→법신 비로자나불→보신 노사나불'을 말한다.
- •• 인도불교에서 실존 인물이 붓다화되는 것은 사리불과 용수 정도이다. 이 중 사리불은 새로운 붓다라는 의미보다는 석가모니의 최고 계승자라는 의미로 판단되며 용수는 새로운 관점의 제시자로 이해된다.

음은 완전한 것이 아니며, 이로 인해 추가로 진귀조사를 찾아 완전한 정각을 증득한다는 내용이다. 이는 당나라 말 남종선 일부에서 확인되는 극단적인 주장이다.[304] 세상에 어떤 종교도 교조의 본질 문제(여기에서는 깨달음임)를 제기하며, 허구의 가상 설정을 입히는 경우는 없다. 그런데 남종선은 이것을 주장할 정도로 당시 중국불교와는 다른 농도 깊은 이질성을 가지고 있던 것이다.[305]

실존 인물로 당대當代에 신격화된 중국불교의 고승은 당나라 초 현장玄奘(602?~664)이 유일하다.[306] 화엄종의 법장도 현장과 같은 위상을 가지지는 못했다.[307] 그러나 현장 역시 붓다라는 평가에는 이르지 못했다. 그런데 혜능은 남종선 안에서 붓다로 규정되는 모습이 확인되는 것이다.[308]

혜능이 새로운 붓다라는 것은 남종선의 논리 구조 속에는 기존의 불교적인 경전이나 구조가 반드시 작용할 필요가 없다는 것을 의미한다. 인도의 유가행파瑜伽行派(유가유식瑜伽唯識)가 미륵彌勒(Maitreya)을 내세웠던 것도 새로운 주장을 내세우고, 이의 정당성을 확보하기 위한 측면이 존재하기 때문이다.[309] 이와 같은 양상은 인도 대승불교 안에서 아미타불이나 비로자나불(혹은 노사나불) 등을 통해 기원 전후부터 사용되던 방식이다. 즉 새로운 붓다가 존재한다면, 석가모니의 교리와 구조는 반드시 유지될 필연성이 없는 것이다.

혜능이 남종선 안에서 새로운 붓다의 위상을 가진다면, 교외별전敎外別傳과 같은 심법心法의 전등傳燈 주장도 충분한 정당성이 확보된다. 실제로 선불교가 여래선과 조사선을 분리해 자파의 우위를 변증하려 하고, 기존의 불교 경전이 아니라 새롭게 성립되는 조사 어록을 중시한 부분 등은 남종선의 강력한 독립성을 확인할 수 있게 한다. 선불교, 그중에서도 남종선은 지구와 달의 관계처럼, 지구의 위성으로는 크지만 독립된 행성이 되기에는 작은 이중적 측면이 존재하는 것이다. 즉 남종선은 중국불교의 테두리 안에 존재하는 인도불교의 대승과 같은, 기존 불교를 넘어서는 신 불교인 셈이다.

남종선의 특징을 가장 잘 나타내 주는 것은 남종의 하택 신회荷澤神會 (668~760)와 북종 보적계普寂系의 숭원崇遠 간에 있었던 돈오와 점오 논쟁(활대의 종론)●이다.[310] 점오란 단계적인 깨달음으로, 이는 인식의 환기가 순간적으로 발생하는 것과는 차이가 있다. 실제로 『육조단경』에서, 신수와 혜능이 5조 홍인에게 올렸다는 게송은 이러한 양자의 차이를 잘 나타내 준다.

신수의 게송
몸은 보리수菩提樹요, 마음은 명경대明鏡臺와 같나니,
때때로 부지런히 털어내고 닦아서, 더러움이 끼지 않도록 하라.

혜능의 게송
보리菩提는 본래 나무가 아니며, 명경 또한 대臺에 (국한될 수) 없다.
본래무일물本來無一物일진데, 어디에 더러움이 끼겠는가.[311]

관점에 따라 다소 유치하기까지 한 이 게송이 역사적 사실을 얼마나 담고 있는지는 명확하지 않다. 그러나 이 게송은 『육조단경』의 찬술에 간여한 법해法海와 하택계가 남종과 북종의 차이를 어떻게 보고 있는지를 분명히 해 준다.[312]

신수의 게송이 말하려는 것은 '완전한 본체와 이것을 가리는 불완전성에 대한 지속적인 제거'이다. 마치 동경銅鏡을 계속 닦지 않으면 밝음을 유지해 비춰낼 수 없는 것과 같다. 이는 현상에서 본체를 보는 것으로 순자의 '청출어람청어람青出於藍青於藍'으로 상징되는 교육론 주장과 일치되는 교육 목

● 730~732년, 하남河南 활대滑臺 대운사大雲寺의 종론宗論.

적을 상기한다.[313] 그러나 완전한 것은 불완전에 가려질 수 있는 것이 아니며, 만일 불완전에 가려진다면 그것은 완전일 수 없다. 이는 맹자의 성선을 강조하는 논점에서 확인되는 부분이기도 하다.[314]

혜능의 게송은 맹자의 성선설 주장과 유사하다. 이는 불교가 종교이며, 대전제의 완전성을 상정하는 연역 논리를 전개한다는 점에서 타당성을 확보하는 부분이다. 실제로 맹자가 순자에 의해 비판받았던 논점 역시 이와 같은 완전한 초월성의 상정이다. 이런 점에서 맹자는 종교적이지만, 순자는 철학적이다. 이러한 대비는 『육조단경』의 신수와 혜능의 게송에서도 일정 부분 확인되는 양상이다. 이런 점에서 본다면, 유교와 중국불교는 모두 중국철학의 심성론사心性論史에 속하는 공통점을 가진다. 즉 중국심성론사에서 볼 때, 유교와 중국불교는 공유되는 연결 인식과 발전·전개 양상을 보이는 것이다.

혜능의 게송은 '본래 내 것이 아니라면, 영원히 내 것일 수 없다.'라는 본체론에 입각한 남종선의 특징을 잘 나타내 준다.[315] 물론 여기에도 문제가 없는 것은 아니다. 그것은 크게 두 가지다. 첫째, 본질의 완전성을 어떻게 확정할 수 있는가? 이 문제와 관련해서 인도불교의 여래장과 불성에서는 붓다의 말과 이에 대한 믿음을 강조한다.[316] 즉 성언량聖言量(성교량聖敎量)을 기준으로 하는 것이다. 그러나 이는 종교적인 해법이지 객관적인 답이 될 수 없다. 특히 오늘날 진화론을 수용한다면, 본질의 완성(성선설 같은 완성에서 시작하는 인간 이해) 주장은 합리성을 담보하기 어렵다.[317] 이와 관련해서는 오히려 영국의 진화생물학자 리처드 도킨스(Clinton Richard Dawkins)의 『이기적 유전자(The Selfish Gene)』(1976) 등에 주의를 기울일 필요가 있다고 판단된다.

둘째, 본질의 완전성이 어떻게 현재의 왜곡을 수반할 수 있는가? 현재가 불완전하게 느껴지는 상황은 투명한 빛의 굴절로 노을이 되는 것과 같은 현상이라는 게 본래 완성을 주장하는 이들의 관점이다. 그러나 한 번 더 생각해 보면, '완전성에 빛의 굴절과 같은 왜곡이 존재할 수 있느냐?'는 의문이 제기될 수 있다. 즉 왜곡이 존재한다면, 이를 완전함으로 볼 수 없거나, 완전함으로 보아서는 안 된다는 말이다.

이상과 같은 두 가지는 본체론의 연역론 주장에서 해결하기 어려운 문제다. 그러나 남종선은 불교라는 종교의 틀 안에서 수행을 통한 인간 행복을 주장할 뿐이다. 이 때문에 여래장과 불성의 기존 논리가 새로운 변증 필요 없이 그대로 계승·수용되는 모습을 보이게 된다. 즉 '깨침과 성불이라는 목적'만의 제한적이고도 새로운 측면 속에서, 이 논점은 작동하지 않고 묻히게 되는 것이다.

또 8세기 당시에는 '견성을 통한 돈오의 완성 논리'가 새롭게 대두한 견해이므로 아직 사고 전개가 치밀하지 않아 이 문제가 크게 대두하지 않는다. 그러나 회창법란 이후 남종선이 중국불교의 주류가 되며 발전하자, 이 문제는 점차 표면화되기 시작한다. 남종선의 주류화가 논점의 발달 및 심화를 촉진한 것이다.

(2) 신유학 수양론의 특징과 목적

신유학은 당과 송의 교체기인 오대십국(907~979)을 거친 이후의 북송(960~1279) 때 확립된다. 신유학의 시원을 당 말에 도통설道統說을 제창한 한유韓愈(퇴지退之, 768~824)와 그의 제자인 이고李翱(습지習之, 772~841)의 『복성서復性書』 등에서 찾기도 한다.[318] 그러나 신유학의 철학적인 측면은 단연 송의 북송오자에 와서다.[319] 즉 중국에서 불교적 논의가 성숙된 뒤, 유교적 관점에서 재편되는 것이 신유학이라는 말이다.[320] 이는 불교의 수행론이 유교적 수양문화에 깊은 영향을 주었다는 것을 의미한다.

신유학 중 성리학은 교종인 화엄사상의 영향을 많이 받는다.[321] 그래서 본질적 이치(이理)에 대한 분석적 규명과 이의 체득에 초점을 둔다. 『대학』의

'삼강령三綱領 팔조목八條目'은 성리학의 목적과 학습 과정을 나타내 준다.[322] 화엄에도 불성현기와 같은 본래 완성의 측면 외에 52위● 처럼 단계적인 차제론도 존재한다. 즉 삼강령 팔조목의 체계와 유사한 양상도 존재하는 것이다.

안으로부터 점진적으로 확장해 최종에 도달하는 것을 '하학이상달下學而上達'이라 한다. 내면에서 성性을 점진적으로 밝혀 우주적 원리인 이理를 체득하고, 이러한 성즉리性卽理를 대 사회적으로 구현하자는 것이다.[323]

이에 반해 심리학은 남종선의 영향을 강하게 받아 인식 주체의 본격적인 완전성에 주목한다.[324] 이는 양명학을 사선似禪이라고 비판하는 성리학의 공격을 통해서도 단적인 판단이 가능하다.[325] 주희가 일사일물一事一物의 이치를 규명할 것을 강조하고, 이의 종합으로 이理를 알 수 있다고 했지만,[326] 왕수인은 이러한 주장의 문제점을 지적하고 오직 마음에 의거한 용장오도 龍場悟道(1508, 37세)를 주장한다.[327] 이를 성리학의 하학이상달과 대비하여 '상통이하달上通而下達'이라 하는데, 마음이라는 통체적 완성을 통해 전체를 총괄한다는 관점이다.

신유학 안에서의 관점과

왕양명(왕수인) 초상(청대).

● ① 십신十信·② 십주十住·③ 십행十行·④ 십회향十迴向·⑤ 십지十地·⑥ 등각等覺·⑦ 묘각妙覺, 혹은 41위로서 ① 십주·② 십행·③ 십회향·④ 십지·⑤ 불지佛地.

수양론 대립은 북송의 정호(명도明道, 1032~1085)와 정이(이천伊川, 1033~1107) 형제의 관점 차이, 또는 남송의 육구연과 주희 사이에 벌어졌던 강서 신주信州 '연산鉛山 아호鵝湖의 회會(1175)'를 통해서 잘 드러난다.[328] 주희가 맹자를 중심으로 순자를 수용하고자 했다면, 왕수인은 순전히 맹자의 태생적 성선을 확충하는 것에 매진한다. 이는 왕수인의 치량지설致良知說 등의 강조를 통해 확인된다.[329]

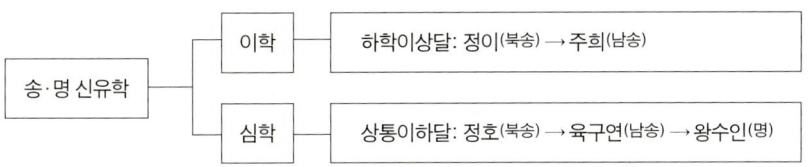

그럼에도 성리학과 심리학이 모두 신유학 범주에 속하는 것은 주돈이의「태극도설太極圖說」을 근거로 하는, '태극이무극太極而無極'과 같은 일원론적 세계관과[330] 이의 분화를 배경으로 이理와 성性 및 심心의 관계를 규명하기 때문이다. 또 이들의 천지 만물과 함께(민포물여民胞物與 물오여야物吾與也) 존심양성의 노력하는 삶의 모식은 장재의「서명西銘」을 통해 공감대를 형성했다.[331] 이에 대해서는 앞서 언급한 바와 같다.

결정적으로 이들은 개인의 수행을 통해 성불을 목적으로 하는 불교와 달리, 사회적인 변화 속에서 대동사회大同社會와 같은 이상세계를 구현하려고 했다.[332] 중국불교가 일원론의 세계관을 받아들였음에도 목적은 출세간적인 성불에 있다면, 신유학은 자연의 수순과 현실을 바꾸려는 현세주의에 목적이 있다. 이는 중국불교와 신유학이 닮아 있음에도 근원적인 차이를 내

● 하호산荷湖山 아호사의 논쟁.

포한다는 점을 분명히 해 준다.[333]

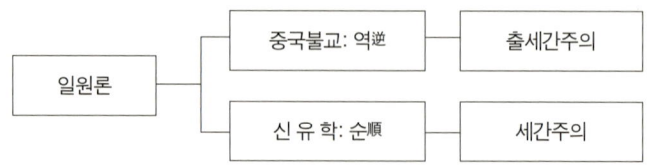

성리학이 주장하는 성인이 되는 구조는 성즉리의 체득이다. 인간의 본성과 우주의 원리인 이理가 본질적으로 상통하다는 것을 알아 이와 성의 일치를 증득하고, 이를 수용해 현실에서 하나 되는 천인합일을 증득하는 것이다. 또 여기에서의 성과 이는 서로 다른 것이 아니다. 양자는 각구태극各具太極(개별적 태극)과 통체태극統體太極(전체적인 일관一貫의 태극)으로 상호 함섭含攝 관계(이일분수리一分殊)에 있다.[334] 이 부분은 화엄사상의 상즉상입相卽相入이나 월인천강月印千江 등 원융론의 영향을 받은 결과로 판단된다.[335]

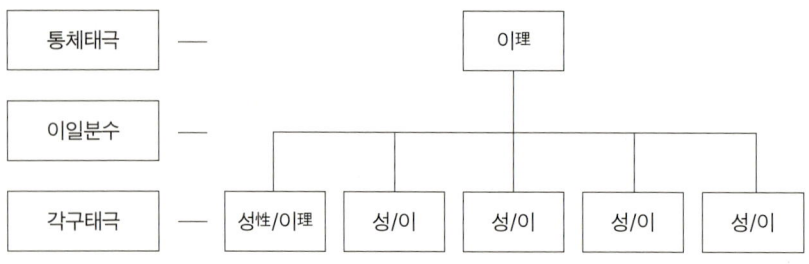

성리학이 주장하는 수양법은 '성誠'과 '경敬'이다. 즉 진실됨과 공경하고 조심하는 것을 바탕으로 일사일물一事一物의 이치를 격물치지格物致知하여 중심을 확립하고 이를 확장하는 방식이다.[336] 그러나 여기에는 필연적으로 '내면에 성이라는 이理와 일치하는 완전성이 존재한다고 하더라도, 확장의 방식으로 전체를 자각할 수 있느냐?'라는 문제가 있다. 즉 '작은 것의 확장이 전체가 될 수 있느냐?'는 말이다. 이는 왕수인이 용장龍場에서 제기한 문제이기도 하다.[337] 또 성性을 중심으로 하면, 정情이라는 감정(인욕)적 요소를 부정하고 이를 조절하는 '존천리存天理 거인욕去人慾'(천리를 보존하고, 인욕을 제거함. 알인욕遏人慾, 멸인욕滅人慾)과 같은 문제가 존재하게 된다.[338] 즉 인간의 마음을 통체로 쓰지 못하고 나누어 조절해야 하는 부분이 존재하는 것이다. 이는 본질적 완성이 갖추어져 있지 않다는 의미로 이해될 수 있다는 점에서 문제가 된다.

이와 같은 성리학의 문제를 파고드는 것이 바로 심리학이다. 심리학에서는 마음을 통체統體(분리되지 않는 하나)로 판단해서 그 자체의 완전함을 강조한다. 이것이 성즉리와 대비되는 심즉리의 구조다. 심이 그대로 이理가 된다는 것은 정情 또한 극복 대상이 아니라는 것을 의미한다. 또 마음 그대로에 문제가 있을 수 없다는 판단은 행동적인 작용주의作用主義로 나아가는 배경이 된다. 즉 본래 가진 양지양능을 함양해 올바르게 사용하기만 하면 된다는 것이 심리학의 수양론인 것이다.[339]

겸재 정선謙齋 鄭敾, 〈정선 필 인왕제색도鄭敾 筆 仁王霽色圖〉 (조선시대)

Ⅳ 동아시아 명상의 특징 검토

동아시아 명상은 이원론을 바탕으로 하는 인도나 희랍 및 이후의 서구와는 다른 특징을 보인다. 이는 앞서 언급한 일원론과 본체론 중심의 관점에 기인한다.

일원론에 본체론이 작동하면, 필연적으로 이 세계에 대해서는 부정이 아닌 긍정이 작동할 수밖에 없다. 이는 이후 '현실 긍정'이나 '감정 긍정'으로 연결된다. 즉 현실을 넘어선 또 다른 이상세계가 존재하는 게 아니라, 현실을 변화하거나 인식적으로 다르게 수용한 것 그대로가 이상이 되는 것이다.

이와 같은 일원론의 관점과 달리, 이원론을 배경으로 할 경우 우리가 속한 이 세계는 부정적이며 극복해야만 하는 '잠시의 세상(한시적인 가상의 세계)'이 된다. 그러므로 이에 대비되는 '문제가 없는 다른 세계(피안彼岸, idea, 천국)' 같은 영원성의 이상세계가 상정되는 것이다. 물론 '이상세계가 어떤 원리에 의해 작동되는지', 또는 '절대적인 신에 의해 통제되는 것인지'는 불분명하다. 이는 이 세계의 합리적 판단 대상이 아닌, 저 세계에 따른 믿음의 영역일 수밖에 없기 때문이다.

인도불교는 이원론을 배경으로 하지만, 대승으로 발전하면 부파(소승)의 경직성을 넘어서는 다양성을 갖추게 된다. 이로 인해 일부이기는 하지만, 일원론적 관점과 유심주의적 구조 및 인식론 등을 받아들이게 된다. 즉 다양성의 용인에 의해 부파와는 다른 흐름들이 대승으로 유입되는 것이다.

인도불교에서 대승은 완전한 주류가 아니었다. 그러나 대승의 열린 다양성은 실크로드의 서역 지방을 거치며 더욱 발전하였고, 마침내 중국으로 전파되어 중국의 전통적 사유 구조와 결합하면서 풍요로운 발전을 초래한다. 즉 선진시대 이래의 일원론과 심성론의 문제가 인도불교의 유입을 통한 중국불교 발전 속에서 완성되는 것이다.[340]

또 이와 같은 변화는 중국의 사유 발전에도 지대한 영향을 미친다. 그 결과가 신유학의 성립과 중국철학에서 확인되는 불교적 측면들이다.[341] 중국불교의 발전이 불교의 문제만을 극복하는 해법이었다면, 이것이 유교에까지 강력한 영향력을 행사하기는 어려웠을 것이다. 또한 인도불교와 다른 중국불교만의 방식과 철학이 보이는 문제 역시 설명하기 어렵다. 즉 중국불교가 중국철학의 전반적 문제의식을 진일보시켜 해법을 도출하고 있으므로, 불교는 외래문화임에도 중국에 정착해 사상계를 주도하게 되는 것이다.

동아시아 철학과 수행론의 특징은 '① 현실 긍정'과 '② 인욕 긍정', '③ 수행무용론修行無用論'과 '④ 전선후교前禪後敎'의 총 네 가지 정도를 들 수 있다. 또 본체론이 강력하기 때문에 특수한 수행을 강조한다기보다는 인식의 전환(본성 환기)에 초점을 맞추고, 이를 통해 현실을 직시하는 깨어 있는 삶에 방점이 찍히는 모습도 확인된다.

1. 현실 긍정과 변화의 수용

1) 신통과 죽음의 극복

중국은 일원론적 배경을 가졌기 때문에 이 세계는 궁극적으로 긍정될 수밖에 없는 필연성을 가진다. 이원론 세계관에서 이 세계는 부정적이며, 이에 대응하는 긍정 세계가 존재(가설)하게 된다. 그러나 일원론에서는 다른 선택지가 없다. 실제로 일원론 속에는 앞서 언급한 것처럼, 이 세계와 변별되는 별도의 사후세계조차 존재하지 않는다. 또 불교적으로는 신통이 가능한 측면도 없다. 이는 인도불교가 붓다에서부터 깨달은 자의 특징이자 판단 기준으로 제시한 육신통(六神通. 신구육통神具六通, 삼명육통三明六通)● 을 중국불교는 계승하지 않고 부정하는 모습으로 나타나게 된다.[342]

이는 앙산 혜적仰山慧寂(803~887)이 소석가小釋迦(작은 석가모니)로 불리는 다음과 같은 일화를 통해서도 단적인 판단이 가능하다.

> 어떤 범승(범사梵師)이 허공을 날아서 이르렀다.
> (앙산)사師가 말했다. "가깝고 먼(근리近離), 어디에서 왔는가?"
> 말했다. "서천(축인 인도)에서요."
> (앙산)사師가 말했다. "언제 그곳으로부터 떠났는가?"
> 말했다. "오늘 아침입니다."

● ① 신경통神境通−신족통 · ② 천안통天眼通 · ③ 천이통天耳通 · ④ 타심통他心通 · ⑤ 숙명통宿命通 · ⑥ 누진통漏盡通.

(앙산)사師가 말했다. "(도착이) 너무 늦은 것이 아닌가?"

말했다. "산을 유람하고 물에서 노닐다(가 늦었습니다)."

(앙산)사師가 말했다. "(그대에게) 신통 유희가 없지 않으나, (아)사리(阿闍黎ācārya, 궤범사軌範師, 교수敎授)의 불법佛法은 모름지기 노승에게 비로소 얻어야 하리라."

말했다. "특별히 동토東土(중국)로 와서 문수를 예배하고, 뜻밖에 소석가 小釋迦를 만났구나!"

이에 범서梵書(인도 말)로 된 패다(라) 잎(의 패엽경)을 꺼내 (앙산)사師에게 주고는 예를 갖추고 허공을 타고 갔다(날아 갔다). 이로부터 (앙산을) '소석가'라 하였다."[343]

중국불교의 초기에는 외국인 승려인 불도징(232~348)처럼 신이승神異僧이 존재하며 중요한 역할을 했다.[344] 그러나 가장 중국적인 불교로 평가되는 남종선으로 오면, 신통은 완전한 깨달음에 미치지 못하는 하열한 재주로 평가 절하된다.

물론 인도불교에서도 누진통을 제외한 오신통은 깨달음과 직접적인 관계가 없다는 인식이 있다.[345] 그러나 초기불교의 아라한에게는 육신통이 갖춰지는 것으로 묘사되며,[346] 여기에는 18신통(18변十八變) 같은 기준이 제시되기도 한다.[347] 즉 신통이 깨달음의 필수는 아니지만, 깨달은 사람은 기본적으로 신통을 갖춘다는 인식이 존재하는 것이다. 이는 대승불교의 이상인격인 보살마하살들이 강력한 위신력을 갖게 되는 한 배경이 된다.

인도불교에서 신통이란, 영화 〈매트릭스〉 속 주인공인 네오가 자신이 속한 세계는 허상임을 각성하고 이를 통해 깨어난 세계의 에너지로 매트릭스 속에서 초인적인 능력을 발휘하는 것과 유사하다. 즉 인도불교의 신통은 이원론적인 배경을 가지고 있는 것이다.

이는 인도불교가 일원론의 동아시아로 넘어오면, 이에 대한 판단이 바뀔 수밖에 없다는 것을 의미한다. 왜냐하면 일원론 속에서는 별도로 신통과 같은 흐름이 존재할 다른 세계의 힘이 존재하지 않기 때문이다. 또 일원론 속에서 이 세계는 마침내 긍정될 수밖에 없으므로 신통이란 별도로 존재하는 것이 아니라 '우리네 삶 자체가 그대로 최고의 신통'이라는 논리가 나타나게 된다. 이는 훗날 남종선의 발전과 함께 대두하는 '일상의 긍정'으로 발전·전개된다.[348]

앞서 이야기한바 인도불교적인 깨달음에 신통이 동반하는 것에 반해, 중국불교에는 신통이 존재하지 않는다. 그렇다면 이들의 깨달음은 어떻게 인정될 수 있을까? 즉 인도불교에서 신통이 깨달음에 대한 증명 역할을 한다면, 중국불교에서는 이러한 역할을 하는 것이 무엇이냐는 말이다. 이러한 질문의 이유는 깨달음이란 필연적으로 주관성을 동반할 수밖에 없는데, 이러한 주장만으로 깨달음을 인정하는 것에는 많은 위험이 존재하기 때문이다.

이때 제기되는 것이 자신의 죽음을 미리 알고 선택적으로 죽음을 맞이하는 죽음 극복(죽음 고지)이다. 중국불교의 고승들은 교종과 선종을 막론하고 대부분 자신의 죽음을 미리 고지하거나,[349] 죽은 후에도 시신이 부패하지 않는 등의 모습을 보인 것으로 기록되어 있다.[350] 달마의 최후 등에서 살펴지는, 시신이 사라져 부활하는 방식은[351] 위·진남북조시대에 도교에서 주장되던 시해선법尸解仙法과 관련된 것으로 이는 논리적 층위가 다르다.●[352] 그러나 죽음을 극복하는 방식 중 하나라는 점에서 본다면, 큰 범주 안에서는 이 역시 죽음의 극복에 포함된다.

죽음의 극복은 붓다와 관련된 가장 오래된 기록 중 하나인 8종의 『열반

● 신선神仙의 등급에서 상급인 천선天仙은 육신을 가진 승천昇天이고, 중급인 지선地仙은 지상의 신선세계에서 영생하며, 하급인 인선人仙은 시해선尸解仙, 즉 죽음을 통해 죽음을 극복하는 것으로 되어 있다.

경』에서도 확인된다.●353 특히 3개월 전 자신의 열반을 고지하고 더 이상의 생명 연장인 '수행壽行(āyu-saṃkhāraṃ)을 포기하는 것'은 윤회론을 배경으로 하는 인도문화에서 생사의 초월을 의미하는 것이다.354 이는 초기불교 전적에서 흔히 발견되는 아라한이 된 후에 읊는다는 〈아라한 게송〉의 '다음 생 받지 않을 것을 안다.'라는 구절을 통해서도 인지해 볼 수 있다.355 즉 죽음의 극복과 생사를 넘어서는 것이 신통과 더불어 깨달은 이의 주요한 특징이자 기준으로 작용하는 것이다. 바로 이 부분이 중국불교에도 차용된다. 이는 한국불교의 『삼국유사』「사복불언蛇福不言」등에서도 확인되는 동아시아에서 깨친 고승의 한 특징이기도 하다.356

그러나 극복해야 할 세계와 삶이 존재하지 않는 일원론의 상황에서 죽음의 극복이 존재할 수 있는지, 또 죽음 극복이 구조적으로 필요한 부분인지는 불명확하다. 실제로 이는 신유학의 「서명」에서 확인되는 "나를 보존하고 모든 일에 충실하다가, 나는 죽어서 편안히 쉬리라(존오순사存吾順事, 몰오녕야沒吾寧也)."는 인생 모식과는 차이가 있다.●●357 이런 점에서 본다면, 중국불교의 죽음 극복이란 일원론적인 사고라기보다는 이원론을 배경으로 하는 인도불교적 영향에 기인하는 측면이 아닌가 한다.

또 고승들의 죽음 고지가 기록에서는 다수 확인되지만, 이것이 그리 쉽지는 않았던 것 같다. 이는 현대에도 임종게臨終偈가 입적 전에 지어지는 등의 예를 통해서 판단해 볼 수 있다.

이 외에도 죽음 고지는, 이것이 입적 무렵에만 가능하다는 문제도 존재한다. 바꿔 말하면 입적에 이르기 전까지는 깨달음에 대한 변증이 불가능하며, 고승이 삶에서 깨달았다는 판단은 전적으로 개인의 주장을 신뢰할 수밖

● 여덟 종류의 열반 문헌은 빨리본·산스크리트본·티베트본과 한역 5종이다.
●● "몰오녕야沒吾寧也"는 '나의 편안함에서 마치리라.'와 '나는 죽어서 편안히 쉬리라.'의 두 가지 해석이 가능하다.

에 없는 구조가 존재하는 것이다.

『육조단경』은 이 문제를 극복하고자, '인가印可'에 따른 전등 주장, 즉 전등설傳燈說을 제시한다. 전등이란, 등불을 전했다는 의미로 법의 상속 및 사법인가嗣法印可를 나타낸다. 또 선종은 이를 중시했기 때문에 오등록五燈錄● 이라는 일종의 족보와 같은 전등 기록과 내용을 여러 차례 정리한다.

그러나 이는 전등이라는 깨달음에 대한 객관적 판단 잣대가 부족한 상황에서 권위를 확보하는 방법이라고도 생각할 수 있다. 교종에서는 상대적으로 선종에서와 같이 계보를 강조하지 않는데, 이는 학문 특성상 성숙도에 따른 객관적인 판단이 쉽게 드러나기 때문이다. 이에 반해 선종은 객관적인 기준이 없으므로 계보를 강조할 수밖에 없다. 즉 선종의 전등 강조에는 주관성이 강한 선종의 특수성이 작용하고 있다는 말이다. 이는 역시 주관성이 강한 밀교의 혈맥보血脈譜 강조 등에서도 확인되는 부분이다.[358] 그러나 후대로 오면 전등이 범람하는 과정에서 일반화되며, 이 역시 변별력이 약화된다.[359] 이러한 전등의 문제점은 죽음의 극복이라는 측면이 특수하기는 하지만 계속해서 회자하는 이유이기도 하다. 이러한 죽음의 극복은 좌탈입적坐脫入寂(좌탈입망坐脫立亡) 등의 선호와 긍정성을 통해서 오늘날까지도 일정 부분 확인해 볼 수 있다.

2) 변화의 수용과 유심주의

일원론의 현실 판단과 더불어 주목해야 할 것은 중국철학의 맹아기에서부터 확인되는 '변화의 수용'이다. 중국인들은 하늘과 더불어 대자연의 거대함(대우주)을 상정하고 이 에너지와 연결된 방식 안에서의 소우주 관점에서 인

● 『경덕전등록景德傳燈錄』(전 30권), 『천성광등록天聖廣燈錄』(전 30권), 『건중정국속등록建中靖國續燈錄』(전 30권), 『연등회요聯燈會要』(전 30권), 『가태보등록嘉泰普燈錄』(전 30권).

곽희, 〈조춘도(早春圖)〉(송나라). 북송 산수화의 대표작으로, 압도적인 산세 사이로 사람은 극히 작게 묘사되어 자연의 장엄함과 인간의 겸허한 위치를 드러낸다.

간을 이해한다.³⁶⁰ 이는 앞선 『노자』나 『춘추번로』 등을 언급한 부분에서 제시한 바 있다. 또 성즉리와 심즉리 역시 이와 같은 진리 모식에 다름 아니다.

자연에 수순하는 인간에 대한 추구는 중국 산수화에서 자연을 크게 그리고 인간을 작게 묘사하는 것,³⁶¹ 또 산수화를 언제나 옆에 두고 돌아갈 이상향으로 생각하는 관점 등을 통해서도 단적인 판단이 가능하다.³⁶²

그런데 자연은 잠시도 멈추어 있지 않고 변화하게 마련이다. 이와 같은 변화를 잘 수용하는 철학이 유교와 도가 및 도교에서 최고의 경전으로 추앙하는 『주역』이다. 하夏나라와 상商(은殷)나라에 있었다는 역서易書인 『연산連山』과 『귀장歸藏』에 대해서는 남아 있는 자료가 부족해 정확한 판단이 불가능하다.³⁶³ 그러나 『주역』은 이들을 계승한 주나라의 역법易法(점서)이라는 점에서 『주역』에 흐르는 변화의 수용은 더 이른 시기부터 작용한 특징적인 문화 코드일 개연성도 충분히 존재한다.³⁶⁴

『시경』·『서경(상서)』과 더불어 유교의 삼경 중 하나인 『주역』은 책의 명칭에서부터 변화의 의미를 나타내고 있다. 역易(일日+월月)이라는 명칭은 해와 달의 변화(일월의 순환적 교체)라는 주장도 있고, 카멜레온처럼 몸의 색을 바꿀 수 있는 석척蜥蜴을 묘사한 것이라는 관점도 존재한다.³⁶⁵ 그러나 두 가지 모두 '변화'를 나타낸다는 점에서는 차이가 없다.

또 『주역』에는 〈63. 수화기제괘水火旣濟卦(䷾)〉와 같은 완성보다 〈64. 화수미제괘火水未濟卦(䷿)〉처럼 미제라는 미래의 변화 가능성을 더 높고 상서롭게 본다.³⁶⁶ 이는 〈11. 지천태괘地天泰卦(䷊)〉나 〈24. 지뢰복괘地雷復卦(䷗)〉 등에서도 확인된다.³⁶⁷ 또 〈1. 중천건괘重天乾卦(䷀)〉의 "항용유회亢龍有悔"라는 부정적인 인식이나,³⁶⁸ 「계사하전繫辭下傳」의 유명한 "궁즉변窮則變 변즉통變則通 통즉구通則久" 같은 내용을 통해서도 인지해 볼 수 있다.³⁶⁹ 즉 전체적으로 자연의 거대한 순환과 함께하는 변화 수용과 이에 대한 긍정이 인식되는 것이다. 이는 『주역』 〈1. 중천건괘(䷀)〉의 "천행건天行健 군자이자강불식君子以自强不息(하늘의 운행은 굳건하니, 군자는 이를 본받아 스스로 굳세어 쉬지 않는다)"과 같은 구절로도 확인해 볼 수 있다.[370]

『주역』을 한마디로 정의한다면 '변화의 철학'이다. 그리고 이 변화는 당연히 항상한 것일 수 없다. 음양론이 그렇고, 『주역』이 말하는 대대법待對法이 그렇다.[371] 언제나 변화하면서, 그 안에서 정위正位를 확보하는 것, 이것이 바로 『주역』의 핵심이다. 이를 잘 나타내 주는 것이 〈1. 중천건괘(䷀)〉9·5효인 "비룡재천飛龍在天"과 9·6효인 "항용유회亢龍有悔"다.[372] 비룡제천은 나는 용이 하늘에 있는 최고의 괘로 황제를 상징한다. 조선 세종이 1445년 「용비어천가龍飛御天歌」를 찬술한 것 역시 이러한 『주역』적인 배경에 따른 것이다. 그러나 너무 끝까지 오른 비룡飛龍은 항룡亢龍이 되어 후회를 남기게 된다. 『노자』 "반자도지동反者道之動(되돌아감이 도의 움직임이다)"의[373] 순환론적 관점이 『주역』과 공유되는 것이다.

『주역』의 상대론적 변화 철학을 현상적으로 잘 나타내는 말에 「계사상전」의 "일음일양지위도一陰一陽之謂道"와 "생생지위역生生之謂易"이 있다.[374] 음양으로 반복하며 변화하는 것이 도이며,[375] 생하고 생하는 것이 바로 역이라는 의미이다. 이 구절을 정이程頤처럼, 생하는 원리란 이치로 판단해 볼 수도 있다.[376] 그러나 『주역』 시대의 생생生生이란, 철학적 함의보다는 현상적 변화로 이해하는 것이 타당하다.[377] 3,000년 전의 사고방식에 너무 깊은 이치를 포함하는 것은 무리이기 때문이다. 이는 "천지지대덕왈생天地之大德曰生(천지의 큰 덕을 일컬어 생이라 한다)"이라는 구절로도 인지해 볼 수 있다.[378] 앞서 언급한 바와 같이, 공자의 『논어』에서 성性의 개념을 명료하게 확인할 수 없다. 그런데 『주역』의 본경本經이 아닌 십익十翼● 중 「계사전繫辭傳」의 말이라

● ①·②「단전彖傳 상·하」, ③·④「상전象傳 상·하」, ⑤·⑥「계사전繫辭傳 상·하」, ⑦「문언전文言傳」, ⑧「서괘전序卦傳」, ⑨「설괘전說卦傳」, ⑩「잡괘전雜卦傳」.

하더라도 이를 너무 심도 있는 철학적 관점으로 이해하는 것은 후대의 치우친 판단이라는 비판을 면하기 어렵다.

『주역』의 변화 수용과 관련하여 주목되는 후대의 중국불교 관점에 '사사무애법계事事無礙法界'가 있다. 화엄의 사종법계四種法界는 전술한 바와 같이 ① 이법계理法界·② 사법계事法界·③ 이사무애법계理事無礙法界·④ 사사무애법계다. 그런데 화엄에서는 이법계나 이이무애법계理理無礙法界를 높이지 않고, 사사무애법계를 최고로 놓는다. 사사무애법계는 인다라망因陀羅網(indra-jāla, 제망帝網)의 장식 구슬들이 서로 비치듯, 다양한 현상과 존재들이 장애 없이 서로를 함섭含攝하며 원융하다는 의미이다. 즉 이理가 아닌 사事라는 현상에서의 종결을 말하는 것이다. 이는 '변화'와 '현실 긍정'이라는 양자를 잘 나타내 주고 있는 모양새다.

신유학의 성리학에서는 사사무애법계보다 이사무애법계와 같은 현상 너머의 작동 원칙으로서 이理를 지배적 개념으로 중시한다. 이러한 관점은 주희에게서 특히 강하게 확인되는데, 이는 주희가 살던 남송시대가 북방 이민족의 침략에 의해 한족이 강남으로 남하한 굴욕적인 시기였기 때문이다. 또 주희가 도교의 사당을 관리하는 사록관祠祿官의 삶을 살며,[379] 자신의 학문적 소신(유교)을 강조하기 위한 측면 역시 작동한다는 점도 무관하지 않다고 판단된다. 즉 현실에서 해소되지 않은 모순들을 이理라는 본질적 질서와 완전성을 통해 반조함으로써 현실 문제를 해결하려는 방어기제로 사용하고 있다는 말이다.

그러나 일원론의 특성상 중국철학은 사사무애라는 답으로 귀결될 수밖에 없다. 즉 이理를 강조하는 관점은 이원론이 아닌 이상 당위성을 확보하기 어렵다는 말이다. 이는 주희의 성리학 완성 이후, 명대 왕수인에 의해 양명학이 대두하는 한 이유가 된다.

마조 도일.

운문 문언.

임제 의현.

 중국철학의 현실 긍정은 남종선에서는 남악 회양南嶽懷讓(677~744)의 제자인 마조 도일馬祖道一(709~788)의 홍주종洪州宗에 의한 일상 긍정으로 나타난다.[380] 소위 '평상심시도平常心是道(일상의 마음이 도)'라는 일상성이다.[381] 이는 운문 문언雲門文偃(864~949)의 '일일시호일日日是好日(매일매일이 좋은 날)'이나,[382] 임제 의현臨濟義玄(?~867)의 차별을 넘어선 완전한 개별자이자 실존적 활동자인 '무위진인無位眞人(무의도인無依道人·무의진인無依眞人)'[383] 등으로 확대된다.[384]

 목적인 본질을 현상과 유리시키지 않고 직결시켜 이해하는 방식은 잠시도 멈추지 않는 이 세계, 그리고 유기체라는 인간의 특질과 결부되어 활발발活潑潑한 작용주의로 발전한다. 또 남종선의 작용주의는 '일체는 작용일 뿐'이라는 전체작용全體作用이란 관점도 도출한다.[385] 이는 『주역』의 "생생지위역"이나 "반자도지동"과 같은 측면과 연결되는 중국철학적 발전이다.

 또 남종에는 본체론적인 (불)성을 작용과 연결시키는 대담한 주장인 '작용시성作用是性(작용이 성이다. 혹 작용즉성作用卽性)'이라는 측면도 존재한다.[386] 이는 성리학에서처럼 성性을 고요와 미발未發로 규정하지 않고,[387] 현상 자체로 변화하는 성 개념을 천명하고 있다는 점에서 주목된다.

 참고로 불교의 성 개념은 불성과 통하는 것인 동시에 심과 분리되지 않는다. 이는 성리학에서 심 안의 핵심으로서 성을 말하는 것과는 다른 개념이다. 심과 성을 명확하게 구분하지 않고, 통체로 사용하는 것이 중국 전통의 심성론적인 관점이다. 이 때문에 성론을 심성론이라고도 하는 것이다. 이러한 성론을 성리학에서 분석해 심과 성을 구분하는데,[388] 이는 후대의 관점인 동시에 성리학적인 특수성이라고 하겠다.

    심과 성의 미분리   중국철학의 전통 인식 - 선불교·양명학
                                - 통체적 인식 전환 강조

    심과 성의 분리   성리학의 새로운 인식 - 성리학
                                - 분석을 통한 확충과 합일 강조

    작용주의는 현실의 모든 변화가 그 자체로 완전성의 현현顯現(드러남)일 뿐이라는 의미다. 즉 현상의 변화를 떠나, 별도의 본질적 완성이란 존재하지 않는 셈이다. 이는 본질의 완성은 작용으로만 존재한다는 뜻이기도 하다.
    남종선이 활발히 발전하던 당나라의 선을 보면, 선은 마음을 생각으로 규정하려는 일체의 움직임을 거부한다. 즉 머리나 생각으로 이해하는 간혜乾慧가 아닌 변화 그 자체를 즉자적으로 긍정하는 모습이 확인되는 것이다. 이러한 내용들이 선사들 간의 법거량 과정에서 정리되는 일화들인 화두이다. 즉 당나라의 선이란, 송대 대혜 종고의 간화선처럼 화두를 잡는 경직된 방식이 아닌, 살아 있는 작용주의를 관통하는 관점 환기로서의 전회轉回적 역설인 것이다.
    실제로 남악 회양과 마조 도일의 마경대磨鏡臺(마전성경磨磚成鏡) 사건은 앉아 있는 좌선이나 일체의 형식적인 수행 노력이 무가치한 것임을 잘 나타내 준다.[389] 진정한 수행이란, 살아 있는 심장처럼 잠시도 쉬지 않고 변화하

는 그 자체로서의 활발발이라는 것이다. 이는 생각이 끊어지는 것도 아니며, 생각이 번뇌에 휩싸이지도 않는 오직 현재의 깨어 있음을 촉구하는 현실에서의 성성적적惺惺寂寂을 의미한다.

작용주의는 과거와 미래의 인식이나 사량思量 분별에 왜곡되지 않는 지금이라는 현재의 모든 현실을 긍정하는 것과 통한다. 이는 인간의 감정과 욕망에 대해서도 현재적이기만 하면 무방하다는 인욕긍정론人慾肯定論의 전개를 초래하게 된다.

인욕 긍정은 『맹자』 「고자告子 상上」의 '식색食色이 성性'이라는 주장,[390] 그리고 굴원屈原(평平, B.C. 343~278)의 『초사楚辭(이소경離騷經)』 등[391] 강남의 개인적 문화 배경 위에 성립되는 육조시대의 청담淸談문화에서 확인된다.[392] 이러한 흐름이 강남문화를 배경으로 성립하는 남종선에 의해 계승되는 것이다. 이는 남종선의 만개와 더불어 선사들의 언어가 정제되고 절제되지 않으며, 감정적이고 격정적인 측면들을 다수 포괄하게 된다.[393]

마음이 곧 붓다라는 즉심시불卽心是佛(즉심즉불卽心卽佛)의[394] 심즉불心卽佛[395] 구조는 심리학의 심즉리와 구조적인 일치를 보인다. 또 이런 상황에서는 인간의 감정이나 인욕이 문제가 될 수 없다. 특히 일원론은 이원론과 달리 도덕 법칙이나 윤리를 가설할 이념적인 공간이 존재하지 않는다. 이는 일원론의 가장 큰 문제점이다. 즉 현실을 긍정하는 작용주의 속에는 이를 넘어서는 도덕이나 윤리가 존재할 입론 배경이 존재하지 않는다는 말이다.

일원론의 배경 속에서 본체론을 강조하는 중국불교가 도덕과 윤리 문제에 해법을 제시하지 못하는 상황은 화엄종의 '무애無礙' 강조에서도 확인된다. 이와 같은 측면을 남종선에서는 틀에 얽매이지 않는 파격으로 말하곤 하는데, 이러한 문제는 선종과 유사한 양명학의 좌파左派에서도 확인된다.[396] 양명좌파 중 일부는 광선狂禪이라고 비판받는데,[397] 강력한 인식 주체로 인해 인식 대상이 함몰됨으로써 방종과 감정 및 인욕의 조절에 어려움이 발생하는 상황이라고 이해하면 되겠다.

　　이러한 일원론에 내포된 윤리 문제를 잘 파악하고 있던 인물이 바로 남송의 주희다. 주희가 불변의 원칙인 이理와 통하는 심 안의 성性을 강조하는 데는 유교의 중요한 덕목인 윤리의 존립 타당성을 확보하기 위한 측면이 존재하기 때문이다.³⁹⁸ 물론 여기에는 강북을 여진족의 금나라(1115~1234)에 빼앗기고 남쪽으로 내몰린 남송(1127~1279)이라는 시대적인 환경 역시 하나의 배경으로 존재한다. 현실은 금나라가 중국의 주류인 화북을 지배하지만, 본질적 정당성은 남송에 존재한다는 방어기제를 성의 논리로 주장하는 것이 가능하기 때문이다.

　　주희는 유교의 핵심인 윤리의 존립 문제를 잘 판단하고 있었고, 이 때문에 주관성이 강한 선종을 교종에 비해 더 비판하는 모습을 보이게 된다.³⁹⁹ 이는 주희의 "다른 사람들은 선禪을 모르기 때문에 선에 기만당하지만, 나는 선을 알기 때문에 선 쪽이 내게 간파당한다."라는 언급을 통해서 확인해 볼 수 있다.⁴⁰⁰

　　성리학과 심리학의 관점 차이로 인해, 이들을 같은 유심주의 안에서 '객관적 유심주의'와 '주관적 유심주의'로 구분하기도 한다. 물론 이러한 구분이 유심주의라는 큰 틀 속에서 제대로 된 변별력을 확보할 수 있는지는 의문이다. 그러나 이와 같은 잣대가 작동할 수 있다면, 교종과 선종 역시 유사한 판단인 객관 유심과 주관 유심의 구분이 가능하다고 하겠다.

　　중국철학은 일원론에 입각한 본체론적 유심주의를 벗어날 수 없다. 이는 감정과 인욕 긍정이 일정 부분 존재할 수밖에 없다는 것을 의미한다. 성리학에서는 존천리存天理 거인욕去人慾을 천명하며, 인욕에 대해 부정적이다. 그러나 이는 이원론 배경의 인도불교적 영향일 뿐, 정치철학과 세속을 지향하는 유교가 인욕을 끊는다는 것은 불가능하다. 인욕의 문제를 부정했던 인도불교도 밀교와 중국불교가 되면서 이러한 구조에 변화가 생기는데, 처음부터 중국철학과 배경문화 속에서 만들어진 유교가 이를 극복하려는 것은 타당하지 않다. 즉 존천리 거인욕은 인도불교의 영향에 따른 제한된 변화에 불과하며, 이는 이후 성리학을 대체하는 심리학의 전개를 통해서도 단적인 판단이 가능하다.

정치와 더불어 유교에서 가장 비중이 큰 윤리적 부분에 대해서는 신유학 역시 중시한다. 정치에서 기준이란 필연적이며, 이를 유교에서는 가족을 중심으로 하는 윤리 구조를 통해 차용하기 때문이다. 하지만 그럼에도 신유학 역시 일원론을 바탕으로 하는 본체론에서 윤리가 가설될 공간이 없다는 문제를 완전히 해결할 수는 없었다. 이 때문에 신유학은 외적으로 윤리와 도덕을 강조하지만, 혈연·지연·학연 등 친소에 따른 친밀을 부정하지 않는 이율배반적 양상을 보이게 된다. 즉 윤리와 친친존존親親尊尊(친함[혈연]을 친하고, 존중할 대상[계급]을 존중한다)이라는 이율성二律性이 유교 안에 존재하는 것이다. 이는 오늘날까지 동아시아를 규정하는 '집단주의'와 '관계주의'라는 용어로 계승되고 있다.

끝으로 일원론의 본체론 구조란, 유심주의와 상통한다고 봐도 큰 문제는 없다. 이런 점에서 중국불교의 수행론 중 법장이 주장한 '교상즉관법敎相卽觀法'에 주목해야 한다. 이는 현재에 명확한 이치와 판단만 가지면 별도의 수행이 존재치 않다는 의미이기 때문이다. 마치 천동설을 지동설로 바꾸는 인식 전환에 별도의 수행이 필요치 않은 것과 같다. 그러므로 동아시아에서는 이론에 비해 수행론이나 수양론이 이렇다 하게 발전하지 못하고 제한적인 영역만 확보하는 데 그치는 모습을 보이게 된다. 즉 **별도의 수행 공간이나 필연성 역시 가설되지 못하는 것**이다.

2. 수행무용론과 선선후교의 수행법

1) 본래 완성과 수행무용론

선불교 안에서 북종과 남종으로 분리되는 것은 대통 신수大通神秀(605~706)와 대감 혜능大鑑慧能(혜능惠能, 638~713)에 의한 점오와 돈오의 인식 차이에서 기인한다. 그러나 신수와 혜능의 당대에는 이 문제에 따른 충돌이 야기되진 않았다. 이는 세 가지 이유 때문이다. 첫째, 신수가 양경법주兩京法主 삼제국사三帝國師●로 혜능과 비교되기 어려웠다는 점,[401] 둘째, 신수는 섬서陝西와 하남河南의 양경(서도 장안과 동도 낙양)을 중심으로 활동했지만, 혜능은 남쪽의 광동에 위치했기 때문이다. 즉 두 인물 사이에는 지역적 차이가 커서 관점이 충돌하기 어려웠다. 셋째, 선불교의 확대 초기에는 문제가 정치精緻하지 못했다는 점이 그것이다.

그러나 혜능의 제자인 하택 신회 때가 되면, 선불교가 확대·안착하는 과정에서 문제의식이 심화하며 남·북종의 문제가 표면화된다. 이것이 732년 하남성 활현滑縣의 백마성白馬城 활대滑臺 대운사大雲寺에서 개최된 무차대회無遮大會에서 신회가 대조 보적大照普寂(651~739)의 보적계인 숭원과 충돌하는 양상이다. 이를 '활대滑臺의 종론宗論'이라 한다는 점은 앞서 언급한 바 있다.[402]

활대의 종론을 통해 남종이 부각되며, 이후 신수계에서는 더 이상 이렇다 할 고승이 나타나지 않게 되면서 선종사는 남종선 중심으로 재편된다. 남

● 장안과 낙양의 최고 고승이자, 세 황제의 국사를 일컫는 말.

종선의 흥기는 강북의 개인주의 확대와 강남의 경제력이 서서히 강북을 압도하며 이루어지는 중국문화적 변화에 따른 결과다. 이는 또한 안사의 난(안사지난安史之亂, 755. 12. 16~763. 2. 17)으로 인해 서도西都인 관중의 장안과 동도東都인 중원 쪽의 낙양이 파괴되며, 상대적으로 전란의 피해가 덜한 강남의 약진을 통해 일반화된다.

〈송시대리국묘공장승온화범상宋時大理國描工張勝溫畫梵像〉(12세기 후반) 부분. 신회 대사가 묘사되어 있다.

이후 당 말에는 무종의 회창법란이 발발하며, 교종은 복구되기 어려운 큰 타격을 입게 된다.[403] 이에 반해 남종선은 상대적으로 형식에 구애되지 않고, 산림山林에 거처를 정하는 일이 많았기 때문에 타격을 입는 강도와 범위가 달랐다. 즉 회창법란 이후 불교가 복구되는 과정에서 교종이 차지하던 범위의 상당수를 선종이 대체하는 양상이 초래된 것이다.[404] 이러한 선종의 주류가 바로 남종이다. 왜냐하면 북종은 732년의 활대 종론 이후인 750년 무렵 법맥이 단절되기 때문이다.[405]

남종선의 확대 초기에는 하택 신회의 하택종荷澤宗(낙양의 하택사荷澤寺 중심)이 주도하지만, 남악 회양의 제자인 마조 도일 등이 등장하며 주류가 남악 회양과 청원 행사靑原行思(?~740)의 법계法系로 재편된다. 남악 회양계의 위앙종潙仰宗과 임제종臨濟宗, 그리고 청원 행사계의 운문종雲門宗·조동종曹洞宗·법안종法眼宗을 합해 '오가五家'라 한다. 이 중 가장 번성한 임제종이 이후 양기파楊岐派와 황룡파黃龍派로 분화하는데, 이를 더해 '오가칠종五家七宗'이라 부른다.

혜능계 남종선의 오가칠종 분화도

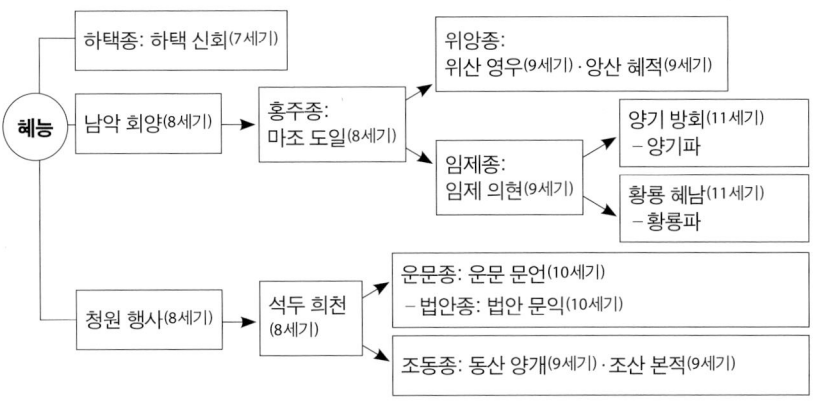

남종선 안에서 하택종이 비주류로 밀려나는 것은 혜능과 신수의 깨달음과 관련된 돈점 논쟁, 즉 돈오와 점오의 충돌 이후 부가되는 수행과 관련된 측면 때문이다. 이를 신회는 점수漸修라고 본 반면, 회양과 행사계는 돈수頓修라고 했다. 즉 돈오와 점오가 남종과 북종의 논쟁이라면, 돈오점수와 돈오돈수는 남종선 안에서의 자기 분화이자 충돌인 것이다. 이 과정에서 하택종이 남종선의 주류에서 이탈하게 된다.

선종의 1차 논쟁인 '오悟의 문제'와 2차의 남종선 안에서 발생한 '수修의 문제'를 개관한 도표

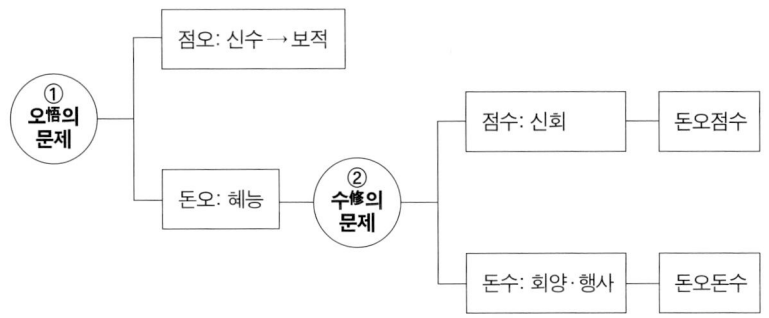

돈오점수란, 돈오 후에도 이를 유지하는 것에 어려움이 발생할 수 있으므로 지속적으로 닦아 확립해야 한다는 주장이다. 마치 영어 단어를 외우더라도 반복해서 노력하지 않으면 잊어버린다는 관점이다. 즉 장기적으로 기억되어 잊히지 않도록 반복에 따른 안정된 학습의 필연성 주장이다. 이 주장은 분명 타당하다. 그러나 이는 현상적인 문제일 때 가능할 뿐, 완전성에 있어서까지 유효하지는 않다.

불성이라는 본래의 완전성이 자각된 후 재차 불명료해진다는 것은 불가능하다. 왜냐하면 드러난 완전성을 가릴 수 있는 불완전성이란 존재할 수도, 존재해서도 안 되기 때문이다. 즉 일원론을 배경으로 본래 완성이라는 본체론 논리를 끝까지 밀어붙이면, 점수는 원천적으로 불가능하다.

그러나 이는 이론적인 판단일 뿐, 현실에서 이러한 완전한 깨달음을 증득하는 것은 용이하지 않다. 이 때문에 돈수 주장 역시 설득력을 가지게 된다. 이로 인해 신회의 돈오돈수설 주장은 화엄종의 제5조인 규봉 종밀圭峰宗密(780~841)에게 수용되어 화엄선華嚴禪이 되는 모습을 보이게 된다.[406]

그러나 완전성의 돈오 후에 돈수가 필요하다는 것은 논리적인 일관성에 위배된다. 왜냐하면 **돈수가 필요하다는 것은 바꿔 말하면 돈오가 완전하지 못하다는 의미**이기 때문이다. 또 돈오가 불완전한 것이라면, 이는 남종선의 종지인 돈오 주장에 문제가 발생하는 전제 오류가 초래된다. 즉 돈오의 완전성은 남종선 안에서는 양보의 대상이 될 수 없다.

또 만일 점수 주장을 '돈오는 가능한데, 본질(불성)에 문제가 있는 것'으로 이해한다면, 이는 본체론,

화엄 5조 규봉 종밀.

즉 불교적으로 불성의 완전성에 논란이 초래되는 문제가 발생한다. 그러므로 이 역시 남종선의 인식 판단에서는 선택지가 없다. 즉 돈수와 점수의 논점은 돈오를 주장하는 남종선 안에서 '현실의 문제를 일정 부분 인정할 것이냐(점수)'와 '이치를 끝까지 밀어붙여 본래 완성을 온전히 강조할 것이냐(돈수)'가 충돌하는 모습이라고 이해하면 되겠다.

점수와 돈수의 대립에서 승리하는 것은 돈수다. 본래 완성에 대한 강력한 본체론을 작동시키는 한에서는 다른 귀결이 없기 때문이다. 그러나 여기에도 문제가 없는 것은 아니다. 왜냐하면 논리 주장을 이렇게까지 밀어붙이면, 이번에는 역으로 앞선 돈오마저도 필연성이 없어지는 문제가 초래되기 때문이다.

마조의 일상성, 즉 평상심을 본질로 이해하는 관점은 '본래 완성=평상심'이라는 의미이다. 이는 즉심즉불卽心是佛의 논리와 통한다. 즉 평상심에 의한 일상이 그대로 본래 완성이며 이의 드러남일 뿐이라면, 돈오 역시 사족일 뿐이라는 말이다. 왜냐하면 본래 완성된 것을 장애할 것은 어디에도 존재하지 않기 때문이다. 이와 같은 논리 구조 속에서 마조가 주장하는 것이 도는 닦을 필요가 없다는 도불용수道不用修 주장이다.[407]

> 강서대적도일선사江西大寂道一禪師가 시중示衆하여 말했다. **"도는 닦을 것이 없으니, 다만 오염되지 않으면 된다(도불용수道不用修 단막오염但莫汚染). 어떠한 것이 오염인가? 생사의 마음이 있어 취향을 조작하는 것, 이 모두가 오염이다. 만약 곧장 그 도에 이르고자 한다면, 평상심이 도(평상심시도)니라. 어떤 것이 평상심인가? 조작됨이 없고 시비가 없으며, 취사가 없고 단상斷常이 없으며, 범부와 성인이 없는 것이다. 그러므로 경전(『유마경』)에 이르기를, '범부처럼 행하지 않으며, 성현聖賢처럼 행하지 않는 것, 이것이 보살행이다.'라고**[408] **한 것이다."**[409]

인용문을 정리하면, 일상 자체가 이미 완전함이니 벗어나거나 바꾸려 하지 않는 왜곡 없는 당체當體면 충분하다는 관점임을 알 수 있다. 이와 유사한 마조의 관점은 다음과 같은 구절들을 통해서도 확인된다.

> 자성自性이 본래 구족되어 있으니, 다만 선악의 일 가운데 걸림이 없으면 수도인修道人이라 부르리라. 선을 취하고 악을 버리며 공空을 관觀하며 정定에 들어간다면, (이는) 조작에 속한다.⁴¹⁰

> 일념망심一念妄心이면, 즉시 삼계생사三界生死의 근본이 된다. 다만 무일념無一念이면 생의 근본이 제거되며, 곧장 (붓다인) 법왕法王의 최고 진보珍寶를 얻게 된다.⁴¹¹

> **도道는 수修(닦음)에 속하지 않는다(닦음의 대상이 아니다). 만약 닦음(수修)으로 얻는다고 말한다면, 수修로 성취된 것은 다시금 무너지리니, 곧 성문聲聞과 같다. 그렇다고 닦음이 아니라고 말한다면, (이제는) 범부와 같게 된다.**⁴¹²

> 만약 상근기 중생이라면, 홀연히 선지식의 지시指示를 만나 언하言下에 영회領會한다. (그래서) 다시금 계급과 지위를 통과하지 않고 (곧장) 본성을 돈오한다.⁴¹³

도(깨달음)가 닦음(수修)의 대상이 아니라는 것은 마조가 남악 회양에게 받은 '마전성경磨磚成鏡'의 가르침이다. 이를 통해 마조는 본래 완성에 입각한 규정 대상을 넘어서는 '유심의 전회'를 증득했다.

마경대. 남악 회양이 전돌을 갈며 마조 도일을 깨우친 장소로 전해진다.

당나라 개원 년간(713~741) 중에 (마조는) 형악衡嶽(남악 형산)의 전법원傳法院에서 (선)정定(좌선)을 익혔다. (회)양 화상을 만났는데, (회양은) 그(마조)가 법기法器임을 알았다.
(회양이) 물었다. "대덕大德은 왜 좌선하는가?"
(마조)사師가 답했다. "붓다가 되려 합니다."

(회)양은 이에 한 전돌을 취하여 그 암자 앞에서 갈았다.
(마조)사師가 물었다. "전돌을 갈아서 무엇하시게요?"
(회)양이 답했다. "갈아서 거울을 만들겠다."
(마조)사師가 말했다. "전돌을 갈아서 어찌 거울을 이룰 수 있습니까?"

(회)양이 답했다. "전돌을 갈아서 거울이 될 수 없다면, 좌선으로 어떻게 붓다가 될 수 있단 말인가!"

(마조)사師가 말했다. "(그러면) 어떻게 해야 합니까?"
(회)양이 답했다. "소 수레와 같으니, 수레가 가지 않는다면 수레를 때려야 하는가? 소를 때려야 하는가?"
(마조)사師가 대답하지 못했다.

그러자 (회)양이 다시 말했다. "너는 좌선을 배우느냐? 좌불坐佛을 배우느냐? **만약 좌선을 배운다면, 선禪은 앉고 눕는 것이 아니다. 만약 좌불을 배우는 것이라면, 붓다(불佛)는 정해진 상相일 수 없다.** (또) **머무름이 없는 법法에는 마땅히 취하거나 버릴 것이 없다. 네가 만약 좌불에 (집착한다)면, 이는 붓다를 죽이는 것이다. 만약 좌상坐相에 집착한다면, 그 이치에 도달한 것이 아니다.**" 사師가 가르침을 듣고는 제호醍醐●를 마신 것과 같았다.

(회양에게) 예배하고 물었다. "어떻게 마음을 써야 무상삼매無相三昧에 합하겠습니까?"
(회)양이 답했다. "네가 심지법문心地法門을 배우는 것은 종자를 뿌리는 것과 같다. (또) 내가 법요를 설하는 것은 저 천택天澤에 비유될 수 있겠다. 너의 인연이 부합한 연고로 마땅히 그 도를 본 것이다.[414]

인용문을 보면, 마조의 도불용수 관점은 회양에서 비롯되어 마조가 완성한 것으로 봐도 큰 문제는 없다. 실제로 이 같은 생각은 3조 승찬僧粲(529~

● 최고의 음료로, 여기에서는 관점 전환의 계기가 된다는 의미로 쓰였다.

613)의 저술로 전해지는 『신심명信心銘』의 첫 구절인 "지도무난至道無難 유혐간택唯嫌揀擇 단막증애但莫憎愛 통연명백洞然明白(지극한 도는 어렵지 않나니, 오직 간택함을 꺼린다. 다만 애증이 없으면 통연하여 명백할 뿐이다)" 등에서도 확인된다.[415]

도불용수와 유사한 내용은 마조보다 조금 이른 시기의 사공 본정司空本淨(대효 본정大曉本淨, 667~761)의 "도본무수道本無修(도는 본래 닦음이 없다)"나[416] 마조의 전후에 나타나는 "무수무증無修無證(닦음도 없고, 증득함도 없다)"[417] 등을 통해서도 확인된다.

이와 같은 동시대적인 강력한 본래 완성의 관점은 마조의 평상심시도라는 일상 긍정의 흐름이 시대적으로 요청되고 있었고, 이를 마조가 집대성 했음을 시사해 준다. 이는 분명 혜능이 제기한 남종선의 돈오 주장에서 진일보한 측면이다.

그러나 여기에도 문제가 없는 것은 아니다. 왜냐하면 본래 완성의 구조에서는 "단막오염但莫汚染"이나 "유혐간택唯嫌揀擇" 등과 같은 부분도 성립할 수 없기 때문이다. 어떻게 완전성이 오염될 수 있으며, 간택에 문제가 있을 수 있겠는가! 마조는 이의 해법으로 본래심을 가리는 중생심의 문제를 거론하고 있지만, 중생심은 본체론의 본래심과는 논리적 층위가 다르다. 그러므로 어떤 방식으로도 본래심을 오염시킬 수 없다. 본지풍광本地風光은 어떤 상황에서도 방해될 수 없기 때문이다. 그러나 남종선의 논의는 여기까지는 진행되지 못한다.

이는 두 가지 때문으로 판단된다. 첫째, 일상 그대로가 '전체 긍정(일상이 그대로 완전함)'이라면, 선종 및 수행의 당위성이 사라지게 된다는 점, 둘째, 전체 긍정이 되면 불성이 특별할 게 없어지면서 존재 가치가 훼손된다는 점이 그것이다. 즉 특수성의 일반화 문제이다. 이 두 가지는 과거 선사들의 판단 속에서 극복하기 어려웠던 난제임에 틀림없다. 아무튼 남종선의 전개에서 이 이상은 진행되는 것이 없다. 이는 또 남종선의 타당성을 넘어서는 한계

상황을 잘 나타내 준다.

2) 출출세간과 전체 완성 구조

일원론에서 본체론을 강하게 전개하면, 이 세상의 모든 것은 필연적으로 긍정될 수밖에 없다. 즉 전체 긍정이다. 이 때문에 남종선에서는 출출세간을 주장하게 된다. 이원론의 인도불교가 세간에 대응하는 출세간을 말한 것과 달리, 남종선 등에서의 진정한 완성은 출세간을 넘어선 출출세간이며, 출출세간을 통해 세속의 전체는 다시금 긍정되는 것이다.

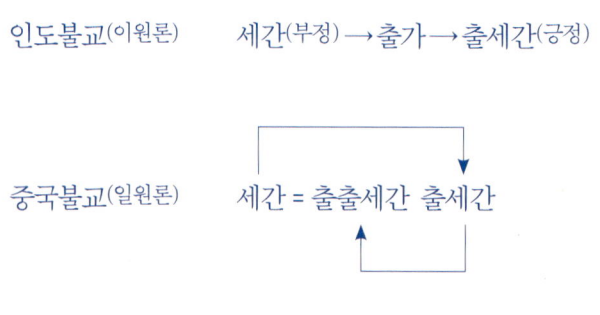

송나라 곽암 사원廓庵師遠(12세기)의[418] 〈십우도十牛圖〉 속 '입전수수入鄽垂手'나 『노자』 제56장의 '화광동진和光同塵'을[419] 선불교에서 재해석해 사용하는 것은 이와 같은 측면을 잘 나타내 준다. 『금강경오가해金剛經五家解』를 통해 널리 알려진 구절인 "산은 산 물은 물(산시산山是山 수시수水是水)"과 같은 다음의 구조가 존재하는 것이다.

- ① 부대사傅大士『찬贊』, ② 육조六祖『구결口訣』, ③ 규봉圭峯『찬요纂要』, ④ 야부冶父『송頌』, ⑤ 종경宗鏡『제강提綱』.

고주吉州의 청원 유신靑原惟信 선사가 상당上堂하여 말했다. "노승이 30년 전 참선하기 전에는 ① 산을 보면 산이고, 물을 보면 물이었다. 후래後來에 선지식을 친견하고 개입처箇入處가 있게 되니, ② 산을 보면 산이 아니고 물을 보면 물이 아니었다. 그러나 개휴헐처箇休歇處를 얻게 되니, ③ 의연히 산을 보면 다만 산이요, 물을 보면 다만 물일 뿐이었다."[420]

∴ ① 산시산山是山 수시수水是水 → ② 산불시산山不是山 수불시수水不是水 → ③ 산저시산山祇是山 수저시수水祇是水

② 산의 정상(출세간)
↗ ↘
① 산의 시작(세간) = ③ 산에서 내려옴(출출세간)

인용문을 보면, ① 산에 올라가지 않은 사람과 ② 산 정상에 오른 사람, 그리고 ③ 다시금 원래의 위치로 돌아온 사람의 총 세 단계를 말하며, 일상의 환기야말로 최고의 경지임을 드러내고 있다.[421] 이와 유사한 관점을 그림과 함께 설명하는 것이 곽암의 〈십우도〉이다. 특히 〈십우도〉는 열 장면의 그림 전체가 원형이라는 완전성을 공통 배경으로 전개하고 있다는 점이 흥미롭다. 즉 '완전에서 완전을 찾아 다시금 완성되는 것'이 〈십우도〉인 것이다.[422]

1. 심우尋牛(소를 찾아 나섬)
2. 견적見跡(소의 발자국을 발견함)
3. 견우見牛(소를 발견함)
4. 득우得牛(소를 얻음)

5. 목우牧牛(소를 길들임)

6. 기우귀가騎牛歸家(소를 타고 집으로 돌아옴)

7. 망우존인忘牛存人(소는 잊고 사람은 있음)

8. 인우구망人牛俱忘(사람과 소가 모두 사라짐)

9. 반본환원返本還源(본래의 근본으로 되돌아옴)

10. 입전수수入廛垂手(저잣거리에서 손을 드리움)[423]

순서대로 심우, 견적, 견우, 득우, 목우, 기우귀가, 망우존인, 인우구망, 반본환원, 입전수수.

산수산 수시수의 세 단계나 입전수수가 말하는 것은 출출세간의 되돌아옴이다.[424] 이러한 출출세간의 구조는 천동설에서 지동설로 바뀌어도 실제로 바뀌는 현상은 없지만 관점이 변경된 것과 유사하다. 그러나 이렇게 되면, 불교는 엄청난 딜레마에 빠지게 된다. 즉 입전수수의 출출세간이 불교 수행의 목적이면, 불교의 출가 수행 주장은 설 자리가 없어지기 때문이다. 즉 출가무용론이 대두하는 것이다.

중국불교에서 흥미로운 것은 중국불교를 대표하는 화엄종(현수종)과 남종선이 모두 행자에 의해 개창된다는 점이다.[425] 화엄종의 법장은 스승인 지엄이 입적하는 668년까지 출가하지 않는다. 법장은 670년 측천무후가 낙양에 창건한 태원사太原寺에서 출가한다.[426] 즉 중국 화엄종의 정통은 출가한 승려가 아닌 재가인이 계승하고 있는 것이다. 이는 남종선도 마찬가지다. 『육조단경』에 따르면, 혜능이 5조 홍인에게 법을 받은 것은 출가인이 아닌 출가하고자 하는 상태의 행자(노행자盧行者) 때인 672년(혹은 660년)이다.[427] 혜능이 정식으로 삭발 출가하는 것은 676년(의봉儀鳳 원년 정월) 법성사法性寺(현 광효사光孝寺)에서 인종 법사印宗法師(627~713)에 의해서이다.[428] 이 때문에 현재 광효사에는 혜능의 삭발탑이 보존되고 있다. 홍인이 675년에 입적한다는 점을 고려한다면, 혜능의 출가는 홍인 입적 후에 이루어진다. 즉 법장과 지엄 모두 스승이 생존했을 때는 출가 승려가 아니었던 것이다.

중국 광효사에 자리한 혜능삭발탑.

중국불교에서 가장 중요한 화엄종과 남종선이 출가한 승려가 아닌 재가인과 관련된다는 점은 무척이나 특이한 전승이다. 이는 출가주의를 강하게 주장하는 인도불교에서는 용납될 수 없는 중국불교만의 특징 중 하나이다. 만일 불교에 재가주의가 가능하다면, 붓다가 출가할 필연성이나 출가 교단을 만들 필연성이 크게 약화한다. 즉 불교의 시작점이 달라지는 것이다. 재가를 용인하는 중국불교의 특징은 출세간을 넘어서는 출출세간의 요구와 이에 따른 출가무용론 등이 작용하므로 수용 가능한 측면 때문이라고 하겠다.

실제로 신유학에서는 일상의 환기가 깨달음이라면, 세간을 사는 유교야말로 정당하며 불교는 잘못되었다('굳이 출가할 필요가 있는가?')는 비판을 하기도 한다.[429] 선불교는 이에 대한 명확한 반론을 제시하지 못한다. 인도문화권의 이원론 배경에서 출발한 불교의 입장에서, 이 문제는 알렉산더의 매듭처럼 논리적 층위가 달라지기 전에는 해법 도출이 불가능하기 때문이다.

사실 중국철학사적으로 위·진남북조 때부터 북송에 이르는, 무려 천여 년(220~1127)을 주도한 불교가 신유학에 밀려나는 변곡점에는 바로 이 난제가 존재한다.[430] 중국의 불·유 교체에는 정치와 민족 등 다양한 요인들이 존재한다.●[431] 그러나 철학적으로는 이 문제가 가장 크며, 이는 동시에 중국불교가 발전시키고 초래한 결과라는 점에서 주목된다. 이런 측면에서 재평가될 수 있는 것이, 바로 남종선의 영향을 강하게 받지만 현세와 재가주의를

● 필자는 중국의 불·유 교체와 관련해서 두 가지가 크게 영향을 줬다고 생각한다. 첫째, 통과의례의 부재, 동아시아 불교는 통과의례를 만드는 것에 관심이 없었고, 이는 불교가 유교를 완전히 대체할 수 없는 동시에 유교의 부활 가능성을 존속시키는 결과를 초래한다. 둘째, 과거제와 관료제의 확대, 수 문제問題에 의해 확립되는 과거제와 관료제는 국가의 관리 영역을 확대하고, 교육을 통해 일반인의 관직 진출 가능성을 높이게 된다. 이로 인해 불교의 대사회적인 입지가 축소되고, 일반인의 신분 상승 욕구에 따른 불교적 부분이 약화한다. 즉 출가를 통해서 신분의 상승을 추구하기보다는 과거와 관리가 되는 방향을 모색하게 된다는 말이다. 이는 우수한 출가인이 확대되기 어려운 구조를 만들게 된다.

천명하는 심리학, 즉 양명학이다.⁴³² 이로 인해 양명학은 불교의 영향을 크게 입었음에도 불교를 강하게 비판하게 된다.⁴³³

신유학 중 성리학은 재가의 수양적인 타당성을 강조하며, 출출세간의 지향이라는 불교의 자가당착적 모순을 밀어낸다. 주희가 백성을 위한 위민지학爲民之學보다 개인의 완성을 위한 위기지학爲己之學을 강조한 것은 유교의 불교적 영향과 변화를 잘 나타내 준다.•⁴³⁴ 유교는 선진시대 정치철학과 예제禮制라는 윤리적 측면의 강조에서 비롯되어, 중국불교를 거친 후에는 수양을 중시하는 도덕적인 '수양의 정치철학'으로 변모한 것이다.

중국불교의 황금기였던 당나라 말의 한유는 맹자 이래의 도통설道統說과 이의 연결을 주장한다.••⁴³⁵ 즉 도의 전함이야말로 유교의 핵심적 가치라는 것이다. 이는 조선의 사림파가 도통을 강조하는 것이나,⁴³⁶ 퇴계와 율곡 같은 이들이 정치인인 동시에 철학자요, 도덕수양론자(위기지학)였다는 점을 통해서도 단적인 판단이 가능하다. 이와 같은 유교의 불교적 영향에 따른 수양 강조는 유교의 정치철학적인 측면이 약화되는 결과를 초래하며, 이는 이후 동아시아가 몰락하는 한 배경 요인이 된다.⁴³⁷ 정치인이 도덕과 수양만을 강조한다면, 이러한 정치가 현실에서 문제를 노출하는 것은 당연한 결과이기 때문이다.

코페르니쿠스적 전회는 현상계 속에서의 인식 오류를 수정하는 것이다. 그러나 그 대상이 현상계가 아닌 완전함이라면, 여기에는 어떠한 인식 오

● 위기爲己와 위민爲民을 나눈 것은 공자다. 그러나 신유학에 들어서면 수양이 강조되며, 위기지학爲己之學에 대한 추구가 두드러지게 된다.

●● 송대 신유학은 도통설을 주장하며 맹자에게서 단절된 심법心法이 1,400년을 격절해 북송의 정호程顥에게 상속하는 것으로 표현한다(張德麟 著, 박상리 外 譯, 『程明道的哲學』[서울: 예문서원, 2004], 33쪽; 狩野直喜 著, 吳二煥 譯, 『中國哲學史』[서울: 乙酉文化社, 1997], 371쪽, "周公沒聖人之道不行, 孟軻死聖人之學不傳 … 先生生千四百年之後, 得不傳之學於遺經"). 이는 『맹자』「이루 하」에서 순舜과 문왕文王이 "득지행호중국得志行乎中國, 약합부절若合符節, 선성후성先聖後聖, 기규일야其揆一也"라고 한 전통을 따른 것이다.

류도 존재해서는 안 된다. 즉 일상이 그대로 완전함이라면, 출출세간과 같은 전회나 각성의 논리도 존재할 수 없다는 말이다.

그러나 사고를 여기까지 진전시키면, 불교와 유교의 수행 및 수양과 이를 통한 변화라는 주장은 더 이상 성립할 수 없게 된다. 그렇기 때문에 불교와 유교, 보다 정확하게는 선불교와 신유학은 완전한 본체인 불성이나 본성을 각성하는 재환기만을 주장하는 정도에서 그치게 된다.

북송시대에 정비되는 선불교의 슬로건인 16자 구결, 즉 '교외별전敎外別傳 불립문자不立文字 직지인심直指人心 견성성불見性成佛'●에서[438] 불립문자나 직지인심이 여기에 해당한다. 즉 외부에서 들어온 것은 본질이 아닌 사족일 뿐이니, 내적인 본질로 곧장 들어가라는 주장이다.[439]

그러나 본질의 완전성이 강조된다고 해서 현상적으로 무학無學이어서는 안 된다. 문맹으로는 문명을 유지할 수 없으며, 제아무리 완전성을 반조해도 무학이 지식인이 되지는 않기 때문이다. 즉 본성의 환기는 관점과 행복론에서 유효하지만, 문명의 유지에서는 제한적이라는 말이다. 그렇다고 내면의 본질을 드러내는 방식에서 외재적인 교육 방법이 존재하는 것도 쉽지 않다. 이 때문에 내면적인 작동이 선행될 수밖에 없는데, 이를 '선선후교先禪後敎(전선후교前禪後敎)'라 한다.●●[440] 이는 선 수행을 통해 마음의 대체大體를 확립하고, 이를 반조해 경전을 공부하면 모든 것이 밝게 드러나는 교육 방식이다.[441]

● 이 구결은 1108년 음력 8월 이전에 완성되었다. 이 선종의 16자가 완비된 형태로 수록된 문헌은 『조정사원祖庭事苑』이 가장 빠르다. 『조정사원』에는 1108년 음력 8월의 「발문」이 있다. 그러므로 16자의 완성은 그 이전임을 판단해 볼 수 있다.

●● 선선후교先禪後敎에서 가장 주목되는 인물은 단연 혜능慧能이다. 혜능은 무학無學의 노행자魯行者 신분으로 먼저 깨닫고 후에 인종印宗 법사에게 삭발 득도한 다음, 공부하여 『금강경』에 「구결」을 다는 행보를 보인다. 이는 선선후교의 수학 역정歷程을 나타내는 것으로 이해해 볼 수 있다.

『역대성현반신상상책』에 수록된 양시의 초상.

이러한 선불교의 수행론은 중국철학에선 맹자의 '만물개비어아'와 '호연지기의 확충' 및 '존심양성'에서 유사성이 확보되며,[442] 남송 육구연陸九淵(상산象山, 1139~1192)의 "배움이란 진실로 근본을 아는 것이니, 육경(유교의 최고 경전들)은 모두 나에 대한 각주일 뿐이다(학구지본學苟知本 육경개아각주六經皆我注脚)."라는 주장, 또 "우주가 곧 내 마음이고, 내 마음이 곧 우주다(우주편시오심字宙便是吾心 오심즉시우주吾心即是宇宙)."라는 말과 연결점이 존재한다.[443] 즉 이는 불교와 유교를 넘어, 중국철학적인 일원론과 본체론 중심의 사유에 따른 결과물이라고 할 수 있는 것이다.

신유학의 이동李侗(연평延平, 1093~1163, 주희의 스승)이나 사량좌謝良佐(상채上蔡, 1050~1103) 및 양시楊時(귀산龜山, 1053~1135) 등은 '묵좌징심默坐澄心(혹 정좌징심靜坐澄心)' 등의 공부법을 강조한다.[444] 묵좌징심이란, 공부에 앞서 명상을 통해 마음을 맑히라는 것이므로 선불교의 선선후교 방식과 공통점이 존재한다.

『논어』「위령공衛靈公」에서 공자는 "내가 일찍이 종일토록 먹지 않고, 밤새도록 잠을 자지 않고 생각해 봤으나 이익이 없었다. (생각함은) 배우는 것만 같지 않다."라고 했다.[445] 이러한 공자의 교육관은 「술이述而」의 "(나는) 분발하지 않으면 열어 주지 않고, 표현하지 않으면 일깨워 주지 않는다. 한 모퉁이를 들어 줬는데 세 모퉁이를 들지 못한다면, (다시) 반복하지 않는다."라고 한 대목을 통해서도 인지된다.[446] 이러한 공자의 학문 관점은 이동 등과는 사뭇 다르다. 즉 불교적 영향에 따른 신유학의 교육에 대한 인식 변화가 인지되는 것이다. 즉 '외재를 통한 내성의 확립(선진과 한·당 유학)'에서, '내성의 환기를 통한 외재의 반조(신유학)'로 교육의 방법론이 변모하는 상황이다.

후대의 선불교에서는 자신들의 우위를 강조하기 위해 사교입선捨教入禪, 즉 '경전을 공부한 후 선 수행에 돌입한다.'라고 했지만,[447] 실제로는 본성을 밝히는 공부는 선선후교의 방식이 타당하다. 또 이는 앞선 마조의 수행론 등을 통해서 볼 때, 역사적으로도 먼저 나타나는 선불교의 수행 방법임에 틀림없다.

그렇다면 불교와 유교에서 말하는 수행(양)법은 무엇일까?『육조단경』에서 혜능은 홍인이 강설한『금강경』의 "응무소주應無所住 이생기심而生其心"이라는 구절을 듣고 깨침을 얻었다고 되어 있다.[448] 이 구절은 인도불교의 반야사상에 입각한 측면이기는 하지만, '응하는 바 없이 그 마음을 낸다.'라는 것은 중국적인 본래심에 근거한 작용주의와 통하는 가치이기도 하다.

이는 "과거심불가득過去心不可得 현재심불가득現在心不可得 미래심불가득未來心不可得(과거의 마음은 얻을 수 없고, 현재의 마음도 얻을 수 없으며, 미래의 마음도 얻을 수 없다)"과도 통하는 것인데,[449] 혜능이 강조하는 일행삼매一行三昧나[450] 무념無念·무상無常·무주無住의 수행법과도 연결된다.[451] 즉 실체 없는 현실에 대한 명확한 자각 속에서 집착과 왜곡된 판단이 없는 것, 이것 그대로가 열반, 즉 완전한 깨달음이라는 것이다. 이는 인도불교적인 내용 중 중국철학에 잘 부합하는 부분을 활용한 중국불교적인 재구성으로, 이후 남종선 안에서 전체 작용으

오조 홍인.

로 발전·전개된다.

선불교의 작용주의와 판단 중지를 통해 오직 현재만을 강조하는 수행 방식은 이민족 관롱집단關隴集團(관롱세족關隴世族, 선비족)에 의한 지배로 인하여 상대적으로 다양성을 용인하고 자유롭던 당나라에서 크게 받아들여진다. 그래서 임제의 "수처작주隨處作主 입처개진立處皆眞(모든 곳에서 주인공이 되면, 입처는 모두 진일 뿐이다)"과 같은 일상의 작용 속 각성이라는 구조도 나타나는 것이다.[452]

그러나 송나라가 되면 문치주의와 관료제가 정비되며 자유로움이 경직된다. 이때 선불교에서 각성과 전회의 방식으로 새롭게 등장하는 것이 '임제종의 간화看話'와 '조동종의 묵조默照'다. 그러나 이는 선의 활발발한 현재적 면모를 살리지 못하고, 사회의 변화와 함께 선이 경직화되는 모습을 보이게 된다. 이렇게 장점을 잃은 선불교는 이후 신유학에 밀리는 결과를 초래한다.

남종선이 격발시킨 '작용주의'와 '지금'이라는 현재의 각성 천명은 명대 왕수인에 이르면, '일 위에서 배운다'는 작용과 공부를 직결시킨 '사상마련事上磨鍊'과 '지행합일'로 재구현된다.[453] 사상마련은 삶의 모든 움직임이 그대로 수양이 되는 공부 방식으로 간화선와 묵조선으로 경직되고 형식화된 측면을 대체하며, 중국 사상계의 주류로 자리 잡게 된다. 다만 문제가 되는 것은 이러한 재천명이 선불교가 아닌 양명학에서 나타난다는 점이다. 이는 자기 혁신을 잃어버린 선불교의 한계를 잘 드러내 준다.

왕수인의 『전습록傳習錄』 권하에는 제자이자 태주학파泰州學派의 시조인 왕간王艮(심재心齋, 1483~1541)●의 말로 '만가성인滿街聖人', 즉 '거리에 성인이 가득하다'라는 전체 완성의 경지가 현시되어 있다.[454] 이는 우린 모두 그대로 이미 유교적 이상인 성인으로 살고 있다는 의미이다. 만가성인은 후대

● 뒤의 왕룡계와 더불어 '이왕二王'으로 불린다.

『중전심재왕선생전집重鎭心齋王先生全集』(1637 재간) 중 왕간(심재) 초상.

왕기(용계) 초상(16세기 추정).

의 양명학에서 중시되는 개념이다.[455]

또 양명의 제자인 양지현성파良知現成派의 시조 왕기王畿(용계龍溪, 1498~1583)는 자증자오自證自悟를 중시했는데, '현성양지現成良知'라는 '본래의 완전성이 현재에 성취되어 있다'라는 관점을 제기한다.[456] 이 현성양지는 당나라 운문 문언의 '모든 것의 현재 완성'을 나타내는 '현성공안現成公案'을 떠올리게 한다.[457] 즉 당나라 선불교의 현실 긍정과 깨어 있는 삶의 완성이 최후로는 성리학에 의해 사선似禪이나 광선狂禪으로 비판받았던 양명학 속에서 재발현되고 있는 것이다. 왕기의 비판자들은 그의 현성양지 주장을 '수증공부修證工夫를 부정하는 무공부無工夫'라고 비판했다.[458] 이 역시 앞서 언급한 마조의 도불용수道不用修와 유사한 선불교적인 해법 도출이자 문제점에 다름 아니라고 하겠다.

3. 유심주의와 인간의 실존

1) 유심주의와 미학적 판단

수행이란, 영원한 행복(완전한 행복)을 위한 추구다. 인간의 모든 수단은 행복과 직결되기 때문이다.[459] 그러나 현상계의 행복은 언젠가 무너지는 한계점을 내포하게 마련이다. 왜냐하면 세상의 변화로부터 행복의 가치를 지켜낸다고 하더라도 인식 주체의 노쇠(노老) 문제는 해결할 수 없고, 그 정점에는 끝마침으로서의 죽음(사死)이 있게 마련이기 때문이다. 이를 극복하는 '영원한 행복'과 맞물려 있는 것이 종교이며, 수행 종교에서 이는 수행의 완성이 된다. 붓다의 출가와 관련된 사문유관四門遊觀에서 노·병·사와 이의 극복 대안으로서의 출가가 등장한다는 점은 이를 잘 나타내 준다.[460]

모든 종교는 방법적 차이가 존재하지만, 영원한 행복을 추구하고, 또한 주장한다. 이는 유기체의 한계 초월과 관련된 죽음의 극복과 맞물려 있다. 기독교나 이슬람의 천국이 영생永生인 것이나, 도교의 신선이 불사不死인 측면,[461] 그리고 유교가 후손을 통해 영생하는 자기 복제의 논리를 전개하는 것 등은 이와 같은 양상을 잘 나타내 준다.

죽음의 극복과 완전한 행복(영원한 행복)이 통하는 것은 수행과 명상주의 역시 마찬가지다. 초기불교에서 무여열반無餘涅槃(nirupadhiśeṣa-nirvāṇa)이 죽음의 극복인 동시에 '지선至善', 즉 완전한 선이라는 주장은 이를 잘 나타내 준다.[462] 이는 대승불교의 『대반열반경』에서 열반이 사덕四德, 즉 네 가지 속성으로 상常·낙樂·아我·정淨을 꼽는 것을 통해서도 분명해진다.[463] 여기에는 열반의 속성으로 항상하다는 상常(소멸인 사死의 극복)과 즐겁고 행복하다는

〈보은 법주사 팔상도〉 중 사문유관상 부분. 싯다르타 태자가 카필라성의 네 문밖에 나가 노·병·사를 직접 보고 출가를 결심하게 되는 장면을 묘사했다.

낙樂(고苦의 극복)이 연이어 등장하기 때문이다.

이원론에서는 불사와 행복의 완성은 차안此岸인 이 세계에 존재할 수 없다. 그것은 반열반(무여열반)한 피안彼岸의 세계에 존재하는 이상이기 때문이다. 그러나 일원론의 동아시아에서, 그것은 삶에서도 통하는 가치인 동시에 죽음을 넘어서는 행복 코드를 내포하고 있어야만 한다. 앞서 언급한 동아시아 불교의 고승들에게서 확인되는 신통의 부재와 죽음의 극복은 이와 같은 양상을 잘 나타내 준다.

이원론에서의 행복이란, ① 차안, 즉 현상계의 불완전한 행복과 ② 피안, 즉 이상 경계의 완전한 행복으로 이원화된다. 이 중 추구 대상인 목적은 당연히 피안의 완전한 행복이다. 그러나 일원론에서는 이러한 두 가지 행복이 존재할 수 없다. 이 때문에 고락과 같은 양변兩邊을 떠난 불교의 중도보다는, 미발未發의 중中에 기반한 이발已發의 중절中節로서의 중용中庸이란 개념이 나타나게 된다.[464] 불교의 중도가 현상을 넘어서려는 노력이라면, 유교의 중용은 어떠한 상황에서도 무게 중심을 잡는 조화로운 현상의 영역이라는 점에 차이가 있다.

이 세계 안에서 답을 구해야 한다는 것은 필연적으로 통체적인 판단자로서, 마음을 통한 유심주의가 강조되는 면모를 나타낼 수밖에 없다. 유심주의는 중국불교와 유학 및 신유학에서 공통으로 확인되는 동양학의 핵심이다.

인도불교의 『화엄경』에도 '일체유심조一切唯心造' 같은 부분이 존재하지만, 인식 주체로 심보다는 식識(vijñāna)이 일반적이다. 이는 인도 대승불교의 2대 학파가 중관과 유식이라는 점, 또 화엄 대경大經, 즉 완질은 서역의 호탄에서 만들어졌다는 주장이 있을 정도로 화엄은 인도 대승불교의 주류가 아니었다는 점을 통해서 판단해 볼 수 있다.[465] 화엄사상이 상대적으로 커 보이는 것은 심이 강조되는 동아시아에서 화엄종(현수종)이 교종의 주류가 되기 때문이다. 즉 이는 동아시아 불교 변화에 따른 착시현상인 것이다.

일원론과 유심주의는 하나의 연결선상에 위치한다. 이는 동아시아 철학이 유심주의로 나갈 수밖에 없다는 것을 의미한다. 실제로 중국불교나 신유학이 모두 유심주의와 관련된다는 것은 이를 잘 나타내 준다.

그러나 일원론과 유심주의에는 필연적으로 객관적인 모범이 존재할 수 없다. 즉 주관에 매몰되는 문제가 발생하는 것이다. 이 때문에 성리학에서는 천리天理나 이理를 강조하지만, 이는 엄밀하게는 일원론 배경하에서 독립해 존재할 자체 영역이 없다. 이 때문에 후에 양명학의 비판을 받게 되는 것이다.[466] 성리학의 선지후행先知後行이 양명학에 의해 지행합일의 관점에서 비판받는 것은 이와 같은 양상을 잘 나타내 준다. 즉 이理란 독립된 초월성이 아닌 내재적 자기 조리인 성性의 설명 원리에 지나지 않는다는 말이다. 그리고 지행합일이란, 독립된 이理의 공간이 존재하지 않으므로 현상 안에서 배울 수밖에 없는 것으로 사상마련과 더불어 지와 행이 분리될 수 없는 일체성(지행합일)의 일원적 측면을 잘 나타내 준다.[467]

이와 같은 문제는 조선 유학의 퇴·율에서도 확인된다. 율곡이 기氣 중심으로 이理를 설명하는 현실적인 주기론主氣論(기발이승일도설氣發理乘一途說)을 주장했지만,[468] 퇴계는 이理의 독립성을 강조하여 이도설理到說(이자도설理自到說)까지 전개하는 강력한 주리론主理論(이기호발설理氣互發說)을 제시하기 때문이다.[469] 그러나 일원론에서 이理는 결코 현실에서 벗어난 그 무엇이 될 수 없다. 이것은 공과 같은 구체 밖에 구른다는 성질이 분리되어 존재할 수 없는 것과 같다.

물론 일원론의 발전이 정치精緻하지 못하던 선진시대에는 인간과 분리된 공간으로써 천상을 설정하여, 인간 본성의 근거로 천리天理를 주장했다. 여기에는 미흡하긴 하지만, 이원론적인 측면도 일정 부분 존재한다.[470]

그러나 한漢이 제국화되는 상황에서 발전·정리되는 동중서의 천인상

퇴계 이황과 율곡 이이 영정. 율곡 이이는 기를 중심으로 이를 설명하는 현실적 주기론을, 퇴계 이황은 이의 독립성을 강조한 강력한 주리론을 제시했다.

응설 등은 이원론의 가능성을 약화시키고, 일원론의 통합을 빠르게 확립한다. 이런 점에서 유교의 본성에 갖추어진 윤리·도덕의 원형이란, 발이중절發而中節일 뿐이 된다. 즉 미발의 문제는 요청 개념일 뿐, 일원론 안에서는 객관적 검토 대상이 될 수 없다는 말이다. 또 미발의 문제를 인식 대상으로 상정하는 자체가 '생각 이전을 말하는 것'과 같아 요청 개념 외에는 달리 판단 대상이 되는 것이 불가능하다.

주희가 『맹자집주』 「등문공장구상滕文公章句上」에서 정이程頤의 말을 인용하는 부분이나, 자신의 의견을 피력한 내용은 이와 같은 측면을 잘 나타내 준다.

정자程子가 말했다. "성性이 곧 이理다. **천하의 이理는 그 말미암은 근원에서는 선하지 않음이 없다.** 희喜·노怒·애哀·락樂 미발未發이 어찌 불선일 수 있겠는가! 발發하여 중절中節하면, 곧 감(움직임)에 선하지 않음이 없다. 발현됨이 중절이 아니므로 연후然後에 불선不善이 된다. 그러므로 무릇 선악을 말함에 모두 선을 먼저하고 악을 뒤로하며, 길흉吉凶을 말함에 모두 길을 먼저 하고 흉을 뒤로하며, 시비是非를 말함에 모두 시를 먼저하고 비를 뒤로 하는 것이다."⁴⁷¹

주자가 말했다. "(정이의) '성즉리'라는 한마디 말은 공자 이후로 오직 이천(정이)만이 진盡를 얻어 설한 것이니, (절대로 바꿀 수 없는) 전도불파(전박주불파擷撲注不破)다. 성性은 곧 천리天理이니, 어찌 악이 존재할 수 있겠는가!" 또 말하였다. "미발의 이전에는 기氣가 용사用事하지 않는다. (그러므로) 선만 있고 악은 없는 것이다."⁴⁷²

유심주의 역시 일원론에 근거한다는 점에서, 여기에는 판단 주체에 절대적 비중이 존재할 수밖에 없다. 즉 설정된 모범으로서의 객관이 존재하지 않기 때문에 발생하는 미학적 판단 요구가 강하게 대두되는 것이다. 미학은 합리적인 판단에 입각한 철학과 달리, 주관적인 감성에 입각하는 관점이다. 이 때문에 철학을 '이성적 인식의 학'이라고 하는 반면, 미학은 '감성적 인식의 학'이라고 하는 것이다.⁴⁷³

유심주의에 따른 미학적 판단의 문제는 화엄의 이통현李通玄(635~730)이나⁴⁷⁴ 앞서 언급한 양명좌파 등에서 확인된다. 유심 판단에는 상대할 대상이 없으니, 파격과 탈속적 무애라는 행동이 발생하기 쉬운 것이다. 원효도 이와 같은 문제에서 벗어나지 못했고,⁴⁷⁵ 이는 남종선의 선사들에게서도 종종 확인되는 측면들이며,⁴⁷⁶ 한국불교 안에서는 경허 성우鏡虛惺牛(1849~1912) 등에서 손쉽게 파악된다.⁴⁷⁷

유심주의에서 일체의 감정은 긍정될 수밖에 없다. 마음은 통체적이기 때문에 분리되어 이성과 감정으로 나뉠 수 없기 때문이다. 일원론과 유심주의 구조에서 이 세상은 그대로 긍정의 대상이 된다. 또 감정의 긍정이란, 혼란과 혼돈마저도 부정하지 않는다는 의미를 내포한다. 현실에서의 이성은 감정이라는 카오스적인 측면이 중절中節해서 조화된 것에 불과하기 때문이다. 이것이 동양철학에서 가장 특징적이라고 할 수 있는 '전체 긍정'이다.

중국철학에서 감정 긍정은 위·진현학과 육조청담에서 구체화되며, 이는 남종선으로 계승된다.[478] 이들에게 감정은 이성의 대척점에 있는 부정의 극복 대상이 아니라, 중절과 승화를 통해 그 자체가 이성이 되는 동일한 마음의 또 다른 정당성일 뿐이다. 이 때문에 장학莊學(장자학莊子學)과 남종선은 일찍부터 미학적 관점에서 활발한 연구가 진행되곤 했다.[479]

또 이 세계 밖에 별도로 불변이 존재하는 것이 아니므로, 동양학은 변화를 수용하며 그 변화와 더불어 유장하게 된다.[480] 즉 전체가 기론氣論에 입각한 작용주의가 대두하는 것이다. 바로 이와 같은 상황에서 요구되는 것이 임제의 '수처작주 입처개진'처럼 변화하는 현실 속에서 깨어 있는 나로서 언제나 주인이 되는 삶이다.

일원론과 유심주의 구조에서 코스모스는 카오스와 분리되지도, 분리될 수도 없다. 왜냐하면 카오스 속에서 자기 조리가 갖춰진 것이 코스모스일 뿐이기 때문이다. 이는 정情과 성性의 문제에서도 일치되는 판단이다.

여기에는 또 필연적으로 외부적인 기준이 존재하지 않기 때문에 인식 대상이 없는 상태에서 인식 주체만이 독존하는 문제를 피할 수 없다. 즉 중절의 기준을 정하거나, 이를 유지하기에 어려움이 존재하는 것이다.

그러나 모든 인간이 자기 기준만으로 행동한다면, 당연히 인류 문명은 유지될 수 없다. 마치 개인주의에서 개인의 자유는 보장받아야 하지만, 타인의 자유는 침해해서 안 되는 것처럼 말이다. 이와 같은 상황에서 요구되는 것이, 작용주의 속 지금에서 깨어 있는 나로서의 삶이다. 즉 주관이 확립된 동시에 화합할 수 있는 중절이 다시금 요청되는 것이다. 공자는 이것을 "종심소욕불유구從心所欲不踰矩", 즉 '마음먹은 대로 해도 법도에 어긋남이 없다'고 했다.[481]

2) 변화의 철학과 실존의 해법

중국철학에서 가장 오랜 연원을 가진 것은 『주역』의 음양론과 관련된 대대법待對法(對待法)이다. 대대법의 연원이 언제부터인지는 불분명하다. 그러나 음양론처럼 단순한 2진법 체계는 인류 문명에서 매우 오랜 연원을 가진다는 점만은 분명하다.

대대법은 상대론적인 변화의 원리이다. 대대待對(對待)는 '마주하며 기다린다'라는 의미로 '대對'는 서로 다른 두 가지가 상대한다는 것이며, '대待'는 두 가지의 상보적 측면을 나타낸다. 즉 상의상보相依相補적이며 상반상성相反相成하는 관계성의 의미이다. 이것이 곧 음양론의 특성인데, 이는 『주역』이 변화의 철학이라는 점과 직결된다. 즉 대대법은 변화 속에서 그 핵심을 관통하는 흐름의 원리인 것이다. 이런 점에서 이理적이라기보다는 '기를 바탕으로 하는 이理적인 측면'을 가진다고 할 수 있다.

흥미로운 것은 불교의 연기법이 대대법과 닮아 있다는 점이다. 이원론을 배경으로 하는 불교의 연기법(삼승연기)은 현상을 설명하는 방식이다.[482] 깨달음이란, 이 현상을 넘어서는 것이며 무여열반無餘涅槃에는 다시는 연기에 속하지 않는 완전한 불가역성이 존재한다. 즉 열반은 연기에 속하는 대상이 아니며, 불교의 목적은 열반이기 때문에 연기는 궁극적으로 작업가설에 불과한 제한적 측면이라는 말이다.

연기법이 말하는 것은 차안에서의 현상 설명과 원리이다. 이에 반해 열반은 피안의 영역에 속하며, 피안에는 연기가 작동할 수도, 작동해서도 안 된다. 왜냐하면 열반의 완전성에 연기가 작동하면, 열반도 언젠가는 무너져 윤회하는 상황으로 환원될 수 있기 때문이다.

불교의 연기법은 현상에 대한 제한적 설명에 불과하지만, 열반에 도달하는 중요한 매개 수단이라는 점에서 주목된다. 이는 마치 희랍철학에서 이데아로 가는 수단으로 '수數'를 상정하는 것과 유사하다. 이 때문에 불교에서는 연기를 중심으로 교리발달사가 존재한다. 예컨대 '십이연기十二緣起 → 업감연기業感緣起 → 아뢰야연기阿賴耶緣起 → 여래장연기如來藏緣起 → 육대연기六大緣起' 같은 것들이다.[483]

그러나 불교의 목적은 연기의 규명에 있는 것이 아니라, 이를 통해 열반이라는 목적을 성취하는 것에 있다. 이 때문에 대승불교에서는 본래 완성의 본체론에 입각한 여래장연기 같은 측면을 상정하게 된다. 이와 같은 연장선상에 존재하는 것이 화엄의 성기설性起說(여래 출현)이며,[484] 이를 정리한 것이 화엄종의 2조인 지엄이다.[485] 또 지엄의 성기 주장을 강하게 수용하여 발전시킨 인물이 해동 화엄의 초조인 의상義相(義湘)이다.[486] 화엄의 성기설은 선진시대 이래의 철학적인 문제의식인 중국의 심성론을 발전시킨 것으로, 중국철학을 배경으로 하는 당나라 불교의 해법이다.

이에 반해 불교적인 연기설을 중국철학의 일원론적인 배경과 『주역』의 변화적인 관점인 대대설의 측면과 결부시켜 이해하는 것이 화엄의 법계연기설(무진연

〈범어사 의상대사 영정〉

기설)이다. 법계연기설은 초조 두순과 2조 지엄에서 모두 확인되지만,[487] 집대성자는 법장이다.[488] 법장은 법계연기만으로도 깨달음이 가능하다고 보았는데,[489] 이는 의상의 성기性起 중심의 관점과는 차이가 있다. 이러한 차이로 인해 앞서 언급한 것처럼, 지엄은 의상을 의지義持로 법장을 문지文持로 평가했다.[490] 이러한 의상과 법장의 철학적 배경을 간략히 도시해 보면 다음과 같다.

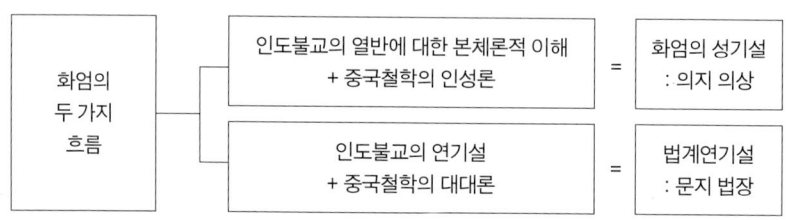

그렇다면 성기설과 법계연기설은 완전히 분리되는 것인가? 그렇지 않다. 양자는 신유학의 이기론에서처럼 무게 비중을 어디에 두느냐로 변별될 뿐 서로가 서로를 용인한다. 즉 주희의 성리학과 왕수인의 심리학, 그리고 퇴계의 주리론과 율곡의 주기론에서처럼, 하나의 완전한 절대성이 존재하는 것이 아니라 양자의 인정 속에 중심되는 무게 비중의 차이만이 존재할 뿐이라는 말이다.

중국철학은 배경으로 일원론과 이에 따른 통체通體로서의 마음을 상정한다.[491] 이는 결국 성리학보다는 양명학 혹은 육왕학, 그리고 퇴계보다는 율곡의 타당성이 더 크다는 것을 의미한다. 이런 점에서 본다면, 왜 북송시대까지 화엄종이 '현수종賢首宗'으로 불렸는지를 이해할 수 있다. 화엄사상에서의 핵심 역시 성기보다는 법계연기에 있다고 보는 것이 중국불교사는 물론이거니와 중국철학사적인 흐름에서 볼 때 자연스럽기 때문이다.

이理라는 불변을 추구하기는 하지만, 그것은 현상의 변화를 넘어서 있는 독립된 실체가 아니다. 이 때문에 동아시아의 명상은 내적으로 단속되는 초월명상이 아니라, 현재를 즉자적으로 살아가는 깨어 있는 삶의 방식을 추구하게 된다. 이것이 현재에서 작동하는 '현실을 관통하는 명상'이다.

  동아시아에서 이상은 현실 너머에 존재할 수 없는, 철저하게 현실의 경계 속에 있는 자각되는 현실일 뿐이다. 이로 인해 동아시아 명상은 현실을 부정하고 또 다른 이상을 추구하는 것이 아니라, 현실을 관통하는 현재의 각성 상태가 된다. 즉 **현재라는 지금의 삶 자체가 명상이 되는 것이다.** 이는 삶과 유리되지 않는 충실한 일상성이야말로 완성이라는 결과에 도달한다는 것을 의미한다.[492] 왜냐하면 일원론과 유심주의 구조 속에서는 문제 해결이 '명상을 넘어선 현재적 삶(현재의 온전한 삶)'으로 도출될 수밖에 없기 때문이다.

  현재의 긍정은 감정의 문제에서도 감정을 긍정하고 이를 넘어서는 '감정을 타고 가는 명상'을 도출한다. 감정은 더 이상 부정의 대상이 아닌 부정될 수도, 인간과 분리될 수도 없는 대긍정의 소산이기 때문이다. 이로써 남종선의 '배고프면 먹고, 목마르면 마신다'는[493] 가장 근원적이지만 즉자卽自적인 현존재로서의 인간 실존이 부각되게 마련이다. 이는 부정을 넘어선 대긍정으로 일원론이 제시하는, 대척점 없는 그 자체로의 완성을 잘 현시해 준다. 즉 동아시아 관점에서의 명상은 **'명상을 별도로 추구하지 않는 삶 그 자체로서의 완성'**으로 귀결되는 것이다. 이렇게 되면 모든 실존은 자체로 묶인 바 없는 해방을 맞고, 구속된 바 없는 대자유 속에서 언제나 한결같이 유장하게 흐를 뿐이기 때문이다.

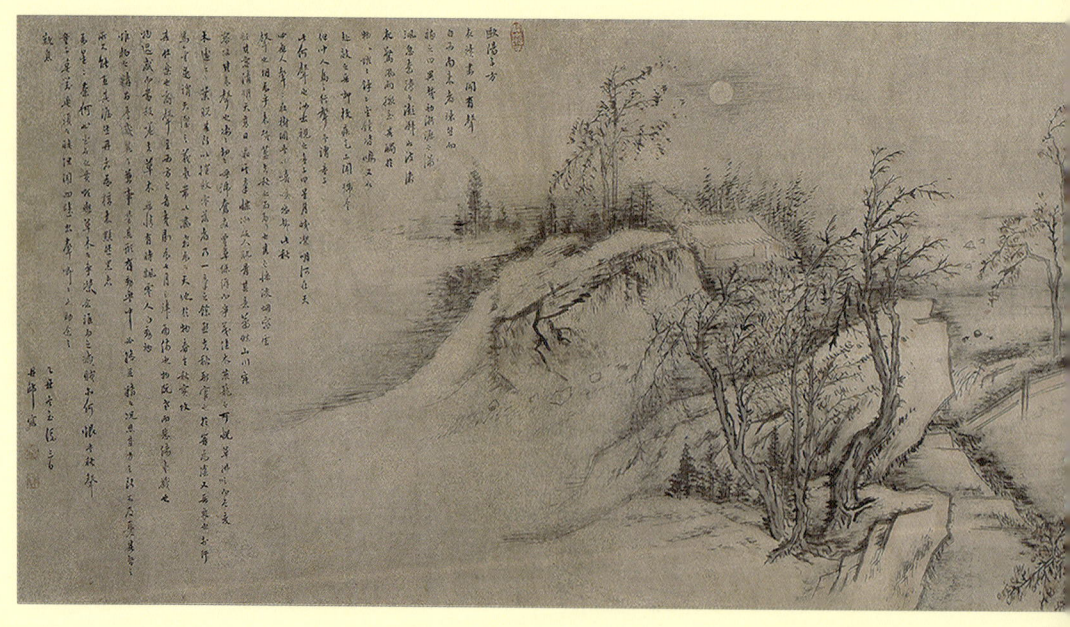

김홍도金弘道, 〈김홍도 필 추성부도金弘道 筆 秋聲賦圖〉(조선시대)

V - 대단원의 막을 내리며

이상을 통해서, 동아시아 정신문화의 특징을 형성하는 배경과 동아시아 명상만의 특이한 측면, 그리고 이러한 동아시아 명상이 현대에 유용하고 필연성을 확보하는 현대적 의미가 있다는 점에 대해서 검토해 보았다.

먼저 제Ⅱ장에서는 동아시아 정신문화의 배경이 되는 부분들을 정리했다. 이를 위해 중국 문명에서 확인되는 제帝·천天과 군주의 관계 및 이의 변화를 제시하고자 했다. 그리고 중국 문명의 태동기에 존재하던 제·천과 제정일치 구조에 맨이즘이 부가되면서 제정 분리가 아닌 정교일치로 진행하는 특수성을 정리했다. 이는 동아시아 문명만의 특수성인 군주만이 성인일 수 있다는 성인군주론의 확립이 된다.

제·천과 군주의 관계인 성인군주론은 동아시아 중국문화권만의 특수성인 일원론의 확립과 유지·발전에 있어 중요한 역할을 한다. 일원론은 동아시아의 사유와 구조를 결정지은 가장 중요한 배경이다. 이 일원론으로 인해 동아시아는 현세적이며 일상을 긍정하고 사후세계나 별도의 이상세계가 건립되지 못하게 된다. 즉 일원론이라는 단일세계론 때문에 어떻게든 이 세상 안에서 문제를 해결해야만 했는데, 이것은 현실 문제를 이상으로 극복하는 것이 아닌 현실 그대로를 받아들이는 방식으로 전개된다. 또 이 세계 외에 다른 세계가 없다는 것은 명상에서도 다른 이상에 대한 추구가 아닌, 지금의 현재에서 즉각적으로 반응하고 결과를 도출할 수밖에 없는 토대를 마련하게 한다.

다음으로 일원론에 입각한 단일세계에서의 관점은 인간 이해에서도 영육의 이원적 개념이 아닌 심신일원론을 견지하도록 한다. 즉 육체와 정신은 밀도의 차이와 같은 정도의 변별점만 존재할 뿐, 실제로는 기氣와 같은 단일한 질료의 차이일 뿐이라는 것이다. 이와 같은 일원적 판단은 우주론에서도 확인되는데, 이것이 바로 인간을 소우주로 보는 관점과 동아시아 수행(양)과 명상의 최종 목적이 되는 천인합일의 전개이다.

인간을 우주와 대등한 관계로 보거나 우주의 변화에 참여할 수 있는 존재로 인식하는 것은 동아시아만의 강력한 인본주의적 관점이다. 이러한 높은 인간 이해는 유신론적 문화권에서는 고려될 수 없는 동아시아만의 특수성이다. 또 천인상응의 관계 속에서 천인합일이 명상의 최종 목적이 되는 것은, 불교의 열반이나 힌두교의 해탈 등과는 다른 동아시아만의 특징적인 완성(완전성)이라는 점에서 주목된다.

제Ⅲ장에서는 동아시아의 인간 이해와 명상의 핵심이 되는 내적 측면으로서 심성론에 대해 정리했다. 심성론은 신의 절대성을 무너트린 동아시아에 있어 가장 중요한 측면을 차지하는 부분이다. 동아시아의 심성론은 다양하지만, 주류는 맹자가 강력하게 주장하고 순자 역시 관점 차이가 존재할 뿐 본질에서는 동일한 '성선'이다. 특히 맹자가 주장하는 성선설은 본래적 완전성에 기반한 것으로, 후일 존심양성이라는 동아시아 수양론의 핵심이 된다.

성선론적 배경 위에서 A.D. 67년 중국에 전래되는 불교는 모든 중생이 붓다가 될 수 있다는 '대승불교의 보살사상'과 이의 현재적 가능성인 '여래장사상', '불성사상'이 많은 영향을 준다. 이로써 한나라에서 논의가 정체되었던 중국 심성론은 재환기되며, 중국철학사 전체에서 가장 중요한 위치를 점하게 된다.

특히 '① 과거의 완전성을 강조하는 중국 전통의 성선설'과 '② 미래 완성을 주장하는 대승불교의 보살주의와 여래장·불성사상'의 연결은 '③ 현재 완성이라는 지금의 완전성 인식'을 대두하게 한다. 이는 동아시아 명상이 현재의 실존에 초점을 맞추고 이 세계를 긍정하며, 변화를 수용하고 감정마저 긍정하는 특이한 모습을 보이도록 한다. 이 부분이 주목되는 것은 이것이 현대 사회와 현대인의 인식에서 인도와 인도문화권의 명상에 비해 높은 선호도와 타당성을 확보할 수 있기 때문이다.

제Ⅳ장에서는 동아시아의 명상에서만 확인되는 특징적인 측면들을 정리하고, 이와 아울러 현대적인 타당성에 대해서 검토해 보았다. 먼저 동아시아의 일원론적 관점에서는 현실이 그대로 긍정될 수밖에 없으며, 이상세계 같은 다른 세계가 존재하지 않기 때문에 신통이 발생할 공간과 관점이 존재할 수 없다. 이 때문에 깨달음이라는 주관성의 판단은 죽음의 극복이라는 유기체의 한계를 극복하는 방법만 남게 된다. 또 일원론에 따라 하나의 세계뿐이므로 이 세계는 관점만 바꾸면 그대로 개진皆眞(일체가 진리임)이 될 수 있다. 그러므로 세상의 변화도 긍정되며, 이를 환기하는 유심주의가 발달한다.

이와 같은 동아시아적 명상의 특징이 현대적으로도 타당한 것은, 인도와 인도문화권에서 깨달음에 대한 신통을 통한 변증이 객관적인 확인과 판단은 쉽지 않기 때문이다. 이런 점에서 동아시아적인 신통 부정과 관점만 바꾸면 현실 자체가 그대로 신통(현실=신통)이 된다는 판단은 매우 긍정적일 수 있다. 또 변화를 수용하는 동動적인 문제 해소 방식으로서 유심주의적 인식 환기는 매우 유효한 방어기제인 동시에 행복 만족도를 높게 해 준다는 점에서 주목할 필요가 있다.

다음으로 수행론에서 동아시아는 인식 환기를 중심으로 하므로 특별한 명상법과 같은 타당성이 약해진다. 이미 완전성을 갖추고 있는 상태에서 이를 재확인하면 되는 상황이니 별도의 복잡한 방식이 요청될 필요가 없는 것이다. 마치 이원론에 기반한 명상이 백내장 수술을 해서 눈을 맑히는 것과 같다면, 일원론의 동아시아에서는 눈에는 문제가 없고 단지 감고만 있다는 설정이다. 그러므로 눈만 뜨면 모든 문제는 해결된다. 아니, 보다 정확하게는 문제는 본래 존재하지 않았다. 이와 같은 관점에서 대두하는 가치가 동아시아 명상만의 특징적인 돈오, 즉 인식 환기다.

또 이 세계와 현재가 그대로 긍정되는 상황에서는 출세간을 넘어선 출출세간과 입전수수가 등장할 수밖에 없다. 이는 우주와 우리의 삶 전체가 그대로 긍정되는 전체 작용의 결과가 도출되기 때문이다. 이렇게 되면 부정될 것은 존재하지 않으니, 행복하지 않을 것도 없게 된다.

현대인들이 추구하는 것은 과도한 경쟁에 따른 스트레스 해소를 위한 휴식과 명상이다. 그러나 동아시아의 수행과 명상은 현재를 직시하며, 문제를 관통할 것을 말한다. 왜냐하면 이외에 별도로 존재하는 해법이 없기 때문이다. 전체를 긍정하는 대긍정의 상황에서는 그것이 코스모스cosmos건 카오스chaos건 간에 모두 현재의 실존적 가치일 뿐이다. 그러므로 일체는 그 자체로 받아들이고 수용하는 대상 아닌 것이 없게 된다. 이런 점에서 동아시아 명상의 가치는 편하면서도 삶과 유리되지 않는 현대적 대안이 된다고 하겠다.

끝으로 동아시아의 유심주의는 인간 주체의 문제를 강력하게 부각한다. 이것이 전체 긍정과 결부되면, 언제나 어느 상황에서도 주인공이 되는 모든 문제를 넘어서는 '대장부大丈夫의 삶(언제나 주인공인 삶)'이 가능해진다.

또 유심주의에 입각한 인식 주체의 강조는 개인의 관점에 따른 미학적 판단을 가능하게 한다. 인간은 유기체의 한계에 의한 죽음에 직면하게 마련이다. 이 때문에 모든 종교는 죽음의 극복을 주장하며, 이는 동아시아 또한 예외가 아니다. 그러나 죽음은 삶의 최후에 발생하는 사건이며, 현상적인 삶의 고는 비교와 경쟁에서 발생하곤 한다. 그런데 유심주의에 입각한 미학적 판단은 비교와 경쟁의 문제들을 관점에 따라 얼마든지 무력화시킬 수 있다. 특히 이러한 미학적 판단은 현실에서의 관점 환기일 뿐이므로, 별도의 휴식이나 도피 같은 경향성이 아니다. 이런 점에서 본다면, 현대 사회에서 동아시아 명상이 내포하는 가치는 매우 크다고 판단된다.

특히 변화를 수용해 모든 문제를 피하지 않고 삶의 실존을 관조하며, 현재에서 현재의 문제를 주체적으로 극복하는 마음과 정신을 각성하는 방식은 매우 유효하다. 이와 같은 방식은 분명 인도와 인도문화권, 그리고 서구의 명상적 가치와는 다른 동아시아만의 장점이란 점에서 크게 주목할 필요가 있다고 하겠다.

양해梁楷, 〈육조절죽도六祖截竹圖〉(남송시대)

부록 - 끝나지 않은 문제와 낭만적 삶

선불교의 감정 수용 과정과 타당성
감정은 부정적인 것인가, 긍정적인 것인가?

1. 인간의 감정 문제와 남종선의 긍정

'인간의 감정을 어떻게 규정할 것인가?'라는 문제는 동양학의 오랜 과제 중 하나다. 동양학에서 진행된 인간의 감정에 대한 논의는 크게 세 가지로 정리될 수 있다. 첫째는 감정을 부정하는 관점으로, 초기불교의 욕망 제한이나 『장자莊子』의 '진인무몽眞人無夢(진인은 꿈을 꾸지 않는다)'[1] 등이 여기에 해당한다. 둘째는 감정을 인정하는 동시에 장애가 되지 않을 수 있다는 견해로, 『논어』의 "종심소욕이불유구從心所欲而不踰矩"나[2] 왕필王弼의 성인유정무애聖人有情無礙(성인에게 정은 있으나 그 장애됨은 없다)의 주장, 또는 천태 지의天台智顗의 성구설性具說 등을 생각해 볼 수 있다. 「백장야호百丈野狐」에 등장하는 불락인과不落因果(인과에 떨어지지 않는다)를 넘어선 불매인과不昧因果(인과에 어둡지 않다)의 경지라고 이해하면 되겠다.[3] 마지막 셋째는 감정에 대한 긍정이다. 이는 욕망을 이상과 분리하지 않고 일체화시키는 관점으로 육조청담六朝淸談의 정감주의나 남종선南宗禪의 현실 긍정이 여기에 해당한다.

남종선의 현실 긍정은 중국의 일원론적인 세계관을 바탕으로 강력한 본체 인식에서 완성되는데, 이는 세계철학사에서도 보기 드문 특이한 구조와 양상이라는 점에서 주목된다. 또 남종선의 최종 단계인 현실 긍정에 따른 감정의 이상화理想化는 초기불교와는 전혀 다른 관점이자 결과이다. 이와 같은 상반된 관점이 같은 불교 전통 안에서 발생하고 아직까지도 한 범주 안에

묶여 있다는 것은 매우 흥미로운 일이다. 이런 점에서 왜 남종선은 초기불교와는 다른 해법을 제시하게 되는지를 검토하는 것은 남종선의 특징적인 이해 확장에 필연적인 연구 접근이라고 판단된다.

2. 남종선의 대두와 강남문화의 특징

1) 회수淮水의 분기와 감정을 용인하는 강남문화

중국과 인도처럼 영토가 넓은 국가는 위도를 기준으로 지형에 따른 분기점이 존재하게 마련이다. 이는 위도에 따라서 기후대가 달라지기 때문이다. 인도의 남북을 가르는 기준은 데칸고원으로 이를 중심으로 남인도와 북인도의 지역 및 개념 분리가 이루어진다.

중국은 황하강과 양자강(長江) 사이에 존재하는 회수淮水가 기준이 된다. 이 회수를 중심으로 '강남'과 '강북'이라는 지역을 분기하는 용어가 사용

현 중국 회수 중류의 모습.

된다. 회수가 남북을 분기하는 기준이 되는 것은 회수를 중심으로 기후대가 변하기 때문이다. 이는 『안자춘추晏子春秋』의 '귤화위지橘化爲枳(귤이 변화하여 탱자가 된다)'의 언급을 통해서 분명하게 인식해 볼 수 있다.[4]

중국의 오랜 역사와 고른 인구 분포는 기후적 차이와 맞물려 강남과 강북에 서로 다른 문화가 발전하는 배경이 된다. 즉 강남과 강북은 하나의 중국 안에 있지만 문화적으로는 큰 차이가 있는 것이다.

선진先秦시대 중국은 철저하게 강북 중심이었다. 이는 중국 문명의 확립 왕조인 서주西周의 영토가 강남으로는 제대로 미치지 못했다는 점, 강남으로 영역이 확대되는 동주東周시대의 강남 왕조인 초나 오·월 등은 강북의 나라들이 사용하는 '공公' 칭호와는 다른 '왕王'으로 불린다는 점 등을 통해서 확인해 볼 수 있다.

강북을 대표하는 철학이 예禮를 강조하는 유가이며, 정서적으로는 『시경詩經』이라면, 강남은 자연을 강조하는 도가와 굴원屈原으로 대표되는 비장미의 『초사楚辭』이다. 유가의 인仁은 "이인상여二人相與"[5], 즉 인간끼리의 관계이며, 이로 인해 내면적인 의義와 외부적인 예禮가 강조된다. 예 역시 인仁과 마찬가지로 관계성에 기반한다는 점에서 유가는 집단적인 강북문화를 대변한다. 이에 반해 도가의 도는 진리 중심적이며 명철보신明哲保身을 강조하는 개인성을 가진다.[6] 실제로 도가가 양주楊朱를 필두로 하는 위아주의爲我主義와 관계가 깊다는 연구는 도가의 개인주의적 측면을 잘 나타내 준다.[7] 또 이와 같은 개인성은 장자莊子에서처럼 현실을 넘어선 자유에 대한 동경과도 잘 맞아 든다.

다음으로 『시경』에 수록된 305편의 시들은 크게 풍風·아雅·송頌의 세 가지로 나누어진다. 이 중 풍風인 국풍國風은 여러 나라의 민요를 바탕으로 남녀 간의 사랑과 이별을 주제로 하고 있다. 그러나 대아大雅와 소아小雅를 아우르는 아雅는 국가의 공식 연회와 관련된 의식가이며, 송頌은 종묘의 제

『역대성현반신상책』에 수록된 굴원의 초상.

사에서 사용되는 제례악시祭禮樂詩이다. 즉 정감적인 것도 있지만, 제도적이고 국가적인 측면에 더 큰 비중이 할애되는 것이다.[8] 이에 반해 『초사』는 굴원과 송옥宋玉 및 경차景差 등에 의한 남방의 정감문화를 묶은 것으로 한나라 초의 유향劉向에 의해 가장 먼저 정리·부각된다.[9]

『초사』의 압권은 단연 굴원의 「이소離騷」이다. 「이소」는 『이소경離騷經』이라는 별본別本으로 유행하면서 경전의 권위를 가질 정도로 널리 사랑받는 문학 작품이다. 「이소」에서 굴원은 혼군昏君과 국정을 농단하는 권신들을 상대로, 비분강개하는 심정을 처연하면서도 강도 높게 토로한다.[10] 이는 군주에게 세 번 간해도 바뀌지 않으면 물러나라는 유교적 관점과는 차이가 있다.[11] 실제로 굴원은 스스로의 울분을 참지 못한 채 멱라수汨羅水에 투신해 생을 마감한다.[12] 이 또한 부모에게 받은 신체를 온전히 되돌려야 한다는 유교적인 효 인식과는 완전히 상이하다.[13] 즉 유교와는 다른 정감적인 면모와 개인주의적인 측면이 강하게 목도되는 것이다. 이렇게 놓고 본다면, 중국은 선진시대부터 거대한 영토와 기후 환경의 차이에 의해 강북과 강남이 서로 다른 문화 구조를 구축하고 있었다는 것을 알 수 있다. 물론 이 중 중국 문명의 중심은 섬서성陝西省과 관중

- 『시경詩經』이나 현재는 『예기禮記』에 편입되어 있는 「악기樂記」를 통해서 본다면, 선진유교先秦儒教는 감정은 인정하지만 그렇다고 감정 자체를 그대로 인정하는 것은 아니다. 즉 감정은 단절의 대상은 아니지만, 조절과 승화의 대상이라는 말이다. 이는 감정 자체를 긍정하는 것으로 발전하는 강남문화와는 논리적 층위가 다르다.

『삼재도회』에 수록된 위무제, 조조의 초상.

『역대제왕반신상책』에 수록된 진무제, 사마염의 초상.

關中평야를 중심으로 하는 강북문화라는 점에는 이견이 있을 수 없다.

2) 강남문화의 특징과 정감주의의 발전

중국사에서 강남이 한족문화에 본격적으로 편입되는 것은 삼국시대 오나라부터이다. 조조의 위나라는 265년 제5대 조환曹奐이 사마염司馬炎에게 양위하면서 진晉으로 대체된다. 그리고 280년에는 오吳가 진에 의해 평정되면서 삼국시대는 종언을 고한다.

그러나 291년 번왕藩王들에 의한 '팔왕八王의 난'이 촉발되고, 이 과정에서 북방의 흉노족에 의해 영가永嘉 연간(307~312)에 '영가永嘉의 난'이 발발한다. 결국 311년 제3대 회제懷帝가 죽고, 제4대 민제愍帝가 사로잡히면서 316년 진나라는 멸망한다.

서진의 멸망 과정에서 사마예司馬睿가 강남의 건업建業, 즉 남경에 수도를 세우고 317년에 수립하는 왕조가 동진이다. 이로 인해 중국사는 강북의 선비·흉노·갈·저·강의 5호에 의한 16국과 강남의 오 → 동진 → 송 → 제 → 양 → 진으로 계승되는 6조에 따른 남북조시대가 전개된다.

위·진시대를 대표하는 철학은 현학玄學, 즉 신도가新道家이다. 현학의 유행은 철학적 논의를 정치나 현상에 대한 것이 아닌 본질과 형이상으로 변모시키게 되는데, 이를 크게 '귀무貴無'와 '숭유崇有'라고 한다.[14] 이러한 강북의 사상적 변화는 출세간을 지향하는 불교가 격의불교格義佛教를 통해서 확대될 수 있는 배경이 된다. 이후 불교에 호의적인 5호에 의해, 강북에서 불교는 점차 확고한 위치를 차지한다. 특히 당시는 전란의 시대였기 때문에 사후세계관이 부족한 유교나 신도가에 비해, 내세관이 발달한 불교가 더욱 유리한 위치를 확보할 수 있었다.

위·진에서 현학이 주가 된 것과 달리, 6조에서는 위진시대에 시작된 청담淸談이 유행하는 모습을 보인다. 즉 '위진현학'과 '육조청담'인 것이다.

청담은 위·진 교체기에 죽림칠현竹林七賢●에 의해 확립된다.[15] 사마씨의 전횡에 효과적으로 대응할 수 없었던 당시의 정치 현실 속에서, 지식인들이 현학의 본체론에 입각한 탈속의 자연주의를 표방했기 때문이다.[16] 즉 청담에는 어찌할 수 없는 상황에 다른 지식인들의 고뇌가 깃들어 있는 것이다. 이러한 청담의 관점과 사유 방식은 동진 시기에 더욱 유행한다.

청담의 특징은 자연과 탈속인데, 이는 강북을 이민족에게 빼앗긴 이주한 귀족들의 현실을 부정하고 싶은 방어기제의 필연성 속에서 작용하기 용이했다. 즉 현실 부정이라는 위·진 교체기의 문제의식이, 남조에서는 오랑캐로 천시하던 이민족에 의해 더욱 선명해지며 청담 유행의 한 배경이 되는 것이다.

그러나 현실을 부정한다고 하더라도 이것이 곧 자신의 부정으로까지

● 완적(阮籍, 210~263), 혜강(嵇康, 223~262?), 산도(山濤, 205~283), 유영(劉伶, 221?~300?), 완함(阮咸, 230~245 이후?), 향수(向秀, 227?~272?), 왕융(王戎, 234~305).

『무명씨화산수책無名氏畫山水册』에 수록된 죽림칠현竹林七賢.

직결되는 것은 아니다. 이로 인해 청담의 주체는 현실에 염오染汚되지 않는 청정성을 지향하는데, 이는 청담에 주관주의와 정감주의적인 요소가 강하게 깃드는 배경이 된다.

청담의 상징 인물로 가장 선명한 것은 앞서 언급한 죽림칠현이다. 그러나 청담을 모은 문헌인『세설신어世說新語』의 편집자는 남조인 송宋의 유의경劉義慶이며, 이의 주석註釋는 양梁의 유준劉峻에 의해 이루어진다. 즉 이는 남조의 청담 유행을 반영하고 있는 것이다.

『세설신어』를 보면, 죽림칠현 중 한 사람인 유령劉怜이 방에서 나체로 사는 것을 정당화하는 이야기가 수록되어 있다. 유령을 찾아온 사람들이 이와 같은 행태를 비판하자, 그는 "나는 천지를 집으로 삼고 방을 잠방이(속옷)로 삼는다. 제군들은 어찌하여 내 잠방이 속에 들어와 있단 말인가?"라는 말로 응수한다.[17] 이는 유교에서 강조하는 예禮의 관점과는 완전히 다른 개인적 주관에 입각한 탈속적이고 자유로운 면모라는 점에서 주목된다.

『세설신어』에는 개인의 감정 존중을 넘어서 감정 그대로를 긍정하는 모습도 다수 확인된다. 이는 죽림칠현 중 한 사람인 왕융王戎의 다음과 같은 이야기를 통해서 확인해 볼 수 있다.

> 왕융이 어린 아들인 만자萬子를 잃었다. 친구 산간山簡이 그를 위로하러 갔다. 왕융은 너무도 슬퍼 자신을 억제하지 못하였다. 산간이 말했다. "어린애는 품에 안을 정도로 작은데, 어찌 이 지경에 이른단 말인가?" 왕융이 답했다. "성인聖人은 정情을 잊어버린다. 또 최하의 사람들은 정에도 미치지 못한다. 그러므로 모든 정이 우리에게 모여 있지 않은가!" 산간도 이 말에 감복하여 다시금 그를 위해 슬피 울었다.[18]

인용문에서 확인되는 감정에 대한 긍정은, 본체론을 바탕으로 현상마저도 본체 안으로 끌어들여 승화하기 때문에 발생하는 측면이다. 이와는 조금 다르지만, 감정에 대한 긍정 인식은 현학의 시원자로도 평가받는 왕필王弼로까지 소급된다. 『삼국지三國志』 권28에는 왕필과 하안何晏의 오정五情에 대한 논의가 수록되어 있는데, 중국철학의 감정 인식에 있어서 시사하는 바가 매우 크다.

> 하안은 『장자』의 관점에 입각하여 성인은 희喜·노怒·애哀·락樂이 없다고 하였는데, 그 논이 심히 정밀하여 종회鍾會 등이 이를 따랐다. 그러나

왕필王弼은 그렇지 않았다. 그는 성인이 사람들보다 빼어난 것은 신명神明이요, 같은 점은 오정이라고 보았다. 신명이 무성茂盛하므로 충화沖和를 체득하여 무無와 통한다. 그러나 오정은 보통 사람과 같기 때문에 기쁨과 슬픔 없이 사물에 감응할 수는 없다. 그러므로 **성인의 정情은 사물에 감응은 하지만 사물에 얽매이지 않는다.** 이제 그 얽매임이 없다 하여 다시금 사물에 감응하지 않는다고 하는 것은 잘못됨이 많다.[19]

『역대성현반신상책』에 수록된 왕필의 초상.

인용문을 보면 하안이 성인무정론聖人無情論(성인에게는 정이 없다)을 주장한 것과 달리, 왕필은 오욕이 존재하지만 여기에 얽매이지 않는 성인유정무애론聖人有情無礙論을 강조하고 있다. 이는 배휘裴徽가 왕필에게 '공자는 무를 말하지 않았는데, 노자는 무를 강조한 이유를 묻는 것' 속에서도 살펴진다. 이때 왕필은 "성인(공자)은 무를 체득했으며, 무란 가르칠 수 없는 것이므로 유有만을 말하지 않을 수 없었다. 그러나 노자와 장자는 유를 완전히 벗어나지 못했다. 그러므로 항상 자신들의 부족한 점을 가르친 것이다."라고 답한다.[20] 현학의 특징 중 하나는 노자와 장자를 주로 다루면서도, 아이러니하게도 공자를 더욱 높게 평가한다는 점이다.[21] 이는 강북문화의 틀 속에서 강남문화를 수용한 영향으로 판단된다.

그런데 왕필의 논의보다 왕융의 감정에 대한 인식은 보다 진일보한 동시에 보편성을 띠고 있다는 점에서 주목된다. 즉 왕필이 성인을 중심으로 오정의 기본을 긍정하고 있다면, 왕융은 보통 사람의 입장에서 감정의 발로 일체를 긍정하는 모습을 보인다. 즉 '하안 → 왕필 → 왕융'의 변화가 읽히는 것이다. 이와 같은 변화는 마침내 왕장사王長史의 "나는 마침내 정 때문에 죽어야 하는가!"라는 단계로까지 발전한다.[22] 이렇게 본체론에 입각해서 감정을 긍정하는 중국철학적 흐름은 후일 남종선에 의한 '일상의 긍정'으로까지 완성된다.

3) 혜능의 태도와 강북의 강남문화 용인

강남문화의 개인 강조와 감정을 깊이 긍정하는 관점은 도생道生에 의해서 제기된 돈오와 불성사상이 강남에서 큰 반향을 일으키는 배경이 된다. 도생에 의해서 강남에 전파된 『대반열반경』의 유행은[23] 양무제에 의해서 총 71편의 주석이 집대성되는 『대반열반경집해大般涅槃經集解』의 편찬을 통해 인지해 볼 수 있다.[24]

혜능 철학의 핵심은 불성이라는 본래 완성에 입각한 견성見性, 즉 견불성見佛性이다.[25] 이를 '육조혁명六祖革命'이라고 하는데,[26] 축약하면 본래 갖추고 있는 완전성에 대한 재발견 혹은 재인식을 의미한다. 이는 수행을 통한 확보가 아니라 '코페르니쿠스적 전회'이기 때문에 깨침에 있어서도 돈오의 구조가 필연적일 수밖에 없다.

혜능에 대한 자료를 집취한 『육조단경六祖壇經』에는 혜능이 빙무산馮茂山•으로 홍인을 친견하는 과정이 기록되어 있다. 이는 기존의 북방문화와는 다른 이질적인 내용을 포함하고 있어 주목된다.

혜능은 어머니의 뒷일을 조치하고, 작별 인사를 올렸다. 그러고는 30여

● 빙무산은 기주 쌍봉산의 동쪽을 지칭한다.

〈선종조사도〉(16세기). 이 작품은 강을 건너려는 혜능을 배웅하는 홍인의 모습이 담겼다.

일을 지나지 않아 황매현에 이르러 오조를 예배했다. 조사께서 물었다. "자네는 어느 지방 사람이며, 무엇을 구하고자 하는가?" 내가 답했다. "제자는 영남 신주新州의 백성으로 멀리서 스님을 뵙고자 왔습니다. 오직 붓다 되기를 구할 뿐 다른 뜻은 없습니다." 조사께서 말씀하셨다. "자네가 영남인嶺南人이라면 오랑캐(獦獠)인데, 어찌 감히 붓다가 된단 말인가?" 내가 말씀드렸다. "**사람에게는 남북의 구별이 있을지언정 불성에는 본래 남북이 있을 수 없는 것 아닙니까?** 오랑캐라는 이 육신은 화상과 같지 않으나, 불성에는 어떻게 차별이 있을 수 있겠습니까?"
오조께서 다시 나와 더 말하고자 하였으나, 좌우에 많은 사람이 있는 것을 의식해 대중을 따라서 일하도록 지시하셨다. 나는 스님께 여쭈었다. "제자는 스스로의 마음이 항상 지혜를 생하여 자성自性을 여의지 않아야만 복전福田이 된다고 생각합니다. 화상께서는 어떠한 일을 시키실지 궁금합니다." 조사께서 말씀하셨다. "너는 오랑캐치고는 근성이 예리하구나. 딴말 말고 후원에나 가 있거라."
혜능이 후원으로 물러나 어떤 행자의 지시로 장작을 패고 방아를 찧으며 8개월여를 보냈다. 조사께서 하루는 문득 나를 보고 말씀하셨다. "나는 네 소견이 쓸모 있다고 생각했다만, 나쁜 마음을 가진 이가 너를 해칠까 싶어 너와 말하지 않았다. 너도 눈치채고 있었느냐?" 내가 말씀드렸다. "제자 또한 스님의 뜻을 알고 있었기에 방장실(주지실의 의미)에 가는 것을 삼가며 다른 사람이 알지 못하도록 하였습니다."[27]

인용문에서 혜능이 출가를 위해 노모에 대한 뒷일을 마쳤다는 설정은 강북의 유교적인 효孝 관념을 나타낸다. 또 혜능이 홍인을 처음 친견할 때, 본향本鄕을 물은 것 역시 유교의 농업사회적 관점에 따른 것이다. 즉 여기까지는 강북문화에 입각한 측면이라는 판단이 가능하다.

다음으로 혜능의 출신지가 영남의 신주라는 말을 듣자, 홍인이 갈료獦獠, 즉 오랑캐라고 말하는 것은 강북을 중심으로 하는 지역 차별적 인식 속의 언행이다. 오랑캐 발언은 혜능도 인정하는 바이며, 뒤에서도 한 번 더 확인된다. 이는 당시 강북 중심의 화이관華夷觀이 작용된 결과로 이해된다.

이 기록을 통해서 우리는 당나라 중기까지도 강남은 강북에 비해 차별 속에 있었다는 것을 알게 된다. 이와 같은 인식은 '사람에게 남북이 있다'는 혜능의 언급을 통해서도 재확인된다. 즉 수나라 때 대운하가 완성되었음에도, 전통적인 강북의 주류 인식 속에서 강남에 대한 차별은 항존하고 있었던 것이다.

그런데 특기할만한 것은 그다음에 살펴지는 홍인에 대한 혜능의 반발이다. 혜능은 불성의 보편성을 주장하며, 홍인의 말에 말대답을 한다. 혜능이 주장한 논리는 불교적으로 전혀 문제가 없는 타당한 것이다. 그러나 강북의 유교문화 속에서는 이것이 설령 타당하다고 하더라도 어른의 말에 말대답하는 것은 쉽게 용인되는 일이 아니다. 특히 당시 상황은 행자로 입문하려는 혜능이, 스승으로 모시려는 분이자 방장(주지)이었던 홍인을 상대로 자신의 견해를 피력하고 있다는 점에서 더욱 그렇다. 이는 자성 운운하며, 어떤 일을 시킬 것인지를 묻는 대목 속에서 한 번 더 확인된다. 즉 이 부분에서 개인을 중시하고 자기표현이 강한 강남의 문화를 읽어 볼 수 있는 것이다.

이렇게 놓고 본다면, 혜능과 홍인의 상면에는 강북과 강남이라는 두 문화권의 충돌이 존재함을 알 수 있다. 그런데 홍인은 혜능의 근성을 인정하면서 다른 사람이 해칠 것을 염려하는 것으로 인용문은 마무리된다. 즉 강남문화에 대한 배척이 아닌 용인의 모습이 확인되는 것이다. 이는 강남이 강북에 비해 차별받기는 하지만, 그럼에도 당시에는 강남문화 역시 강북에까지 상당한 영향을 미치고 있다는 점을 인지해 보게 한다. 실제로 선종이라는 개인의 수행과 행복을 목적으로 하는 수행문화의 특징은, 집단적이고 관계성을 중시하는 강북문화보다 개인적이고 주관적인 강남문화에 부합한다. 이런 측면에서 본다면, 개인성이 강한 수행문화인 선불교의 주류는 북종보다 남종이 태생적으로 유리했다는 판단이 가능하다.

혜능과 신수神秀 당대의 주류는 신수의 북종선이었다. 이는 신수가 장안과 낙양의 양경兩京을 거점으로 '양경법주兩京法主 삼제국사三帝國師'의 칭호를 듣는 것을 통해서 판단해 볼 수 있다.[28] 또 남종선의 대두 초기에 이와 같은 북종선의 압도 현상이 확인되는 것은, 홍인이 강남인인 혜능을 오랑캐로 보는 차별 인식과 같은 연장선상에서도 이해된다.

그러나 혜능 이후 남종선은 강서의 마조 도일馬祖道一과 호남의 석두 희천石頭希遷에 의해서, '안사安史의 난'으로 기울어진 당나라 후기의 사상계를 주도한다. 이는 안사의 난으로 피폐해진 장안과 낙양에 비해 상대적으로 피해가 적었던 강남의 경제력과 문화가 강북에 큰 영향력을 미치는 것과 관련된다. 즉 강북문화의 퇴보와 강남문화의 약진 속에서 남종선은 일시에 개화開花할 수 있었던 것이다.

3. 일원론의 세계관과 인간 감정의 문제

1) 이원론 문화에서 일원론으로 넘어온 불교

불교는 피안彼岸과 차안此岸 또는 진제眞諦와 속제俗諦로 분절되는 이원론적인 인도문화를 배경으로 성립된다. 그러므로 이를 모사하는 출가 승단은 세속과 분기되며, 붓다 당시의 초기불교에서 세속법은 승단에까지는 영향을 미치지 못했다.[•29] 이 때문에 붓다 역시 출가 승단의 독립성을 유지하기 위

- 이를 알 수 있는 가장 대표적인 예가 연쇄 살인자였다가 출가한 앙굴리마라를 파사익왕波斯匿王이 대신大臣의 건의에도 잡아 오지 않는 사건이다.

해 율律을 강조하며, 세속법과의 충돌을 최소화한다. 현재까지 전승되는 율장의 상당 분량이 세속 및 국가와의 갈등과 충돌을 피하기 위해 제정된 것이라는 점은 이를 잘 나타내 준다.[30]

차안과 피안의 분절은 차안적 요소인 감정에 대한 부정으로 나타난다. 율장의 핵심에는 쾌락적 요소에 대한 금지가 뚜렷하다. 이는 사미십계沙彌十戒에서부터 확인되는 율의 가장 중요한 근간 중 하나이다. 이러한 인도문화적인 특징은 붓다 당시부터 확인되는 욕계欲界·색계色界·무색계無色界라는 삼계三界 구조를 통해서도 판단된다. 욕계는 욕망의 세계, 색계는 욕망을 넘어선 형체의 세계를 의미한다. 그리고 무색계는 형체마저 없지만 정신과 관련된 미세한 흐름이 존재하는 세계이다.[31] 그러나 열반에 이르면 불이 꺼진 것과 같아서, 이마저도 작용하지 못하는 상태가 된다.[32] 즉 붓다 당시 인도 수행문화의 목적과 초기불교에서 감정은 부정의 극복 대상이었던 셈이다.

그러나 중국을 중심으로 하는 동아시아는 세계관에서 이원론이 아닌 일원론을 견지한다. 하나의 세계만을 말하는 일원론에서는 차안에서 피안으로의 점진적 이동은 불가능하다. 즉 본질적인 인식 환기에 따른 전환만이 가능한 것이다. 이는 깨달음에 있어서, 점오漸悟가 아닌 돈오頓悟의 필연성을 제기하는 측면이 된다.

또 하나의 세계만 존재할 경우에는 이 세계 밖에 별도의 이상적 가치가 성립할 수 없다. 이는 필연적으로 현실을 부정으로 보는 것이 아닌 현실 긍정을 포함할 수밖에 없다. 출세간出世間적인 인도불교가 중국에 와서 출출세간出出世間으로 변모하는 것도 이와 같은 배경문화에 따른 차이인 것이다.

선불교는 중국불교 중에서도 가장 중국적이다.[33] 이런 점에서 선불교는 철저하게 일원론적 관점을 견지하는데, 이것이 바로 본성에 대한 자각을 통한 깨침인 돈오와 일상의 긍정이다. 전체가 본성의 현현顯現으로 일상이 긍정되는 상황에서, 인간의 감정은 부정될 수 없다. 이는 중국불교 안에 초기의 인도불교와는 완전히 다른, 인간의 감정에 대한 새로운 인식이 존재할 수밖에 없다는 것을 의미한다.

2) 중국철학의 인성론과 혜능의 불성 이해

중국철학의 핵심에는 춘추시대 말부터 대두하는 인성론人性論이 존재한다.[34] 이러한 중국철학의 변화는 전통적인 인격천관人格天觀이 전쟁이라는 혼란하고 인간의 지력이 요청되는 시기를 맞아 붕괴되는 과정에서 반대급부로 인간의 본성에 대한 문제가 강조되기 때문이다.[35]

인성론이란, 인간의 본성에 대한 철학적이고 개념적인 파악을 의미한다. 중국 인성론사에서 가장 크게 회자되는 것은 맹자孟子의 성선설性善說과 순자荀子의 성악설性惡說이다. 말만 놓고 보면, '성선'과 '성악'은 완전히 대립하는 것 같다. 그러나 사실 성선은 인간의 본질에 대한 관점에서의 정의이며,[36] 성악은 인간의 현 상태에 대한 인식이라는 점에서[37] 양자는 결코 대립하는 관념이 아니다. 즉 중국철학에서의 성선과 성악은 인간의 본성을 어떤 방향에서 보고 있느냐와 관련된 것일 뿐, 양자는 공히 성선만을 말하고 있는 것이다.

맹자의 성선론은 본질적이기 때문에, 인간의 본성을 잘 보호하고 발양하는 양지양능良知良能이나 적자지심赤子之心 또는 호연지기浩然之氣를 기르는 것 등을 주장한다.[38] 이에 비해 순자는 성악론에서, 현재 존재하는 인간의 문제를 되돌려 성인과 같은 선으로 돌아갈 것을 촉구한다. 이 때문에 맹자가 요堯·순舜과 같은 선왕先王주의를 이상으로 주장한 것처럼,[39] 순자는 본성의 회복 관점에서 우禹를 이상으로 하는 후왕後王주의를 내세우는 것이다.[40]

중국 인성론이 성선일 수밖에 없는 이유는 『상서尙書』「탕고湯誥」의 "오! 상제上帝께서 백성들에게 선함(衷)을 내리시니, 항상된 성성이 있음이로다."[41] 또는 『중용中庸』〈수삼구首三句〉의 "천명지위성天命之謂性"에서와 같은 천天과 성性의 연결 구조 때문이다.[42] 천은 전통적인 인격천人格天에서, 춘추 말기부터는 인격적 요소가 축소되며 법칙적인 의리천義理天으로 변모한다.[43]

중국의 천은 하夏나라 때 절대자인 하느님을 나타내는 것으로, 상商, 즉 은殷나라 때는 절대 신의 명칭이 제帝로 바뀌게 된다. 은나라는 신정정치神政政治를 행했을 정도로 신에 대한 절대적인 의존을 보인 나라이다.[44] 이후 은이 주周로 바뀌게 되면서 하느님은 제에서 다시금 천이 된다. 이 천 역시 은나라의 제와 같은 인격천, 즉 주재천主宰天이다.[45] 이런 절대적 신의 속성은 당연히 선善일 수밖에 없다. 바로 이 천이 인간에게 부여한 속성이 바로 성성이다. 즉 이런 구조에서는 인간에게 품부된 성性 역시 선善일 수밖에 없게 된다.

일원론의 관점 속에서 심과 성은 두 가지로 분리될 수 없다. 이런 점에서 선불교 역시 심성미분리心性未分離의 관점을 취하고 있으며, 이는 전통적인 중국 인성론의 관점과 직결된다.[46] 그러나 신유학 중 성리학에 오면, 이들은 당唐·송宋의 불교 비판 과정에서 심을 포괄적 관점으로 규정하고, 성性과 정情을 대립적인 관계로 이해하는 구조 체계를 정리한다. 즉 장재張載의 심통성정설心統性情說과[47] 이의 발전인 본연지성本然之性(천지지성天地之性), 기질지성氣質之性, 그리고 사단四端과 칠정七情의 구조인 셈이다.

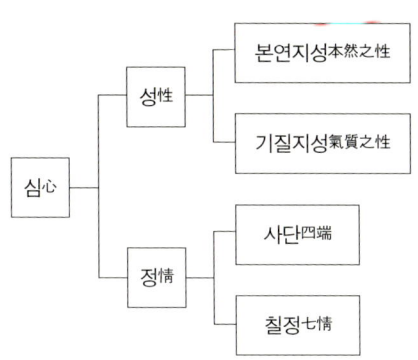

심통성정의 구조는 중국 찬술설이 유력한 『대승기신론大乘起信論』의 일심이문一心二門의 구조에 영향을 받은 것으로 이해된다.[48] 심통성정의 구조에서 정情은 극복이나 승화의 대상이 될 수밖에 없다. 이는 성성이 천리天理를 보존한 인간의 본래적 완전성이란 인식과는 차이가 있다. 즉 '존천리存天理 거인욕去人欲(알인욕遏人欲)'의 구조인데, 이렇게 되면 정감 혹은 감정이 긍정되기 어렵게 된다.

그러나 심성의 미분리는 신유학 중 육왕학陸王學, 즉 심리학心理學에서도 확인된다는 점에서, 중국 인성론의 본류는 심성의 미분리라는 것은 분명하다. 이런 점에서 본다면, 심성의 분리를 강조하고 정情을 극복 대상으로 인식하는 성리학은 중국의 인성론사에서 도리어 이질적이라는 인식도 가능하다. 또 성리학의 인성론 변화는 중국불교 교종教宗의 영향에 의해, 인도문화적인 차안과 피안의 이원론적인 관점이 영향을 끼친 것이라는 판단도 성립할 수 있다.

중국의 보편적인 인성론에서 심은 성과 직결된다. 또 혜능 당시는 당연히 송대에 확립되는 심통성정설의 개념은 도출되지 않았던 때이다. 그러므로 혜능은 불성을 곧 불로 이해하는 불성즉불佛性卽佛의 관점을 도출하는 것이다.

인도불교에서 불성이라는 표현은 대승의 『대반열반경』 등에서 확인되지만,[49] 이는 보편적으로 수용되던 관점은 아니었다.[50] 왜냐하면 불성이 아트만ātman과 같은 실아實我로 오인될 소지가 있었기 때문이다. 실제로 이원론적 배경을 가지는 인도 대승불교에서 사용되는 용어는 불성보다는 여래장如來藏이라는 미래 성불의 가능성이었다.[51] 주지하다시피 대승불교에서는 모두 다 붓다가 될 미래의 가능성을 가지고 있다고 주장한다. 이러한 가능성을 '여래의 태胎', 즉 여래장이라고 한다.[52] 이 여래장이 윤회를 거치면서 미래에 붓다로 구현되는 것이다.

그러나 일원론을 배경으로 하고 또 철학의 중심이 인성론인 중국에서는, 미래의 내세적 가능성인 여래장보다는 한자적인 의미에 있어서 보다 실체적인 '성性'이라는 글자에 주목한다. 이렇게 해서 유행하는 개념이 바로 불성이다. 이 같은 중국적인 변화 양상은 『구경일승보성론究竟一乘寶性論』의 영향을 받아 진제眞諦에 의해 개작되어 세친世親에 가탁된 문헌인 『불성론佛性論』이 유행하는 것 등을 통해서 판단해 볼 수 있다.[53]

불성이란, 현재에 존재하는 붓다의 완전한 속성을 의미한다. 중국불교의 불성 주장 논리는 그것이 미래의 완전성이라고 가정하더라도, 진정한 완전성이라면 현재의 불완전이 미래에 완전으로 변모하는 것이 아니라 현재에도 완전할 뿐이라는 관점에 근거한다. 그러므로 그 어떠한 불완전함으로도 이 완전함은 가리어질 수 없다. 그렇기 때문에 인간은 단지 완전함을 인식하지 못하고 있을 뿐이라는 논리가 성립한다. 이러한 완전함에 대한 인식적 자각이 바로 남종선에서 말하는 돈오이다.

이와 같은 논리 전개가 가능했던 이유는 맹자와 순자 등에 의해서 일찍부터 성론이 발전했기 때문이다. 맹·순 이후 중국의 인성론은 한나라에 들어와 순열荀悅, 동중서董仲舒, 유향劉向, 양웅楊雄, 정현鄭玄, 왕충王充 등에 의해 계승·발전된다.[54] 이렇게 다양하게 검토된 인성론을 불교적 관점에서 정리한 문헌이 앞서 언급한 『대승기신론』이다. 이후에도 불교 안에는 수나라 때 천태의 성구설性具說이 있었고, 당의 화엄에서는 성기설性起說이 존재한다. 이는 『맹자』에서 확인되는 "만물개비어아萬物皆備於我"와[55] 같은 통체적 인식과 연결되는 개념이기도 하다. 이와 같은 다양한 중국 인성론의 흐름을 남방문화를 배경으로 재구성하는 것이 바로 혜능의 견(불)성, 즉 육조혁명이다.

혜능의 견성 구조는 현재에서 본성, 즉 불성을 자각하면 그대로가 붓다일 뿐이라는 '불성즉불佛性卽佛'의 논리이다. 불성즉불에 대한 돈오 자각은 개체 자체의 완전성을 의미한다. 즉 나를 바꿔서 붓다가 되는 것이 아니라, 나 스스로가 붓다임을 자각하는 구조이다. 이는 붓다라는 전체에 개인을 맞추어 변모하는 것이 아니라, 개인을 강조하는 구조라는 점에서 강남문화의 존재를 인지해 보도록 한다.

또 이런 구조 안에서는 정情 역시 붓다 안의 감정이자 정감이 된다. 즉 불완전을 완전으로 바꾸는 것이 아니라, 불완전 자체가 완전임을 긍정하고 이를 붓다로 재인식하는 관점인 것이다. 이렇게 놓고 본다면 일체는 완전일 뿐 불완전은 존재할 수 없으며, 바로 그렇기 때문에 여기에는 현상과 모순에 대한 깊은 본래적 긍정이 존재하게 된다. 이는 위진 신도가 및 육조청담의 정감주의를 계승하는 측면인 동시에, 양명학의 '현성양지現成良知'나 '만가성인滿街聖人'과 상통하는 측면이다.[56] 즉 중국철학의 정감 긍정에 있어서 우리는 '육조청담→육조혁명→양명학'의 흐름을 읽어 볼 수 있는 것이다.

3) 남종선의 현실 긍정과 인간의 감정 문제

불성의 완전함은 그것이 절대이기 때문에 시간적으로나 공간적으로 그 어떠한 상황에서도 제약되거나 가리어져서는 안 된다. 즉 불완전함이 완전함을 장애한다는 것은 어떠한 경우에도 가능하지 않다.

이러한 완전성에 대한 불성 인식이 확립되면, 인간의 감정 역시 완전성 안에 가설될 수밖에 없다. 이 문제를 남종선에서 구체적으로 대두하는 인물이 즉심즉불即心即佛을 주장하는 홍주종洪州宗의 마조馬祖이다. 마조가 말하는 즉심즉불의 마음은 특수하게 변화된 마음이 아닌 일상의 마음, 즉 평상심이다. 그러므로 마조에게는 평상심이 곧 도가 되는데(평상심시도平常心是道), 이는 일상 전체에 대한 긍정인 동시에 모순을 넘어서는 완성으로서의 현실 인식에 다름 아니다.[57] 본체론의 관점에서 본래 완성이라는 구조를 끝까지 밀고 나가면, 평상, 즉 일상마저도 완성으로 귀결될 수밖에 없기 때문이다.

평상심시도의 관점에서 보면, 일상다반사日常茶飯事(항다반사恒茶飯事)와 행주좌와行住坐臥 어묵동정語黙動靜이 모두 진眞이 된다.⁵⁸ 임제 의현臨濟義玄은 "수처작주隨處作主 입처개진立處皆眞"을 말하지만,⁵⁹ **즉심즉불의 구조 속에서는 굳이 수처작주를 하지 않아도 언제나 입처는 개진일 수밖에 없다.** 실제로 임제는 『임제록』의 다른 곳에서 이와 같은 문제를 천명하는 모습을 보이고 있다. 이는 "불법은 노력이 필요 없다. 그저 일없는 일상이면 될 뿐이다. 대소변을 보고 옷 입고 밥 먹으며, 피곤하면 눕는다. 어리석은 이는 나를 비웃겠지만, 지혜로운 이는 알 것이다."라는 것이나,⁶⁰ "만약 어떤 사람이 도를 닦으면 도는 행해지지 않고, 만 가지 삿된 경계가 앞다투어 발생한다. 지혜의 검을 뽑아 들면 한 물건도 없으며, 밝음이 나타나지 않았는데도 어둠이 밝아진다."라는 구절 등이 그것이다.⁶¹ 즉 궁극적 완성에 대한 긍정은 곧 불완전과 모순에 대한 긍정 역시 내포할 수밖에 없는 것이다. 이러한 점에서 일체는 수처작주가 필요 없는 언제나의 개진皆眞이며, **그것은 처음부터 변화할 수 없는 불변**이었던 것이 된다.

이렇게 되면 이제 주된 논점은 자연스럽게 현재라는 변화, 즉 작용으로 이동할 수밖에 없다. 본체론을 궁극적으로 밀어붙이면 본체는 사라지고 작용만 남게 되기 때문이다. 이와 같은 논리 전개는 화엄의 사종법계四種法界에서 이사무애법계理事無礙法界를 넘어서는 것이 사사무애법계事事無礙法界가 된다는 점을 통해서도 판단해 볼 수 있다. 이쯤 되면 성性은 그 자체로 온전한 작용이 된다. 즉 '작용시성作用是性'이며 '전체작용全體作用'인 것이다.⁶² 이렇게 되면 이제 그 어떠한 변화를 기다리지 않고도 일체는 모두 불성이면서 동시에 붓다인 '현성現成'이 된다.

작용이 성이며, 전체가 작용인 현재에서 부정될 것은 아무것도 없다. 즉 남종선은 인간의 감정을 그 자체로 긍정하지 않을 수 없는 것이다. 남종선의 인욕 긍정과 관련해서 임제가 스승의 죽음에 통곡한 사건은 유명하다. 이때

조문을 온 다른 승려가 "깨달은 사람도 우느냐?"고 묻자 임제는 "슬픈데 어쩌나!"라고 답한다. 이 문답은 감정은 조절 대상이 아닌 그 자체의 완전함으로, '감정밖에 별도의 정각正覺이 있을 수 없고, 정각이 곧 감정이라는 점'을 잘 나타내 준다. 즉 작용시성과 전체 작용의 무변無邊인 것이다.

이렇게 되면 이제는 감정 자체가 깨달음의 활발발活潑潑한 경지에 다름 아닌 것이 된다. 즉 감정은 인간 자체일 뿐이다. 그리고 이 감정은 우리의 호오好惡와 무관하게 언제나 진리의 현현顯現이 된다. 나와 진리의 일체성 속에서 감정은 언제나 정당한 셈이다.

4. 남종선에 대한 미학적 판단

남종선의 명상주의란, 필연적으로 인식론에 따른 주관성을 벗어나기 어렵다. 명상이라는 내면적 변화를 객관화시키는 것은 현재로선 불가능하며, 명상이 추구하는 행복 역시 객관적으로 계량화하거나 개념화하는 것은 쉽지 않다. 즉 남종선의 주관주의는 철학보다 미학적인 측면에서 파악될 수 있는 가치인 것이다.

미적 판단은 인식 주관과 직결되며, 이로 인해 미학은 합리성보다는 만족과 행복을 중심으로 구조화된다. 이러한 점에서 인간의 감정마저 깨달음의 현현으로 수용하는 남종선은 중국철학 전체를 통틀어 가장 미학적이다.[63]

남종선의 영감으로부터 파생된 남종문인화南宗文人畵와 문인화의 시조인 당唐의 왕유王維(마힐)는 남종선의 미학적인 관점을 잘 나타내 준다. 남종문인화는 직업화인 공필화工筆畵와는 비교될 수 없는, 거칠지만 높은 정신이 투사된 그림이다.[64] 그런데 동아시아 회화사에서는 이런 문인화를 공필화와는 비교될 수 없는 탁월함으로 평가한다. 이는 명明의 동기창董其昌이 남북종

동기창, 〈강산추제도〉(명나라).

론南北宗論을 제기하는 것 등을 통해서 확인해 볼 수 있다.[65]

예술적 대상을 예술 작품이 아닌 그 속에 내재한 정신의 가치로 평가하는 것 역시 지극히 주관적인 인식인데, 이는 동아시아 회화사의 가장 두드러지는 특징이다. 남종선의 미학적인 흐름이 회화라는 지극히 현상적이고 기술적인 측면까지 압도하고 있는 것이다.

독일의 바움가르텐이 철학으로부터 '감성적 인식의 학'으로 미학을 독립시킨 이후,[66] 오늘날에는 도리어 철학의 합리적인 관점보다도 주관을 통한 행복이 우위를 점하는 미학의 시대가 도래하고 있다. 즉 이성보다도 감성이 우위가 되는 '철학 위의 미학' 또는 '철학을 넘어선 미학'의 시대가 전개되고 있는 것이다. 이런 점에서 미학과 통하는 남종선은 인간 행복을 관통하는 가장 중요한 '일상의 인식 환기'라는 판단을 가능하게 한다.

〈선종조사도禪宗祖師圖〉(16세기)

주

1) 권운영, 「실크로드에 관한 문화콘텐츠 스토리텔링 구성 연구-《史記》와《漢書》를 중심으로」, 『中國小說論叢』65(2021), 7-16쪽.

2) 『續高僧傳』「玄奘傳」을 보면, 唐나라에서는 老子의『道德經』을 玄奘에게 命해서 飜譯하도록 하고, 이를 入道로 流通한 內容도 확인된다. 『續高僧傳』4, 「譯經篇四-京大慈恩寺釋玄奘傳一」(『大正藏』50, 455b·c), "又下勅. 令翻老子五千文爲梵言以遣西域. 奘乃召諸黃巾述其玄奧. 領疊詞旨方爲翻述. 道士蔡晃成英等. 競引釋論中百玄意. 用通道經. 奘曰. 佛道兩敎其致天殊. 安用佛言用通道義. 窮覈言疏本出無從. … 旣依翻了將欲封勒. 道士成英曰. 老經幽邃. 非夫序引何以相通. 請爲翻之. 奘曰. 觀老治身治國之文. 文詞具矣. 叩齒咽液之序. 其言鄙陋. 將恐西聞異國有愧鄕邦. 英等以事聞諸宰輔. 奘又陳露其情."

3) 松長有慶 著, 許一範 譯, 『密敎歷史』(서울: 經書院, 1990), 120-121쪽; 山口瑞鳳·矢岐正見 著, 李浩根·안영길 譯, 『티베트 佛敎史』(서울: 民族社, 1995), 23-26쪽; 김치온, 「摩訶衍의 禪法 硏究-敦煌本『頓悟大乘正理決』을 中心으로」, 『普照思想』31(2009), 145쪽.

4) 이하운, 「삼예논쟁의 背景과 展開過程에 대한 社會·思想的 고찰-8세기 티베트의 政治 變動과 宗敎社會의 要求를 中心으로」, 『晦堂學報』15(2010), 615-634쪽; 김치온, 「摩訶衍의 禪法 硏究-敦煌本『頓悟大乘正理決』을 中心으로」, 『普照思想』31(2009), 145쪽.

5) 馮友蘭 著, 『中國哲學史(上·下冊)』(北京: 商務印書館, 1948); 勞思光 著, 『新編 中國哲學史(3卷 4冊)』(台北: 三民書局, 1980~1986); 蔡仁厚 著, 『中国哲学史大綱』(台北: 学生書局, 1988).

6) B. 러셀 著, 최민홍 譯, 〈譯者後記〉, 『西洋哲學史 下』(서울: 집문당, 2002), 1163-1164쪽.

7) 馮友蘭 著, 『中國哲學史(下冊)』(上海: 華東師範大學出版社, 2003), pp. 167-196.

8) 中國 역시 五胡 등 많은 異民族의 侵入과 異民族 王朝가 開創된다. 그러나 中國을 소위 '文化의 鎔鑛爐'라고 칭하는 것처럼, 異民族들은 中國文化에 從屬되며 中國文化를 풍부하게 해 주는 데 一助했을 뿐이다. 바로 이 점이 다른 문명과 辨別되는 中國 文明의 特徵이라고 하겠다.

9) 印度의 修行文化에서 四禪(初禪·2禪·3禪·4禪)과 四無色定(識無邊處定·空無邊處定·無所有處定·非想非非想處定)은 肉體는 現象界(俗)에 있지만, 精神은 禪定을 통해 色界와 無色界에 存在하는 방식이다. 이들은 現象에 存在하는 色界와 無色界의 에너지를 통해 神通을 발휘하기도 한다. 그러나 이들 역시 肉體는 現象界에 存在하며 이의 束縛으로부터 결코 자유로울 수 없다.

10) 『過去現在因果經』3(『大正藏』3, 638a·b), "卽問之曰:『非想非非想處, 爲有我耶? 爲無我耶? 若言無我, 不應言非想非非想; 若言有我, 我爲有知? 我爲無知? 我若無知, 則同木石; 我若有知, 則有攀緣, 旣有攀緣, 則有染著, 以染著故, 則非解脫. 汝以盡於麤結, 而不自知細結猶存; 以是之故, 謂爲究竟, 細結滋長, 復受下生, 以此故知非度彼岸. 若能除我及以我想, 一切盡捨, 是則名爲眞解脫也。』;『佛本行集經』22, 「問阿羅邏品下」(『大正藏』3, 757a), "菩薩報言:『我意願當證如是法, 無地無水, 無火無風, 及無虛空, 無色無聲, 無香無味, 無觸無相, 無安無畏, 無死無病, 無老無生, 無有非無有, 無常非無常, 非語言說, 無有邊際。』"等.

11) 『雜阿含經』17, 「雜因誦第三品之五-四七四」(『大正藏』2, 121b), "佛告阿難:「初禪正受時, 言語寂滅, 第二禪正受時, 覺觀寂滅, 第三禪正受時, 喜心寂滅, 第四禪正受時, 出入息寂滅; 空入處正受時, 色想寂滅, 識入處正受時, 空入處想寂滅, 無所有入處正受時, 識入處想寂滅, 非想非非想入處正受時, 無所有入處想寂滅, 想受滅正受時, 想受寂滅, 是名漸次諸行寂滅。"等.

12) 〈Ⅳ. 東아시아 瞑想의 特徵 檢討〉項 參照.

13) 『史記』1, 「本紀-五帝本紀1」.

14) 分裂期 王朝였던 東晉時代의 廬山慧遠은 「沙門不敬王者論」(『弘明集』5, 『大正藏』52, 29c-32b) 等을 通해 出家와 佛敎 敎團의 政權으로부터의 獨立性을 強調했다. 그러나 이는 中國佛敎史 全體를 통틀어 極히 一時일 뿐 主流는 아니었다.

15) 玆玄 著, 〈40. 皇帝와 붓다가 同一視되는 江北佛敎〉, 『佛敎史 100場面』(서울: 佛光出版社, 2018), 220쪽.

16) 『大慧普覺禪師語錄』18, 「慧日禪師臣蘊聞 上進」(『大正藏』47, 888c), "如人飮水冷煖自知。"等.

17) 張岱年 著, 『中國哲學大綱-中國哲學問題史(1935~37年 執筆)』(北京: 商務印書館, 1958); 胡適 著, 『中國哲學史大綱』(北京: 商務印書館, 1919); 方立天 著, 『中國古代哲學問題發展史』(北京: 中華書局, 1990).

18) 김기현, 「孟子의 性善說과 荀子의 性惡說에 대한 현대적 조명」, 『哲學硏究』79(2001); 이장희, 「荀子 性惡說의 의미」, 『社會와 哲學』9(2005); 이찬, 「性善說의 메타-倫理學的 構造: 性理學의 道德的 自然主義 解釋을 위한 試論」, 『東洋哲學』33(2010); 김백녕·이경무, 「孟子의 性善과 荀子의 僞善에 대한 다원주의적 統合」, 『東西哲學硏究』106(2022); 백영선·고승환, 「孟子의 性善說에 대한 재고찰-생물학적 욕구와 도덕적 경향성의 관계를 중심으로」, 『哲學』157(2023) 等 多數.

19) 日比宣正 著, 『唐代天台學書說-湛然の 著作に關する 硏究』(東京: 山喜房佛書林, 1975); 日比宣正 著, 『唐代天台學硏究』(東京: 山喜房佛書林, 1975); 池麗梅 著, 『唐代天台佛敎復興運動硏究序說-荊溪湛然とその"止觀輔行傳弘決"』(東京: 大藏出版, 2008); 安藤俊雄 著, 『天台思想史』(京都: 法藏館, 2024); 高峯了州 著, 『華嚴思想史』(京都: 興敎書院, 1942); 吉津宜英 著, 『華嚴禪の 思想史的 硏究』(東京: 大東出版社, 1985); 鎌田茂雄 著, 『華嚴の思想』(東京: 講談社, 1988); 周夏 著, 『華嚴佛敎思想の形成』(名古屋: あるむ, 2011); 櫻井唯 著, 『華嚴敎学の 形成と展開』(京都: 法藏館, 2025), 等 多數.

20) 國內의 性理學과 朱熹 관련 硏究는 博士論文만 110종 以上이며, 2000년 이후에도 7편이 발표된다. 先行 硏究는 이들 博士論文을 參考하면 된다. 길훈섭, 「性理學의 道德 體系에 대한 現代 科學的 再構成-『北溪字義』와 『朱子語類』를 中心으로」(서울: 成均館大 博

士學位論文, 2020); 李偉偉, 「『朱子語類』的体貌类型及表达体系研究-『朱子語類』의 體貌 類型 및 表現體系 研究」(大邱: 慶北大 博士學位論文, 2020); 이종미, 「栗谷·巍巖·鹿門의 性 理學 體系에 있어 '氣'의 役割과 位相에 관한 硏究」(서울: 成均館大 博士學位論文, 2020); 金東 鉉, 「朱子易學의 先代易學 受容樣相 硏究」(大邱: 慶北大 博士學位論文, 2022); 서세영, 「性理 學의 善惡論에 관한 硏究-善의 根源과 惡의 發生에 관하여」(서울: 韓國外國語大 博士學位論 文, 2021); 박시연, 「朝鮮의 性理學 公職倫理와 大韓民國의 公職倫理 關係 分析」(水原: 京 畿大 博士學位論文, 2023); 장학, 「感情科學에 基礎한 朱子와 王陽明의 '格物致知' 理論 硏 究 分析」(서울: 國民大 博士學位論文, 2024).

陽明學에 대해서는 2000년 이전에는 戴瑞坤 著, 『中日韓朱子學陽明學之硏究』(臺北: 文 史哲, 2000)을 참조하면 된다. 이 외에 다음의 연구들이 참고가 된다.

鄭德熙 著, 『陽明學對韓國的影響』(臺北: 文史哲出版社, 1986); 呂妙芬 著, 『陽明學士人社 群: 歷史·思想與實踐』(臺北: 中央硏究院近代史硏究所, 2003); 吉田公平 著, 『日本における陽 明學』(東京: ぺりかん社, 1999); 馬淵昌也 編著, 『東アジアの陽明學: 接觸·流通·變容』(東京: 東方書店, 2011); 吉田公平 著, 『陽明學からのメッセージ』(東京: 硏文出版, 2013).

21) 『史記』1, 「本紀-五帝本紀 1」. 五帝는 ① 黃帝 軒轅氏·② 顓頊 高陽氏·③ 帝嚳 高辛氏 ·④ 帝堯 陶唐氏·⑤ 帝舜 有虞氏이다. 五帝는 包犧·神農·黃帝·堯·舜을 드는 경우 등 다양하다(金景芳·呂紹綱 著, 韓國哲學思想硏究會 氣哲學分科 譯, 『易의 哲學-周易繫辭傳』(서울: 예문 지, 1993], 160-163쪽). 참고로 『尙書』는 堯·舜·禹부터 시작된다.

22) 『資治通鑑』1, 「周紀一」, 〈威烈王二十三-戊寅〉.

23) 曾先之 著, 編輯部 譯, 『十八史略』(서울: 自由文庫, 1988), 19-20쪽, "天皇氏·地皇氏·泰皇 (人皇)氏."

24) 班古 著, 辛正根 譯, 『白虎通義』(서울: 소명출판, 2005), 70-71쪽, "伏犧氏·神農氏·燧人氏" 및 伏羲氏·神農氏·祝融氏 등 三皇과 관련해서는 다양한 주장이 있다. 李春植, 『中國 古代史의 展開』(서울: 신서원, 1997), 27-29쪽; 최몽룡, 「中國 三皇五帝 時代와 考古學」, 『유 라시아文化』5(2021), 2-3쪽.

25) 『史記』6, 「秦始皇本紀第六」, "0235-0236: 王曰: '去'泰', 著'皇', 釆上古'帝' 位號, 號曰 '皇帝'."

26) 『尙書』, 「第三篇 商書」, 〈盤庚上第九〉, "商, 盤上01: 盤庚遷于殷, 民不適有居."; 임현수, 「中國 古代 都市의 宗敎的 性格에 관한 硏究-大邑商 殷墟를 중심으로」, 『宗敎文化批 評』41(2022), 175-176쪽.

27) 최몽룡, 「中國 三皇五帝 時代와 考古學」, 『유라시아文化』5, 2-3쪽; 王巍 編, 「中國考古 學百年歷程回眸」, 『中國考古學百年史(1921-2021)』 第1卷(上冊), (北京: 中國社會科學出版 社, 2021), p.4; 이현우, 「19世紀 末~20世紀 初 西寇 學者들의 中國 考古 調査와 그 影響」, 『東北亞歷史論叢』84(2024), 264-365쪽.

28) 윤창준, 「甲骨卜辭를 통해 본 商代의 崇拜對象 고찰 ⑴-自然神의 최고 지위를 갖는 上 帝」, 『中國言語硏究』52(2014), 277-283쪽.

29) 金谷治 外 著, 조성을 譯, 『中國思想史』(서울: 理論과實踐, 1996), 37-38쪽; 김득만·장윤수

30) 山内弘一,「北宋の国家と玉皇-新禮恭謝天地を中心に」,『東方學』62(1981); 김상범,「北宋時期 景靈宮과 國家儀禮」,『東洋史學硏究』136(2016), 16·41쪽.

31) 이장우·노장시 著,『中國文化通論』(서울: 中文, 2000), 96-101쪽; 阿辻哲次 著, 沈慶昊 譯,『漢字學』(서울: 이회, 1996), 17-24쪽.

32) 『詩經』,「大雅」,〈文王之什-文王〉, "文王, 文王受命作周也. 文王在上, 於昭于天. 周雖舊邦, 其命維新. 有周不顯, 帝命不時. 文王陟降, 在帝左右."

33) 『詩經』,「周頌」,〈淸廟之什-淸廟〉, "(淸廟, 祀文王也. 周公, 旣成洛邑, 朝諸侯, 率以祀文王焉.) 於穆淸廟, 肅雝顯相. 濟濟多士, 秉文之德. 對越在天, 駿奔走在廟. 不顯不承, 無射於人斯."

34) 孔穎達 編,『尙書註疏』1, "言帝者天之一名, 所以名帝, 帝者諦也. 言天蕩然無心, 忘於物我, 言公平通遠, 擧事審諦, 故謂之帝也.";『欽定古今圖書集成』,「明倫彙編-皇極典」174,〈帝號部彙考四〉; 狩野直喜 著, 吳二煥 譯,『中國哲學史』(서울: 乙酉文化社, 1997), 62-69쪽.

35) 金忠烈,『中國哲學史 1』(서울: 예문서원, 1999), 143쪽.

36) 이은호,「中國의『尙書』僞篇 論爭과『尙書講義』의 僞『書』論議」,『儒學硏究』35(2016), 221-223쪽.

37) 狩野直喜 著, 吳二煥 譯,『中國哲學史』(서울: 乙酉文化社, 1997), 65쪽.

38) 『尙書』,「第四篇 周書」,〈泰誓第一〉, "周, 泰上01: 惟十有三年春, 大會于孟津. 王曰, 嗟, 我友邦家君越我御事庶士, 明聽誓. 惟天地萬物父母, 惟人萬物之靈, 亶聰明作元后, 元后作民父母."

39) 申採湜 著,『東洋史槪論』(서울: 三英社, 2004), 24쪽.

40) 실제로 神이라는 漢字에는 '鬼神'과 '神'이라는 의미가 동시에 존재한다. 이 때문에 佛敎는 印度에서 神을 뜻하는 Deva를 飜譯하는 過程에서, 誤解를 憂慮해 神이라는 글자 대신 '天'을 사용했다. 이로 인해 帝釋天(Śakkra Devānāmindra, Indra)·梵天(Brahmā)·韋駄天(Skanda)과 같은 天의 用例가 발생하게 된다.

41) 『詩經』,「大雅」,〈文王之什-皇矣〉, "皇矣上帝, 臨下有赫. 監觀四方, 求民之莫. 維此二國, 其政不獲. 維彼四國, 爰究爰度. 上帝耆之, 憎其式廓. 乃眷西顧, 此維與宅."

42) 『詩經』,「周頌」,〈淸廟之什-維天之命〉, "維天之命, 於穆不已. 於乎不顯, 文王之德之純."

43) 『尙書』,「第四篇 周書」,〈洪範第六〉, "周, 洪範01: 箕子乃言曰, 我聞, 在昔, 鯀陻洪水, 汩陳其五行, 帝乃震怒, 不畀洪範九疇, 彝倫攸斁. 鯀則殛死, 禹乃嗣興, 天乃錫禹洪範九疇, 彝倫攸敍. (初一曰五行, 次二曰敬用五事, 次三曰農用八政, 次四曰協用五紀, 次五曰建用皇極, 次六曰乂用三德, 次七曰明用稽疑, 次八曰念用庶徵, 次九曰嚮用五福威用六極.)"

44) 『尙書』,「第三篇 商書」,〈湯誓第一〉, "有夏多罪, 天命殛之. … 夏氏有罪, 予畏上帝, 不敢不正."

45) 吳二煥 譯,『中國哲學史』(서울: 乙酉文化社, 1997), 69쪽.

46) 금경숙,「高句麗 建國神話의 形成과 變容」,『國學硏究』28(2015), 7-22쪽.
47) 馮友蘭 著,『中國哲學史(上冊)』(上海: 華東師範大學出版社, 2003), pp. 34-35; 金能根 著,『儒敎의 天思想』(서울: 崇實大學校 出版部, 1988), 3-64쪽.
48) 馮友蘭 著,『中國哲學史(上冊)』(上海: 華東師範大學出版社, 2003), pp. 34-35, "云云 … 可知孔子之所謂天, 乃一有意志之上帝, 乃一'主宰之天'也. … 云云"
49) 『論語』,「陽貨第十七」, "LY1717: 子曰, '予欲無言.' 子貢曰, '子如不言, 則小子何述焉?' 子曰, '天何言哉? 四時行焉, 百物生焉, 天何言哉?'" 後代의 理解 觀點은『論語集註』卷9가 參照된다.「陽貨第十七」, "子曰: '天何言哉? 四時行焉, 百物生焉, 天何言哉?' - 四時行, 百物生, 莫非天理發見流行之實, 不待言而可見. 聖人一動一靜, 莫非妙道精義之發, 亦天而已, 豈待言而顯哉? 此亦開示子貢之切, 惜乎其終不喩也. 程子曰: '孔子之道, 譬如日星之明, 猶患門人未能盡曉, 故曰「予欲無言」. 若顔子則便默識, 其他則未免疑問, 故曰「小子何述」.' 又曰: '「天何言哉, 四時行焉, 百物生焉」, 則可謂至明白矣.' 愚按: 此與前篇無隱之意相發, 學者詳之."
50) 『老子』,〈第4章〉, "道, 沖而用之, 或不盈, 淵兮似萬物之宗. 挫其銳, 解其紛, 和其光, 同其塵. 湛兮似或存, 吾不知誰之子, 象帝之先.":『老子 王弼註』,〈第4章〉, "夫執一家之量者, 不能全家, 執一國之量者, 不能成國, 窮力擧重, 不能爲用. 故人雖知萬物治也, 治而不以二儀之道, 則不能贍也. 地雖形魄, 不法於天則不能全其寧, 天雖精象, 不法於道, 則不能保其精. 沖而用之, 用乃不能窮. 滿以造實, 實來則溢. 故沖而用之又復不盈, 其爲無窮亦已極矣. 形雖大, 不能累其體, 事雖殷, 不能充其量. 萬物舍此而求主, 主其安在乎. 不亦淵兮似萬物之宗乎. 銳挫而無損, 紛解而不勞, 和光而不汚其體, 同塵而不其眞, 不亦湛兮, 似或存乎. 地守其形, 德不能過其載, 天慊其象, 德不能過其覆. 天地莫能及之, 不亦似帝之先乎. 帝, 天帝也."
51) 『老子王弼注』,〈第25章〉, "天地之性, 人爲貴, 而王是人之主也."
52) 『老子』,〈第25章〉, "有物混成, 先天地生, 寂兮廖兮, 獨立不改, 周行而不殆, 可以爲天下母. 吾不知其名, 字之曰道, 强爲之名曰大. 大曰逝, 逝曰遠, 遠曰反. 故道大, 天大, 地大, 王亦大. 域中有四大, 而王居其一焉. 人法地, 地法天, 天法道, 道法自然.":『老子 王弼註』,〈第4章〉, "混然不可得而知, 而萬物由之以成, 故曰混成也. 不知其誰之子, 故先天地生. 寂廖, 無形體也. 無物(之匹)〈匹之〉, 故曰 獨立也. 返化終始, 不失其常, 故曰 不改也. 周行無所不至而(免)〈不危〉殆, 能生全大形也, 故可以爲天下母也. 名以定形. 混成無形, 不可得而定, 故曰不知其名也. 夫名以定形, 字以稱可. 言道取於無物而不由也, 是混成之中, 可言之稱最大也. 吾所以字之曰道者, 取其可言之稱最大也. 責其字定之所由, 則繫於大. (六)〈夫〉有繫則必有分, 有分則失其極矣, 故曰 强爲之名曰大. 逝, 行也. 不守一大體而已, 周行無所不至, 故曰 逝也. 遠, 極也. 周(行)無所不窮極, 不偏於一逝, 故曰 遠也. 不隨於所適, 其體獨立, 故曰 反也. 天地之性人爲貴, 而王是人之主也, 雖不職大, 亦復爲大. 與三匹, 故曰 王亦大也. 四大, 道. 天. 地. 王也. 凡物有稱有名, 則非其極也. 言道則有所由, 有所由, 然後謂之爲道, 然則(是道)〈道是〉稱中之大也. 不若無稱之大也. 無稱不可得而名,〈故〉曰域也. 道. 天. 地. 王皆在乎無稱之內, 故曰 域中有四大者也. 處人主之大也. 法, 謂法則也. 人不違地, 乃得全安, 法地也. 地不違天, 乃得全載, 法天也. 天不違道, 乃得全覆, 法道也. 道不違自然, 乃得其性,〈法自然也〉. 法自然者, 在方而法方, 在圓而法圓, 於自然無所違也. 自然者, 無稱之言, 窮極之辭也. 用智不及無知, 而形魄不及精象, 精象不及無形, 有儀不及無儀, 故轉相法也. 道〈順〉〈法〉自然, 天故資焉. 天法於道, 地故則焉. 地法於天, 人故象焉.〈王〉所以爲主, 其〈主〉之者(主)〈一〉也."

53) 『荀子』,「第十七 天論」, "S170101: 天行有常, 不爲堯存, 不爲桀亡. 應之以治則吉, 應之以亂則凶."

54) 『荀子』,「第十七 天論」, "S170201: 不爲而成, 不求而得, 夫是之謂天職.";『荀子集解』,「第十七 天論」, "不爲而成, 不求而得, 四時行焉, 百物生焉. 天之職任如此, 豈愛憎於堯桀之閒乎."

55) 『荀子』,「第十七 天論」, "S170204 天有其時, 地有其財, 人有其治, 夫是之謂能參.";『荀子集解』,「第十七 天論」, "人能治天時地財而用之, 則是參於天地."

56) 『荀子』,「第十七 天論」, "S170701-4: 天不爲人之惡寒也, 輟冬, 地不爲人之惡遼遠也, 輟廣, 君子不爲小人之匈匈也, 輟行. 天有常道矣, 地有常數矣, 君子有常體矣. 君子道其常, 而小人計其功.";『荀子集解』,「第十七 天論」, "道言也. 君子常造次必守其道, 小人則計一時之功利, 因物而遷之也."

57) 『荀子』,「第十七 天論」, "S170805-6: 君子敬其在己者, 而不慕其在天者, 是以日進也. 小人錯其在己者, 而慕其在天者, 是以日退也."

58) 같은 책, "S170901-3: 星隊, 木鳴, 國人皆恐. 曰, 是何也? 曰, 無何也, 是天地之變, 陰陽之化, 物之罕至者也. 怪之, 可也. 而畏之, 非也."

59) 같은 책, "S171101-3: 雩而雨, 何也? 曰, 無何也, 猶不雩而雨也. 日月食而救之, 天旱而雩, 卜筮然後決大事, 非以爲得求也, 以文之也. 故君子以爲文, 而百姓以爲神. 以爲文則吉, 以爲神則凶也."

60) 같은 책, "S171301: 從天而頌之, 孰與制天命而用之!"

61) 馮友蘭 著, 『中國哲學史(上冊)』(上海: 華東師範大學出版社, 2003), p. 35.

62) 勞思光 著, 鄭仁在 譯,「V. 董仲舒와 '天人相應'의 관념」,『中國哲學史(漢唐篇)』(서울: 探求堂, 1997), 34-44쪽; 北京大學校 哲學科研究室 編, 박원재 譯,『中國哲學史 Ⅱ(漢唐篇)』(서울: 간디서원, 2005), 46-55쪽.

63) 『荀子』,「第二十三 性惡」, "S230101: 人之性惡, 其善者僞也.";「第六 非十二子」.

64) 『孟子』,「離婁下」, "MZ081200: 孟子曰, '大人者, 不失其赤子之心者也.'"

65) 같은 책,「告子上」, "MZ11080001-2: 孟子曰, '牛山之木嘗美矣.'"

66) 安春粉,「『春秋』로 본 諸侯 齊桓公과 晉文公의 正名論」,『儒教思想文化研究』42(2010), 109쪽.

67) 『春秋左氏傳』,〈僖公〉, "2208: 楚人伐宋以救鄭. 宋公將戰, 大司馬固諫曰, '天之弃商久矣, 君將興之, 弗可赦也已.' 弗聽. 冬十一月己巳朔, 宋公及楚人戰于泓. 宋人既成列, 楚人未既濟. 司馬曰, '彼衆我寡, 及其未既濟也, 請擊之.' 公曰, '不可.' 既濟而未成列,

267

又以告. 公曰, '未可.' 旣陳而後擊之, 宋師敗績. 公傷股. 門官殲焉. 國人皆咎公. 公曰, '君子不重傷, 不擒二毛. 古之爲軍也, 不以阻隘也. 寡人雖亡國之餘, 不鼓不成列.' 子魚曰, '君未知戰. 勍敵之人, 隘而不列, 天贊我也; 阻而鼓之, 不亦可乎? 猶有懼焉. 且今之勍者, 皆吾敵也. 雖及胡耉, 獲則取之, 何有於二毛? 明恥, 敎戰, 求殺敵也. 傷未及死, 如何勿重? 若愛重傷, 則如勿傷; 愛其二毛, 則如服焉. 三軍以利用也, 金鼓以聲氣也. 利而用之, 阻隘可也; 聲盛致志, 鼓儳可也.'"; 『史記』 38, 「世家-宋微子世家第八」, "1626: 十三年夏, 宋伐鄭. 子魚曰: '禍在此矣.' 秋, 楚伐宋以救鄭. 襄公將戰, 子魚諫曰: '天之棄商久矣, 不可.' 冬, 十一月, 襄公與楚成王戰于泓, 楚人未濟, 目夷曰: '彼衆我寡, 及其未濟擊之.' 公不聽. 已濟未陳, 又曰: '可擊.' 公曰: '待其已陳.' 陳成, 宋人擊之. 宋師大敗, 襄公傷股. 國人皆怨公. 公曰: '君子不困人於阨, 不鼓不成列.' 子魚曰: '兵以勝爲功, 何常言與! 必如公言, 卽奴事之耳, 又何戰爲?'"; 김광일, 「宋襄公을 위한 辨明-信과 春秋時期 覇主의 資格」, 『中國文學』 107(2021), 35-44쪽.

68) 『春秋公羊傳注疏』, 〈僖公 22年〉, 【經】'冬, 十有一月, 己巳, 朔, 宋公及楚人戰于泓, 宋師敗績.' 【傳】'偏戰者日爾, 此其言朔何? 春秋辭繁而不殺者, 正也. 何正爾? 宋公與楚人期, 戰于泓之陽. 楚人濟泓而來, 有司復曰: [請迨其未畢濟而繫之.] 宋公曰: [不可. 吾聞之也, 君子不厄人. 吾雖喪國之餘, 寡人不忍行也.] 旣濟, 未畢陳, 有司復曰: [請迨其未畢陳而擊之.] 宋公曰: [不可. 吾聞之也, 君子不鼓不成列.] 已陳, 然後襄公鼓之, 宋師大敗. 故君子大其不鼓不成列, 臨大事而不忘大禮, 有君而無臣. 以爲雖文王之戰, 亦不過此也.'"; 『春秋繁露』, 「兪序」"覇王之道, 皆本於仁. … 故善宋襄公不厄人, 不由其道而勝, 不如由其道而敗. 春秋貴之, 將以變習俗而成王化也"; 『史記』 32, 「齊太公世家」, "襄公旣敗於泓, 而君子或以爲多, 傷中國闕禮義, 褒之也. 宋襄之有禮讓也."

69) 『韓非子』, 「外儲說左上第三十二」, "宋襄公與楚人戰於涿谷上. 宋人旣成列矣, 楚人未及濟. 右司馬購强趨而諫曰: '楚人衆而宋人寡, 請使楚人半涉未成列而擊之, 必敗.' 襄公曰: '寡人聞君子曰: 不重傷, 不擒二毛, 不推人於險, 不迫人於阨. 不鼓不成列. 今楚未濟而擊之, 害義. 請使楚人畢涉成陳而後鼓士進之.' 右司馬曰: '君不愛宋民, 腹心不完, 特爲義耳.' 公曰: '不反列, 且行法.' 右司馬反列, 楚人已成列撰陳矣, 公乃鼓之. 宋人大敗, 公傷股, 三日而死. 此乃慕自仁義之禍. 夫必恃人主之自躬親而後民聽從, 是則將令人主耕以爲上, 服戰鴈行也民乃肯耕戰, 則人主不泰危乎? 而人臣不泰安乎?"

70) 김영진, 「初期 中國의 統一國家 形成 기제에 대한 이론적 고찰-權力規模의 觀點」, 『韓國政治學會報』 47-1(2013), 222-224쪽.

71) 『史記』 6, 「秦始皇本紀第六」, "0280-0281: 於是廢先王之道, 焚百家之言, 以愚黔首. 墮名城, 殺豪俊, 收天下之兵聚之咸陽, 銷鋒鑄鐻, 以爲金人十二, 以弱黔首之民."; 賈誼撰, 「過秦論」, 『古文眞寶』(後集-文編) 1.

72) 이찬, 「性善說의 메타-倫理學의 構造: 性理學의 道德의 自然主義 解釋을 위한 試論」, 『東洋哲學』 33(2010), 103-110쪽.

73) 손흥철, 「董仲舒의 人間觀 硏究」, 『南冥學』 17(2012), 276-282쪽; 서보근, 「中國 董仲舒의 統治思想」, 『大韓政治學會報』 18-2(2010), 207-208쪽.

74) 中國哲學研究會 編, 『論爭으로 보는 中國哲學』(서울: 예문서원, 1994), 237쪽; 조원일, 「陸象山의 天人關係論 硏究」, 『儒學硏究』 37(2016), 285-286쪽, "中國哲學史에 朱子의 思想을 言及할 때에는 性卽理의 입장에서 道問學 중시한 理學으로 지칭하고, 陸象山의 思想을 心卽理의 입장에서 尊德性을 강조한 心學이라고 한다."

75) 『荀子』, 「第十七 天論」, "S171101-3: 故君子以爲文, 而百姓以爲神."

76) 金忠烈 著, 『中國哲學史1』(서울: 예문서원, 1999), 143쪽.

77) K. S. 케네쓰 첸 著, 朴海鐺 譯, 『中國佛敎 上』(서울: 民族社, 1991), 42-44쪽; 鎌田茂雄 著, 章輝玉 譯, 『中國佛敎史1-初傳期의 佛敎』(서울: 장승, 1997), 123-136쪽.

78) 구보 노리따다 著, 최준식 譯, 『道敎史』(서울: 분도출판사, 2000), 120-134쪽.

79) 토오도오 교순·시오이리 료오도 著, 차차석 譯, 『中國佛敎史』(서울: 대원정사, 1992), 164-166·173-176쪽; K. S. 케네쓰 첸 著, 朴海鐺 譯, 『中國佛敎 上』(서울: 民族社, 1991), 165·184-189쪽.

80) 『魏書』114, 「釋老志十第二十」, "祖明叡好道. 即是當今如來."; 고혜련, 「北魏正統性과 王卽佛思想의 구현」, 『先史와 古代』37(2012), 47-56쪽; K. S. 케네쓰 첸 著, 朴海鐺 譯, 『中國佛敎 上』(서울: 民族社, 1991), 166-173쪽; 구보타 료온 著, 최준식 譯, 『中國儒佛道 三敎의 만남』, 「廢佛事件」(서울: 民族社, 1994), 125-131쪽; 배진달 著, 『中國의 佛像』(서울: 一志社, 2005), 101-109쪽.

81) 『史記』6, 「秦始皇本紀第六」, "0242: 二十八年, 始皇東行郡縣, 上鄒嶧山, 立石, 與魯諸儒生議, 刻石頌秦德, 議封禪望祭山川之事. 乃遂上泰山, 立石, 封, 祠祀. 下, 風雨暴至, 休於樹下, 因封其樹爲五大夫. 禪梁父. 刻所立石."; 李成九, 「秦漢時代 泰山觀의 變化-秦始皇刻石과 『淮南子』의 泰山記事에 대한 比較分析」, 『蔚山史學』11(2004), 173-183쪽; 李成九, 「漢武帝時期의 皇帝儀禮-太一祀·明堂·封禪의 二重性에 대한 검토」, 『東洋史學硏究』80(2002), 20-27쪽.

82) 李宗桂 著, 李宰碩 譯, 『中國文化槪論』(서울: 東文選, 1993), 88쪽.

83) 김갑균, 「周 宗法封建 내 庶弟(小宗)와 縣의 역할-宗法制度 解釋에 대한 새로운 試論」, 『歷史와 境界』21(1991), 87-99쪽.

84) 馮友蘭 著, 『中國哲學簡史』(北京: 北京大學出版社, 1996), pp. 1-2; 馮友蘭 著, 곽신환 譯, 『中國 哲學의 精神(新原道)』(서울: 瑞光社, 1993), 13-15쪽; 李宗桂 著, 李宰碩 譯, 『中國文化槪論』(서울: 東文選, 1993), 125-137쪽.

85) 『孟子』, 「滕文公 上」, "MZ05030503-5: 死徙無出鄕, 鄕田同井, 出入相友, 守望相助, 疾病相扶持, 則百姓親睦. 方里而井, 井九百畝, 其中爲公田. 八家皆私百畝, 同養公田, 公事畢, 然後敢治私事, 所以別野人也. 此其大略也, 若夫潤澤之, 則在君與子矣."; 이만형, 「周代 井田制 실시 지역과 采地制度」, 『農業史硏究』8-3(2009), 34-47쪽; 유영옥, 「『孟子』王道政治의 理念과 實現 方案」, 『哲學·思想·文化』2020(34), 222-227쪽; 오종일, 「孟子의 井田論과 井田制度의 思想的 淵源」, 『東洋哲學硏究』37(2004), 338-350쪽.

86) 平川彰 著, 「第3節 サソガの超世間性と國家權力との關係」, 『原始佛敎の硏究-敎團組織の原型』(東京: 春秋社, 1964), pp. 20-38.

87) 『增壹阿含經』31,「力品第三十八之一-六」(『大正藏』2, 719b-722c).
88) 廉仲燮,「붓다의 和合精神 强調와 그 현대적 의의-律 제정의 의미와 정신을 중심으로」, 『大覺思想』19(2013), 85쪽; 廉仲燮,「붓다의 사회변화 수용과 승려의 威儀 문제 검토」, 『圓佛敎思想과 宗敎文化』60(2014), 190쪽; 廉仲燮,「한국불교의 戒律 변화에 대한 타당성 모색-手段으로서의 律과, 시대와 문화권에 따른 변화수용 가능성」, 『宗敎文化硏究』24(2015), 93쪽.
89) 박미라,「文廟 祭祀에서의 孔子 位相 문제-先師·先聖·文宣王의 尊號를 중심으로」, 『東洋古典硏究』53(2013), 122-124쪽; 脫脫 等 撰,『宋史』,「眞宗紀」等.
90) 葛兆光 著, 沈揆昊 譯,『道敎와 中國文化』(서울: 東文選, 1993), 396쪽.
91) 에릭 쥐르허 著, 최연식 譯,『佛敎의 中國 征服-中國에서 佛敎의 수용과 변용』(서울: CIR, 2010),「제3판 解題」및 3-28쪽; K. S. 케네쓰 첸 著, 朴海鏜 譯,『中國佛敎 上』(서울: 民族社, 1991), 28-67쪽.
92) 廉仲燮,「韓國 傳統袈裟의 裝飾과 日月五嶽圖의 관계성 고찰」, 『佛敎學硏究』31(2012), 228-229쪽; 廉仲燮,「韓國 傳統袈裟 日月光紋의 來源 고찰-日本 知恩院所藏 刺繡9條 袈裟貼屛風의 문제를 중심으로」, 『震檀學報』119(2013), 227-230쪽.
93) 班固 編,『漢書』30,「藝文志(諸子略序)」, "君人南面之術: 1.人君, 君主也. 2.君人, 治理人民. 南面, 帝王之位南向, 故稱君王爲南面.";『論語』,「衛靈公第十五」,"LY1505: 子曰, '無爲而治者其舜也與? 夫何爲哉? 恭己正南面而已矣.'"; 리쩌허우 著, 정병석 譯,『中國古代思想史論』(서울: 한길사, 2005), 192-205쪽.
94) 『大唐西域記』1(『大正藏』51, 869b·c), "三主之俗東方爲上. 其居室則東闢其戶. 且日則東向以拜. 人主之地南面爲尊."
95) 金谷治 外 著, 조성을 譯,『中國思想史』(서울: 理論과 實踐, 1996), 37-38쪽; 黃元九 著,『中國思想의 源流』(서울: 延世大學校出版部, 1988), 17-18쪽; 狩野直喜 著, 吳二煥 譯,『中國哲學史』(서울: 乙酉文化社, 1997), 66쪽; 김성실,「儒敎의 宗敎性에 관한 일고찰-成均館과 成均館 儀禮를 중심으로」, 『退溪學論叢』39(2022), 129-142쪽.
96) 『弘明集』9,「神滅論(問答者論本受主之辭也難者今之所問)」(『大正藏』52, 55a), "問曰. 子云神滅. 何以知其滅耶. 答曰. 神卽形也. 形卽神也. 是以形存則神存. 形謝則神滅也. 問曰. 形者. 無知之稱. 神者. 有知之名. 知與無知卽事有異. 神之與形理不容. 一形神相卽非所聞也. 答曰. 形者. 神之質. 神者. 形之用. 是則形稱其質. 神言其用. 形之與神不得相異."
97) 『孟子』,「盡心 上」,"MZ130400: 孟子曰, '萬物皆備於我矣. 反身而誠, 樂莫大焉. 强恕而行, 求仁莫近焉.'"
98) 『妙法蓮華經玄義』7上(『大正藏』33, 763b), "淨心觀者, 謂觀諸心, 悉是因緣生法, 卽空, 卽假, 卽中, 一心三觀.";『摩訶止觀』5上(『大正藏』46, 54a), "夫一心具十法界. 一法界又具十法界百法界. 一界具三十種世間. 百法界卽具三千種世間. 此三千在一念心. 若無心而已. 介爾有心卽具三千. … 若從一心生一切法者. 此則是縱. 若心一時含一切法者. 此卽是橫. 縱亦不可橫亦不可. 祇心是一切法. 一切法是心故." 外 多數; 이기운,

99) 「天台의 本迹思想 수용과 그 전개」,『禪學』27(2010), 388-392쪽; 다무라 시로 外 著, 이영자 譯,『天台法華의 思想』(서울: 民族社, 1989), 61-119쪽.

99) 馮友蘭 著,『中國哲學史(下册)』(上海: 華東師範大學出版社, 2003), pp. 210-211; 소현성, 「朱子의『太極解義』일고-그 세계관을 중심으로」,『忠南大學校 儒學研究』39(2017), 247쪽; 程頤·朱熹 著, 金碩鎭 譯,「本義」,『周易傳義大全解釋 上』(서울: 大有學堂, 1997), 9-11쪽; 張岱年 著, 김백희 譯, 「對待와 合一」,『中國哲學史大綱 上』(서울: 까치, 2000), 253쪽, "中國哲學에서 反復과 密接하게 서로 關聯되는 것이 兩과 一이다. 兩은 對待 또는 對立이며, 一은 合一 또는 統一이다. …「易傳」에 이르러서는 對待와 合一을 變化와 反復의 原理로 보며, 그 原理로 인하여 變化가 있으며, 變化의 原理는 곧 反復이며, 서로 밀어주는 對待 關係의 作用 속에 變化의 原理가 있다고 생각했다. 모든 對待關係는 그 合을 지니고 있으며 모든 存在는 반드시 對待의 性質을 包含하고 있는데, 對待란 서로 摩擦하고 서로 움직이며, 서로 反撥하고 서로 요구함으로써 變化를 일으키는 것이다.": 같은 책, 267-269쪽;『周易』,「繫辭上傳」, "ZY05, 一陰一陽之謂道. 繼之者善也, 成之者性也.";「繫辭下傳」, "ZY06, 子曰, "乾坤, 其易之門邪? 乾, 陽物也, 坤, 陰物也. 陰陽合德而剛柔有體, 以體天地之撰, 以通神明之德.";「太極圖說」, "無極而太極, 太極動而生陽, 動極而靜, 靜而生陰, 靜極復動."

100)『史記』1,「本紀-五帝本紀第一」, "31-34".

101)『三國遺事』5,「避隱第八-孫順埋兒 興德王代」(『大正藏』49, 1018b·c).

102) 具瑟娥,「『孝順事實』과『三綱行實孝子圖』간의 거리-15世紀 朝·明이 구상한 '儒教的 인간다움'의 共有 方式 考察」,『東方漢文學』99(2024), 49-73쪽; 김덕균,「孝子傳, 감성과 이성의 사이-朝鮮 初 孝關聯 政策을 중심으로」,『儒學研究』55(2021), 27쪽.

103)『審理錄』18, 〈全羅道-康津 尹太緒·恒等獄〉, "戊申年(1788): 判, 此獄不難解. 殺人者死, 通乎天下萬世不易之法, 而爲父母雪羞逞憤, 毆人傷人, 至於致命者, 輒多屈而貸之. 大抵律例, 最重倫義乙仍于, 較輕重審取舍者, 盖如許其躍如矣."

104)『弘明集』9~10,「蕭琛難范縝神滅論~大梁皇帝敕答臣下神滅論」(『大正藏』14, 54c-60b); 朴海鏜,「神滅과 神不滅 論爭」,『論爭으로 보는 佛敎哲學』(서울: 예문서원, 1998), 90-118쪽; 구보타 료온 著, 崔俊植 譯,『中國儒佛道 三敎의 만남』(서울: 民族社, 1994), 61-68쪽.

105)『論語』,「雍也第六」, "LY0622: 樊遲問知. 子曰, '務民之義, 敬鬼神而遠之, 可謂知矣.'"

106)『禮記』,「檀弓上第三」, "LJ03,067: 孔子曰, '之死而致死之, 不仁而不可爲也. 之死而致生之, 不知而不可爲也.'"

107)『禮記』,「檀弓下第四」, "LJ04,015: 奠以素器, 以生者有哀素之心也. 唯祭祀之禮主人自盡焉爾, 豈知神之所饗, 亦以主人有齊敬之心也!"

108) 같은 책,「問喪第三十五」, "LJ35,003: 祭之宗廟, 以鬼饗之, 徼幸復反也."

109) 左丘明 撰,『國語』18,「楚語 下」, "以昭祀其先祖, 肅肅濟濟, 如或臨之."

110)『荀子』,「第十九 禮論」, "S192105-8: 故曰, 祭者, 志意思慕之情也. 忠信愛敬之至矣, 禮節文貌之盛矣. 苟非聖人, 莫之能知也. 聖人明知之, 士君子安行之, 官人以爲守, 百姓以成俗. 其在君子, 以爲人道也, 其在百姓, 以爲鬼事也.";『荀子集解』,「第十九 禮論」,

"以爲人道, 則安而行之, 以爲鬼事, 則畏而奉之."

111) 같은 책,「第十九 禮論」, "S192116: 哀夫! 敬夫! 事死如事生, 事亡如事存. 狀乎無形影, 然而成文.";『荀子集解』,「第十九 禮論」, "狀類也. 言祭祀不見鬼神, 有類乎無形影者, 然而足以成人道之節文也."

112)『墨子』12,「第四八 公孟」, "公孟子曰: '無鬼神.' 又曰: '君子必學祭礼.' 子墨子曰: '執無鬼而學祭禮, 是猶無客而學客禮也, 是猶無魚而爲魚罟也.'"

113)『論語集註』3,「雍也第六」, "專用力於人道之所宜, 而不惑於鬼神之不可知, 知者之事也. … 程子曰: '人多信鬼神, 惑也. 而不信者又不能敬, 能敬能遠, 可謂知矣.'"

114)『論語集註』4,「述而第七」, "子不語怪, 力, 亂, 神. - 怪異 勇力 悖亂之事, 非理之正, 固聖人所不語. 鬼神, 造化之吳, 雖非不正, 然非窮理之至, 有未易明者, 故亦不輕以語人也. 謝氏曰: '聖人語常而不語怪, 語德而不語力, 語治而不語亂, 語人而不語神.'"

115) 馮友蘭 著,『中國哲學簡史』(北京: 北京大學出版社, 1996), pp. 128-138.

116)『弘明集』2,「明佛論」;『弘明集』3,「宗居士炳答何承天書難白黑論」;『弘明集』8,「記室劉虬滅惑論」;『弘明集』9,「蕭琛難范縝神滅論」·「曹思文難范縝神滅論」;『弘明集』10,「大梁皇帝勅答臣下神滅論」·「莊嚴寺法雲法師與公王朝貴書」; 朴海鐺,「中國 初期 佛敎의 人間 理解-神滅 神不滅 論爭」,『論爭으로 보는 佛敎哲學』(서울: 예문서원, 1998), 91-116쪽.

117)『朱子語類』3,「鬼神」, "3:41 死而氣散, 泯然無跡者, 是其常. 道理恁地."; 박성규,「朱子의 厲鬼論」,『奎章閣』26(2003), 152-155쪽.

118)『朱子語類』3,「鬼神」, "3:20 用之云: '人之禱天地山川, 是以我之有感彼之有. 子孫之祭先祖, 是以我之有感他之無.' 曰: '神祇之氣常屈伸而不已, 人鬼之氣則消散而無餘矣. 其消散亦有久速之異. 人有不伏其死者, 所以旣死而此氣不散, 爲妖爲怪. 如人之凶死, 及僧道旣死, 多不散. 〈僧道務養精神, 所以凝聚不散〉. 若聖賢則安於死, 豈有不散而爲神怪者乎! 如黃帝堯舜, 不聞其旣死而爲靈怪也.'"; "3:40 問: '有人死而氣不散者, 何也?' 曰: '他是不伏死. 如自刑自害者, 皆是未伏死, 又更聚得這精神. 安於死者便自無, 何曾見堯舜做鬼來!'"

119)『禮記』,「郊特生第十一」, "LJ11,027: 魂氣歸于天, 形魄歸于地, 故祭, 求諸陰陽之義也.";『朱子語類』63,「中庸二」, "63:128 問: '然則人之死也, 魂升魄降, 是兩處有知覺也.' 曰: '孔子分明言: 合鬼與神, 敎之至也. 當祭之時, 求諸陽, 又求諸陰, 正爲此, 況祭亦有報魄之說.' 德明(44세 이후)."; 박성규,「朱子의 厲鬼論」,『奎章閣』26(2003), 156-158쪽.

120)『朱子家禮』5,「祭禮」, "朱子曰. 考諸程子之言. 則以爲高祖有服. 不可不祭. 雖七廟五廟. 亦止於高祖. 雖三廟一廟以至祭寢. 亦必及於高祖. 但有疏數之不同耳. 疑此最爲得祭祀之本意." 등.

121)『朱子語類』3,「鬼神」, "3:7 鬼神只是氣. 屈伸往來者, 氣也." 등; 김수청,「儒教의 靈魂觀에 대한 분석적 고찰」,『韓國民族文化』25(2005), 272-280쪽.

122) 鄭承碩 譯,「死者의 王, 야마」,『리그베다』(서울: 김영사, 1984), 252-254쪽; 유성욱,「佛敎 야

마(Yama) 神格의 기원과 특성」,『人文科學』60(2016), 378-379쪽.

123) 干寶 撰,『搜神記』4; 張華 撰,『博物志』1,「2. 地」, "泰山一日天孫. 言爲天帝孫也. 主召人魂魄. 東方萬物始成. 故知人生命之長短.";『法苑珠林』91,「感應緣-晉富陽縣令王範」(『大正藏』53, 962a); 莊明興 著,『中國中古的地藏信仰-國立臺灣大學文史叢刊110』(台北: 國立臺灣大學校大學院, 1999), pp. 109-110; 尹富,「中國地藏信仰研究」(四川: 四川大博士學位論文, 2005), p.107; 앙리 마스페로 著, 신하령·김태완 譯,『道教』(서울: 까치, 1999), 114-117쪽; 金廷禧,「中國 道教의 十王信仰과 圖像-『玉歷寶鈔』를 중심으로」,『美術史學』6(1994), 38-39쪽; 윤재석,「中國 古代〈死者의 書〉와 漢代人의 來世觀-鎭墓文을 중심으로」,『中國史研究』90(2014), 36-37쪽.

124) 尹富,「中國地藏信仰研究」(四川: 四川大博士學位論文, 2005), p.187.

125) 中國에서 來世觀이 定立하지 못하는 것은 心身一元論에 의해서 來世觀의 必然性이 主流에서 離脫했다는 점, 또 佛教가 이른 시기(公式的으로는 67年)에 傳來하며 來世觀을 代替했기 때문이다.

126) 金廷禧 著,『朝鮮時代 地藏十王圖 研究』(서울: 一志社, 2004), 73-74·101-103쪽; 이병욱,「中國佛教에 나타난 業과 輪廻의 두 가지 양상」,『佛教學研究』29(2011), 82쪽; 金廷禧,「大足 寶頂山 石窟의 地獄變相 研究」,『美術史學研究』224(1999), 12쪽; 廉仲燮,「高麗佛畫의 地藏菩薩 圖像 研究」(서울: 東國大博士學位論文, 2021), 306-335쪽.

127) 『高僧傳』9,「神異上-竺佛圖澄一」(『大正藏』50, 385c), "夫王者郊祀天地, 祭奉百神, 載在祀典, 禮有嘗饗."

128) 『禮記』,「玉藻第十三」, "LJ13,031 君子之容舒遲, 見所尊者齊遫. 足容重, 手容恭, 目容端, 口容止, 聲容靜, 頭容直, 氣容肅, 立容德, 色容莊, 坐如尸, 燕居告溫溫.";『小學』,「敬身第三」, "007 君子有九思. 視思明, 聽思聰, 色思溫. 貌思恭, 言思忠, 事思敬, 疑思問, 忿思難, 見得思義.";『擊蒙要訣』, "所謂九容者, 足容重, 手容恭, 目容端, 口容止, 聲容靜, 頭容直, 氣容肅, 立容德, 色容莊. 所謂九思者, 視思明, 聽思聰, 色思溫, 貌思恭, 言思忠, 事思敬, 疑思問, 忿思難, 見得思義."

129) 『孟子』,「離婁 上」, "MZ07150001: 孟子曰, "存乎人者, 莫良於眸子. 眸子不能掩其惡. 胸中正, 則眸子瞭焉, 胸中不正, 則眸子眊焉. 聽其言也, 觀其眸子, 人焉廋哉."

130) 『三國志』36,「蜀書六-關張馬黃趙傳」,〈關羽〉, "吳曆曰: 權送羽首於曹公, 以諸侯禮葬其屍骸.";『三國演義』,「第七十七回」,〈玉泉山關公顯聖 洛陽城曹操感神〉, "懿曰: '此事極易. 大王可將關公首級, 刻一香木之軀以配之, 葬以大臣之禮. 劉備知之, 必深恨孫權, 盡力南征. 我卻觀其勝負: 蜀勝則擊吳, 吳勝則擊蜀. 二處若得一處, 那一處亦不久也.' 操大喜, 從其計, 遂召吳使入."

131) 『老子王弼注』,〈第25章〉, "而王居其一焉.【王弼 注】處人主之大也."

132) 같은 책, "故道大, 天大, 地大, 王亦大.【王弼 注】天地之性, 人爲貴, 而王是人之主也. 雖不職大亦復爲大與三匹, 故曰, 王亦大也."

133) 『老子』,〈第25章〉, "故道大, 天大, 地大, 王亦大, 域中有四大, 而王居其一焉, 人法地, 地法天, 天法道, 道法自然."

134) 『中庸』,〈首三句〉, "天命之謂性, 率性之謂道, 脩道之謂教.";『中庸集註』, "命, 猶令也. 性, 卽理也. 天以陰陽五行化生萬物, 氣以成形, 而理亦賦焉, 猶命令也. 於是人物之生, 因各得其所賦之理, 以爲健順五常之德, 所謂性也. 率, 循也. 道, 猶路也. 人物各循其性之自然, 則其日用事物之間, 莫不各有當行之路, 是則所謂道也. 脩, 品節之也. 性道雖同, 而氣稟或異, 故不能無過不及之差, 聖人因人物之所當行者而品節之, 以爲法於天下, 則謂之教, 若禮, 樂, 刑, 政之屬是也. 蓋人之所以爲人, 道之所以爲道, 聖人之所以爲教, 原其所自, 無一不本於天而備於我. 學者知之, 則其於學知所用力而自不能已矣. 故子思於此首發明之, 讀者所宜深體而黙識也."

135) 『孟子』, 「盡心 上」, "孟子曰: '盡其心者, 知其性也. 知其性, 則知天矣.'";『孟子集註』13, 「盡心章句上」, "心者, 人之神明, 所以具衆理而應萬事者也. 性則心之所具之理, 而天又理之所從以出者也. 人有是心, 莫非全體, 然不窮理, 則有所蔽而無以盡乎此心之量. 故能極其心之全體而無不盡者, 必其能窮夫理而無不知者也. 旣知其理, 則其所從出, 亦不外是矣. 以大學之序言之, 知性則物格之謂, 盡心則知至之謂也."

136) 『禮記』, 「禮運第九」, "LJ09,024: 故人者, 其天地之德, 陰陽之交, 鬼神之會, 五行之秀氣也."

137) 같은 책, "LJ09,026: 故人者, 天地之心也, 五行之端也, 食味別聲被色而生者也."

138) 『荀子』, 「第九 王篇」, "S091601-2: 水火有氣而無生, 草木有生而無知, 禽獸有知而無義. 人有氣有生有知亦且有義, 故最爲天下貴也."

139) 『春秋繁露』13, 「人副天數第五十六」, "天地之精所以生物者, 莫貴於人. 人受命乎天也, 故超然有以倚. 物灾疾莫能爲仁義, 唯人獨能爲仁義; 物灾疾莫能偶天地, 唯人獨能偶天地. 人有三百六十節, 偶天之數也; 形體骨肉, 偶地之厚也; 上有耳目聰明, 日月之象也; 體有空竅理脈, 川谷之象也; 心有哀樂喜怒, 神氣之類也; 觀人之體, 一何高物之甚, 而類於天也。"

140) 같은 책, "(是故)人之身首妢而員, 象天容也; 髮象星辰也; 耳目戾戾, 象日月也; 鼻口呼吸, 象風氣也; 胸中達知, 象神明也; 腹胞實虛, 象百物也; 百物者最近地, 故要以下地也, 天地之象, 以要爲帶, 頸而上者, 精神尊嚴, 明天類之狀也; 頸而下者, 豐厚卑辱, 土壤之比也; 足布而方, 地形之象也。是故禮帶置紳, 必直其頸, 以別心也, 帶而上者, 盡爲陽, 帶而下者, 盡爲陰, 各其分, 陽, 天氣也, 陰, 地氣也, 故陰陽之動使, 人足病喉痺起, 則地氣上爲雲雨, 而象亦應之也。天地之符, 陰陽之副, 常設於身, 身猶天也, 數與之相參, 故命與之相連也。天以終歲之數, 成人之身, 故小節三百六十六, 副日數也; 大節十二分, 副月數也; 內有五臟, 副五行數也; 外有四肢, 副四時數也; 占視占瞑, 副晝夜也; 占剛占柔, 副冬夏也; 占哀占樂, 副陰陽也; 心有計慮, 副度數也; 行有倫理, 副天地也; 此皆暗膚著身, 與人俱生, 比而偶之弇合, 於其可數也, 副數, 不可數者, 副類, 皆當同而副天一也。"

141) 『春秋繁露』11, 「爲人者天第四十一」, "爲生不能爲人, 爲人者, 天也, 人之人本於天, 天亦人之曾祖父也, 此人之所以乃上類天也。人之形體, 化天數而成; 人之血氣, 化天志而仁; 人之德行, 化天理而義; 人之好惡, 化天之暖淸; 人之喜怒, 化天之寒暑; 人之受命, 化天之四時; 人生有喜怒哀樂之答, 春秋冬夏之類也. 喜, 春之答也, 怒, 秋之答也, 樂, 夏之答也, 哀, 冬之答也, 天之副在乎人, 人之情性有由天者矣, 故曰受, 由天之號也."

142) 『春秋繁露』12, 「陰陽義第四十九」, "天亦有喜怒之氣, 哀樂之心, 與人相副, 以類合之, 天人一也."

143) 張岱年 著, 김백희 譯, 『中國哲學大綱(中國哲學問題史) 上』(서울: 까치, 2000), 357-387쪽; 조원일 著, 『古代 中國의 天人關係論』(광주: 全南大學校出版文化院, 2020), 27-288쪽; 馮禹 著, 김갑수 譯, 『東洋의 自然과 人間 理解-中國의 天人關係論』(서울: 논형, 2008), 55-73쪽.

144) 「太極圖說」, "無極之眞, 二五之精. 妙合而凝, 乾道成男, 坤道成女. 二氣交感, 化生萬物, 萬物生生而變化無窮焉. 惟人也得其秀而最靈. 形旣生矣, 神發知矣. 五性感動而善惡分, 萬事出矣. 聖人定之以中正仁義, 而主靜立人極焉. 故人與天地合其德, 日月合其明, 四時合其序, 鬼神合其吉凶. 君子修之吉, 小人悖之凶. 故立天之道, 曰陰與陽, 立地之道, 曰柔與剛, 立人之道, 曰仁與義. 又曰, 原始反終, 故知死生之說. 大哉, 易也! 斯其至矣."

145) 「西銘(訂頑)」, "乾稱父, 坤稱母, 予玆藐焉, 乃混然中處. 故天地之塞, 吾其體, 天地之帥, 吾其性. 民吾同胞, 物吾與也. 大君者, 吾父母宗子, 其大臣, 宗子之家相也. … 聖其合德, 賢其秀也. 凡天下疲癃殘疾, 惸獨鰥寡, 皆吾兄弟之顚連而無告者也. 于時保之, 子之翼也, 樂且不憂, 純乎孝者也. … 知化則善述其事, 窮神則善繼其志. 不愧屋漏爲無忝, 存心養性爲匪懈. … 富貴福澤, 將厚吾之生也, 貧賤憂戚, 庸玉女于成也. 存吾順事, 沒吾寧也."

146) 『尙書』, 「湯誥第三」, "01: (王歸自克夏, 至于亳. 誕告萬方. 王曰, 嗟爾萬方有衆. 明聽予一人誥.) 惟皇上帝, 降衷于下民, 若有恒性, (克綏厥猷惟后.)"

147) 『論語』, 「陽貨第十七」, "LY1702: 子曰, '性相近也, 習相遠也.'"; 장종원, 「中國 古代人性論 發生의 역사적 배경과 古代人性論 비교 연구」, 『水産海洋敎育硏究』 27-3(2015), 737-738쪽.

148) 周桂鈿 著, 문재곤 譯, 『講座 中國哲學』(서울: 예문서원, 1996), 265쪽; 장종원, 「中國 古代人性論 發生의 역사적 배경과 古代人性論 비교 연구」, 『水産海洋敎育硏究』 27-3(2015), 739쪽.

149) 周桂鈿 著, 문재곤 譯, 『講座 中國哲學』(서울: 예문서원, 1996), 265쪽.

150) 이규상, 「『荀子』 「勸學篇」의 교육철학적 검토」, 「儒學研究』 21(2010), 192-198쪽; 郭青青, 「荀子 「勸學」편 '學'에 대한 고찰」, 『東洋古典硏究』 93(2023), 352-344쪽.

151) 張岱年 著, 김백희 譯, 『中國哲學大綱(中國哲學問題史) 上』(서울: 까치, 2000), 405-407쪽.

152) 『孟子』, 「告子上」, "MZ110201: 告子曰, '性猶湍水也, 決諸東方則東流, 決諸西方則西流. 人性之無分於善不善也, 猶水之無分於東西也.'"; 『孟子集註』 11, 「告子章句上」, "告子曰: '生之謂性.' - 生, 指人物之所以知覺運動者而言. 告子論性, 前後四章, 語雖不同, 然其大指不外乎此, 與近世佛氏所謂作用是性者吳相似."; 黃娟, 「告子人性論考辨」, 『東北亞文化研究』 1-79(2024), 295-298쪽.

153) 이재영,「로크의 敎育 哲學: 習慣의 帝國과 自由의 逆說」,『近代哲學』15(2020), 27-30쪽.
154) 蔡方鹿 著,『中國道統思想發展史』(成都: 四川人民出版社, 2003), pp. 259-268; 趙吉惠 外 著, 김동휘 譯,『中國儒學史 2』(서울: 신원문화사, 1997), 271-272쪽; 林明熙,「中國哲學史上 的 "系統說" 與 "道統" 觀念」,『哲學과 文化』18(2009), 168-171쪽.
155) 『史記』74,「孟子荀卿列傳第十四」, "074/2348: 〈荀卿〉,〈趙〉人. 年五十始來游學於〈齊〉. 〈騶衍〉之術迂大而閎辯; 〈奭〉也文具難施; 〈淳于髡〉久與處, 時有得善言. 故〈齊〉人頌曰 : '談天〈衍〉, 雕龍〈奭〉, 炙轂過〈髡〉.' 〈田駢〉之屬皆已死〈齊〉〈襄王〉時, 而〈荀卿〉最爲老 師.〈齊〉尙脩列大夫之缺, 而〈荀卿〉三爲祭酒焉."
'祭主'에 관해서는 郭志坤 著,『荀學論稿』(上海: 上海三聯書店, 1991), pp. 31-33이 參照된다.
156) 郭志坤 著,『荀學論稿』(上海: 上海三聯書店, 1991), p. 143.
157) 『論語集註』,「論語序說」, "子思學於曾子, 而孟子受業子思之門人."
158) 『孟子』,「告子上」, "MZ11020201: 孟子曰, '水信無分於東西, 無分於上下乎? 人性之善 也, 猶水之就下也. 人無有不善, 水無有不下."
159) 같은 책,「公孫丑」, "MZ03060003: 所以謂人皆有不忍人之心者, 今人乍見孺子將入於 井, 皆有怵惕惻隱之心──非所以內交於孺子之父母也, 非所以要譽於鄕黨朋友也, 非惡其聲而然也.";『孟子』,「告子上」, "MZ11080001-2: 孟子曰, "牛山之木嘗美矣, 以 其郊於大國也, 斧斤伐之, 可以爲美乎? 是其日夜之所息, 雨雲之所潤, 非無萌蘖之生 焉, 牛羊又從而牧之, 是以若彼濯濯也. 人見其濯濯也, 以爲未嘗有材焉, 此豈山之性也 哉?";『孟子集注』11,「告子章句上」, "牛山, 齊之東南山也. 邑外謂之郊, 言牛山之木, 前 此固嘗美矣, 今爲大國之郊, 伐之者衆, 故失其美耳. 息, 生長也. 日夜之所息, 謂氣化流 行未嘗間斷, 故日夜之間, 凡物皆有所生長也, 萌, 芽也. 蘖, 芽之旁出者也. 濯濯, 光潔 之貌. 材, 材木也. 言山木雖伐, 猶有萌蘖, 而牛羊又從而害之, 是以至於光潔而無草木 也."
160) 이호근,「梵我一如 思想과 緣起說」,『印度哲學』12-1(2003), 106-107쪽; 송인범,「無我 說에 대한 一考察」,『韓國禪學』30(2011), 144쪽.
161) 玆玄 著,『人生이 흔들릴 때 涅槃經 공부』(서울: 佛光出版社, 2024), 283-287쪽; 玆玄 著,「人 性論」,『玆玄스님의 조금 특별한 佛敎이야기』(서울: 佛光出版社, 2012), 247-253쪽.
162) 蔡方鹿 著,『中國道統思想發展史』(成都: 四川人民出版社, 2003), pp. 259-268; 趙吉惠 外 著, 김동휘 譯,『中國儒學史 2』(서울: 신원문화사, 1997), 271-272쪽; 林明熙,「中國哲學史上 的 "系統說" 與 "道統" 觀念」,『哲學과 文化』18(2009), 168-171쪽.
163) 백영선·고승환,「孟子의 性善說에 대한 재고찰-생물학적 욕구와 도덕적 경향성의 관 계를 중심으로」,『哲學』157(2023), 35-36쪽; Kim, Sungmoon, 'Theorizing Confucian Virtue Politics: The Political Philosophy of Mencius and Xunzi'(New York: Cambridge University Press, 2020), pp. 142-143.
164) 신예진,「『孟子』〈牛山之木章〉의 '心'에 대한 연구-『孟子集註大全』을 중심으로」,『儒學 硏究』52(2020), 236-259쪽; 이진영·신창호,「'牛山之木'의 擴張을 통해 본 마음 工夫論 考察-『孟子』에서『心經附註』로의 性理學的 認識을 중심으로」,『敎育哲學』65(2017),

57-78쪽.

165) 『孟子』,「盡心上」, "MZ131500: 孟子曰, '人之所不學而能者, 其良能也, 所不慮而知者, 其良知也. 孩提之童無不知愛其親者, 及其長也, 無不知敬其兄也. 親親, 仁也, 敬長, 義也, 無他, 達之天下也.'"; 『孟子集注』13,「盡心章句上」, "良者, 本然之善也. 程子曰: '良知良能, 皆無所由; 乃出於天, 不繫於人.'"; 『孟子』,「離婁下」, "MZ081200: 孟子曰, '大人者, 不失其赤子之心者也.'"; 『孟子集注』8,「離婁章句上」, "大人之心, 通達萬變; 赤子之心, 則純一無僞而已. 然大人之所以爲大人, 正以其不爲物誘, 而有以全其純一無僞之本然. 是以擴而充之, 則無所不知, 無所不能, 而極其大也."

166) 『孟子』,「公孫丑上」, "MZ030209-MZ03021106: '敢問夫子惡乎長?' 曰, '我知言, 我善養吾浩然之氣.' '敢問何謂浩然之氣?' '難言也. 其爲氣也, 至大至剛, 以直養而無害, 則塞於天地之間. 其爲氣也, 配義與道, 無是, 餒也. 是集義所生者, 非義襲而取之也. 行有不慊於心, 則餒矣. 我故曰, 告子未嘗知義, 以其外之也. 必有事焉, 而勿正, 心勿忘, 勿助長也. 無若宋人然, 宋人有閔其苗之不長而揠之者, 芒芒然歸, 謂其人曰, 今日病矣! 予助苗長矣! 其子趨而往視之, 苗則槁矣. 天下之不助苗長者寡矣. 以爲無益而舍之者, 不耘苗者也; 助之長者, 揠苗者也——非徒無益, 而又害之.'"; 『孟子集注』3,「公孫丑章句上」, "'敢問夫子惡乎長?' 曰: '我知言, 我善養吾浩然之氣.' - 惡, 平聲. 公孫丑復問孟子之不動心所以異於告子如此者, 有何所長而能然, 而孟子又詳告之以其故也. 知言者, 盡心知性, 於凡天下之言, 無不有以究極其理, 而識其是非得失之所以然也. 浩然, 盛大流行之貌. 氣, 卽所謂體之充者. 本自浩然, 失養故餒, 惟孟子爲善養之以復其初也. 蓋惟知言, 則有以明夫道義, 而於天下之事無所疑; 養氣, 則有以配夫道義, 而於天下之事無所懼, 此其所以當大任而不動心也. 告子之學, 與此正相反. 其不動心, 殆亦冥然無覺, 悍然不顧而已爾. - '敢問何謂浩然之氣?' 曰: '難言也. - 孟子先言知言而丑先問氣者, 承上文方論志氣而言也. 難言者, 蓋其心所獨得, 而無形聲之驗, 有未易以言語形容者. 故程子曰: 觀此一言, 則孟子之實有是氣可知矣. - 其爲氣也, 至大至剛, 以直養而無害, 則塞于天地之間.' 至大初無限量, 至剛不可屈撓. 蓋天地之正氣, 而人得以生者, 其體吳本如是也. 惟其自反而縮, 則得其所養; 而又無所作爲以害之, 則其本體不虧而充塞無間矣. 程子曰: 天人一也, 更不分別. 浩然之氣, 乃吾氣也. 養而無害, 則塞乎天地; 一爲私意所蔽, 則欿然而餒, 卻甚小也. 謝氏曰: 浩然之氣, 須於心得其正時識取. 又曰: 浩然是無虧欠時."

167) 『孟子』,「離婁上」, "MZ07020001: 孟子曰, "規矩, 方員之至也, 聖人, 人倫之至也.""; 『孟子集註』7,「離婁章句上」, "至, 極也. 人倫說見前篇. 規矩盡所以爲方員之理, 猶聖人盡所以爲人之道."; 『孟子』,「滕文公上」, "MZ05010403: 顏淵曰, '舜, 何人也? 予, 何人也? 有爲者亦若是.'"; 『孟子集註』5,「滕文公章句上」, "有爲者亦若是, 言人能有爲, 則皆如舜也."; 馮友蘭 著, 『中國哲學史(上冊)』(上海: 華東師範大學出版社, 2003), pp. 99-100.

168) 『孟子』,「盡心下」, "MZ14140001: 孟子曰, '民爲貴, 社稷次之, 君爲輕.'"; 『孟子集註』14,「盡心章句下」, "蓋國以民爲本, 社稷亦爲民而立, 而君之尊, 又係於二者之存亡, 故其輕重如此."

169) 이광혁, 「『孟子』民本思想과 현대적 의의」, 『中國學』 81(2022), 207-227쪽.

170) 유권종, 「爲己之學의 槪念化 過程」, 『哲學探究』 32(2012), 11-26쪽; 유권종, 「朱熹의 爲己之學 考察」, 『哲學探究』 33(2013), 4-10쪽.

171) 玆玄 著, 『玆玄스님의 조금 特別한 佛敎이야기』(서울: 佛光出版社, 2012), 300-302쪽.

172) 狩野直喜 著, 吳二煥 譯, 『中國哲學史』(서울: 乙酉文化社, 1997), 371쪽, "周公沒聖人之道不行, 孟軻死聖人之學不傳. … 先生生千四百年之後, 得不傳之學於遺經."

173) 『荀子集解』, 「第六 非十二子篇」, "郭嵩燾曰, 荀子屢言仲尼子弓, 不及子游. 本篇後云子游氏之賤儒, 與子張子夏同譏, 則此子游必子弓之誤."

174) 『荀子』, 「第六 非十二子篇」, "S060701-5: 略法先王而不知其統, 然而猶材劇志大, 聞見雜博. 案往舊造說, 謂之五行, 甚僻違而無類, 幽隱而無說, 閉約而無解. 案飾其辭而祗敬之曰: 此眞先王君子之言也. 子思唱之, 孟軻和之, 世俗之溝猶瞀儒, 嚾嚾然不知其所非也, 遂受而傳之, 以爲仲尼·子游爲茲厚於後世, 是則子思·孟軻之罪也."

175) 『論語』, 「先進第十一」, "LY1103: 德行, 顏淵·閔子騫·冉伯牛·仲弓. 言語, 宰我·子貢. 政事, 冉有·季路. 文學, 子游·子夏."

176) 『荀子集解』, 「第五 非相篇」, "子弓, 蓋仲弓也. 言子者, 著其爲師也."

177) 『荀子』, 「第六 非十二子篇」, "S061001-2: 今夫仁人也, 將何務哉. 上則法舜禹之制, 下則法仲尼子弓之義, 以務息十二子之說. 如是則天下之害除, 仁人之事畢, 聖王之跡著矣."

178) 같은 책, "S060801-6: 若夫總方略, 齊言行, 壹統類, 而群天下之英傑, 而告之以大古, 教之以至順, 奧窔之間, 簟席之上, 斂然聖王之文章具焉, 佛然平世之俗起焉. 六說者不能入也, 十二子者不能親也. 無置錐之地, 而王公不能與之爭名, 在一大夫之位, 則一君不能獨畜, 一國不能獨容. 成名況乎諸侯, 莫不願以爲臣. 是聖人之不得勢者也, 仲尼子弓是也."

179) 같은 책, 「第八 儒效篇」, "S081308-9: 通則一天下, 窮則獨立貴名, 天不能死, 地不能埋, 桀跖之世不能汙. 非大儒莫之能立, 仲尼子弓是也."

180) 같은 책, "S060101-S060806: 假今之世, 飾邪說, 文姦言, 以梟亂天下, 矞宇嵬瑣, 使天下混然不知是非治亂之所存者, 有人矣. 縱情性, 安恣睢, 禽獸行, 不足以合文通治, 然而其持之有故, 其言之成理, 足以欺惑愚衆. 是它囂魏牟也. 忍情性, 綦谿利跂, 苟以分異人爲高, 不足以合大衆明大分, 然而其持之有故, 其言之成理, 足以欺惑愚衆. 是陳仲史鰌也. 不知壹天下建國家之權稱, 上功用大儉約而僈差等, 曾不足以容辨異縣君臣, 然而其持之有故, 其言之成理, 足以欺惑愚衆. 是墨翟宋鈃也. 尙法而無法, 下脩而好作, 上則取聽於上, 下則取從於俗, 終日言成文典, 反紃察之, 則倜然無所歸宿, 不可以經國定分, 然而其持之有故, 其言之成理, 足以欺惑愚衆. 是愼到田騈也. 不法先王, 不是禮義, 而好治怪說, 玩琦辭, 甚察而不惠, 辯而無用, 多事而寡功, 不可以爲治綱紀, 然而其持之有故, 其言之成理, 足以欺惑愚衆. 是惠施鄧析也. 略法先王而不知其統, 然而猶材劇志大, 聞見雜博. 案往舊造說, 謂之五行, 甚僻違而無類, 幽隱而無說, 閉約而無解. 案飾其辭而祗敬之曰, 此眞先君子之言也. 子思唱之, 孟軻和之, 世俗之溝猶瞀儒嚾

嚾然不知其所非也,遂受而傳之,以爲仲尼子弓爲茲厚於後世. 是則子思孟軻之罪也.
若夫總方略, 齊言行, 壹統類, 而羣天下之英傑而告之以大古, 敎之以至順, 奧窔之間,
簟席之上, 斂然聖王之文章具焉, 佛然平世之俗起焉, 六說者不能入也. 十二子者不能
親也, 無置錐之地, 而王公不能與之爭名, 在一大夫之位, 則一君不能獨畜, 一國不能獨
容, 成名況乎諸侯, 莫不願以爲臣. 是聖人之不得執者也, 仲尼子弓是也."

181) 荀子에도 老子와 莊子에 대한 비판은 존재한다(윤무학·김종범,「荀子의 道家 批判과 受容」,『栗谷學研究』43[2020], 340-361쪽). 그러나 楊朱에 대한 비판은 이렇다 할 것이 없다. 이에 반해 孟子는 楊朱와 墨翟(墨子)을 異端으로 비정하며 신랄하게 비판한다(『孟子』,「滕文公下」,"能言距楊墨者, 聖人之徒也.").

182) 김태용,「「解老」·「喩老」의 韓非子 法治思想 硏究」,『韓國哲學論集』63(2019), 179쪽; 이석명,「「解老」·「喩老」의 黃老學적 性格과 그 思想史的 의미」,『東洋哲學』23(2005), 155쪽.

183) 『論語』,「陽貨第十七」, "子曰:'惡紫之奪朱也, (惡鄭聲之亂雅樂也, 惡利口之覆邦家者.)"

184) 이연정,「先秦時代 道統 意識 검토-荀子의 道統 意識을 중심으로」,『儒敎思想文化硏究』86(2021), 146-157쪽.

185) 『史記』47,「孔子世家第十七」, "1946#1: 孔子生鯉, 字伯魚. 伯魚年五十, 先孔子死."

186) 같은 책, "1946#2: 伯魚生伋, 字子思, 年六十二. 嘗困於宋. 子思作中庸."

187) 郭志坤 著,『荀學論稿』(上海: 上海三聯書店, 1991), p. 143.

188) 金谷治 外 著, 조성을 譯,『中國思想史』(서울: 理論과實踐, 1996), 102-109쪽.

189) 후일 儒敎에서는 다섯 聖人을 일컫는데, ① 至聖-孔子, ② 復聖-顔回, ③ 宗聖-曾子, ④ 述聖-子思, ⑤ 亞聖-孟子이다. 즉 子思와 孟子가 모두 聖人으로 추앙되고 있는 것이다. 이는 荀子의 위치 몰락을 의미한다.

190) 『荀子』,「第六 非十二子篇」, "S230503-6: 孟子曰, 今人之性善, 將皆失喪其性, 故惡也, 曰, 若是則過矣. 今人之性, 生而離其朴, 離其資, 必失而喪之. 用此觀之, 然則人之性惡明矣. 所謂性善者, 不離其朴而美之, 不離其資而利之也."; 김기현,「맹자의 성선설과 순자의 성악설에 대한 현대적 조명」,『哲學硏究』79(2001), 54-55쪽; 이장희,「荀子 性惡說의 의미」,『社會와 哲學』9(2005), 222-234쪽.

191) 『六祖大師法寶壇經』全1卷,「定慧第四」(『大正藏』48, 348b), "身是菩提樹, 心如明鏡臺, 時時勤拂拭, 勿使惹塵埃." (349a), "菩提本無樹, 明鏡亦非臺, 本來無一物, 何處惹塵埃?"

192) 馮友蘭 著,『中國哲學史(下冊)』(上海: 華東師範大學出版社, 2003), p. 254; 狩野直喜 著, 吳二煥 譯,『中國哲學史』(서울: 乙酉文化社, 1997), 371쪽.

193) 『荀子』,「第四 榮辱篇」, "S041106 可以爲堯禹, 可以爲桀跖, 可以爲工匠, 可以爲農賈, 在注錯習俗之所積耳.";「第八 儒效篇」, "S081408: 法後王, 一制度, 隆禮義而殺詩書."·"S081404: 不知法後王而一制度, 不知隆禮義而殺詩書."; 尹武學,「荀子와 法家-禮·法 관계의 변화를 중심으로」,『東洋哲學硏究』15(1995), 145-148쪽.

194) 尹武學,「荀子와 法家-禮·法 관계의 변화를 중심으로」,『東洋哲學硏究』15(1995), 153-154쪽; 金谷治 外 著, 조성을 譯,『中國思想史』(서울: 理論과實踐, 1996), 102-109쪽.

195) 周桂鈿 著, 문재곤 譯,『講座 中國哲學』(서울: 예문서원, 1996), 273-275쪽.
196) 張岱年 著, 김백희 譯,「第2篇 人性論」,『中國哲學大綱(中國哲學問題史) 上』(서울: 까치, 2000), 418-437쪽.
197) 周桂鈿 著, 문재곤 譯,『講座 中國哲學』(서울: 예문서원, 1996), 270-271쪽; 장종원,「中國 古代人性論 발생의 역사적 배경과 古代人性論 비교 연구」,『水産海洋敎育硏究』27-3(2015), 742쪽; 손흥철,「董仲舒의 人間觀硏究」,『南冥學』17(2012), 268-276쪽.
198) 張岱年 著, 김백희 譯,『中國哲學大綱(中國哲學問題史) 上』(서울: 까치, 2000), 387-516쪽.
199) 후대에는 ①孔子를 至聖, ②顏回를 復聖, ③曾子를 宗聖, ④子思는 述聖, ⑤孟子를 亞聖이라 稱한다. 이는『中庸』과『孟子』에 대한 再評價로 子思系 內省派의 完全한 勝利를 意味한다.
200)『孟子集註』,「告子章句 上」, "好惡與人相近, 言得人心之所同然也. 幾希, 不多也."
201)『孟子』,「告子 上」, "MZ11080001-6: 孟子曰, '牛山之木嘗美矣, 以其郊於大國也, 斧斤伐之, 可以爲美乎? 是其日夜之所息, 雨露之所潤, 非無萌蘖之生焉, 牛羊又從而牧之, 是以若彼濯濯也. 人見其濯濯也, 以爲未嘗有材焉, 此豈山之性也哉? 雖存乎人者, 豈無仁義之心哉? 其所以放其良心者, 亦猶斧斤之於木也, 旦旦而伐之, 可以爲美乎? 其日夜之所息, 平旦之氣, 其好惡與人相近也者幾希, 則其旦晝之所爲, 有梏亡之矣. 梏之反覆, 則其夜氣不足以存, 夜氣不足以存, 則其違禽獸不遠矣. 人見其禽獸也, 而以爲未嘗有才焉者, 是豈人之情也哉? 故苟得其養, 無物不長, 苟失其養, 無物不消.'"
202) 같은 책, "MZ111100: 孟子曰, '仁, 人心也, 義, 人路也. 舍其路而弗由, 放其心而不知求, 哀哉! 人有雞犬放, 則知求之, 有放心而不知求. 學問之道無他, 求其放心而已矣.'"
203) 같은 책,「盡心 上」, "MZ130400: 孟子曰, '萬物皆備於我矣. 反身而誠, 樂莫大焉. 強恕而行, 求仁莫近焉.'"
204) 같은 책,「盡心 下」, "MZ13460001: 孟子曰, '知者無不知也, 當務之爲急, 仁者無不愛也, 急親賢之爲務.(堯舜之知而不徧物, 急先務也, 堯舜之仁不徧愛人, 急親賢也.)'"
205) 같은 책, "MZ142501-2:(浩生不害問曰, '樂正子何人也?' 孟子曰, '善人也, 信人也.') 何謂善? 何謂信?' 曰, '可欲之謂善, 有諸己之謂信, 充實之謂美, 充實而有光輝之謂大, 大而化之之謂聖, 聖而不可知之之謂神. 樂正子, 二之中, 四之下也.'"
206) 같은 책,「公孫丑 上」, "MZ03060005: 惻隱之心, 仁之端也, 羞惡之心, 義之端也, 辭讓之心, 禮之端也, 是非之心, 智之端也."
207) 같은 책, "MZ03060001-4: 孟子曰, '人皆有不忍人之心. 先王有不忍人之心, 斯有不忍人之政矣. 以不忍人之心, 行不忍人之政, 治天下可運於掌上. 所以謂人皆有不忍人之心者, 今人乍見孺子將入於井, 皆有怵惕惻隱之心. 非所以內交於孺子之父母也, 非所以要譽於鄕黨朋友也, 非惡其聲而然也. 由是觀之, 無惻隱之心, 非人也, 無羞惡之心, 非人也, 無辭讓之心, 非人也, 無是非之心, 非仁也.'"
208) 같은 책,「告子 上」, "MZ11080006-7: '故苟得其養, 無物不長, 苟失其養, 無物不消. 孔子曰, [操則存, 舍則亡, 出入無時, 莫知其鄕.] 惟心之謂與?'"
209)『孟子集註』,「告子章句 上」, "好惡與人相近, 言得人心之所同然也. 幾希, 不多也."

210) 『孟子』,「告子 上」, "MZ11080004-6: 其日夜之所息, 平旦之氣, 其好惡與人相近也者幾希, 則其旦晝之所爲, 有梏亡之矣. 梏之反覆, 則其夜氣不足以存, 夜氣不足以存, 則其違禽獸不遠矣. 人見其禽獸也, 而以爲未嘗有才焉者, 是豈人之情也哉? 故苟得其養, 無物不長, 苟失其養, 無物不消."

211) 『孟子』,「公孫丑章 上」, "MZ030210-MZ03021101-4: '敢問何謂浩然之氣?' 曰, '難言也. 其爲氣也, 至大至剛, 以直養而無害, 則塞於天地之間. 其爲氣也, 配義與道, 無是, 餒也. 是集義所生者, 非義襲而取之也. 行有不慊於心, 則餒矣. 我故曰, 告子未嘗知義, 以其外之也. 必有事焉, 而勿正, 心勿忘, 勿助長也.'"

212) 『周易』,「乾卦第一」, "初九曰 '潛龍勿用', 何謂也? 子曰, 龍德而隱者也. 不易乎世, 不成乎名, 遯世无悶, 不見是而无悶, 樂則行之, 憂則違之, 確乎其不可拔, 潛龍也.'"

213) 『孟子』,「公孫丑章 上」, "MZ030201-MZ030208: 公孫丑問曰, '夫子加齊之卿相, 得行道焉, 雖由此霸王, 不異矣. 如此, 則動心否乎?' 孟子曰, '否, 我四十不動心.' '若是, 則夫子過孟賁遠矣.' 曰, '是不難, 告子先我不動心.' (曰, '不動心有道乎?' 曰, '有. 北宮黝之養勇也, 不膚橈, 不目逃, 思以一毫挫於人, 若撻之於市朝, 不受於褐寬博, 亦不受於萬乘之君, 視刺萬乘之君, 若刺褐夫, 無嚴諸侯, 惡聲至, 必反之. 孟施舍之所養勇也,' 曰, '視不勝猶勝也, 量敵而後進, 慮勝而後會, 是畏三軍者也. 舍豈能爲必勝哉? 能無懼而已矣.' 孟施舍似曾子, 北宮黝似子夏. 夫二子之勇, 未知其孰賢, 然而孟施舍守約也. 昔者曾子謂子襄曰, '子好勇乎? 吾嘗聞大勇於夫子矣, 自反而不縮, 雖褐寬博, 吾不惴焉, 自反而縮, 雖千萬人, 吾往矣.' 孟施舍之守氣, 又不如曾子之守約也.) 曰, '敢問夫子之不動心與告子之不動心, 可得聞與?' '告子曰, 不得於言, 勿求於心, 不得於心, 勿求於氣.' 不得於心, 勿求於氣, 可, 不得於言, 勿求於心, 不可. 夫志, 氣之帥也, 氣, 體之充也. 夫志至焉, 氣次焉, 故曰, 持其志, 無暴其氣.' 旣曰, '志至焉, 氣次焉.' 又曰, '持其志, 無暴其氣.' 何也.' 曰, '志壹, 則動氣, 氣壹, 則動志也, 今夫蹶者趨者, 是氣也, 而反動其心.'"

214) 『論語』,「爲政第二」, "LY0204: 子曰, '吾十有五而志于學, 三十而立, 四十而不惑, 五十而知天命, 六十而耳順, 七十而從心所欲, 不踰矩.'"

215) 같은 책.

216) 『孟子』,「盡心 上」, "MZ130100 孟子曰, '盡其心者, 知其性也. 知其性, 則知天矣. 存其心, 養其性, 所以事天也. 夭壽不貳, 修身以俟之, 所以立命也.'"

217) 金鎭戊,「中國의 佛敎 傳來와 初期 中國禪」,『淨土學研究』41(2024), 107-111쪽.

218) 『魏書』114,「釋老志」(『正史佛敎資料類編』1, 2上), "及開西域, 遣張騫使大夏. 還傳其旁有身毒國, 一名天竺, 始聞有浮屠之敎."

219) K.S. 케네쓰 첸 著, 朴海鐺 譯,『中國佛敎 上』(서울: 民族社, 1991), 42-44쪽; 토오도오 쿄순 · 시오이리 료오도 著, 차차석 譯,『中國佛敎史』(서울: 대원정사, 1992), 21쪽; 道端良秀 著, 戒環 譯,『中國佛敎史』(서울: 우리출판사, 1997), 17-18쪽.

220) 에릭 쥐르허 著, 최연식 譯,『佛敎의 中國 征服-中國에서 佛敎의 수용과 변용』(서울: CIR, 2010), 361-362쪽; K.S. 케네쓰 첸 著, 朴海鐺 譯,『中國佛敎 上』(서울: 民族社, 1991), 82-83쪽; 金鎭戊,「格義佛敎新探」,『韓國佛敎學』30(2001), 320-329쪽; 원필성,「格義佛敎에 대한 再考-釋道安의 예를 중심으로」,『佛敎學報』58(2011), 50-53쪽.

221) 『後漢書』42,「楚王英傳」(『正史佛教資料類編 2』, 21上);『弘明集』1,「牟子理惑一云蒼梧太守牟子博傳」(『大正藏』52, 5c-6a).

222) 『高僧傳』1,「譯經上-康僧會六」(『大正藏』50, 325a-c), "初達建鄴營立茅茨設像行道. 時吳國以初見沙門. 覩形未及其道. 疑爲矯異. 有司奏曰, 有胡人入境. 自稱沙門. 容服非恒. 事應檢察. 權曰, 昔漢明帝夢神號稱爲佛. 彼之所事豈非其遺風耶. 卽召會詰問. 有何靈驗. 會曰, 如來遷迹忽逾千載. 遺骨舍利神曜無方. 昔阿育王. 起塔乃八萬四千. 夫塔寺之興以表遺化也. 權以爲誇誕. 乃謂會曰. 若能得舍利當爲造塔. 如其虛妄國有常刑. 會請期七日. 乃謂其屬曰. 法之興廢在此一擧. 今不至誠後將何及. 乃共潔齋靜室. 以銅甁加凡燒香禮請. 七日期畢寂然無應. 求申二七亦復如之. 權曰, 此寔欺誑欲加罪. 會更請三七. 權又特聽. 會謂法屬曰. 宣尼有言曰. 文王旣沒文不在茲乎. 法靈應降而吾等無感. 何假王憲. 當以誓死爲期耳. 三七日暮猶無所見. 莫不震懼. 旣入五更. 忽聞甁中鎗然有聲. 會自往視果獲舍利. 明旦呈權. 擧朝集觀. 五色光炎照耀甁上. 權自手執甁瀉于銅盤. 舍利所衝盤卽破碎. 權大肅然驚起而曰. 希有之瑞也. 會進而言曰. 舍利威神豈直光相而已. 乃劫燒之火不能焚. 金剛之杵不能碎. 權命令試之. 會更誓曰. 法雲方被蒼生仰澤. 願更垂神迹以廣示威靈. 乃置舍利於鐵砧磓上. 使力者擊之. 於是砧磓俱陷舍利無損. 權大歎服. 卽爲建塔. 以始有佛寺故號建初寺. 因名其地爲佛陀里. 由是江左大法遂興."

223) 『高僧傳』9,「神異上-竺佛圖澄一」(『大正藏』50, 385b·c), "澄道化旣行, 民多奉佛, 皆營造寺廟, 相競出家, 眞僞混淆, 多生愆過. 虎下書問中書曰:「佛號世尊, 國家所奉, 里閭小人無爵秩者, 爲應得事佛與不? 又沙門皆應高潔貞正, 行能精進, 然後可爲道士. 今沙門甚眾, 或有姦宄避役, 多非其人, 可料簡詳議僞.」中書著作郞王度奏曰:「夫王者郊祀天地, 祭奉百神, 載在祀典, 禮有嘗饗. 佛出西域, 外國之神, 功不施民, 非天子諸華所應祠奉. 往漢明感夢, 初傳其道. 唯聽西域人得立寺都邑, 以奉其神, 其漢人皆不得出家. 魏承漢制, 亦修前軌. 今大趙受命, 率由舊章, 華戎制異, 人神流別. 外不同內, 饗祭殊禮, 荒夏服祀, 不宜雜錯. 國家可斷, 趙人悉不聽詣寺燒香禮拜, 以遵典禮. 其百辟卿士, 下逮眾隷, 例皆禁之. 其有犯者, 與淫祀同罪. 其趙人爲沙門者, 還從四民之服.」僞中書令王波同度所奏. 虎下書曰:「度議云: 佛是外國之神, 非天子諸華所可宜奉. 朕生自邊壤, 忝當期運, 君臨諸夏. 至於饗祀, 應兼從本俗. 佛是戎神, 正所應奉. 夫制由上行, 永世作則, 苟事無虧, 何拘前代. 其夷趙百蠻有捨其淫祀, 樂事佛者, 悉聽爲道.」於是慢戒之徒, 因之以厲."

224) 같은 책(387a), "澄自說生處去鄴九萬餘里, 棄家入道一百九年. 酒不踰齒, 過中不食, 非戒不履, 無欲無求. 受業追遊, 常有數百, 前後門徒, 幾且一萬. 所歷州郡, 興立佛寺八百九十三所, 弘法之盛, 莫與先矣. 初虎殯澄, 以生時錫杖及鉢內棺中. 後冉閔篡位開棺唯得鉢杖, 不復見屍. 或言澄死之月, 有人見在流沙. 虎疑不死, 開棺不見屍."

225) 오명지,「鳩摩羅什의 대승적 입장과 그 영향」,『韓國佛敎學』71(2014), 236-237쪽.

226) 이재권,「王弼의 本無論」,『東西哲學硏究』72(2014), 87-112쪽; 이재권,「王弼의 本體論 -體用論과 관련해서」,『道敎文化硏究』45(2016), 173-195쪽.

227) 李溱鎔,「裵頠 崇有論의 存在論 硏究」,『儒學硏究』49⁽²⁰¹⁹⁾, 227-231쪽; 李溱鎔,「裵頠 崇有論의 名敎와 玄學」,『陽明學』55⁽²⁰¹⁹⁾, 373-377쪽; 金學睦,「裵頠의『崇有論』에 對한 考察-王弼의 有無觀과 比較를 中心으로」,『道敎文化硏究』12⁽¹⁹⁹⁸⁾, 258-267쪽.

228) 李溱鎔,「郭象의 相因 개념 고찰」,『中國學報』111⁽²⁰²⁵⁾, 377-380쪽.

229) 金鎭戊,「言意之辨」과 玄學 展開」,『東洋哲學硏究』64⁽²⁰¹⁰⁾, 235-248쪽.

230) 구미숙,『肇論』에 있어서 般若中觀佛敎와 玄學의 융합-非有非無와 卽體卽用 논리를 중심으로」,『東아시아佛敎文化』21⁽²⁰¹⁵⁾, 143-159쪽.

231) 정세근,「竹林七賢의 정체와 그 비판」,『東西哲學硏究』21⁽²⁰⁰¹⁾, 64-72쪽; 서대원,「逍遙·齊物에 대한 郭象의 이해」,『東方學志』117⁽²⁰⁰²⁾, 165-201쪽; 김원중,「『世說新語』와 魏晋淸談의 關聯問題」,『中國小說論叢』2⁽¹⁹⁹³⁾, 117-133쪽.

232) 『東坡文鈔』14,「論-商君論」, "世有食鍾乳鳥喙而縱酒色, 所以求長年者, 蓋始於何晏. 晏少而富貴, 故服寒食散以濟其欲, 無足怪者. 彼之所爲, 足以殺身滅族者日相繼也. 得死於寒食散, 豈不幸哉? 而吾獨何爲效之? 世之服寒食散, 疽背嘔血者相踵也."

233) 시모다 마사히로 著, 이자랑 譯,『涅槃經 硏究-大乘經典의 硏究 方法 試論』⁽서울: CIR, 2018⁾, 196-198쪽; 玆玄 著,『人生이 흔들릴 때 涅槃經 공부』⁽서울: 佛光出版社,2024⁾, 179쪽.

234) 金鎭戊,「中國의 佛敎 傳來와 初期 中國禪」,『淨土學硏究』41⁽²⁰²⁴⁾, 115-117쪽.

235) 다무라시로 外 著, 이영자 譯,『天台法華의 思想』⁽서울: 民族社,1989⁾, 16쪽; K. S. 케네쓰 첸 著, 朴海鐺 譯,『中國佛敎 上』⁽서울: 民族社,1991⁾, 220-221쪽; 玆玄 著, 〈44. 隋文帝와 中國的인 最初의 佛敎, 天台宗〉,『佛敎史 100場面』⁽서울: 佛光出版社, 2018⁾, 246-249쪽; 田村芳郎·新田雅章 著, 出版部 譯,『天台大師-그 生涯와 思想』⁽서울: 靈山法華寺 出版部, 1997⁾, 49-63쪽.

236) 『世宗實錄』24, 世宗 6⁽¹⁴²⁴⁾年 4月 5日 庚戌 두 번째 記事, "乞以曹溪·天台·摠南三宗, 合爲禪宗;（華嚴）·慈恩·中神·始興四宗, 合爲敎宗."

237) 구보 노리다다 著, 崔俊植 譯,『道敎史』⁽서울: 분도출판사, 2000⁾, 157-160쪽; 쿠보 노리타다 著, 鄭舜日 譯,『道敎와 神仙의 世界』⁽서울: 法仁文化社,1993⁾, 177-178쪽.

238) 이평래,「如來藏思想 형성의 역사적 고찰」,『佛敎學報』29⁽¹⁹⁹²⁾, 454-458쪽; 鄭滈泳,「如來藏의 개념과 전개」,『人文學誌』30⁽²⁰⁰⁵⁾, 95-105쪽; 高崎直道 著,『寶性論』⁽東京: 講談社,1989⁾, p.397.

239) 이평래,「如來藏思想 형성의 역사적 고찰」,『佛敎學報』29⁽¹⁹⁹²⁾, 458-459쪽; 鄭滈泳,「如來藏의 개념과 전개」,『人文學誌』30⁽²⁰⁰⁵⁾, 88쪽.

240) 『開元釋敎錄』11,「涅槃部（及支派經並纂於此）總六部五十八卷六帙」（『大正藏』55, 591a⁾, "大般泥洹經六卷（或十卷）. 東晉平陽沙門釋法顯共覺賢譯（第四譯）. 右一經是大般涅槃經之前分盡大眾問品同本異譯（兼荼毘分前後七譯四譯闕本）. 上二經八卷同帙.";『高僧傳』3,「譯經下-釋法顯一」（『大正藏』50, 338b）, "遂南造京師. 就外國禪師佛馱跋陀於道場寺. 譯出摩訶僧祇律方等泥洹經雜阿毘曇心垂百餘萬言."

241) 『高僧傳』7,「義解四-竺道生一」（『大正藏』50, 366c-367a）, "又六卷泥洹先至京師. 生剖析經理洞入幽微. 迺說阿闡提人皆得成佛. 于時大本未傳. 孤明先發獨見忤眾. 於是舊

學以爲邪說譏憤滋甚。遂顯大眾擯而遣之。生於大眾中正容誓曰。若我所說反於經義者。請於現身即表厲疾。若與實相不相違背者。願捨壽之時據師子座。言竟拂衣而遊。初投吳之虎丘山。旬日之中學徒數百。其年夏雷震青園佛殿。龍昇于天光影西壁。因改寺名號曰龍光。時人歎曰。龍既已去生必行矣。俄而投迹廬山。銷影巖岫。山中僧眾咸共敬服。"; 하유진, 「『涅槃經』의 佛性 개념에 대한 靈性的 이해-涅槃師의 一闡提成佛에 대한 논의를 중심으로」, 『印度哲學』 41(2014), 79-82쪽.

242) 『高僧傳』7, 「義解四-竺道生一」(『大正藏』 50, 367a), "後涅槃大本至于南京。果稱闡提悉有佛性。與前所說合若符契。生既獲斯經尋即講說。"

243) 『高僧傳』2, 「譯經中-曇無讖第七」(『大正藏』 50, 366b), "讖以涅槃經本品數未足。還外國究尋。值其母亡遂留歲餘。後於于闐更得經本中分。復還姑臧譯之。後又遣使于闐尋得後分。於是續譯爲三十三卷。以僞玄始三年初就翻譯。至玄始十年十月二十三日三袠方竟。即宋元永初二年也。讖云。此經梵本本三萬五千偈。於此方減百萬言。今所出者止一萬餘偈。"; 『開元釋教錄』4, 「總括群經錄上之四」(『大正藏』 55, 519c), "大般涅槃經四十卷(或三十六卷第五譯玄始三年出十年十月二十三日訖梵本具有三萬五千偈今所譯者止萬餘偈三分始一耳見竺道祖涼錄及僧祐錄)。"

244) 『高僧傳』2, 「譯經中-曇無讖第七」(『大正藏』 50, 366a-b), "乃辭往罽賓。齎《大涅槃前分》十卷并《菩薩戒經》,《菩薩戒本》等。彼國多學小乘,不信《涅槃》,乃東適龜茲。頃之,復進到姑臧,止於傳舍。慮失經本,枕之而寢。有人牽之在地,讖驚覺,謂是盜者。如此三夕,聞空中語曰:「此如來解脫之藏,何以枕之!」讖乃慚悟,別置高處。夜有盜之者,數過提舉,竟不能勝,明旦讖將經去,不以爲重,盜者見之,謂是聖人,悉來拜謝。河西王沮渠蒙遜僭據涼土,自稱爲王,聞讖名,呼與相見,接待甚厚。蒙遜素奉大法,志在弘通,欲請出經本,讖以未參土言,又無傳譯,恐言舛於理,不許即翻,於是學語三年,方解寫《初分》十卷。時沙門[6]慧嵩,道朗,獨步河西,值其宣出經藏,深相推重,轉易梵文,嵩公筆受。道俗數百人,疑難縱橫,讖臨機釋滯,清辯若流。兼富於文藻,辭製華密,嵩,朗等更請廣出諸經,次譯《大集》,《大雲》,《悲華》,《地持》,《優婆塞戒》,《金光明》,《海龍王》,《菩薩戒本》等六十餘萬言。讖以《涅槃經》本,品數未足,還外國究尋,值其母亡,遂留歲餘。後於于闐,更得經本《中分》,復還姑臧譯之。後又遣使于闐,尋得《後分》,於是續譯爲三十三卷。"

245) 『出三藏記集』8, 「大涅槃經記第十七」(『大正藏』 55, 60a-c), "此大涅槃經。初十卷有五品。其胡本是東方道人智猛從天竺將來。暫憩高昌。有天竺沙門曇無讖。廣學博見道俗兼綜。遊方觀化先在燉煌。河西王宿植洪業素心冥契。契應王公躬統士眾。西定燉煌。會遇其人。神解悟識。請迎詣州安止內苑。遣使高昌取此胡本。命讖譯出。此經初分唯有五品。次六品已後。其本久在燉煌。讖因出經。下際知部黨不足。尋訪慕餘殘。有胡道人。應期送自此經。胡本都二萬五千偈。後來胡本想亦近具足。但頃來國家憖猥。未暇更譯。遂少停滯諸可流布者。經中大意宗塗悉舉。無所少也。今現已有十三品。作四十卷。爲經文句。執筆者一承經師口所譯不加者飾。其經初後所演。佛性廣略之聞耳。無相違也。每自惟省。雖復西垂深幸此遇。遇此大典開解常滯。非言所盡。以諸家譯經之致大不允其旨歸。疑謬後生。是故竊不辭。輒作徒勞之擧。冀少有補益。諮參經師。探尋前後。略擧初五品爲私記。餘致惟之悉可領也(祐尋此序與朗法師序及懺法傳小小不同未詳孰正故復兩出)。"

246) 『開元釋教錄』11,「涅槃部(及支派經並纂於此)總六部五十八卷六帙」,(『大正藏』55, 591a), "北涼天竺三藏曇無讖於姑臧譯(第五單重合譯)。(其涅槃經宋文帝元嘉中逹于建業時有豫州沙門范慧嚴淸河沙門崔慧觀陳郡處士謝靈運等以讖前經品數疎簡乃依舊泥洹經加之品目文有過質頗亦改治結爲三十六卷行於江左比於前經時有小異有論一卷略釋大經又論一卷譯本有今無一偈)."

247) 賴永海는 ① 西晉 竺法護 譯,『佛說方等泥洹經』2卷 · ② 隋 闍那堀多 譯,『四童子三昧經』3卷 · ③ 東晉 法顯 譯,『佛說大般泥洹經』6卷 · ④ 唐 若那跋陀羅 譯,『大般涅槃經後分』2卷 · ⑤ 北涼 曇無讖 譯,『大般涅槃經』40卷 · ⑥ 慧嚴 · 慧觀 · 謝靈運 等 品目,『大般涅槃經』36卷의 6종으로 구분하고 있다. 그러나 중요한 것은 本文에 언급한 3종이다. 賴永海 著, 법지 譯,『中國 佛性論』(서울: 운주사, 2017), 112-113쪽.

248) 시모다 마사히로 著, 이자랑 譯,『涅槃經 硏究-大乘經典의 硏究 方法 試論』(서울: CIR, 2018), 517-521쪽; 茲玄 著,『人生이 흔들릴 때 涅槃經 공부』(서울: 佛光出版社, 2024), 201-254쪽.

249) 『開元釋教錄』12,「大乘集義論」,(『大正藏』55, 608c), "佛性論四卷(天親菩薩造)。陳天竺三藏眞諦譯單本。"; 高崎直道 著,『寶性論』(東京: 講談社, 1989), p. 397.

250) 鄭滈泳,『『寶性論』의 如來藏思想 硏究』(서울: 東國大 博士學位論文, 1991), 28쪽; 鄭滈泳 著,『如來藏思想』(서울: 대원정사, 1993), 38쪽.

251) 석길암,「『大乘起信論』을 읽어온 文獻學과 敎學의 시선들-『大乘起信論』의 성립을 둘러싼 논의의 진전 혹은 성립 論爭의 脫皮를 위한」,『韓國佛敎學』93(2020), 140-142쪽.

252) 牟宗三 著, 鄭仁在 · 鄭炳碩 譯,『中國哲學特講』(서울: 螢雪出版社, 1996), 318-319쪽, "앞서 우리들은 어떤 이들이『大乘起信論』은 中國人이 僞造한 것이라고 했으며, 또 어떤 이는 論은 中國에서 나타나서, 中國에서 지어진 것이라고 主張했다고 언급했는데, 사실 이러한 說法은 모두 매우 엉성하다. 왜냐하면 만약 中國人이 僞造한 것이라고 말하면, 그러면 도대체 어떤 사람이 지은 것인가? 中國에서 지은 것이라고 말하여도 반드시 中國人이 僞造한 것이 아니다. 역시 즉 '中國에서 지은 것'과 '中國人이 僞造한 것'과는 서로 다르다. 왜냐하면 中國에 있는 것이 반드시 모두 中國人은 아니기 때문이다. 筆者의 개인적인 생각으로는 사실은 바로 眞諦三藏이 지은 것이다. 眞諦三藏은 梁나라 大同年間에 印度에서 온 僧侶로서 中國에 唯識思想을 널리 보급하였다.『大乘起信論』은 馬鳴菩薩이 지은 것이라고 기록되어 있으나, 사실 이것은 菩薩의 이름을 빌린 것이며 이것으로서 論典의 權威를 增加시킨 것이다. 이것은 眞諦가 번역한 것이라고 표지되어 있는데, 사실 筆者가 보기에는 바로 珍堤가 만든 것이라고 생각한다. 물론 반드시 珍堤 혼자서 만든 것이 아니고 아마도 中國의 많은 僧侶들이 도왔을지도 모른다."

253) 牟宗三 主講, 林淸臣 記錄,『中西哲學之會通十四講』(台北: 學生書局, 民國85), pp. 91-110; 牟宗三 著, 鄭仁在 · 鄭炳碩 譯,『中國哲學特講』(서울: 螢雪出版社, 1996), 310-341쪽.

254) 『朱子語類』5,「性理二-性情心意等名義」, "伊川性卽理也, 橫渠心統性情, 二句顚撲不破.", "橫渠心統性情語極好."

255) 안영석, 「心學의 觀點으로 본 '新儒學 思想 흐름의 特徵'-程朱學과 陸王學을 중심으로」, 『哲學論叢』41(2005), 281-283쪽.

256) 『國家(The Republic)』7, "And now, I said, let me show in a figure how far our nature is enlightened or unenlightened:—Behold! human beings living in a underground den, which has a mouth open towards the light and reaching all along the den; here they have been from their childhood, and have their legs and necks chained so that they cannot move, and can only see before them, being prevented by the chains from turning round their heads. Above and behind them a fire is blazing at a distance, and between the fire and the prisoners there is a raised way; and you will see, if you look, a low wall built along the way, like the screen which marionette players have in front of them, over which they show the puppets. ⋯ Like ourselves, I replied; and they see only their own shadows, or the shadows of one another, which the fire throws on the opposite wall of the cave? ⋯ And if they were able to converse with one another, would they not suppose that they were naming what was actually before them? ⋯ To them, I said, the truth would be literally nothing but the shadows of the images. ⋯ And now look again, and see what will naturally follow if the prisoners are released and disabused of their error. At first, when any of them is liberated and compelled suddenly to stand up and turn his neck round and walk and look towards the light, he will suffer sharp pains; the glare will distress him, and he will be unable to see the realities of which in his former state he had seen the shadows; and then conceive someone saying to him, that what he saw before was an illusion, but that now, when he is approaching nearer to being and his eye is turned towards more real existence, he has a clearer vision,—what will be his reply? And you may further imagine that his instructor is pointing to the objects as they pass and requiring him to name them,—will he not be perplexed? Will he not fancy that the shadows which he formerly saw are truer than the objects which are now shown to him? ⋯ This entire allegory, I said, you may now append, dear Glaucon, to the previous argument; the prison-house is the world of sight, the light of the fire is the sun, and you will not misapprehend me if you interpret the journey upwards to be the ascent of the soul into the intellectual world according to my poor belief, which, at your desire, I have expressed—whether rightly or wrongly God knows. But, whether true or false, my opinion is that in the world of knowledge the idea of good appears last of all, and is seen only with an effort; and, when seen, is also inferred to be the universal author of all things beautiful and right, parent of light and of the lord of light in this visible world, and the immediate source of reason and truth in the intellectual; and that this is the power upon which he who would act rationally either in public or private life must have his eye fixed."

257) 『莊子』, 「內篇」, 〈2. 齊物論〉, "6. 既使我與若辯矣, 若勝我, 我不若勝, 若果是也, 我果非也邪? 我勝若, 若不吾勝, 我果是也, 而果非也邪? 其或是也, 其或非也邪? 其俱是也, 其俱非也邪? 我與若不能相知也, 則人固受黮闇, 吾誰使正之? 使同乎若者正之? 既與若同矣, 惡能正之! 使同乎我者正之? 既同乎我矣, 惡能正之! 使異乎我與若者正之? 既異乎我與若矣, 惡能正之! 使同乎我與若者正之? 既同乎我與若矣, 惡能正之! 然則我與若與人俱不能相知也, 而待彼也邪? 化聲之相待, 若其不相待, 和之以天倪, 因之以曼衍, 所以窮年也. 何謂和之以天倪? 曰: 是不是, 然不然. 是若果是也, 則是之異乎不是也, 亦無辯. 然若果然也, 則然之異乎不然也亦無辯. 忘年忘義, 振於無竟, 故寓諸無竟."

258) 같은 책, "化聲之相待, 若其不相待, 和之以天倪, 因之以曼衍, 所以窮年也."

259) 張岱年 著, 김백희 譯, 『中國哲學史大綱 上』(서울: 까치, 2000), 387쪽.

260) 이병욱, 「天台哲學과 華嚴哲學의 比較-實相論과 十玄緣起를 中心으로」, 『中國學論叢』10(1997), 173-179쪽.

261) 玆玄 著, 〈51. 經濟的 安定과 南方文化의 逆襲〉, 『佛敎史 100場面』(서울: 佛光出版社, 2018), 284-288쪽.

262) 나카가와 다카 註解, 양기봉 譯, 『六祖壇經』(서울: 김영사, 1994), 19쪽, "『壇經』은 … 見性이라는 말을 내걸어 그 핵심을 가르쳤다. … '見性'이라는 말은 혜능의 독자 전용어일 뿐, 다른 사람의 모방이 허용되지 않는 말이다."; 李英华, "六祖革命"与佛教中国化」, 『新东方』 3(2011), pp. 30-34.

263) 鄭性本 著, 「第10章. 禪宗의 成立과 祖師禪」, 『禪思想史』(서울: 禪文化研究所, 1993), 249-298쪽.

264) 『資治通鑑』 248, 「唐紀」 64, 〈宣宗 大中 1(847)年 閏三月〉, "敕: '応会昌五年所廢寺, 有僧能營葺者, 听自居之, 有司毋得禁止.' 是时君, 相务反会昌之政, 故僧, 尼之弊皆复其旧."

265) 尹永海, 「朱子의 佛教批判 研究」(서울: 西江大 博士學位論文, 1997), 293-305쪽.

266) 이동희, 「朱子學 形成에 관한 一考察」, 『東西文化』 29(1997), 85-98쪽; 陳來 著, 안재호 譯, 『宋明 性理學』(서울: 예문서원, 1997), 77-192쪽; 장윤수 著, 『程朱哲學原論』(서울: 理論과 實踐, 1992), 15-18·23-35쪽.

267) 勞思光 著, 鄭仁在 譯, 『中國哲學史(漢·唐篇)』(서울: 探求堂, 1997), 1-5쪽.

268) 鎌田茂雄 著, 章輝玉 譯, 『中國佛敎史1-初傳期의 佛敎』(서울: 장승, 1997), 157-183쪽; K. S. 케네쓰 첸 著, 朴海鐺 譯, 『中國佛敎 上』(서울: 民族社, 1991), 56-57쪽.

269) 『隋天台智者大師別傳』 全1卷(『大正藏』 50, 193b), "寺北別峯呼爲華頂. 登眺不見群山. 暄涼永異餘處. 先師捨眾獨往頭陀. 忽於後夜大風拔木. 雷震動山魑魅千群一形百狀. 或頭戴龍虵. 或口出星. 火形如黑雲聲如霹靂. 倏忽轉變不可稱計. 圖畫所寫降魔變等. 蓋少小耳可畏之相復過於是. 而能安心湛然空寂. 逼迫之境自然散失. 又作父母師僧之形. 乍枕乍抱悲咽流涕. 但深念實相體達本無. 憂苦之相尋復消滅強軟二緣所不能動."

270) 김종두,「『摩訶止觀』의 禪定境에 대한 고찰」,『禪學』20(2008), 12-19쪽.

271) 다무라 시로 外 著, 이영자 譯,『天台法華의 思想』(서울: 民族社, 1989), 14-15쪽, "慧門은 나가르쥬나(龍樹, 大略 150~250)의『大智度論』에 설해져 있는 平等智, 差別智, 一切種智(平等即差別智)의 3智와『中論』에 說해져 있는 空·假·中 三諦(眞理의 세 가지 樣相)를 結付하여 그것을 一心으로 觀하는(一心三觀) 方法을 考案해냈다고 한다."

272) 『大智度論』70,「釋佛母品第四十八之餘」(『大正藏』25, 546b-547a), "'神及世間'者, 世間有三種: 一者, 五眾世間, 二者, 眾生世間, 三者, 國土世間. 此中說二種世間: 五眾世間, 國土世間; 眾生世間即是神. 於世間相中, 亦有四種邪見."

273) 차차석,「天台 性惡說의 倫理性 探究」,『韓國佛敎學』52(2008), 8-12쪽; 김정희,「天台智顗의 性具說에 대한 小考」,『東洋哲學』34(2010), 434-436쪽.

274) 김정희,「湛然의 性具說 硏究 – 眞如隨緣과 관련하여」,『東西哲學硏究』108(2023), 94-105쪽.

275) 『佛祖統紀』29,「賢首宗敎(附李長者)-杜順」(『大正藏』49, 293a), "文殊今往終南山. 杜順和上是也."

276) 木村淸孝, 鄭舜日 譯,「Ⅶ. 華嚴宗의 成立-그 사상사적 고찰」,『華嚴思想』(서울: 經書院, 1996), 301-302쪽; 海住 著,『華嚴의 世界』(서울: 民族社, 1998), 152-154쪽.

277) 『華嚴一乘十玄門』에 관해서는 法藏의 撰述이 아니냐는 異見도 존재한다. 석길암,「義湘의 行路와 사상적 변화에 대한 고찰」,『佛敎學報』59(2011), 95쪽.

278) 戒環 著,『中國 華嚴思想史 硏究』(서울: 佛光出版社, 1996), 68-126쪽.

279) 『佛祖統紀』29,「賢首宗敎(附李長者)」(『大正藏』49, 292c), "初祖終南法順法師. 二祖雲華智儼法師. 三祖賢首法藏法師. 四祖淸涼澄觀法師. 五祖圭峯宗密法師. 長水子璿法師. 慧因淨源法師. 能仁義和法師."

280) 『白花道場發願文略解』(『韓佛全』6, 570c), "儼公. 號法師爲義持. 號賢首爲文持."; 全海住 著,『義湘 華嚴思想史 硏究』(서울: 民族社, 1994), 97쪽.

281) 『佛祖歷代通載』9,「高宗治改永徽」(『大正藏』49, 584b), "(二十八) 天冊萬歲元年. 詔沙彌康法藏於太原寺. 開示華嚴宗旨. 方緒經題感白光昱然出口而出. 須臾成蓋. 停空久之. 萬眾歡呼嘆異. 都講僧恒奏其事. 則天悅. 有旨命京城十大德爲藏授滿分戒. 賜號賢首. 詔入大遍空寺參譯經.";『佛祖統紀』29,「賢首宗敎(附李長者)」(『大正藏』49, 293a).

282) 玆玄 著,〈44. 隋文帝와 中國의인 最初의 佛敎, 天台宗〉,『佛敎史 100場面』(서울: 佛光出版社, 2018), 247쪽; 海住 著,『華嚴의 世界』(서울: 民族社, 1998), 154쪽; 戒環 著,『中國 華嚴思想史 硏究』(서울: 佛光出版社, 1996), 140쪽.

283) 朴彩淑,「法藏의 法界性起思想 硏究」(서울: 東國大 博士學位論文, 1998), 99-103쪽; 다마키 코 시로·카마타 시게오 外 著, 鄭舜日 譯,「2. 性起思想」,『中國佛敎의 思想』(서울: 民族社, 1991), 46-55쪽; 唐君毅, 釋元旭 譯,「華嚴의 性起와 天台의 性具思想」,『華嚴思想論』(서울: 운주사, 1990), 319-323쪽

284) 金慶淑(志恩),「『圓覺經』에 설해진 本有圓覺과 漸修證의 체계-圭峯宗密의 해석을 중심으로」,『普照思想』38(2012), 277-279쪽.

285) 김지견,「海東華嚴의 뿌리와 흐름」,『범한철학』4(1986), 50쪽; 全海住 著,「2) 性起의 모습」,『義湘 華嚴思想史 硏究』(서울:民族社, 1994), 26-32쪽.

286) 李洪滿,「法藏에 있어 如來藏緣起說의 發展形態」,『人文學硏究』1(2000), 24-40쪽; 戒環 著,『中國 華嚴思想史 硏究』(서울:佛光出版社, 1996), 270-295쪽.

287) 『十地經論』1,「論初歡喜地第一之一」(『大正藏』26, 125a), "六種相者, 謂總相, 別相, 同相, 異相, 成相, 壞相. 總者是根本入, 別相者餘九入. 別依止本, 滿彼本故. 同相者, 入故. 異相者, 增相故. 成相者, 略說故. 壞相者, 廣說故.";『大方廣佛華嚴經』34,「十地品第二十六之一」(『大正藏』10, 181c), "總相, 別相, 同相, 異相, 成相, 壞相, 所有菩薩行皆如實說, 教化一切, 令其受行, 心得增長;廣大如法界, 究竟如虛空, 盡未來際一切劫數無有休息."

288) 『華嚴一乘敎義分齊章』4(『大正藏』45, 499a);『大方廣佛華嚴經隨疏演義鈔』1(『大正藏』36, 2c).

289) 『宋高僧傳』4,「義解篇第二之二(正傳十四人附見五人)-周洛京佛授記寺法藏傳(大儀)」(『大正藏』50, 732a), "又爲學不了者設巧便, 取鑑十面, 八方安排, 上下各一, 相去一丈餘, 面面相對, 中安一佛像, 燃一炬以照之, 互影交光. 學者因曉刹海涉入無盡之義."

290) 『華嚴一乘十玄門』全1卷(『大正藏』45, 515b), "此下明法以會理者凡十門. 一者同時具足相應門(此約相應無先後說). 二者因陀羅網境界門(此約譬說). 三者祕密隱顯俱成門(此約緣說). 四者微細相容安立門(此約相說). 五者十世隔法異成門(此約世說). 六者諸藏純雜具德門(此約行行). 七者一多相容不同門(此約理說). 八者諸法相即自在門(此約用說). 九者唯心迴轉善成門(此約心說). 十者託事顯法生解門(此約智說)."

291) 戒環 著,『賢首 法藏 硏究-華嚴敎學의 大成者』(서울:운주사, 2011), 169-193·221-239쪽; 김천학,「東아시아 華嚴學에서의 成佛論」,『韓國思想史學』32(2009), 4-8쪽.

292) 『洛陽伽藍記』1,「洛陽城內伽藍記」(『大正藏』51, 1000b), "時有西域沙門菩提達磨者. 波斯國胡人也."; 柳田聖山 著, 김성환 譯,「달마는 과연 페르시아인이었나」,『달마』(서울:民族社, 1992), 44-47쪽; 柳田聖山 著, 추만호·안영길 譯,『禪의 思想과 歷史』(서울:民族社, 1992), 164쪽.

달마는 매우 神秘的인 人物로, 登場 文獻은 楊衒之의『洛陽伽藍記』권1이 전부이다. 또 그의 出身과 관련된 '香至'는 國家 名과 父土 名으로 되어 있어 차이가 있다.

『景德傳燈錄』3,「第二十八祖菩提達磨」(『大正藏』51, 217a), "南天竺國香至王第三子也.";『佛祖歷代通載』8(『大正藏』49, 539a), "行化至南印度, 彼王名香至.";『傳法正宗記』5,「天竺第二十八祖菩提達磨尊者傳上」(『大正藏』51, 739b), "菩提達磨尊者, 南天竺國人也. 姓刹帝利, 初名菩提多羅, 亦號達磨多羅, 父曰香至."; 廉仲燮,「指空의 家系주장에 대한 검토」,『震檀學報』120(2014), 42-43쪽.

『楞伽師資記』全1卷에는 "大婆羅門國王第三之子."(『大正藏』85, 1284c)로 되어 있어 또 다르다. 현재 전해지는 達磨와 關聯된 文獻은 모두 後代에 附加된 것으로 그의 주장을 確認하는 것은 불가능하다.

293) 朴漢濟 著,『帝國으로 가는 긴 旅程(北朝·隋·初唐時代)』(서울:四季節, 2003), 273쪽.

294) 박종식,「칸트의 코페르니쿠스적 轉回와 理性의 異質性 問題」,『大同哲學』18(2002), 239-243쪽.

295) 김호귀,「看話禪의 成立 背景」,『普照思想』19(2003), 29-44쪽; 김호귀,「大慧의 黙照禪 批判에 대하여-『書狀』을 중심으로」,『普照思想』13(2000), 284-304쪽.

296) 김호귀,「黙照禪 修行의 實際」,『禪學』14(2006), 4-6쪽; 김호귀,「看話禪의 成立 背景」, 『普照思想』19(2003), 25-28쪽.

297) 『佛果圜悟禪師碧巖錄』1,「一」(『大正藏』48, 140a), "【一】舉梁武帝問達磨大師(說這不唧嚼漢)如何是聖諦第一義(是甚繫驢橛)磨云. 廓然無聖(將謂多少奇特. 箭過新羅. 可殺明白)。"

298) 『六祖大師法寶壇經』全1卷,「行由第一」(『大正藏』48, 349b), "惠明作禮云: 望行者爲我說法. 惠能云: 汝既爲法而來, 可屛息諸緣, 勿生一念. 吾爲汝說. 明良久. 惠能云: 不思善, 不思惡, 正與麼時, 那箇是明上座本來面目? 惠明言下大悟."

299) 같은 책,「定慧第四」(『大正藏』48, 353a-c), "我此法門, 從上以來, 先立無念爲宗, 無相爲體, 無住爲本. 無相者, 於相而離相. 無念者, 於念而無念. 無住者, 人之本性. 於世間善惡好醜, 乃至冤之與親, 言語觸刺欺爭之時, 並將爲空, 不思酬害, 念念之中不思前境. 若前念今念後念, 念念相續不斷, 名爲繫縛. 於諸法上念念不住, 即無縛也. 此是以無住爲本. 善知識! 外離一切相, 名爲無相. 能離於相, 即法體清淨. 此是以無相爲體. 善知識! 於諸境上, 心不染, 曰無念. 於自念上, 常離諸境, 不於境上生心. 若只百物不思, 念盡除却, 一念絕即死, 別處受生, 是爲大錯. 學道者思之. 若不識法意, 自錯猶可, 更誤他人; 自迷不見, 又謗佛經, 所以立無念爲宗. 善知識! 云何立無念爲宗? 只緣口說見性, 迷人於境上有念, 念上便起邪見, 一切塵勞妄想從此而生."

300) 李英华,「"六祖革命"与佛教中国化」,『新东方』3(2011), pp. 30-34.

301) 김치온,「瑜伽行派 五性各別說의 淵源에 대한 고찰」,『淨土學研究』36(2021), 252-263쪽; 김치온,「中國 唯識學派들의 思想의 展開에 있어서 玄奘의 位置」,『韓國教授佛子聯合學會誌』25-3(2019), 95-99쪽.

302) 박인석,「禪宗의 붓다관-祖佛과 心佛 개념을 중심으로」,『韓國哲學論集』84(2025), 332-335쪽; 金鎭戊,「祖師禪의 即心即佛과 即相即眞에 나타난 禪思想」,『密敎學研究』6(2024), 224-241쪽.

303) 廉仲燮,「梵日의 生涯와 江陵 地域에서의 傳承 및 神格化」(서울: 東國大 博士學位論文, 2023), 175-180쪽; 오홍석,「『禪門寶藏錄』에 나타난 禪思想과 韓國禪에 미친 影響」,『東西哲學研究』81(2016), 200-202쪽; 정영식,「高麗中期의『禪門寶藏錄』에 나타난 九山禪門의 禪思想」,『韓國思想과 文化』50(2009), 352-354쪽.
印度佛教에서 실존 인물이 붓다화되는 것은 舍利弗(『大智度論』2,「初品總說如是我聞釋論第三」,『大正藏』25, 68b),"舍利弗是第二佛")과 龍樹 정도이다. 이 중 舍利弗은 새로운 붓다라는 의미보다는 釋迦牟尼의 最高 繼承者라는 의미로 판단되며(『雜阿含經』45,「一二一二」,『大正藏』2, 330b),"汝今如是. 爲我長子. 鄰受灌頂而未灌頂. 住於儀法. 我所應轉法輪. 汝亦隨轉."), 龍樹는 새로운 관점의 제시자로 이해된다.

304) 『禪門寶藏錄』1,「禪教對辨門(二十五則)」(『卍新纂大日本續藏經選錄』64, 807c),"唐土第二祖

惠可大師。問達磨。今付正法即不問。釋祖傳何人。得何處。慈悲曲說。後來成規。達磨曰。我即五天竺。諸祖傳說有篇。而今爲汝說示。頌曰。眞歸祖師在雪山。叢木房中待釋迦。傳持祖印壬午歲。心得同時祖宗旨。達磨密錄。"; 같은 책(810a), "溟州崛山梵日國師。答羅代眞聖大王宣問禪敎兩義云。我本師釋迦。出胎說法。各行七步云唯我獨尊。後踰城往雪山中。因星悟道。旣知是法未臻極。遊行數十月。尋訪祖師眞歸大師。始傳得玄極之旨。是乃敎外別傳也。… 海東七代錄。"; 『禪門寶藏錄』3, 「君臣崇信門三十九則 尼婆附」(『卍新纂大日本續藏經選錄』64, 813c), "魏明帝問天竺三藏迦摩羅陀曰。佛經之中。何經歸依。君國有益。三藏答曰。此地不是經法之處。帝問。是何所由。藏曰。不遠年間。我師般若多羅。同學菩提達摩。降至此國。傳佛心印之處。所以經法不行。帝問。漢帝已來。大藏東流中。寄十二部經之外。何有佛心法印。藏曰。本師釋迦王宮誕生。長而十九。觀之藏中。寄十二部經。未契祖師之宗。遠至雪山。遊行十二年紀。求尋祖院。傳得心印之法。於後雪山成道。普光殿說。及於七處八會。不及心印之法。所以經律論別外之道。… 魏明帝所問諸經篇。"

305) 廉仲燮, 「梵日의 生涯와 江陵 地域에서의 傳承 및 神格化」(서울: 東國大 博士學位論文, 2023), 182-187쪽.

306) 南東信, 「玄奘의 印度 求法과 玄奘像의 推移-西域記, 玄奘傳, 慈恩傳의 비교 검토를 중심으로」, 『佛敎學硏究』 20(2008), 195-201쪽; 위안싱페이 著, 장연·김호림 譯, 『中國文明大視野 3』(서울: 김영사, 2007), 492-493쪽.

307) 法藏에 대한 傳記의 層位들은 그가 어떻게 漸進的으로 神聖化되는지를 알게 해 준다는 점에서 注目된다. 戒環 著, 「第1章 法藏의 傳記資料와 生涯」, 『賢首 法藏 硏究-華嚴敎學의 大成者』(서울: 운주사, 2011), 13-24쪽.

308) 『南宗頓敎最上大乘摩訶般若波羅蜜經六祖惠能大師於韶州大梵寺施法壇經』全1卷 (『大正藏』 48, 342a), "善哉大悟, 昔所未問, 嶺南有福, 生佛在此, 誰能得智。"; 駒澤大學禪宗史硏究會 編, 『慧能硏究: 慧能の傳記と資料に關する基礎的硏究』(東京: 大修館書店, 1979), p.332.

309) 『大唐西域記』 5, 「阿踰陀國」(『大正藏』 51, 896b), "其側故基, 是世親菩薩從覩史多天下見無著菩薩處。"

310) 정유진, 「荷澤神會의 生涯와 著作」, 『佛敎學報』 56(2010), 127-131쪽; 金鎭戊, 「荷澤神會 禪思想의 淵源과 그 意義」, 『普照思想』 18(2002), 63-66쪽.

311) 『六祖大師法寶壇經』全1卷, 「行由第一」(『大正藏』 48, 348b), "秀乃思惟:『不如向廊下書著, 從他和尙看見, 忽若道好, 即出禮拜, 云是秀作; 若道不堪, 枉向山中數年, 受人禮拜, 更修何道?』是夜三更, 不使人知, 自執燈, 書偈於南廊壁間, 呈心所見。偈曰:「身是菩提樹, 心如明鏡臺, 時時勤拂拭, 勿使惹塵埃。… (349a), 惠能偈曰:「菩提本無樹, 明鏡亦非臺; 本來無一物, 何處惹塵埃?"

312) 정준기, 「荷澤神會의 明鏡에 대하여」, 『佛敎硏究』 35(2011), 178-286쪽.

313) 『荀子』, 「第一 勸學」, "S010101 君子曰, 學不可以已。青取之於藍, 而青於藍。氷水爲之, 而寒於水。"

314) 유희성,「孟子의 道德創造論」,『陽明學』19(2007), 230-235쪽.

315) 『高麗國普照禪師修心訣』全1卷(『大正藏』48, 1005c), "若言心外有佛, 性外有法, 堅執此情, 欲求佛道者, 縱經塵劫, 燒身鍊臂, 敲骨出髓, 刺血寫經, 長坐不臥, 一食卯齋, 乃至轉讀一大藏教, 修種種苦行, 如蒸沙作飯, 只益自勞。"

316) 『大方等如來藏經』全1卷(『大正藏』16, 457c), "善男子! 若有菩薩信樂此法, 專心修學便得解脫成等正覺, 普爲世間施作佛事." 等; 平川彰·梶山雄一·高崎直道 著, 宗浩 譯,『如來藏思想』(서울: 經書院, 1996), 185쪽.

317) 김백녕·이경무,「孟子의 性善과 荀子의 僞善에 대한 다원주의적 統合」,『東西哲學研究』106(2022), 16-25쪽; 권상우,「儒學과 社會生物學의 對話-道德의 기원과 정당성을 중심으로」,『東洋哲學研究』59(2009), 490-514쪽.

318) 陳寅恪, 金智英 譯,「韓愈에 대하여 논함(韓愈建立道統直指人伦)」,『中國語文論譯學會』28(2011), 474-488쪽; 林明熙,「唐宋 時期 道統 內容의 전환-唐末에서 北宋時期 道의 전승 내용에 관한 담론을 중심으로」,『韓國哲學論集』36(2013), 296-300쪽; 김경순,「韓愈의 哲學과 北宋學의 相關性에 관한 研究」,『東西哲學研究』67(2013), 255-265쪽; 이연정,「唐末 道統意識 변화 양상-王通의 道統意識을 중심으로」,『中國學論叢』76(2022), 290-291쪽; 이경무,「儒學의 道統과 學的 傳統」,『哲學研究』92(2004), 250-252쪽.

319) 이경무,「儒學의 道統과 學的 傳統」,『哲學研究』92(2004), 252-256쪽.

320) 荒目見悟 著, 심경호 譯,『佛敎와 儒敎-性理學, 儒敎의 옷을 입은 佛敎』(서울: 예문서원, 2000), 225-482쪽.

321) 같은 책, 225-408쪽.

322) 『大學』, "01-05: 大學之道, 在明明德, 在親民, 在止於至善. 知止而后有定, 定而后能靜, 靜而后能安, 安而后能慮, 慮而后能得. 物有本末, 事有終始, 知所先後, 則近道矣. 古之欲明明德於天下者, 先治其國; 欲治其國者, 先齊其家; 欲齊其家者, 先脩其身; 欲脩其身者, 先正其心; 欲正其心者, 先誠其意; 欲誠其意者, 先致其知; 致知在格物. 物格而后知至, 知至而后意誠, 意誠而后心正, 心正而后身脩, 身脩而后家齊, 家齊而后國治, 國治而后天下平."; 陳來 著, 이종란 外 譯,「第3部 格物致知論」,『朱熹의 哲學』(서울: 예문서원, 2002), 291-406쪽; 오하마 아키라 著, 이형성 譯,『範疇로 보는 朱子學』(서울: 예문서원, 1997), 326-345쪽.

323) 황금중,「朱子學의 工夫 原理로서의 '爲己之學', '下學而上達', '尊德性而道問學'」,『韓國教育史學』31-2(2009), 176-180쪽.

324) 金鎭戊,「明代 陽明學 泰州學派의 祖師禪 認識」,『淨土學研究』39(2023), 113-114쪽; 金鎭戊,「卓吾 李贄의 佛敎思想과 그 意義」,『東아시아佛敎文化』40(2019), 365-366쪽.

325) 이승환,「陸象山 修養論에 대한 朱子의 批判-'剝落'에서 '窮理'로」,『哲學研究』29(2010), 15쪽, "馬祖의 '마땅히 구하는 바가 없어야 한다(應無所求).'라는 언명은 象山의 '달리 구할 필요가 없다(不必他求).'라는 언명과 매한가지고, 馬祖의 '이 마음이 곧 부처다(此心即佛).'라는 언명은 象山의 '내 마음이 곧 宇宙다(吾心卽是宇宙).'라는 언명과 同軌一轍이다."; 宋在雲,「王陽明 心學의 研究」(서울: 東國大 博士學位論文, 1985), 86쪽; 勞思光 著, 鄭仁

在 譯,『中國哲學史(宋明篇)』(서울: 探求堂, 1991), 582-584쪽; 『傳習錄』中. "良知之體皦如明鏡, 略無纖翳, 姸媸之來, 隨物見形. … 佛氏曾有是言, 未爲非也."

326) 변원종,「朱子의 格物致知에 관한 硏究」,『東西哲學硏究』37(2005), 253-260쪽; 서근식,「『大學』解釋을 통해 본 朱子의 格物致知論」,『東洋古典硏究』33(2008), 367-373쪽.

327) 『王陽明全集』33,「王陽明年譜(一)」, "(戊辰)'因念聖人處此, 更有何道? 忽中夜大悟格物致知之旨. … 始知聖人之道, 人之道吾性自足, 向之求理於事物者誤也.'"; 이우진,「王陽明의 龍場悟道 다시 읽기-龍場의 생활을 중심으로」,『陽明學』59(2020), 8-11쪽; 정갑임,「王陽明의 '龍場悟道'에 대한 治癒哲學的 解釋」,『범한철학』53(2009), 27-28쪽; 정갑임,「觀點의 轉換-王陽明의 心學을 중심으로」,『陽明學』73(2024), 5-10쪽.

328) 『陸九淵集』36,「年譜」, "淳熙二年乙未, 先生三十七歲; 鵝湖之會, 論及敎人. 元晦之意, 欲令人泛觀博覽, 而後歸之約. 二陸之意, 欲先發明人之本心, 而後使之博覽. 朱以陸之敎人爲太簡, 陸以朱之敎人爲支離, 此頗不合."; 임홍태,「王陽明의 朱陸觀 硏究-「朱子晚年正論」을 중심으로」,『東方學』23(2012), 243-246쪽.

329) 김준승,「王陽明 致良知論 分析」,『陽明學』56(2020), 111-128쪽; 선병삼,「王陽明 致良知論을 어떻게 이해할 것인가?」,『東洋哲學』48(2017), 90-91쪽; 선병삼,「致良知를 어떻게 實踐할 것인가?」,『陽明學』68(2023), 21-25쪽.

330) 『太極圖說』, "五行一陰陽也. 陰陽一太極也. 太極本無極也."; 『太極解義』, "無極而太極', 不是太極之外別有無極, 無中自有此理."; 『朱子大全』,「答楊子直方1」, "'無極而太極', '太極本無極', 則非無極之後別生太極, 而太極之上先有無極也. 又曰 '五行陰陽', '陰陽太極', 則非太極之後別生二五, 而二五之上先有太極也. 以至於成男成女, 化生萬物, 而無極之妙蓋未始不在是焉. 此一圖之綱領, 大 易 之遺意, 與老子所謂 '物生於有, 有生於無', 而以造化爲眞有始終者正南北矣."; 정순종,「『太極圖說』의 宇宙 生成論 淵源 考察-「太極圖」와 「無極圖」의 圖像 比較를 중심으로」,『人文學과 藝術』14(2023), 21-22쪽.

331) 이주강,「性理學的 觀點에서 본 多文化社會-「太極圖」와 「西銘圖」및 情 개념을 中心으로」,『大丘慶北硏究』21(2022), 138-140쪽.

332) 『禮記』,「禮運第九」, "LJ09,001: 大道之行也, 天下爲公, 選賢與能, 講信, 修睦. 故人不獨親其親, 不獨子其子, 使老有所終, 壯有所用, 幼有所長, 矜寡孤獨廢疾者皆有所養. 男有分, 女有歸. 貨惡其棄於地也不必藏於己, 力惡其不出於身也, 不必爲己. 是故謀閉而不興, 盜竊亂賊而不作, 故外戶而不閉, 是謂大同. 今大道旣隱, 天下爲家, 各親其親, 各子其子, 貨力爲己, 大人世及以爲禮, 城郭溝池以爲固, 禮義以爲紀, 以正君臣, 以篤父子, 以睦兄弟, 以和夫婦, 以設制度, 以立田里, 以賢勇知, 以功爲己. 故謀用是作而兵由此起, 禹湯文武成王周公由此其選也. 此六君子者未有不謹於禮者也. 以著其義, 以考其信, 著有過, 刑仁, 講讓, 示民有常. 如有不由此者, 在執者去, 衆以爲殃. 是謂小康.";『孔子家語』7,「禮運第三十二」.

333) 馮友蘭 著,『中國哲學簡史』(北京: 北京大學出版社, 1996), p. 226; 馮友蘭 著, 곽신환 譯,『中國 哲學의 精神(新原道)』(서울: 瑞光社, 1993), 230쪽; 廉仲燮,「韓國佛敎 戒律觀의 根本問

題 考察-中國文化圈의 特殊性을 중심으로」,『宗敎硏究』72(2013), 60쪽, "新儒學者들은 平常心이 道이고 行住坐臥語黙動靜이 그대로 眞이라면, 굳이 出家할 필요 없이 父母에게 孝道하고 나라에 忠誠하는 것이 더 옳은 것이 아니냐는 反對論理를 展開한다."

334) 『朱子語類』94, "203 問: [「理性命」章注云: '自其本而之末, 則一理之實, 而萬物分之以爲體, 故萬物各有一太極.' 如此, 則是太極有分裂乎?] 曰: [本只是一太極, 而萬物各有禀受, 又各自全具一太極爾. 如月在天, 只一而已; 及散在江湖, 則隨處而見, 不可謂月分也.] 謨(50 以後)";『朱子語類』98, "81 言理一而不言分殊, 則爲墨氏兼愛; 言分殊而不言理一, 則爲楊氏爲我. 所以言分殊, 而見理一底自在那裏; 言理一, 而分殊底亦在, 不相夾雜. 子蒙(未詳)"; 방경훈,「朱熹의 理一分殊의 원리개념과 자아전개에 관한 연구」,『圓佛敎思想과 宗敎文化』76(2018), 456-468쪽; 張立文 著, 안유경 譯,『理의 哲學』(서울: 예문서원, 2004), 229-251쪽; 馮友蘭 著,『中國哲學史(下冊)』(上海: 華東師範大學出版社, 2003), pp. 254-258; 陳來 著, 이종란 外 譯,『朱熹의 哲學』(서울: 예문서원, 2002), 81-99쪽.

335) 김연재,「佛學의 緣起本體說에서 본 朱子學의 心性觀과 本體論의 類比的 사유-理一分殊의 논법에 착안하여」,『東아시아佛敎文化』48(2021), 199-216쪽; 남상호,「朱熹의 理一分殊의 방법」,『東西哲學硏究』44(2007), 247쪽; 이상돈,「理一分殊論으로 보는 朱子의 格物致知說」,『韓國哲學論集』44(2015), 42-45쪽.

336) 서근식,「『大學』解釋을 통해 본 朱子의 格物致知論」,『東洋古典硏究』33(2008), 367-373쪽.

337) 『王陽明全集』33,「王陽明年譜(一)」, "(戊辰) "始知聖人之道, 吾性自足, 向之求理於事物者誤也."; 이우진,「王陽明의 龍場悟道 다시 읽기」,『陽明學』59(2020), 7-11쪽; 정갑임,「王陽明의 '龍場悟道'에 대한 治癒哲學的 解釋」,『범한철학』53(2009), 27-33쪽.

338) 윤민향,「憂患意識과 朱子의 存天理 滅人欲의 意味 再考-포스트 팬데믹 時代의 憂患과 共存의 유토피아」,『東洋哲學硏究』113(2023), 121-128쪽; 정상봉·황갑연·전병술·안재호,「中國儒家哲學에 있어서의 理性과 欲望의 關係 硏究」,『時代와 哲學』14-2(2003), 205-214쪽.

存天理 去人慾의 儒敎 經典의 根據는『尙書』와『禮記』이다. 그러나 이 중「大禹謨」의 글은 僞古文尙書에 속하는 부분으로 신뢰하기 어렵다.

『尙書』,「大禹謨第三」, "SS虞‚大禹典02: 人心惟危, 道心惟微, 惟精惟一, 允執厥中.";『禮記』,「樂記第十九」, "LJ19,001: 人生而靜, 天之性也. 感於物而動, 性之欲也. 物至知知, 然後好惡形焉. 好惡無節於內, 知誘於外, 不能反躬, 天理滅矣. 夫物之感人無窮, 而人之好惡無節, 則是物至而人化物也. 人和物也者, 滅天理而窮人欲者也."

339) 선병삼,「致良知를 어떻게 實踐할 것인가?」,『陽明學』68(2023), 21-25쪽.

340) 玆玄 著,「人性論」,『玆玄스님의 조금 特別한 佛敎이야기』(서울: 佛光出版社, 2012), 247-253쪽; 牟宗三 主講, 林淸臣 記錄,「第7講 一心開二門」,『中西哲學之會通十四講』(臺北: 學生書局, 中華民國 85年), pp. 97-98; 牟宗三 著, 鄭仁在·鄭炳碩 譯,「第14講 大乘起信論의 一心開二門」,『中國哲學特講』(서울: 螢雪出版社, 1996), 321-329쪽.

心性論의 問題를 中國佛敎的인 觀點에서 解法을 도출하는 중요한 文獻이 眞諦 등 中

國 撰述로 의심(석길암, 「『大乘起信論』을 읽어온 文獻學과 敎學의 시선들-『大乘起信論』의 성립을 둘러싼 논의의 진전 혹은 성립 論爭의 脫皮를 위한」, 『韓國佛敎學』93[2020], 140-142쪽; 牟宗三 著, 鄭仁在·鄭炳碩 譯, 『中國哲學特講』[서울: 臺雪出版社, 1996], 318-319쪽)되는 『大乘起信論』이다.

341) 玆玄 著, 〈62. 儒敎의 옷을 입은 佛敎〉, 『佛敎史 100場面』(서울: 佛光出版社, 2018), 345-349쪽.

342) 『景德傳燈錄』5, 「第三十三祖慧能大師法嗣四十三人-西京光宅寺慧忠禪師」(『大正藏』51, 244a), "時有西天大耳三藏。到京云。得他心慧眼。帝勅令與國師試驗。三藏才見師便禮拜立于右邊。師問曰。汝得他心通耶。對曰。不敢。師曰。汝道老僧即今在什麼處。曰和尚是一國之師。何得却去西川看競渡。師再問。汝道老僧即今在什麼處。曰和尚是一國之師。何得却在天津橋上看弄猢猻。師第三問語亦同前。三藏良久罔知去處。師叱曰。遮野狐精。他心通在什麼處。三藏無對。" 等 多數.

343) 『袁州仰山慧寂禪師語錄』全1卷(『大正藏』47, 586a), "有梵師從空而至, 師云:「近離甚處?」云:「西天。」師云:「幾時離彼?」云:「今早。」師云:「何太遲生?」云:「遊山翫水。」師云:「神通遊戲則不無, 闍黎佛法須還老僧始得。」云:「特來東土禮文殊, 却遇小釋迦。」遂出梵書貝多葉與師, 作禮, 乘空而去。自此號小釋迦。"

344) 『高僧傳』9, 「神異上-竺佛圖澄一」(『大正藏』50, 383b-387b); 鎌田茂雄 著, 章輝玉 譯, 『中國佛敎史 1-初傳期의 佛敎』(서울: 장승, 1997), 360-364쪽; 야나기다 세이잔 著, 추만호·안영길 譯, 『禪의 思想과 歷史』(서울: 民族社, 1992), 48-53쪽.

345) 『阿毘達磨俱舍論』27, 「分別智品第七之二」(『大正藏』29, 142c), "論曰。通有六種。一神境智證通。二天眼智證通。三天耳智證通。四他心智證通。五宿住隨念智證通。六漏盡智證通。雖六通中第六唯聖然其前五異生亦得。依總相說亦共異生。"; 『雜阿毘曇心論』7, 「定品第七」(『大正藏』28, 927c), "五通在四禪根本非餘地者。四根本禪成就五通非餘地。除漏盡通。何以故。攝受支三摩提故。"

346) 『增壹阿含經』46, 「放牛品第四十九第四分別誦-四」(『大正藏』2, 797c), "象舍利弗報曰:'我先非羅漢也。諸居士當知, 五通與六通, 各各差別, 今當說十一通。夫五通仙人欲愛已盡, 若生上界, 復來墮欲界。六通阿羅漢如來弟子者, 得漏盡通, 即於無餘涅槃界而般涅槃。'"

347) 『增壹阿含經』19, 「四意斷品第二十六之餘」(『大正藏』2, 641c), "從初禪起, 飛在空中, 坐臥經行, 身上出火, 身下出水, 或身下出火, 身上出水, 作十八變, 神足變化。"; 『別譯雜阿含經』1, 「初誦第一——三」(『大正藏』2, 377b-c), "尊者優樓頻螺迦葉即時入定, 起諸神通, 身昇虛空, 坐臥經行, 即於東方, 行住坐臥, 現四威儀。身上出水, 身下出火。身下出水, 身上出火。入火光三昧, 出種種色光, 於其東方, 現其神變, 南西北方, 亦復如是。現神足已, 在佛前住, 頂禮佛足, 合掌而言。"; 「一五」(378b), "時, 陀驃比丘於如來前, 作十八種變, 踊身虛空。即於東方, 現四威儀, 青黃赤白, 種種色像, 或現爲水, 或現火聚。身上出水, 身下出水。身上出火, 身下出水。或現大身, 滿虛空中, 或復現小。履水如地, 履地如水。南西北方, 亦復如是。作是事已, 即於空中, 入火光三昧, 火炎熾然, 如大火聚, 即入涅槃, 無有遺燼, 猶如酥油一時融盡。"

348) 鄭惠蓮(如現), 〈(2) 平常心과 菩薩行〉, 「馬祖道一에 관한 硏究-禪과 敎의 融攝關係를 중심으로」(서울: 東國大 博士學位論文, 2012), 184-190쪽; 鄭性本 著, 「9. 日常性의 宗敎」, 『禪思想史』(서울: 禪文化硏究所, 1993), 290-295쪽; 『景德傳燈錄』 10, 「前池州南泉普願禪師法嗣-趙州觀音院(亦曰東院)從諗禪師」(T51, 277c), "師云, 喫粥也未. 僧云, 喫粥也. 師云, 洗鉢去. 其僧忽然省悟."

349) 『景德傳燈錄』 10, 「前幽州盤山寶積禪師法嗣-鎭州普化和尙者不知何許人也」(『大正藏』 51, 280b-c), "臨濟小廝兒只具一隻眼師唐咸通初將示滅. 乃入市謂人曰. 乞一箇直裰. 人或與襖或與布裘. 皆不受. 振鐸而去. 時臨濟令人送與一棺. 師笑曰. 臨濟廝兒饒舌. 便受之. 乃告辭曰. 普化明日去東門死也. 郡人相率送出城. 師厲聲曰. 今日葬不合靑鳥. 乃曰. 第二日南門遷化. 人亦隨之. 又曰. 明日出西門方吉. 人出漸稀. 出已還返. 人意稍怠. 第四日自擎棺出北門外. 振鐸入棺而逝. 郡人奔走出城. 揭棺視之已不見. 唯聞鐸聲漸遠. 莫測其由." 等 多數.

350) 『續高僧傳』 25, 「唐雍州義善寺釋法順傳二十九(智儼)」(『大正藏』 50, 653c-654a), "以貞觀十四年. 都無疾苦. 告累門人. 生來行今使承用. 言訖如常坐定. 於南郊義善寺. 春秋八十有四臨終雙鳥投房. 悲驚哀切. 因即坐送于樊川之北原. 鑿穴處之. 京邑同嗟. 制服亘野. 肉色不變經月逾鮮. 安坐三周枯骸不散. 自終至今. 恒有異香流氣屍所. 學侶等恐有外侵. 乃藏于龕內. 四衆良辰赴供彌滿. 弟子智儼名貫至相. 幼年奉敬雅遵餘度. 而神用淸越振績京臬. 華嚴攝論. 尋常講說. 至龕所化導鄕川. 故斯塵不終矣." 等 多數.

351) 『景德傳燈錄』 3, 「第二十八祖菩提達磨」(『大正藏』 51, 220b), "其年十二月二十八日葬熊耳山. 起塔於定林寺. 後三歲魏宋雲奉使西域迴. 遇師于葱嶺. 見手携隻履翩翩獨逝. 雲問. 師何往. 師曰. 西天去. 又謂雲曰. 汝主已厭世. 雲聞之茫然. 別師東邁. 暨復命. 即明帝已登遐矣. 而孝莊即位. 雲具奏其事. 帝令啟壙. 唯空棺一隻革履存焉."

352) 葛洪稚川 著, 『抱朴子』, 「內篇」, 〈論仙卷第二〉, "02.05: 上士擧形升虛, 謂之天仙. 中士游於名山, 謂之地仙. 下士先死後蛻, 謂之屍解仙."

353) 漢譯 5종은 『長阿含經』 1-4, 「遊行經」(『大正藏』 1, 11a-30b) · 『般泥洹經』 1-2(『大正藏』 1, 176a-191a) · 『佛般泥洹經』 1-2(『大正藏』 1, 160b-175c) · 『大般涅槃經』 1-3(『大正藏』 1, 191b-207c) · 『根本說一切有部毘奈耶雜事』 35-38(『大正藏』 24, 382b-402a)이다. 원혜영 著, 『아름다운 공동체 붓다의 열반 에피소드』(서울: 經書院, 2009), 27-34쪽; 安良圭 著, 『붓다의 入滅에 관한 硏究』(서울: 民族社, 2009), 6-8쪽.

354) 安良圭 著, 「제2장 붓다의 壽命 延長과 壽命 抛棄」, 『붓다의 入滅에 관한 硏究』(서울: 民族社, 2009), 73-78쪽.

355) 『雜阿含經』 1, 「一」(『大正藏』 2, 1a), "比丘! 心解脫者, 若欲自證, 則能自證: '我生已盡, 梵行已立, 所作已作, 自知不受後有.'"; 『中阿含經』 29, 「(一二〇) 大品說無常經第四(第三念誦)」(『大正藏』 1, 609c), "多聞聖弟子作如是觀, 修習七道品, 無礙正思正念, 彼如是知, 如是見, 欲漏心解脫, 有漏, 無明漏心解脫, 解脫已, 便知解脫, 我生已盡, 梵行已立, 所作已辦, 不更受有, 知如真." 等 多數.

356) 『三國遺事』 4, 「義解第五-蛇福不言」, 『大正藏』49, 1007b), "臨尸祝曰。莫生兮其死也苦。莫死兮其生也苦。福曰詞煩。更之曰。死生苦兮。二公輿歸活里山東麓。曉曰。葬智惠虎於智惠林中。不亦宜乎。福乃作偈曰。往昔釋迦牟尼佛。婆羅樹間入涅槃。于今亦有如彼者。欲入蓮花藏界寬。言訖拔茅莖。下有世界。晃朗淸虛。七寶欄楯。樓閣莊嚴。殆非人間世。福負尸共入其地。奄然而合。"

357) 張載 撰, 〈訂頑(西銘)〉, "富貴福澤, 將以厚吾之生也, 貧賤憂戚, 庸玉汝於成也, 存吾順事, 沒吾寧也."

358) 黃有福·陳景富 著, 權五哲 譯, 『韓-中 佛敎文化交流史』(서울: 까치, 1995), 205-206쪽.

359) 李之茂 撰, 〈斷俗寺大鑑國師碑〉, "所作四威儀頌幷上堂語句, 附商舶寄. 大宋四明阿育王山廣利寺, 禪師介諶印可, 諶乃復書極加歎美, 僅四百餘言文繁不載."; 李穡 撰, 〈太古寺圓證國師塔銘〉, "辛巳(1341)春, 住漢陽三角山重興寺, 卓菴於東峯, 扁曰太古, 倣永嘉體, 作歌一篇. 至正丙戌, 師年四十六, 遊燕都. 聞竺源盛禪師在, 南巢往見之, 則已逝矣. 至湖州霞霧山, 石屋淸珙禪師, 具進所得, 且獻太古菴歌, 石屋深器之."

360) 勞思光 著, 鄭仁在 譯, 『中國哲學史(漢唐篇)』(서울: 探求堂, 1997), 34-44쪽; 北京大學校 哲學科研究室 編, 박원재 譯, 『中國哲學史 Ⅱ (漢唐篇)』(서울: 간디서원, 2005), 46-55쪽.

361) 최진석 著, 『周易, 儒家의 思想인가, 道家의 思想인가』(서울: 예문서원, 1996) 參照; 신상후, 「王弼과 程頤 周易 해석의 불일치 사례 연구」, 『道敎文化硏究』60(2024), 12-14쪽.

362) 郭熙·郭思 著, 「山水訓」, 『林泉高致』, "君子之所以爱夫山水者, 其旨安在? 丘园, 养素所常处也; 泉石, 啸傲所常乐也; 渔樵, 隐逸所常适也; 猿鹤, 飞鸣所常亲也. 尘嚣缰锁, 此人情所常厌也. 烟霞仙圣, 此人情所常愿而不得见也. 直以太平盛日, 君亲之心两隆, 苟洁一身出处, 节义斯系, 岂仁人高蹈远引, 为离世绝俗之行, 而必与箕颖埒素黄绮同芳哉! 白驹之诗, 紫芝之咏, 皆不得已而长往者也. 然则林泉之志, 烟霞之侣, 梦寐在焉, 耳目断绝, 今得妙手郁然出之, 不下堂筵, 坐穷泉壑, 猿声鸟啼依约在耳, 山光水色氵晃漾夺目, 此岂不快人意, 实获我心哉, 此世之所以贵夫画山之本意也. 不此之主而轻心临之, 岂不芜杂神观, 溷浊清风也哉! … 山之人物以標道路, 山之樓觀以標勝槪, 山之林木映蔽以分遠近, 山之溪谷斷續以分淺深. 水之津渡橋梁以足人事, 水之漁艇釣竿以足人意, 大山堂堂爲眾山之主, 所以分布以次岡阜林壑爲遠近大小之宗主也."; 박현숙, 「郭熙의 『林泉高致』에 나타난 新儒學 藝術觀」, 『東洋藝術』31(2016), 162-166쪽.

363) 桓譚 撰, 『新論』9, 「正經」, "《易》一曰《連山》, 二曰《歸藏》, 三曰《周易》.〈孫本無上四字.〉《連山》八萬言,《歸藏》四千三百言. 夏《易》煩而殷《易》簡,〈案朱彝尊《經義考》卷二引有此句.〉《連山》藏於蘭臺,《歸藏》藏於太卜."; 방인, 「丁若鏞의 春秋官占補註의 "夏商之舊法"설에 대한 비판적 고찰」, 『退溪學報』131(2012), 165-166쪽, "최근 中國에서 많은 出土易學 資料들이 發掘되면서, 連山과 歸藏 에 대해서도 실체적 접근이 가능해졌다. 특히 1993년에 湖北省 江陵縣 王家臺 15호 묘에서 발견된 竹簡은 歸藏이 역사적으로 실재했을 가능성을 강력하게 시사해 주기 때문에 학계의 비상한 주목을 받아왔다. 王家臺 竹簡의 내용은 玉函山房輯 佚書에 포함된 歸藏의 내용과 거의 일치한다. 일반적으로 王家臺

本 歸藏을 秦簡 歸藏 혹은 竹簡本 歸藏이라고 하고, 玉函山房輯 佚書의 歸藏을 輯本 歸藏 혹은 傳本 歸藏이라고 한다. 李學勤을 비롯한 일부 學者들은 出土資料에 根據해서 歸藏이『周易』보다 결코 이른 시기에 形成된 것이 아니라는 새로운 假說을 제안하고 있다. 그러나 現代學者들 중에도 林忠軍과 같은 學者는 歸藏이『周易』보다 앞서 존재했던 것이라고 추정하는 기존의 通說을 여전히 지지하고 있다."

364) 『禮記』, 「禮運第九」, "LJ09,003 孔子曰, '我欲觀夏道, 是故之杞, 而不足徵也, 吾得夏時焉. 我欲觀殷道, 是故之宋, 而不足徵也, 吾得坤乾焉. 坤乾之養, 夏時之等, 吾以是觀之."

365) 김길수·윤상철 著,『周易入門』(서울: 大有學堂, 1997), 24쪽.

366) 『周易』,〈旣濟卦第六十三〉, "ZY63旣濟1-3: 旣濟, 亨小, 利貞. 初吉終亂. 彖曰, '旣濟, 亨', 小者亨也. '利貞', 剛柔正而位當也. '初吉', 柔得中也, '終止則亂', 其道窮也. 象曰, 水在火上, 旣濟, 君子以思患而豫防之."; 〈未濟卦第六十四〉, "ZY64未濟1-3: 未濟, 亨, 小狐汔濟, 濡其尾, 无攸利. 彖曰, '未濟, 亨', 柔得中也. '小狐汔濟', 未出中也, '濡其尾, 无攸利', 不續終也. 雖不當位, 剛柔應也. 象曰, 火在水上, 未濟, 君子以愼辨物居方."

367) 『周易』,〈泰卦第十一〉, "ZY11泰卦1-3: 泰, 小往大來, 吉, 亨. 彖曰, '泰, 小往大來, 吉, 亨', 則是天地交而萬物通也, 上下交而其志同也. 內陽而外陰, 內健而外順, 內君子而外小人, 君子道長, 小人道消也. 象曰, 天地交, 泰, 后以財成天地之道, 輔相天地之宜, 以左右民."; 〈復卦第二十四〉, "ZY24復卦1-3: 復, 亨. 出入无疾, 朋來无咎, 反復其道, 七日來復. 利有攸往. 彖曰, '復, 亨', 剛反, 動而以順行, 是以'出入无疾, 朋來无咎'. '反復其道, 七日來復', 天行也.'利有攸往', 剛長也. 復, 其見天地之心乎? 象曰, 雷在地中, 復, 先王以至日閉關, 商旅不行, 后不省方."; 程頤 著,『易傳』,〈11地天泰〉, "爲卦, 坤陰在上, 乾陽居下, 天地陰陽之氣, 相交而和, 則萬物生成, 故爲通泰."; 朱熹 著,『周易本義』,〈24地雷復〉, "積陰之下, 一陽復生, 天地生物之心. 幾於滅息而至此乃復, 可見, 在人則爲靜極而動, 惡極而善, 本心幾息而復見之端也."

368) 『周易』,〈乾卦第一〉, "ZY01乾卦18, 上九曰 '亢龍有悔', 何謂也? 子曰, '貴而无位, 高而无民, 賢人在下位而无輔, 是以動而[有悔]." / "ZY01乾卦27, '亢'之爲言也, 知進而不知退, 知存而不知亡, 知得而不知喪, 其唯聖人乎! 知進退存亡, 而不失其正者, 其唯聖人乎!"

369) 『周易』,「繫辭下傳」, "ZY繫辭下2: 易窮則變, 變則通, 通則久, 是以'自天祐之, 吉无不利'."

370) 『周易』,〈乾卦第一〉, "ZY01乾卦10: 象曰, 天行健, 君子以自强不息."

371) 周敦頤 著, 朱熹 註,『通書解』,「誠上第一」, "易有兩義 一是變易 便是流行底 一是交易 便是待對底"; 張岱年 著, 김백희 譯,『中國哲學史大綱 上』(서울: 까치, 2000), 253쪽.

372) 『周易』,〈乾卦第一〉, "ZY01乾卦6-7: 九五, 飛龍在天, 利見大人. 上九, 亢龍有悔. … ZY01乾卦17-18: 九五曰 '飛龍在天, 利見大人', 何謂也? 子曰, '同聲相應, 同氣相求, 水流濕, 火就燥, 雲從龍, 風從虎, 聖人作而萬物覩, 本乎天者親上, 本乎地者親下, 則各從其類也.' 上九曰 '亢龍有悔', 何謂也? 子曰, '貴而无位, 高而无民, 賢人在下位而无輔,是以動而[有悔]也.'"

373) 『老子』,〈第40章〉, "反者道之動,弱者道之用.天下萬物生於有,有生於無."

374) 『周易』,「繫辭上傳」"ZY繫辭上05,一陰一陽之謂道.繼之者善也,成之者性也.仁者見之謂之仁,知者見之謂之知,百姓日用而不知,故君子之道鮮矣.顯諸仁,藏諸用,鼓萬物而不與聖人同憂.盛德大業至矣哉.富有之謂大業,日新之謂盛德.生生之謂易,成象之謂乾,效法之謂坤,極數知來之謂占,通變之謂事,陰陽不測之謂神."

375) 『周易傳義大全』,「繫辭上傳」,〈第5章〉, "程子曰,一陰一陽之謂道.此理固深,說則无可說.所以陰陽者道,旣曰氣則便有二.言開闔便是感,旣二則便有感.所以開闔者道,開闔便是陰陽.老氏言虛而生氣非也.陰陽開闔,本无先後,不可道今日有陰明日有陽.如人言影,蓋形影一時,不可言今日有形,明日有影,有便齊有."; 朱熹 著,『周易本義』, "陰陽迭運者,氣也.其理則所謂道."

376) 『二程遺書』2上, "101:所以謂萬物一體者,皆有此理,只爲從那裏來,生生之謂易."

377) 朱熹 著,『周易本義』, "陰生陽,陽生陰,其變无窮,理與書皆然也."; 이시우,「『周易』"生生之謂易"을 통해 본 儒家의 死生觀 考察」, 『東西哲學研究』58(2010), 143-147쪽.

378) 『周易』,「繫辭下傳」"ZY繫辭下1:天地之大德曰生,聖人之大寶曰位."

379) 이동희,「朱熹의 生涯와 思想」, 『東西文化』34(2001), 163쪽, "34歲時 스승 李侗이 돌아가고 공교롭게도 首都 臨安에서 張栻을 만났다. 이후 張栻이 죽기까지 약 20년간 서로 사상의 影響을 주고받았다. 朱熹도 이때부터 약 20년간 祠祿官으로서 실제 벼슬은 없으면서 祿俸을 받고 집에서 지낼 수 있게 되었다."

380) 『景德傳燈錄』5,「南嶽懷讓禪師」(『大正藏』51, 240c), "開元中有沙門道一(卽馬祖大師也)住傳法院常日坐禪.師知是法器.往問曰.大德坐禪圖什麼.一曰.圖作佛.師乃取一塼.於彼庵前石上磨.一曰.師作什麼.師曰.磨作鏡.一曰.磨塼豈得成鏡耶.坐禪豈得成佛耶.一曰.如何即是.師曰.如人駕車不行.打車即是.打牛即是一無對."; 야나기다 세이잔 著, 추만호·안영길 譯, 『禪의 思想과 歷史』(서울:民族社, 1992), 48-53·123-138쪽; 申明姬(定芸),「馬祖禪 研究」(서울:東國大 博士學位論文, 2009), 97-104쪽; 方立天 著, 이봉순·황성규·김봉희 譯,「第19章 洪州宗의 平常心是道說」, 『中國佛教哲學-心性論(下)』(坡州:韓國學術情報(株), 2010), 104-120쪽.

381) 『景德傳燈錄』28,「諸方廣語一十二人見錄-江西大寂道一禪師語」(『大正藏』51, 440a).

382) 『雲門匡眞禪師廣錄』中,「垂示代語」(『大正藏』47, 563b), "示眾云.十五日已前不問爾.十五日已後道將一句來.代云.日日是好日."

383) 『鎭州臨濟慧照禪師語錄』全1卷(『大正藏』47, 496c), "上堂云:「赤肉團上有一無位眞人,常從汝等諸人面門出入,未證據者看看。時有僧出問:「如何是無位眞人?」師下禪床把住,云:「道道」.其僧擬議,師托開,云:「無位眞人是什麼乾屎橛?」便歸方丈."

384) 鄭性本 著, 『中國禪宗의 成立史 研究』(서울:民族社, 2000), 865-868쪽.

385) 한정길,「朱子의 佛教批判-作用是性說과 心識說에 대한 비판을 중심으로」, 『東方學志』116(2002), 12-14쪽; 야나기다 세이잔 著, 추만호·안영길 譯,「全體作用」, 『禪의 思想과 歷史』(서울:民族社, 1992), 135-136쪽.

386) 鄭性本 著,『中國禪宗의 成立史 硏究』(서울:民族社,2000), 865-868쪽; 廉仲燮,「中國哲學的 思惟에서의 '理通氣局'에 관한 考察」,『東洋哲學硏究』50(2007),334-335쪽.

387) 『中庸集註』,"[中庸] 喜怒哀樂之未發, 謂之中; 發而皆中節, 謂之和. 中也者, 天下之大本也; 和也者, 天下之達道也. [朱熹集註] 樂, 音洛. 中節之中, 去聲. ○喜 怒 哀 樂, 情也. 其未發, 則性也, 無所偏倚, 故謂之中. 發皆中節, 情之正也, 無所乖戾, 故謂之和. 大本者, 天命之性, 天下之理皆由此出, 道之體也. 達道者, 循性之謂, 天下古今之所共由, 道之用也. 此言性情之德, 以明道不可離之意.";陳來 著,『有無之境-王陽明哲學精神』(北京:人民出版社,1991), p.217; 윤민향,「未發修養論의 人性敎育的 意義」,『栗谷學硏究』57(2024),210-221쪽.

388) 박길수,「朱熹 人心道心論의 心性論的 含意-人心道心은 已發인가?」,『哲學硏究』46(2012),9-14쪽; 장수,「朱熹 心性論의 體驗主義的 解釋」,『東洋哲學硏究』70(2012),285쪽,"그의 人性論은 理一元論과 理一分殊를 立論 根據로 한다. 즉朱熹는 '本性의 通俗 理論'을 바탕으로 理一分殊와 性卽理를 結合하여 宇宙 本體論의 觀點에서 人性論을 展開하는 것이다."

389) 『江西馬祖道一禪師語錄』全1卷(『卍新纂大日本續藏經選錄』69,2a).

390) 『孟子』,「告子上」,"MZ110401"告子曰,'食色,性也.仁,內也,非外也,義,外也,非內也.'";『孟子集註』,"告子以人之知覺運動者爲性,故言人之甘食悅色者卽其性. 故仁愛之心生於內,而事物之宜由乎外.學者但當用力於仁,而不必求合於義也."

391) 김인호,「楚辭의 범위와 의미 고찰」,『中國文學』81(2014),2-5쪽; 손정일,「楚辭學의 成立과 發展」,『中國語文學論集』10(1998),3-8쪽.

392) 『世說新語』,「傷逝第十七」,"17-4 王戎喪兒萬子, 山簡往省之, 王悲不自勝. 簡曰: '孩抱中物, 何至於此?' 王曰: '聖人忘情, 最下不及情; 情之所鍾, 正在我輩!' 簡服其言, 更爲之慟.";『三國志』28,「魏書二十八-王弼」,"何晏以爲聖人無喜怒哀樂, 其論甚精, 鍾會等述之. 弼與不同, 以爲聖人茂於人者神明也, 同於人者五情也, 神明茂故能體沖和以通無, 五情同故不能無哀樂以應物, 然則聖人之情, 應物而無累於物者也. 今以其無累, 便謂不復應物, 失之多矣.";廉仲燮,「南宗禪의 感情 受容 과정과 타당성 검토」,『瞑想相談과 人文敎育』1(2023),50-52쪽.

393) 吳經熊 著,徐燉珏·李楠永 譯,『禪學의 黃金時代』(서울:天池,1997),216-221,269-294쪽.

394) 『景德傳燈錄』7,「懷讓禪師第二世中四十五人(馬祖法嗣)-明州大梅山法常禪師」(『大正藏』51,254c),"初參大寂. 問如何是佛. 大寂云. 卽心是佛. 師卽大悟. … 大寂聞師住山. 乃令一僧到問云. 和尚見馬師得箇什麼便住此山. 師云. 馬師向我道卽心是佛. 我便向遮裏住. 僧云. 馬師近日佛法又別. 師云. 作麼生別. 僧云. 近日又道非心非佛. 師云. 遮老漢惑亂人未有了日. 任汝非心非佛. 我只管卽心卽佛. 其僧迴擧似馬祖. 祖云. 大衆. 梅子熟也.";『景德傳燈錄』6,「懷讓禪師第一世-江西道一禪師(一人見錄姓馬時謂馬組)」(『大正藏』51,256a),"僧問. 和尚爲什麼說卽心卽佛. 師云. 爲止小兒啼. 僧云. 啼止時如何. 師云. 非心非佛.";方立天 著,이봉순·황성규·김봉희 譯,「第19章. 洪州宗

의 平常心是道說」, 『中國佛教哲學-心性論』(下), (坡州: 韓國學術情報[株], 2010), 127쪽.

395) 『江西馬祖道一禪師語錄』 全1卷, (『卍新纂大日本續藏經選錄』 69, 2b), "祖示眾云. 汝等諸人. 各信自心是佛. 此心卽佛."

396) 陽明左派 중 가장 破格的인 人物은 童心說을 주장하며, 1588년 스스로 出家人을 자처하다가 76세에 監獄에서 自殺하는 李贄(卓吾, 1527~1602)가 아닌가 한다. 시마다 겐지 著, 김석근·이근우 譯, 『朱子學과 陽明學』(서울: 까치, 1990), 203-214쪽; 李贄 著, 김혜경 譯, 「卓吾 李贄 先生의 年譜」, 『焚書 II』(서울: 한길사, 2004), 592-614쪽; 金鎭戊, 「卓吾 李贄의 佛敎思想과 그 意義」, 『東아시아佛敎文化』 40(2019), 369-371쪽.

397) 김혜경, 「李卓吾의 認識世界」, 『中國語文學誌』 10(2001), 130-131쪽.

398) 이찬, 「性善說의 메타-倫理學的 構造: 性理學의 道德의 自然主義 解釋을 위한 試論」, 『東洋哲學』 33(2010), 115-116쪽.

399) 미우라 쿠니오 著, 김영식·이승연 譯, 『人間朱子』(서울: 創作과批評社, 1996), 29쪽, "다른 사람들은 禪을 모르기 때문에 欺瞞 당하지만, 나는 禪을 알기 때문에 禪 쪽이 내게 看破 당한다."; 廉仲燮, 「中國哲學的 思惟에서의 '理通氣局'에 관한 考察」, 『東洋哲學研究』 50(2007), 336-337쪽, "批判의 主된 對象은 禪宗이며, 禪宗 가운데서도 臨濟宗系列인 大慧宗杲 계열의 看話禪法이다. 이는 분명 朱子 당시의 時代 狀況을 反映하는 바라고 하겠다. 朱子와 관련된 佛敎 記錄에는 朱子가 劉屛山 밑에서 科學 工夫 중에도 『大慧語錄』만을 중시하였다는 記錄이 있고, 실제로 『語類』에는 朱子가 스스로 禪에 傾倒되어 科學試驗에서 禪的인 答案을 作成했다는 기록이 남아 있다. 이는 朱子가 大慧 禪法에 일정 부분 이상 傾倒되어 있었다는 査實을 말해 준다. 그리고 이는 이후 逆으로 朱子가 佛敎를 批判하는 主된 側面으로 作用한다. 朱子의 주된 佛敎 批判은 倫理學的 側面과 脫俗的인 超越性인데, 이는 敎宗보다는 禪宗에 대한 批判이라고 할 수 있다."; 尹永海, 「朱子의 佛敎批判 研究」(서울: 西江大 博士學位論文, 1997), 264-287쪽; 朱熹 著, 『朱子語類』 126, 「釋氏」.

400) 미우라 쿠니오 著, 김영식·이승연 譯, 『人間 朱子』(서울: 創作과批評社, 1996), 29쪽.

401) 『佛祖歷代通載』 12, 「唐-高宗 三十七 丙午」(『大正藏』 49, 586c), "遂稱兩京法主三帝國師. 仰佛日之再中. 慶優曇之一現. 然處都邑婉其祕旨. 每帝王分座后妃臨席. 駕鷲四匝龍象三繞."

402) 정유진, 「荷澤神會의 生涯와 著作」, 『佛敎學報』 56(2010), 127-131쪽; 金鎭戊, 「荷澤神會 禪思想의 淵源과 그 意義」, 『普照思想』 18(2002), 63-66쪽; 鄭性本, 「初期 中國禪宗史에 있어서 頓漸의 問題」, 『普照思想』 4(1990), 116-118쪽.

403) K. S. 케네쓰 첸 著, 朴海鐺 譯, 『中國佛敎 上』(서울: 民族社, 1991), 245-252쪽; 구보타 료온 著, 최준식 譯, 「廢佛事件」, 『中國儒佛道 三敎의 만남』(서울: 民族社, 1994), 138-140쪽.

404) 廉仲燮, 「梵日의 生涯와 江陵 地域에서의 傳承 및 神格化」(서울: 東國大 博士學位論文, 2023), 137쪽; K. S. 케네쓰 첸 著, 朴海鐺 譯, 『中國佛敎 下』(서울: 民族社, 1994), 398쪽; 김덕소, 「唐 武宗 廢佛의 원인과 영향에 관한 小考」, 『韓國佛敎學』 69(2014), 414쪽; 玆玄 著, 〈53. 安史의 亂, 南宗禪을 꽃피게 하다〉, 『佛敎史 100場面』(서울: 佛光出版社, 2018), 294-

298쪽.

405) 한형조,「初期禪宗史」,『宗敎硏究』6(1990), 338-339쪽.

406) 김두진, 〈2. 會相歸性과 頓悟漸修〉,「宗密의 一心觀에 대한 小考」,『佛敎硏究』55(2012), 122-125쪽; 金慶淑(志恩),「圭峯宗密의 知思想 硏究」,『韓國佛敎學』51(2008), 266-269쪽; 변희욱,「『敎學 以後, 敎外別傳 以後-敎外別傳의 解釋學」,『哲學思想』55(2015), 43-44쪽;『中華傳心地禪門師資承襲圖』全1卷,「宗密禪師答」(『卍新纂大日本續藏經選錄』63, 33c), "荷澤宗者. 尤難言述. 是釋迦降出. 達磨遠來之本意也."

407) 金命鎬(法志),「黃檗의 禪思想과 禪宗思想史의 意義」,『圓佛敎思想과 宗敎文化』85(2020), 228-230쪽.

408) 『維摩詰所說經』中,「文殊師利問疾品第五」(『大正藏』14, 545b).

409) 『景德傳燈錄』28,「諸方廣語一十二人見錄-江西大寂道一禪師語」(『大正藏』51, 440a), "江西大寂道一禪師示眾云. 道不用修但莫污染. 何爲污染. 但有生死心造作趣向皆是污染. 若欲直會其道平常心是道. 謂平常心無造作無是非無取捨無斷常無凡無聖. 經云. 非凡夫行非賢聖行是菩薩行."

410) 『江西馬祖道一禪師語錄』全1卷(『卍新纂大日本續藏經選錄』69, 2b), "自性本來具足. 但於善惡事中不滯. 喚作修道人. 取善捨惡. 觀空入定. 即屬造作."

411) 같은 책, "一念妄心. 即是三界生死根本. 但無一念. 即除生死根本. 即得法王無上珍寶."

412) 같은 책, "道不屬修. 若言修得. 修成還壞. 即同聲聞. 若言不修. 即同凡夫."

413) 같은 책(2a), "若是上根眾生. 忽爾遇善知識指示. 言下領會. 更不歷於階級地位. 頓悟本性."

414) 같은 책, "唐開元中. 習定於衡嶽傳法院. 遇讓和尚. 知是法器. 問曰. 大德坐禪圖什麼. 師曰. 圖作佛. 讓乃取一磚. 於彼菴前磨. 師曰. 磨磚作麼. 讓曰. 磨作鏡. 師曰. 磨磚豈得成鏡. 讓曰. 磨磚既不成鏡. 坐禪豈得成佛耶. 師曰. 如何即是. 讓曰. 如牛駕車. 車不行. 打車即是. 打牛即是. 師無對. 讓又曰. 汝爲學坐禪. 爲學坐佛. 若學坐禪. 禪非坐臥. 若學坐佛. 佛非定相. 於無住法. 不應取捨. 汝若坐佛. 即是殺佛. 若執坐相. 非達其理. 師聞示誨. 如飲醍醐. 禮拜問曰. 如何用心. 即合無相三昧. 讓曰. 汝學心地法門. 如下種子. 我說法要. 譬彼天澤. 汝緣合故. 當見其道."

415) 『信心銘』全1卷(『大正藏』48, 376b), "至道無難. 唯嫌揀擇. 但莫憎愛. 洞然明白. 毫釐有差. 天地懸隔."

416) 『景德傳燈錄』5,「第三十三祖慧能大師法嗣四十三人-司空山本淨禪師」(『大正藏』51, 243a·b), "師曰. 大德錯會經意. 道本無修大德彊修. 道本無作大德彊作. 道本無事彊生多事. 道本無知於中彊知. 如此見解與道相違.";「聯燈會要」3,「六祖惠能禪師法嗣-司空山本淨禪師(凡四)」(『卍新纂大日本續藏經選錄』79, 30c);『五燈會元』2,「六祖大鑒禪師旁出法嗣第一世-司空山本淨禪師者」(『卍新纂大日本續藏經選錄』80, 59c).

417) 『古尊宿語錄』2(『中華大藏經選錄』77, 620b);『達磨大師血脉論』全1卷(『卍新纂大日本續藏經選錄』63, 3a), "心性本空. 亦非垢淨諸法. 無修無證. 無因無果. 佛不持戒. 佛不修善. 佛不

造惡。佛不精進。佛不懈怠。佛是無作人。"; 金命鎬(法志),「黃檗의 禪思想과 禪宗思想史의 意義」,『圓佛敎思想과 宗敎文化』85(2020), 227쪽, "『壇經』의 禪思想은 一般人의 人性과 心性으로서의 '自心', '自性'으로 '佛性'을 提示하고, 그를 깨닫는 방법으로 '頓悟'를 提唱하며, 具體的인 修行論과 窮極的인 境地를 '無念'・'無相'・'無住'로 設定하고 있고, 그 修證論에 있어서는 '無修之修'와 '無證之證', 즉 '無修無證'으로 歸結시킴을 알 수 있다. 이러한『壇經』의 禪思想을 그대로 繼承한 이가 바로 馬祖道一이다."

418) 『續傳燈錄』30,「常德府梁山廓菴師遠禪師」(『大正藏』51, 677c-678b);『嘉泰普燈錄』17,「常德府梁山廓庵師遠禪師」(『卍新纂大日本續藏經選錄』79, 396a-396b);『五燈會元』20,「常德府梁山廓庵師遠禪師」(『卍新纂大日本續藏經選錄』80, 420a-c).

419) 『老子』,〈第56章〉, "和其光, 同其塵, 是謂玄同."

420) 『續傳燈錄』22,「黃龍心禪師法嗣-吉州青原惟信禪師」(『大正藏』51, 243a·b), "吉州青原惟信禪師上堂。老僧三十年前未參禪時。見山是山見水是水。及至後來親見知識有箇入處。見山不是山。見水不是水。而今得箇休歇處。依然見山祇是山。見水祇是水."

421) 高亨坤 著,「Ⅰ. 산도 그 산이요 물도 그 물이로다」,『禪의 世界』(서울: 東國大學校出版部, 2005), 23-84쪽.

422) 『住鼎州梁山廓庵和尚十牛圖頌』全1卷,「序」(『卍新纂大日本續藏經選錄』64, 773b), "初自尋牛。終至入鄽。強起波瀾。橫生頭角。尚無心而可覓。何有牛而可尋。泊至入鄽。是何魔魅。況是祖禰不了。殃及兒孫。不揆荒唐。試爲提唱."; 김대열,「禪修行의 過程과 그 實踐에 관한 연구-廓庵의 十牛圖·頌을 통해」,『韓國敎授佛子聯合學會誌』24-3(2018), 95-96쪽.

423) 『住鼎州梁山廓庵和尚十牛圖頌』全1卷(『卍新纂大日本續藏經選錄』64, 773b-775a); 김대열,「禪修行의 過程과 그 實踐에 관한 연구-廓庵의 十牛圖·頌을 통해」,『韓國敎授佛子聯合學會誌』24-3(2018), 95-96쪽; 신명희(정운),「깨달음과 敎化에 관한 小考-十牛圖의 入鄽垂手 思想을 중심으로」,『韓國佛敎學』80(2016), 167-170쪽; 신명희(정운),「十牛圖와 牧牛圖의 比較 考察」,『동아시아불교문화』34(2018), 49-54쪽.

424) 박재현,「入鄽垂手를 통해 본 禪의 自我觀」,『禪文化硏究』25(2018), 58-64쪽; 신명희(정운),「깨달음과 敎化에 관한 小考-十牛圖의 入鄽垂手 思想을 중심으로」,『韓國佛敎學』80(2016), 170-175쪽; 鄭滈泳,「廓庵〔十牛圖〕의 思想」,『人文學志』32(2006), 71-73쪽.

425) 廉仲燮,〈2. 法藏과 惠能의 問題點〉,「韓國佛敎 戒律觀의 根本問題 考察-中國文化圈의 特殊性을 중심으로」,『宗敎硏究』72(2013), 62-66쪽.

426) 戒環 著,『中國 華嚴思想史 硏究』(서울: 佛光出版社, 1996), 140쪽.

427) 후루타 쇼킨·다나카 료쇼 著, 남동신·안지원 譯,『中國 禪宗의 六祖, 혜능』(서울: 玄音社, 1993), 63-64쪽.

428) 『六祖大師法寶壇經』全1卷,「行由第一」(『大正藏』48, 349c-350a), "「一日思惟:『時當弘法, 不可終遯。』遂出至廣州法性寺, 値印宗法師講《涅槃經》。時有風吹幡動, 一僧曰:『風動。』一僧曰:『幡動。』議論不已。惠能進曰:『不是風動, 不是幡動, 仁者心動。』一眾駭然。印宗延至上席, 徵詰奧義。見惠能言簡理當, 不由文字, 宗云:『行者定非常人。久聞

黃梅衣法南來, 莫是行者否?』惠能曰:『不敢.』宗於是作禮, 告請傳來衣鉢出示大眾. 宗復問曰:『黃梅付囑, 如何指授?』惠能曰:『指授卽無; 惟論見性, 不論禪定解脫.』宗曰:『何不論禪定解脫?』能曰:『爲是二法, 不是佛法. 佛法是不二之法.』宗又問:『如何是佛法不二之法?』惠能曰:『法師講《涅槃經》, 明佛性, 是佛法不二之法. 如高貴德王菩薩白佛言:「犯四重禁, 作五逆罪, 及一闡提等, 當斷善根佛性否?」佛言:「善根有二: 一者常, 二者無常, 佛性非常非無常, 是故不斷, 名爲不二. 一者善, 二者不善, 佛性非善非不善, 是名不二. 蘊之與界, 凡夫見二, 智者了達其性無二, 無二之性卽是佛性.」』印宗聞說, 歡喜合掌, 言:『某甲講經, 猶如瓦礫; 仁者論義, 猶如眞金.』於是爲惠能剃髮, 願事爲師. 惠能遂於菩提樹下, 開東山法門."; 후루타 쇼긴·다나카 료쇼 著, 남동신·안지원 譯, 『中國禪宗의 六祖, 혜능』(서울: 玄音社, 1993), 141-143쪽.

429) 馮友蘭 著, 『中國哲學簡史』(北京: 北京大學出版社, 1996), p. 226; 馮友蘭 著, 곽신환 譯, 『中國 哲學의 精神(新原道)』(서울: 瑞光社, 1993), 230쪽.

430) K.S. 케네쓰 첸 著, 朴海鐺 譯, 『中國佛敎 下』(서울: 民族社, 1994), 430-434쪽.

431) 玆玄 著, 〈55. 新儒敎의 萌芽와 佛敎의 對應〉, 『佛敎史 100場面』(서울: 佛光出版社, 2018), 303-305쪽.

432) 『明儒學案』10, 「文成王陽明先生守仁」. "先生之學, 始泛濫於詞章, 繼而遍讀考亭之書, 循序格物, 顧物理吾心, 終判爲二, 無所得入. 於是出入佛老者久之, 及至居夷處困, 動心忍性, 因念聖人處此, 更有何道? 忽悟格物致知之旨, 聖人之道, 吾性自足, 不假外求. 其学凡三變而始得其門."; 金鎭戊, 「明代 陽明學 泰州學派의 祖師禪 認識」, 『淨土學硏究』39(2023), 113-117쪽.

433) 馮友蘭 著, 『中國哲學史(下冊)』(上海: 華東師範大學出版社, 2003), pp. 292-293; 송하경, 「陽明學이 佛學이라는 批判에 대한 解明」, 『陽明學 哲學硏究』(서울: 청계, 2001), 475-500쪽.

434) 『論語集註』, 「憲問第十四」. "子曰: '古之學者爲己, 今之學者爲人.': 爲, 去聲. ○程子曰: '爲己, 欲得之於己也. 爲人, 欲見知於人也.' ○程子曰: '古之學者爲己, 其終至於成物. 今之學者爲人, 其終至於喪己.' 愚按: 聖賢論學者用心得失之際, 其說多矣, 然未有如此言之切而要者. 於此明辨而日省之, 則庶乎其不昧於所從矣."; 황금중, 「朱子學의 工夫 原理로서의 '爲己之學', '下學而上達', '尊德性而道問學'」, 『韓國敎育史學』31-2(2009), 170-184쪽; 유권종, 「朱熹의 爲己之學 考察」, 『哲學探究』33(2013), 10-26쪽; 유권종, 「爲己之學의 槪念化 過程」, 『哲學探究』32(2012), 11-24쪽, "(4쪽: 孔子의 爲己라는 표현을 일정한 標準的인 內容을 담은 用語 혹은 學術的 槪念으로 定着시켜 가는 過程, 나아가 그것을 爲己之學이라는 槪念으로 定着시키는 過程은 儒敎의 歷史에서 하나의 重要한 脈絡으로 觀察할 必要가 있다. 특히 中國에서는 南宋 代부터, 韓國에서는 朝鮮時代 中葉부터 爲己之學의 槪念이 正常的인 儒學 工夫를 指稱하는 것으로 一般化된다. 中國 儒學史에서는 이러한 用例가 南宋時代에 이르러 급격하게 늘어난다.)".

435) 『古文眞寶(後集-文編)』, 「原道」; 趙吉惠 外 著, 김동휘 譯, 『中國儒學史 2』(서울: 신원문화사, 1997), 271-272쪽; 林明熙, 「中國哲學史上의 "系統說"與"道統" 觀念」, 『哲學과 文化』18(2009), 168-171쪽.

436) 정성희, 「朝鮮 道統論의 批判的 檢討-金宗直을 中心으로」, 『儒敎思想文化硏究』

31(2008), 159-162쪽; 林明熙,「『國朝儒先錄』에 나타난 선조대 사림파의 道統 인식과 관념의 변화」,『民族文化論叢』60(2015), 239-241쪽.

437) 玆玄 著,「佛教를 닮은 新儒教의 問題點」,『玆玄스님의 조금 특별한 佛教이야기』(서울: 佛光出版社, 2012), 300-302쪽.

438) 『祖庭事苑』5,「懷禪師前錄」(『卍新纂大日本續藏經選集』79), "(377b), 且吾祖教外別傳之道。不立文字。直指人心。見性成佛。"; "(0379), 傳法諸祖初以三藏教乘兼行。後達摩祖師單傳心印。破執顯宗。所謂教外別傳。不立文字。直指人心。見性成佛。然不立文字。" 변희욱,「教學 以後, 教外別傳 以後-教外別傳의 解釋學」,『哲學思想』55(2015), 36쪽.

439) 『高麗國普照禪師修心訣』全1卷(『大正藏』48, 1005c), "若言心外有佛, 性外有法, 堅執此情, 欲求佛道者, 縱經塵劫, 燒身鍊臂, 敲骨出髓, 刺血寫經, 長坐不臥, 一食卯齋, 乃至轉讀一大藏教, 修種種苦行, 如蒸沙作飯, 只益自勞."

440) 廉仲燮,「漢巖重遠의 禪佛教와 教育思想 硏究」(서울: 東國大 博士學位論文, 2020), 319쪽.

441) 같은 논문, 322-354쪽.

442) 『象山全集』35,「語錄」, "伯敏云, 如何樣格物. 先生云, 研究物理. 伯敏云, 天下萬物不勝其繁, 如何盡研究得. 先生云, 萬物皆備於我, 只要明理, 然理不解自明, 須是隆師親友."; 김종용,「儒·佛 性論에 대한 比較 分析-孟子와 六祖慧能을 中心으로」,『圓佛教思想과 宗教文化』81(2019), 345-370쪽.

443) 『象山全集』34,「語錄」, "學苟知本, 六經皆我註腳."; 『陸九淵集』22,「雜著·雜說」, "宇宙便是吾心, 吾心即是宇宙. 千萬世之前, 有聖人出焉, 同此心同此理也. 千萬世之後, 有聖人出焉, 同此心同此理也. 東南西北海有聖人出焉, 同此心同此理也."; 『象山全集』36,「年譜」, "宇宙內事, 乃己分內事. … 宇宙便是吾心, 吾心卽是宇宙. 東海有聖人出焉, 此心同也, 此理同也. … 千百世之上, 至千百世之下, 有聖人出焉, 此心此理, 亦莫不同也."; 조원일,「陸象山의 天人關係論 硏究」,『儒學硏究』37(2016), 288-300쪽; 안영석,「陸象山과 王陽明 心學의 比較 硏究-工夫論을 중심으로」,『哲學論叢』66(2011), 49-51쪽.

444) 『存學編』4,「性理評」, "延平李氏曰:「學問之道不在多言, 但默坐澄心, 體認天理, 若真有所見, 雖一毫私欲之發亦退聽矣. 久久用力於此, 庶幾漸明, 講學始有力耳. 試觀孔, 孟曾有「靜坐澄心, 體認天理」等語否? 然吾亦非謂全屏此功也. 若不失周, 孔六藝之學, 即用此功於無事時亦無妨. 但專用力於此, 以爲學問根本, 而又以講說爲枝葉, 則全誤矣."; 『朱子語類』113,「訓門人一」, "問:「前承先生書云:『李先生云:「賴天之靈, 常在目前.」』如此, 安得不進? 蓋李先生爲默坐澄心之學, 持守得固. 後來南軒深以默坐澄心爲非. 自此學者工夫愈見散漫, 反不如默坐澄心之專.」先生曰:「只爲李先生不出仕, 做得此工夫. 若是仕宦, 須出來理會事. 向見吳公濟爲此學, 時方授徒, 終日在裏默坐. 諸生在外, 都不成模樣, 蓋一向如此不得.」問:「龜山之學云:『以身體之, 以心驗之, 從容自得於燕閒靜一之中.』李先生學於龜山, 其源流是如此.」曰:「龜山只是要閑散, 然卻讀書. 尹和靖便不讀書.」"

445) 『論語』,「衛靈公第十五」, "LY1531: 子曰, '吾嘗終日不食, 終夜不寢, 以思無益, 不如學

446) 같은 책,「述而第七」, "LY0708: 子曰, '不憤不啓, 不悱不發. 舉一隅, 不以三隅反, 則不復也.'"

447) 정영식,「朝鮮時代 禪思想 硏究의 現況과 몇 가지 論點에 대하여」,『禪學』47(2017), 45-46쪽; 김방룡,「普照知訥과 太古普愚의 禪敎觀」,『哲學硏究』99(2006), 50-55쪽.

448) 『六祖大師法寶壇經』全1卷,「行由第一」(『大正藏』48, 349a), "祖以杖擊碓三下而去. 惠能即會祖意, 三鼓入室; 祖以袈裟遮圍, 不令人見, 爲說《金剛經》. 至『應無所住而生其心』, 惠能言下大悟, 一切萬法, 不離自性."

449) 『佛果圜悟禪師碧巖錄』1,「四」(『大正藏』48, 143b·c), "初到澧州. 路上見一婆子賣油糍. 遂放下疏鈔. 且買點心喫. 婆云. 所載者是什麼. 德山云. 金剛經疏鈔. 婆云. 我有一問. 爾若答得. 布施油糍作點心. 若答不得. 別處買去. 德山云. 但問. 婆云. 金剛經云. 過去心不可得. 現在心不可得. 未來心不可得. 上座欲點那箇心. 山無語.";『無門關』全1卷,「久響龍潭」(『大正藏』47, 296c), "德山未出關時. 心憤憤口悱悱. 得得來南方. 要滅却教外別傳之旨. 及到澧州路上. 問婆子買點心. 婆云. 大德車子內是甚麼文字. 山云. 金剛經抄疏. 婆云. 只如經中道. 過去心不可得. 見在心不可得. 未來心不可得. 大德要點那箇心. 德山被者一問. 直得口似匾擔. 然雖如是. 未肯向婆子句下死却."

450) '一行三昧'는『文殊師利所說摩訶般若波羅蜜經』卷下에 나오는 용어로 '法界一相으로 法界의 緣을 繫縛하는 것'을 意味한다(『大正藏』8, 731a, "文殊師利言: '世尊! 云何名一行三昧?' 佛言: '法界一相, 繫緣法界, 是名一行三昧.'"). 그러나 慧能은 直心으로 日常生活 하는 것을 一行三昧로 規定한다. 즉 一行三昧는 漢字에 立脚해 慧能이 새롭게 제시한 三昧 개념이다. 또 이의 과도기에 존재하는 것이『楞伽師資記』全1卷이다(『大正藏』85, 1286c, "要依楞伽經. 諸佛心第一. 又依文殊說般若經. 一行三昧. 即念佛心是佛. 妄念是凡夫. 文殊說般若經云. 文殊師利言. 世尊. 云何名一行三昧佛. 法界一相. 繫緣法界. 是名一行三昧. 如法界緣不退不壞. 不思議無礙無相.").
『南宗頓教最上大乘摩訶般若波羅蜜經六祖惠能大師於韶州大梵寺施法壇經』全1卷(『大正藏』48, 338b), "一行三昧者, 於一切時中, 行, 住, 坐, 臥, 常行直心是.《淨名經》云:『直心是道場, 直心是淨土.』莫心行諂曲, 口說法直, 口說一行三昧, 不行直心, 非佛弟子. 但行直心, 於一切法上, 無有執著, 名一行三昧.";『六祖大師法寶壇經』全1卷,「定慧第四」(『大正藏』48, 352c-353a); 남상호,「慧能의 一行三昧의 方法」,『東西哲學硏究』49(2008), 121-132쪽.

451) 『六祖大師法寶壇經』全1卷,「定慧第四」(『大正藏』48, 353a), "我此法門, 從上以來, 先立無念爲宗, 無相爲體, 無住爲本. 無相者, 於相而離相. 無念者, 於念而無念. 無住者, 人之本性."; 남상호,「慧能의 一行三昧의 方法」,『東西哲學硏究』49(2008), 136-137쪽.

452) 『鎭州臨濟慧照禪師語錄』全1卷(『大正藏』47, 498a), "爾目隨處作主, 立處皆眞, 境來回換不得, 縱有從來習氣, 五無間業, 自爲解脫大海.";『古尊宿語錄』4,「鎭州臨濟慧照禪師語錄」(『卍新纂大日本續藏經選錄』68, 24c);『天聖廣燈錄』11,「鎭州臨濟院義玄慧照禪師」(『卍新纂大日本續藏經選錄』78, 469a);『聯燈會要』9,「鎭州臨濟義玄禪師(凡四十八)」(『卍新纂大日本續藏經選錄』79, 84a).

453) 『傳習錄』上, "23: 問, 靜時亦覺意思好, 才遇事變不同. 如何. 先生曰, 是徒知靜養, 而不用克己工夫也. 如此臨事, 便要傾倒. 人須在事上磨, 方立得住, 方能靜亦定, 動亦定."

454) 『傳習錄』下, "313: 先生鍛鍊人處, 一言之下, 感人最深. 一日王汝止出遊歸. 先生問曰, 遊何見. 對曰, 見滿街人都是聖人. 先生曰, 你看滿街人是聖人, 滿街人到看你是聖人在."; 정지욱, 「聖人觀을 통해 본 朱子學과 陽明學-自力主義를 中心으로」, 『東洋哲學研究』44(2005), 243-246쪽.

455) 錢明, 「從"圣人可学而至"到"滿街人都是圣人"—兼论阳明学的生活化与平民化」, 『退溪學論集』12(2013), 234-237쪽.

456) 정지욱, 「良知 自己展開의 메카니즘-現成良知의 構造」, 『陽明學』16(2006), 250-251쪽.

457) 『雲門匡眞禪師廣錄』上, 「對機三百二十則」(『大正藏』47, 547a), "上堂云. 盡乾坤一時將來著爾眼睫上. 爾諸人聞與麼道. 不敢望汝出來性燥把老僧打一摑. 且緩緩子細看. 是有是無. 是箇什麼道理. 直饒爾向這裏明得. 若遇衲僧門下. 好槌脚折. 若是箇人. 聞說道什麼處有老宿出世. 便好幕面唾污我耳也. 汝若不是箇手脚. 纔聞人擧便承當得. 早落第二機也. 汝不看他德山和尚纔見僧入門. 拽拄杖便趁. 睦州和尚見僧入門來便云. 現成公案. 放爾三十棒. 自餘之輩合作麼生."; 조용성(원공), 「雲門의 現成公案 考察」, 『禪學』6(2003), 2-3쪽, "現成公案은 現實 그대로가 公案이라는 말이다. 그 公案은 곧 成就되어 있는 眞理를 의미하고 있어서 現成이 곧 公案이고 公案이 現成이라는 뜻으로 手段 내지 過程으로서의 公案이 아니라 이미 完全히 成就되어 있는 現成이다."; 김호귀 著, 『黙照禪 硏究』(서울: 民族社, 2001), 245쪽.

458) 이상훈, 「王門의 陽明學 理解와 體得-良知現成派와 良知歸寂派를 中心으로」, 『東洋哲學研究』40(2004), 366쪽; 정지욱, 「良知 自己展開의 메카니즘-現成良知의 構造」, 『陽明學』16(2006), 250-251쪽.

459) 玆玄, 「佛教, '幸福'을 말하는 宗教-佛教의 幸福論」, 『文學·史學·哲學』30(2012), 164-185쪽; 玆玄, 「呪術時代의 復活과 人間幸福의 價値-『金剛經』의 現代社會的인 安當性을 중심으로」, 『文學·史學·哲學』36(2014), 162-176쪽; 김상돈, 「아리스토텔레스의 행복의 두 가지 概念」, 『倫理研究』1-73(2009), 180-183쪽; 손병석, 「아리스토텔레스의 행복(eudaimonia)과 외적좋음의 관계에 대한 考察」, 『哲學研究』118(2017), 79쪽.

460) 『中阿含經』56, 「(二〇四)晡利多品羅摩經第三(第五後誦)」(『大正藏』1, 776a·b), "我本未覺無上正盡覺時, 亦如是念: '我自實病法, 無辜求病法, 我自實老法, 死法, 愁憂慼法, 穢污法, 無辜求穢污法, 我今寧可求無病無上安隱涅槃, 求無老, 無死, 無愁憂慼, 無穢污無上安隱涅槃耶?'"; 『過去現在因果經』3(『大正藏』3, 636c), "爾時太子, 聞王師語, 以深重聲答王師言: '我豈不知父王於我恩情深耶? 但畏生老病死之苦, 是以來此, 爲斷除故. 若令恩愛終日合會又無生老病死苦者, 我復何為來至於此? 我今所以違遠父王, 欲爲將來和合故耳. 父王憂愁大火今雖熾然, 我與父王, 唯餘今生有此一苦, 將來自當永絕斯患.'"; 『佛本行集經』21, 「問阿羅邏品第二十六上」(『大正藏』3, 752c), "菩薩報言: '尊者大師! 我以見此世間眾生, 以為生老病死纏縛, 不能自出, 今發如是精勤之心.'"

461) 玆玄 著,「宗教의 起源과 神의 誕生-죽음에 대한 두려움」,『玆玄스님의 조금 特別한 佛敎이야기』(서울: 佛光出版社, 2012), 24-26쪽.

462) 『阿毘達磨大毘婆沙論』51,「結蘊第二中不善納息第一之六」(『大正藏』27, 263c);『阿毘達磨大毘婆沙論』13,「分別業品第四之一」(『大正藏』29, 71a); 藤田宏遠, 崔法慧 編譯,「原始佛敎의 倫理思想」,『佛敎倫理學論集』(義城: 孤雲寺本末寺敎育硏修院, 1996), 30-33쪽.

463) 玆玄 著,『人生이 흔들릴 때 涅槃經 工夫』(서울: 佛光出版社, 2024), 207-210쪽; 시모다 마사히로 著, 이자랑 譯,『涅槃經 硏究-大乘經典의 硏究 方法 試論』(서울: CIR, 2018), 374-379쪽.

464) 『中庸』, "喜怒哀樂之未發, 謂之中; 發而皆中節, 謂之和. 中也者, 天下之大本也; 和也者, 天下之達道也. 致中和, 天地位焉, 萬物育焉. 仲尼曰: '君子中庸, 小人反中庸. 君子之中庸也, 君子而時中; 小人之中庸也, 小人而無忌憚也.'"; 윤민향,「未發修養論의 人性敎育의 意義」,『栗谷學硏究』57(2024), 210-214쪽.

465) 高崎直道, 鄭舜日 譯,『華嚴思想의 展開』,『華嚴思想』(서울: 經書院, 1996), 30-31쪽;『宋高僧傳』2,「唐洛京大遍空寺實叉難陀傳」(『大正藏』50, 718c), "以華嚴舊經處會未備. 遠聞于闐有斯梵本."; 석길암,「華嚴經의 編輯은 호탄(Khotan)에서 이루어졌는가」,『佛敎學硏究』42(2015), 86-107쪽; 석길암,「華嚴經의 編輯의 思想的 背景에 대한 고찰」,『印度哲學』40(2014), 126-129쪽.

466) 馮友蘭 著,『中國哲學史(上冊)』(上海: 華東師範大學出版社, 2003), pp. 34-35.

467) 염호택,「王陽明의 知行合一에 관한 硏究」,『陽明學』26(2010), 7-16쪽; 선병삼,「王陽明 知行合一說을 어떻게 이해할 것인가?-知行合一의 正當化 論理를 中心으로」,『栗谷學硏究』56(2024), 185-195쪽; 홍린,「王陽明 工夫論에서의 靜坐工夫의 地位와 機能」,『陽明學』73(2024), 27쪽, "陽明에게 있어 工夫는 단지 良知本體를 自覺하여 드러내는 致良知工夫일 뿐이며, 이것을 고요한 때에 行하면 邪慾의 病根을 除去하는 靜坐工夫이고 실제 일에 임하여 行하면 事上磨鍊이 된다고 볼 수 있다."

468) 정원재,「李珥 哲學을 보는 두 가지 시각-主氣論과 理氣之妙論」,『哲學思想』26(2007), 33-39쪽.

469) 황상희,「退溪에서의 上帝와 理到說에 관하여」,『退溪學論集』21(2017), 169-177쪽.

470) 狩野直喜 著, 吳二煥 譯,『中國哲學史』(서울: 乙酉文化社, 1997), 65쪽.

471) 『孟子集註』5,「滕文公章句上-凡五章」, "程子曰: '性卽理也. 天下之理, 原其所自, 未有不善. 喜 怒 哀 樂未發, 何嘗不善. 發而中節, 卽無往而不善; 發不中節, 然後爲不善. 故凡言善惡, 皆先善而後惡; 言吉凶, 皆先吉而後凶; 言是非, 皆先是而後非.'"

472) 『近思錄集解』1,「道體」, "38. 朱子曰: '性卽理也一語. 自孔子後, 惟伊川說得盡, 攧撲不破. 性卽是天理, 那得有惡.' 又曰: '未發之前, 氣不用事. 所以有善而無惡.'"

473) 박정훈,「美學의 始作, 感性學-바움가르텐의 『에스테티카』에 나타난 哲學의 美學의 현재적 의의」,『美學』85-2(2019), 84-87쪽; 박정훈,「感性學과 趣味批判-바움가르텐과 칸트의 美學 構想」,『美學』83-4(2017), 39-44쪽.

474) 『林間錄』上(『卍新纂大日本續藏經選錄』87, 247c), "棗栢大士 . 淸涼國師. 皆弘大經. 造疏論。宗於天下。然二公制行皆不同。棗栢則跣行不㳂。超放自如。以事事無礙行心。清涼則精嚴玉立。畏五色糞。以十願律身。評者多喜棗栢坦率。笑清涼縛束。意非華嚴宗所宜爾也。予曰。是大不然。使棗栢薙髮作比丘。未必不爲淸涼之行。盖此經以遇緣卽宗合法。非如餘經有局量也."

475) 『三國遺事』 4, 「義解第五-元曉不羈」(『大正藏』 49, 1006b), "曉旣失戒生聰. 已後易俗服. 自號小姓居士. 偶得優人舞弄大瓠. 其狀瑰奇. 因其形製爲道具. 以華嚴經一切無礙人一道出生死命名曰無礙. 仍作歌流于世. 嘗持此. 千村萬落且歌且舞. 化詠而歸. 使桑樞瓮牖玃猴之輩. 皆識佛陀之號. 咸作南無之稱. 曉之化大矣哉."

476) 金昌淑(曉呑), 「石顚 朴漢永의 〈戒學約詮〉과 歷史的 性格」, 『韓國史硏究』 107(1999), 130쪽, "일찍이 潙山이 仰山에게 '자네의 안목이 바른 것(眼正)을 귀히 여기는 것이지 자네의 行履는 말하지 않는다'는 것이 와전된 것이다. 즉 '행리를 말하지 않는다(不說行履)'가 '행리를 중시하지 않는다(不貴行履)'로 와전되어 殺·盜·淫·妄의 네 가지 波羅夷罪가 無碍行으로 자행되었다. '깨달음의 안목이 중요한 것이지 그 行履가 중요한 것이 아니다'라고 되었을 때, 어디 持戒의 정신이 살아 있게 되는가. 말하지 않는다는 것(不說)이 중요시 않는다(不貴)로 된 것은 큰 잘못이다."

477) 尹暢和, 「鏡虛의 酒色과 삼수갑산」, 『佛敎評論』 52(2012), 189-198쪽; 漢岩 撰, 「先師鏡虛和尙行狀」, 『定本-漢巖一鉢錄 上』(平昌: 漢岩門徒會·五臺山 月精寺, 2010), 478쪽, "後之學者가 學和尙之法化則可어니와 學和尙之行履則不可니 人信而不解也.": 漢岩 筆寫, 『漢岩禪師肉筆本 鏡虛集』(平昌: 五臺山 月精寺, 2009), 15쪽.

478) 廉仲燮, 「南宗禪의 感情 受容 過程과 타당성 검토」, 『瞑想相談과 人文敎育』 1-1(2023), 50-60쪽; 范文瀾 著, 『中國通史 4』(北京: 人民出版社, 1986), "禪宗是披着天竺式袈裟的魏晉玄學, 釋迦其表老莊(主要是莊周的思想)." · "禪宗頓敎, 慧能是創始人, 他的始祖實際是莊周." · "禪宗南宗的本質是莊周思想."; 『容臺別輯』 1, "晦翁嘗謂禪典都從莊子書翻出."; 洪修平 著, 金鎭戊 譯, 『禪學과 玄學』(서울: 운주사, 1999) 參照; 徐小躍 著, 金鎭戊 譯, 『禪과 老莊』(서울: 운주사, 2000) 參照.

479) 李澤厚 著, 『華夏美學』(天津: 天津社會科學院出版社, 2002), pp. 96-189, 190-229; 叶朗 著, 『中国美學史大綱』(上海: 上海人民出社, 2005), pp. 106-133; 李澤厚·劉綱紀 著, 權德周·金勝心 譯, 『中國美學史』(서울: 大韓敎科書株式會社, 2001), 444-470쪽; 서대원, 「逍遙·齊物에 대한 郭象의 이해」, 『東方學志』 117(2002), 165-201쪽; 김원중, 『世說新語』와 魏晋淸談의 關聯問題」, 『中國小說論叢』 2(1993), 117-133쪽.

480) 『老子』, 〈第6章〉, "谷神不死. 是謂玄牝. 玄牝之門, 是謂天地根, 綿綿若存, 用之不勤."; 〈第7章〉, "天長地久, 天地所以能長且久者, 以其不自生. 故能長生."

481) 『論語集註』, 「爲政第二」, "七十而從心所欲, 不踰矩.: 從, 如字. ○從, 隨也. 矩, 法度之器, 所以爲方者也. 隨其心之所欲, 而自不過於法度, 安而行之, 不勉而中也. ○程子曰: '孔子生而知之也, 言亦由學而至, 所以勉進後人也. 立, 能自立於斯道也. 不惑, 則無所疑矣. 知天命, 窮理盡性也. 耳順, 所聞皆通也. 從心所欲, 不踰矩, 則不勉而中矣.' 又曰: '孔子自言其進德之序如此者, 聖人未必然, 但爲學者立法, 使之盈科而後進, 成章而後達耳.'"

482) 박태원,「붓다의 緣起法과 佛敎의 緣起說-緣起解釋學들에 대한 의문」,『哲學論叢』82(2015), 227쪽, "緣起의 原形思惟는, 모든 現像을 '條件에 따른 成立/發生'(緣起, paṭica-samuppāda, paṭica/緣하여 sam/함께 uppāda/일어남)으로 보아 '成立/發生의 條件들'과 '條件들의 因果의 연관'을 捕捉하려는 思考方式이라고 생각한다. 따라서 붓다의 緣起法을 把握하기 위한 關門은 '條件에 따른 成立/發生'이라는 말의 意味와 焦點이다."

483) Whalen Lai, 'Chinese Buddhist Causation Theories: An Analysis of the Sinitic Mahāyana Understanding of Pratītya-samutpāda', Philosophy East and West 27, no. 3, pp.244-248.

484) 강기선(도업),「中國佛敎思想에 나타난 佛性의 변천과 如來藏의 解釋-『華嚴經』『如來出現品』과『寶王如來性起品』을 중심으로」,『哲學論叢』91(2018), 44-53쪽.

485) 장진영,「緣起와 性起의 관계-『華嚴經問答』을 중심으로」,『禪文化硏究』10(2011), 211쪽; 장진영,「佛敎의 마음 理解-緣起의 觀點과 性起의 觀點을 중심으로」,『哲學硏究』123(2012), 367-370쪽; 고영섭,「浮石 의상의 華嚴은 性起思想이 아닌가?-'의상 華嚴思想의 性起的 理解에 대한 재검토'의 비판적 고찰」,『東아시아佛敎文化』44(2020), 204-206쪽.

486) 全海住,「一乘法界圖에 나타난 義湘의 性起思想」,『韓國佛敎學』13(1988), 123-130쪽; 全海住 著,「2) 性起의 모습」,『義湘 華嚴思想史 硏究』(서울: 民族社, 1994), 26-32쪽; 최연식,「韓國佛敎에서의 性起와 緣起-의상 華嚴思想의 性起的 이해에 대한 재검토」,『佛敎學報』74(2016), 256-264쪽; 고영섭,「浮石 의상의 華嚴은 性起思想이 아닌가?-'의상 華嚴思想의 性起的 理解에 대한 재검토'의 비판적 고찰」,『東아시아佛敎文化』44(2020), 209-217쪽.

487) 『華嚴一乘十玄門』全1卷(『大正藏』45, 514a-518c); 정순일,「華嚴性起思想史硏究-中國華嚴宗을 중심으로」(益山: 圓光大 博士學位論文, 1988), 101쪽; 장진영,「佛敎의 마음 理解-緣起的 觀點과 性起的 觀點을 중심으로」,『哲學硏究』123(2012), 361쪽.
『華嚴一乘十玄門』에는 '杜順 述, 智儼 撰'이라는 관점이 일반적이지만, 法藏의 撰述이라는 見解도 존재하고 있어 주의가 요구된다(석길암,「義湘의 行路와 사상적 변화에 대한 고찰」,『佛敎學報』59[2011], 95쪽).

488) 고승학,「華嚴 敎學에서의 緣起 개념」,『佛敎學硏究』37(2013), 113-120쪽.

489) 戒環 著,『賢首 法藏 硏究-華嚴敎學의 大成者』(서울: 운주사, 2011), 178-193쪽.

490) 體元 集,『白花道場發願文略解』(『韓佛全』6, 570c), "法師俗姓金氏. 唐高宗永徽六年庚戌入唐. 投終南山智儼尊者. 受華嚴. 與賢首國師同學. 時賢首尙未出家 皆窮通奧旨. 儼公號法師爲義持. 號賢首爲文持. 旣達玄關. 製法界圖. 進于儼公 公覽之嗟嘆曰. 汝窮證法性. 達佛義旨. 宜造解釋."; 海住 著,『華嚴의 세계』(서울: 民族社, 1998), 280쪽.

491) 周桂鈿 著, 문재곤 外 譯,『講座 中國哲學』(서울: 예문서원, 1996), 263-284쪽; 張岱年 著, 金白熙 譯,『中國哲學大綱 上』(서울: 까치, 2000), 387-517쪽; 徐復觀 著, 劉日煥 譯,『中國人性論史(道家·法家 人性論)』(서울: 乙酉文化社, 1995) 參照.

492) 鈴木大拙 著, 沈在龍 譯, 「6章. 禪의 日常性」, 『아홉 마당으로 풀어 쓴 禪』(서울: 玄音社, 1992), 109-132쪽.

493) 『鎭州臨濟慧照禪師語錄』全1卷(『大正藏』47, 498a), "師示眾云: '道流! 佛法無用功處, 秖是平常無事——屙屎, 送尿, 著衣, 喫飯, 困來卽臥…。'"等 多數.

부록주

1) 『莊子』, 「內篇」, 〈大宗師〉, "古之眞人, 其寢不夢, 其覺無憂, 其食不甘, 其息深深。"
2) 『論語』, 「爲政第二」, "LY0204 七十而從心所欲, 不踰矩."
3) 『無門關』全1卷, 「百丈野狐」(『大正藏』48, 293a).
4) 『晏子春秋』, 「內篇雜下第六凡三十章」, 〈楚王欲辱晏子指盜者爲齊人晏子對以橘第十〉, "王視晏子曰, 齊人固善盜乎. 晏子避席對曰, 嬰聞之, 橘生淮南, 則爲橘. 生于淮北, 則爲枳."
5) 丁若鏞 著, 『論語古今注』1, 「學而 第一」, "道者, 人所由行也。仁者, 二人相與也。"; 蔡振豐, 「丁茶山의 政治社會論」, 『茶山學』제28권(茶山學術文化財團, 2016), 161쪽.
6) 狩野直喜 著, 吳二煥 譯, 『中國哲學史』(서울: 乙酉文化社, 1997), 198-199쪽.
7) 馮友蘭 著, 『中國哲學史 (下冊)』(上海: 華東師範大學出版社, 2003), pp. 86-92; 윤천근 著, 『楊朱의 生命哲學』(서울: 外界出版社, 1990), 42-44쪽; 유희성, 「楊朱는 극단적 이기주의자인가?」, 『東洋哲學硏究』제47집(東洋哲學硏究會, 2006), 375-381쪽.
8) 『詩經』이나 현재는 『禮記』에 편입되어 있는 「樂記」를 통해서 본다면, 先秦儒敎는 감정은 인정하지만 그렇다고 감정 자체를 그대로 인정하는 것은 아니다. 즉 감정은 단절의 대상은 아니지만, 조절과 승화의 대상이라는 말이다. 이는 감정 자체를 긍정하는 것으로 발전하는 강남문화와는 논리적 층위가 다르다.
9) 김인호, 「楚辭의 범위와 의미 고찰」, 『中國文學』제81권(韓國中國語文學會, 2014), 2-5쪽; 손정일, 「楚辭學의 成立과 發展」, 『中國語文學論集』제10호(中國語文學硏究會, 1998), 3-8쪽.
10) 沈成鎬, 「屈原의 歷史 認識」, 『國際言語文學』제40호(國際言語文學會, 2018), 169-173쪽.
11) 『禮記』, 「曲禮下第二」, "LJ02,017 三諫而不聽, 則逃之. 子之事親也, 三諫而不聽, 則號泣而隨之."; 『孟子』, 「萬章下」, "MZ100907 曰, '君有過則諫, 反覆之而不聽, 則去.'"
12) 『史記』84, 「屈原賈生列傳第二十四」, "084/24 於是懷石遂自(投)[沈]〈汨羅〉以死."; 劉向 撰, 『新序』, 「節士篇」.
13) 『論語』, 「泰伯第八」, "LY0803 曾子有疾, 召門弟子曰, '啓予足! 啓予手! 詩云, 〈戰戰兢兢, 如臨深淵, 如履薄氷.〉而今而後, 吾知免夫! 小子!'"
14) 정세근, 「有와 無-魏晉玄學에서의 有無 論爭」, 『人文學誌』제16권(忠北大學校 人文學硏究所, 1998), 287-306쪽.
15) 정세근, 「竹林七賢의 정체와 그 비판」, 『東西哲學硏究』제21권(韓國東西哲學會, 2001),

64-72쪽.

16) 李康範,「竹林七賢을 통해 본 隱逸文化와 司馬氏의 정치폭력」,『中國語文學論集』제88호(中國語文學研究會, 2014), 411-421쪽.

17) 『世說新語』,「任誕第二十三」, "23-6 劉伶恒縱酒放達, 或脫衣裸形在屋中, 人見譏之. 伶曰:'我以天地爲棟宇, 屋室爲褌衣, 諸君何爲入我褌中?'"

18) 같은 책,「傷逝第十七」, "17-4 王戎喪兒萬子, 山簡往省之, 王悲不自勝. 簡曰:'孩抱中物, 何至於此?' 王曰:'聖人忘情, 最下不及情;情之所鍾, 正在我輩!' 簡服其言, 更爲之慟."

19) 『三國志』28,「魏書二十八-王弼」, "何晏以爲聖人無喜怒哀樂, 其論甚精, 鍾會等述之. 弼與不同, 以爲聖人茂於人者神明也, 同於人者五情也, 神明茂故能體沖和以通無, 五情同故不能無哀樂以應物, 然則聖人之情, 應物而無累於物者也. 今以其無累, 便謂不復應物, 失之多矣."

20) 『世說新語』,「文學第四」, "4-8 王輔嗣弱冠詣裴徽, 徽問曰:'夫無者, 誠萬物之所資, 聖人莫肯致言, 而老子申之無已, 何邪?' 弼曰:'聖人體無, 無又不可以訓, 故言必及有;老莊未免於有, 恒訓其所不足.'"

21) 馮友蘭 著,『中國哲學簡史』(北京:北京大學出版社, 1996), pp. 187-188.

22) 『世說新語』,「任誕第二十三」, "23-54 王長史登茅山, 大慟哭曰:'瑯邪王伯輿, 終當爲情死!'"

23) 黃雲明 著, 李榮子 譯,「道生의 涅槃佛性論에 대하여」,『東西思想』제7집(慶北大學校 人文學術院, 2009), 291-299쪽.

24) K.S. 케네쓰 첸 著, 박해당 譯,『中國佛敎 上』(서울:民族社, 1991), 145쪽.

25) 나카가와 다카 註解, 양기봉 譯,『六祖壇經』(서울:김영사, 1994), 19쪽.

26) 李英华, "六祖革命"与佛教中国化」,『新东方』第3期(2011), pp. 30-34.

27) 『六祖大師法寶壇經』全1卷,「行由第一」(『大正藏』48, 348a), "惠能安置母畢, 即便辭違. 不經三十餘日, 便至黃梅, 禮拜五祖. 祖問曰:『汝何方人? 欲求何物?』惠能對曰:『弟子是嶺南新州百姓, 遠來禮師, 惟求作佛, 不求餘物。』祖言:『汝是嶺南人, 又是獦獠, 若爲堪作佛?』惠能曰:『人雖有南北, 佛性本無南北;獦獠身與和尚不同, 佛性有何差別?』五祖更欲與語, 且見徒眾總在左右, 乃令隨眾作務. 惠能曰:『惠能啟和尚, 弟子自心, 常生智慧, 不離自性, 即是福田. 未審和尚教作何務?』祖云:『這獦獠根性大利! 汝更勿言, 著槽廠去。』惠能退至後院, 有一行者, 差惠能破柴踏碓. 經八月餘, 祖一日忽見惠能曰:『吾思汝之見可用, 恐有惡人害汝, 遂不與汝言. 汝知之否?』惠能曰:『弟子亦知師意, 不敢行至堂前, 令人不覺。』";『南宗頓教最上大乘摩訶般若波羅蜜經六祖惠能大師於韶州大梵寺施法(寶)壇經』全1卷(『大正藏』48, 337a), 후루타 쇼킨·다나카 료쇼 著, 남동신·안지원 譯,『中國禪宗의 六祖, 혜능』(서울:玄音社, 1993), 61-69쪽.

28) 鄭性本 著,『中國禪宗의 成立史 研究』(서울:民族社, 2000), 380쪽; 鄭性本 著,『禪의 歷史와 禪思想』(서울:三圓社, 1994), 238쪽.

29) 이를 알 수 있는 가장 대표적인 예가 연쇄 살인자였다가 출가한 앙굴리마라를 波斯匿王이

大臣의 건의에도 잡아 오지 않는 사건이다.
『增壹阿含經』31,「力品第三十八之一-六」(『大正藏』2, 719b-722c).

30) 廉仲燮,「律의 改變 가능성과〈僧侶法〉의 당위성 검토」,『佛敎學報』제61집(東國大學校 佛敎文化硏究院, 2012), 377-379쪽; 廉仲燮,「한국불교의 戒律 변화에 대한 타당성 모색」,『宗敎文化硏究』제24호(韓神大學校 宗敎와文化硏究所, 2015), 92-93쪽.

31) 『阿毘達磨俱舍論』1,「分別界品第一」(『大正藏』29, 5c).

32) 木村泰賢 著, 朴京俊 譯,「第6章. 涅槃論」,『原始佛敎 思想論』(서울: 經書院, 1992), 345-356쪽.

33) 沖本克己 著, 佐藤繁樹 譯,『새롭게 쓴 禪宗史』(서울: 佛敎時代社, 1993), 99쪽; 다마키코 기로·카마타 시게오 外 著, 정순일 譯,『中國佛敎의 思想』(서울: 民族社, 1991), 65쪽.

34) 張岱年 著, 김백희 譯,「제2편 人性論」,『中國哲學大綱(上)-中國哲學問題史』(서울: 까치, 2000), 387-516쪽.

35) 廉仲燮,「불교의 人性論과 中國繪畵藝術」,『東洋藝術』제32호(韓國東洋藝術學會, 2016), 198-200쪽.

36) 정용환,「告子의 性無善惡說과 孟子의 性善說」,『東洋哲學硏究』제51권(東洋哲學硏究會, 2007), 130-138쪽.

37) 張岱年 著, 김백희 譯,『中國哲學大綱上』(서울: 까치, 2000), 395-404쪽; 周桂鈿 著, 문재곤 外 譯,『講座 中國哲學』(서울: 藝文書院, 1996), 269쪽.

38) 吳錫源,「孟子의 浩然之氣 硏究」,『儒敎思想文化硏究』제34집(儒敎思想硏究所, 2008), 60-70쪽; 남기호,「『孟子』修養論과 敎育의 實踐方案」,『仁荷敎育硏究』제19권 4호(仁荷大學校 敎育硏究所, 2013), 12-25쪽.

39) 『孟子』,「滕文公上」, "MZ050102 孟子道性善, 言必稱堯舜."

40) 『荀子』,「第二十三 性惡」, "S231401-5 塗之人可以爲禹, 曷謂也? 曰, 凡禹之所以爲禹者, 以其爲仁義法正也. 然則仁義法正有可知可能之理, 然而塗之人也. 皆有可以知仁義法正之質, 皆有可以能仁義法正之具, 然則其可以爲禹明矣."

41) 『尙書』,「湯誥第三」, "SS商,湯誥01: 惟皇上帝, 降衷于下民, 若有恒性, 克綏厥猷惟后."

42) 『中庸』〈首三句〉, "天命之謂性, 率性之謂道, 修道之謂敎."

43) 蒙培元 著, 李尙鮮 譯,『中國 心性論』(서울: 法印文化社, 1996), 50-64쪽; 馮友蘭 著,『中國哲學史(上冊)』(上海: 華東師範大學出版社, 2003), pp. 34-35.

44) 金忠烈 著,『中國哲學史 1』(서울: 藝文書院, 1999), 143쪽.

45) 김능근 著,『儒敎의 天思想』(서울: 崇實大學校 出版部, 1988), 3-64쪽; 狩野直喜 著, 吳二煥 譯,『中國哲學史』(서울: 乙酉文化社, 1997), 65쪽.

46) 方立天 著, 이봉순·황성규·김봉희 譯,『中國佛敎哲學-心性論(上)』(坡州: 韓國學術情報[株], 2010), 130-131쪽.

47) 『朱子語類』5,「性理二-性情心意等名義」, "橫渠心統性情語極好", "伊川性卽理也 橫渠心統性情 二句顚樸不破".

48) 廉仲燮,「불교의 人性論과 中國繪畵藝術」,『東洋藝術』제32호(韓國東洋藝術學會, 2016),

200쪽; 牟宗三 著, 林淸臣 譯, 『中西哲學之會通十四講』(台北: 學生書局, 民國85), p. 95; 牟宗三 著, 鄭仁在·鄭炳碩 譯, 『中國哲學特講』(서울: 螢雪出版社, 1996), 329쪽.

49) "一切衆生悉有佛性"은 『大般涅槃經』 6, 「如來性品第四之三」(『大正藏』 12, 402c)을 필두로 반복해서 등장하는 『大般涅槃經』의 중심 어구이다.

50) 廉仲燮, 「불교의 人性論과 中國繪畵藝術」, 『東洋藝術』 제32호(韓國東洋藝術學會, 2016), 195-197쪽.

51) 『大方等如來藏經』 全1卷(『大正藏』 16, 457c), "一切眾生有如來藏." · "一切眾生如來之藏 常住不變."; 鄭滈泳 著, 「3. 『寶性論』의 著者·成立年代」, 『如來藏 思想』(서울: 대원정사, 1993), 69-75쪽; 鄭滈泳, 「如來藏의 개념과 전개」, 『人文學誌』 제30권(忠北大學校 人文學研究所, 2005), 100쪽.

52) 如來藏은 ① 如來의 宗姓(gotra) · ② 如來의 胎(garbha) · ③ 如來의 界(dhātu) · ④ 佛性(buddha-dhātu) · ⑤ 붓다의 因(hetu)과 같은 의미를 가진다. 이평래, 「如來藏思想 형성의 역사적 고찰」, 『佛敎學報』 제29호(東國大學校 佛敎文化硏究院, 1992), 458-459쪽; 鄭滈泳, 「如來藏의 개념과 전개」, 『人文學誌』 제30권(忠北大學校 人文學研究所, 2005), 88쪽.

53) 高崎直道 譯, 『寶性論』(東京: 講談社, 1989), p. 397.

54) 周桂鈿 著, 문재곤 譯, 『講座 中國哲學』(서울: 藝文書院, 1996), 270-275쪽; 張岱年 著, 김백희 譯, 「제2편 人性論」, 『中國哲學大綱 (上)-中國哲學問題史』(서울: 까치, 2000), 387-438쪽.

55) 『孟子』, 「盡心上」, "MZ130400 孟子曰, "萬物皆備於我矣.""

56) 양태호, 「王陽明의 '致良知說'에 관한 硏究」, 『東西哲學硏究』 제8권(韓國東西哲學會, 1991), 104-128쪽; 陳來 著, 전병욱 譯, 『陽明哲學』(서울: 藝文書院, 2003), 276-332쪽; 『傳習錄』 下, 「黃省曾錄」.

57) 方立天 著, 이봉순·황성규·김봉희 譯, 「第19章 洪州宗의 平常心是道說」, 『中國佛敎哲學-心性論(下)』(坡州: 韓國學術情報[株], 2010), 127쪽.

58) 鄭性本 著, 『中國禪宗의 成立史 硏究』(서울: 民族社, 2000), 865-868쪽.

59) 『鎭州臨濟慧照禪師語錄』 全1卷(『大正藏』 47, 498a), "爾且隨處作主, 立處皆眞, 境來回換不得, 縱有從來習氣, 五無間業, 自爲解脫大海."

60) 같은 책(498a), "師示眾云:「道流! 佛法無用功處, 祇是平常無事—屙屎, 送尿, 著衣, 喫飯, 困來即臥……。愚人笑我, 智乃知焉."

61) 같은 책(499c), "古人云:『路逢達道人, 第一莫向道.』所以言: 若人修道道不行, 萬般邪境競頭生, 智劍出來無一物, 明頭未顯暗頭明. 所以, 古人云:『平常心是道.』"

62) 야나기다 세이잔 著, 추만호·안영길 譯, 『禪의 思想과 歷史』(서울: 民族社, 1992), 135-138쪽; 廉仲燮, 「中國哲學的 思惟에서의 '理通氣局'에 관한 考察」, 『東洋哲學研究』 제50집(東洋哲學研究會, 2007), 334-335쪽.

63) 李澤厚 著, 「第五章 形上追求」, 『華夏美學』(天津: 天津社會科學院出版社, 2002), pp. 190-229.

64) 廉仲燮, 「禪宗과 繪畵의 南北宗論에 관한 同·異 고찰」, 『東洋哲學研究』 제53집(東洋哲

學研究會, 2008), 358-362쪽.
65) 廉仲燮,「董其昌 南北宗論의 내원과 의의」,『禪學』제19호(韓國禪學會, 2008), 152-162쪽; 조송식,「董其昌의 繪畫史觀 및 藝術思想」,『韓國美學會誌』제36권(韓國美學會, 2003), 51-56쪽.
66) 최준호,「바움가르텐 美學과 행복한 美學的 인간」,『哲學探求』제40권(中央大學校 中央哲學硏究所, 2015), 100쪽.

참고문헌

1. 원전

1) 불교 원전

『般泥洹經』,『大正藏』1.
『中阿含經』,『大正藏』1.
『長阿含經』,『大正藏』1.
『大般涅槃經』,『大正藏』1.
『佛般泥洹經』,『大正藏』1.
『雜阿含經』,『大正藏』2.
『增壹阿含經』,『大正藏』2.
『別譯雜阿含經』,『大正藏』2.
『佛本行集經』,『大正藏』3.
『過去現在因果經』,『大正藏』3.
『文殊師利所說摩訶般若波羅蜜經』,『大正藏』8.
『大方廣佛華嚴經』,『大正藏』10.
『弘明集』,『大正藏』14.
『大方等如來藏經』,『大正藏』16.
『根本說一切有部毘奈耶雜事』,『大正藏』24.
『大智度論』,『大正藏』25.
『十地經論』,『大正藏』26.
『阿毘達磨大毘婆沙論』,『大正藏』27.
『雜阿毘曇心論』,『大正藏』28.
『阿毘達磨俱舍論』,『大正藏』29.
『妙法蓮華經玄義』,『大正藏』33.
『大方廣佛華嚴經隨疏演義鈔』,『大正藏』36.
『華嚴一乘十玄門』,『大正藏』45.
『華嚴一乘教義分齊章』,『大正藏』45.
『摩訶止觀』,『大正藏』46.
『雲門匡真禪師廣錄』,『大正藏』47.
『大慧普覺禪師語錄』,『大正藏』47.
『袁州仰山慧寂禪師語錄』,『大正藏』47.
『鎮州臨濟慧照禪師語錄』,『大正藏』47.

『信心銘』,『大正藏』48.

『六祖大師法寶壇經』,『大正藏』48.

『佛果圜悟禪師碧巖錄』,『大正藏』48.

『高麗國普照禪師修心訣』,『大正藏』48.

『南宗頓教最上大乘摩訶般若波羅蜜經六祖惠能大師於韶州大梵寺施法壇經』,『大正藏』48.

『佛祖統紀』,『大正藏』49.

『三國遺事』,『大正藏』49.

『佛祖歷代通載』,『大正藏』49.

『高僧傳』,『大正藏』50.

『續高僧傳』,『大正藏』50.

『宋高僧傳』,『大正藏』50.

『隋天台智者大師別傳』,『大正藏』50.

『續傳燈錄』,『大正藏』51.

『洛陽伽藍記』,『大正藏』51.

『景德傳燈錄』,『大正藏』51.

『大唐西域記』,『大正藏』51.

『傳法正宗記』,『大正藏』51.

『弘明集』,『大正藏』52.

『法苑珠林』,『大正藏』53.

『開元釋教錄』,『大正藏』55.

『出三藏記集』,『大正藏』55.

『楞伽師資記』,『大正藏』85.

『達磨大師血脈論』,『卍新纂大日本續藏經選錄』63.

『中華傳心地禪門師資承襲圖』,『卍新纂大日本續藏經選錄』63.

『禪門寶藏錄』,『卍新纂大日本續藏經選錄』64.

『住鼎州梁山廓庵和尚十牛圖頌』,『卍新纂大日本續藏經選錄』64.

『古尊宿語錄』,『卍新纂大日本續藏經選錄』68.

『江西馬祖道一禪師語錄』,『卍新纂大日本續藏經選錄』69.

『天聖廣燈錄』,『卍新纂大日本續藏經選錄』78.

『聯燈會要』,『卍新纂大日本續藏經選錄』79.

『祖庭事苑』,『卍新纂大日本續藏經選錄』79.

『嘉泰普燈錄』,『卍新纂大日本續藏經選錄』79.

『五燈會元』,『卍新纂大日本續藏經選錄』80.

『林間錄』,『卍新纂大日本續藏經選錄』87.

『古尊宿語錄』,『中華大藏經選錄』77.

『白花道場發願文略解』,『韓佛全』6.

2) 한문 원전

『擊蒙要訣』.
『古文眞寶(後集-文編)』.
『國家(The Republic)』.
『國語』.
『近思錄集解』.
『老子』.
『老子 王弼註』.
『論語』.
『論語集註』.
『大壑』.
『東坡文鈔』.
『明儒學案』.
『孟子』.
『孟子集注』.
『墨子』.
『博物志』.
『史記』.
『三國志』.
『三國演義』.
『象山全集』.
『尙書(書經)』.
『尙書註疏』.
『世說新語』.
『世宗實錄』.
『小學』.
『宋史』.
『搜神記』.
『荀子』.
『荀子集解』.
『詩經』.
『新論』.
『審理錄』.
『十六國春秋』.

『禮記』.
『王陽明全集』.
『容臺別輯』.
『陸九淵集』.
『魏書』.
『二程遺書』.
『林泉高致』.
『資治通鑑』.
『莊子』.
『存學編』.
『傳習錄』.
『周易』.
『周易本義』.
『周易傳義大全』.
『朱子大全』.
『朱子語類』.
『中庸』.
『中庸集註』.
『春秋繁露』.
『春秋左氏傳』.
『春秋公羊傳注疏』.
『太極圖說』.
『太極解義』.
『抱朴子』.
『韓非子』.
『漢書』.
『後漢書』.

「西銘(訂頑)」.
「太極圖說」.

3) 비문

李穡 撰, 〈太古寺圓證國師塔銘〉.
李之茂 撰, 〈斷俗寺大鑑國師碑〉.
張載 撰, 〈訂頑(西銘)〉.

4) 번역 원전

나카가와 다카 註解, 양기봉 譯, 『六祖壇經』, 서울: 김영사, 1994.
班古 著, 辛正根 譯, 『白虎通義』, 서울: 소명출판, 2005.
李贄 著, 김혜경 譯, 『焚書 Ⅱ』, 서울: 한길사, 2004.
鄭承碩 譯, 『리그베다』, 서울: 김영사, 1984.
程頤·朱熹 著, 金碩鎭 譯, 『周易傳義大全解釋 上』, 서울: 大有學堂, 1997.
曾先之 著, 編輯部 譯, 『十八史略』, 서울: 自由文庫, 1988.

2. 단행본

1) 국내 단행본

戒環 著, 『賢首 法藏 硏究-華嚴敎學의 大成者』, 서울: 운주사, 2011.
_____, 『中國 華嚴思想史 硏究』, 서울: 佛光出版社, 1996.
高亨坤 著, 『禪의 世界』, 서울: 東國大學校出版部, 2005.
김길락·김덕균 外 著, 『陽明學 哲學硏究』, 서울: 청계, 2001.
김길수·윤상철 著, 『周易 入門』, 서울: 大有學堂, 1997.
金能根 著, 『儒敎의 天思想』, 서울: 崇實大學校 出版部, 1988.
김득만·장윤수 著, 『中國哲學의 理解』, 서울: 예문서원, 2000.
金廷禧 著, 『朝鮮時代 地藏十王圖 硏究』, 서울: 一志社, 2004.
金忠烈 著, 『中國哲學史1』, 서울: 예문서원, 1999.
김호귀 著, 『黙照禪 硏究』, 서울: 民族社, 2001.
朴漢濟 著, 『帝國으로 가는 긴 旅程(北朝·隋·初唐時代)』, 서울: 四季節, 2003.
배진달 著, 『中國의 佛像』, 서울: 一志社, 2005.
申採湜 著, 『東洋史槪論』, 서울: 三英社, 2004.
安良圭 著, 『붓다의 入滅에 관한 硏究』, 서울: 民族社, 2009.
원일 著, 『古代 中國의 天人關係論』, 光州: 全南大學校出版文化院, 2020.
원혜영 著, 『아름다운 공동체 붓다의 열반 에피소드』, 서울: 經書院, 2009.
이장우·노장시 著, 『中國文化通論』, 서울: 中文, 2000.
李春植 著, 『中國 古代史의 展開』, 서울: 신서원, 1997.
이효걸·김형준 外 著, 『論爭으로 보는 佛敎哲學』, 서울: 예문서원, 1998.
玆玄 著, 『佛敎史 100場面』, 서울: 佛光出版社, 2018.
_____, 『人生이 흔들릴 때 涅槃經 공부』, 서울: 佛光出版社, 2024.
_____, 『玆玄스님의 조금 특별한 佛敎이야기』, 서울: 佛光出版社, 2012.
張德麟 著, 박상리 外 譯, 『程明道의 哲學』, 서울: 예문서원, 2004.

장윤수 著, 『程朱哲學原論』, 서울: 理論과實踐, 1992.
全海住 著, 『義湘 華嚴思想史 硏究』, 서울: 民族社, 1994.
鄭性本 著, 『禪思想史』, 서울: 禪文化硏究所, 1993.
_____, 『中國禪宗의 成立史 硏究』, 서울: 民族社, 2000.
鄭滴泳 著, 『如來藏思想』, 서울: 대원정사, 1993.
中國哲學硏究會 編, 『論爭으로 보는 中國哲學』, 서울, 예문서원, 1994.
최진석 著, 『周易, 儒家의 사상인가, 道家의 사상인가』, 서울: 예문서원, 1996.
漢岩 撰, 『定本-漢巖一鉢錄 上』, 平昌: 漢岩門徒會·五臺山 月精寺, 2010.
漢岩 筆寫, 『漢岩禪師肉筆本 鏡虛集』, 平昌: 五臺山 月精寺, 2009.
海住 著, 『華嚴의 세계』, 서울: 民族社, 1998.
黃元九 著, 『中國思想의 源流』, 서울: 延世大學校出版部, 1988.

2) 국내번역본

葛兆光 著, 沈揆昊 譯, 『道敎와 中國文化』, 서울: 東文選, 1993
구보 노리따다 著, 최준식 譯, 『道敎史』, 서울: 분도출판사, 2000.
구보타 료온 著, 崔俊植 譯, 『中國儒佛道 三敎의 만남』, 서울: 民族社, 1994.
金谷治 外 著, 조성을 譯, 『中國思想史』, 서울: 理論과實踐, 1996.
鎌田茂雄 著, 章輝玉 譯, 『中國佛敎史1-初傳期의 佛敎』, 서울: 장승, 1997.
勞思光 著, 鄭仁在 譯, 『中國哲學史(宋明篇)』, 서울: 探求堂, 1991.
_____, 『中國哲學史(漢唐篇)』, 서울: 探求堂, 1997.
다마키코 시로·카마타 시게오 外 著, 鄭舜日 譯, 『中國佛敎의 思想』, 서울: 民族社, 1991.
다무라시로 外 著, 이영자 譯, 『天台法華의 思想』, 서울: 民族社, 1989.
道端良秀 著, 戒環 譯, 『中國佛敎史』, 서울: 우리출판사, 1997.
藤田宏遠 外 著, 崔法慧 編譯, 『佛敎倫理學論集』, 義城: 孤雲寺本末寺敎育硏修院, 1996.
賴永海 著, 법지 譯, 『中國 佛性論』, 서울: 운주사, 2017.
리쩌허우 著, 정병석 譯, 『中國古代思想史論』, 서울: 한길사, 2005.
牟宗三 著, 鄭仁在·鄭炳碩 譯, 『中國哲學特講』, 서울: 螢雪出版社, 1996.
미우라 쿠니오 著, 김영식·이승연 譯, 『人間朱子』, 서울: 創作과批評社, 1996.
方立天 著, 이봉순·황성규·김봉희 譯, 『中國佛敎哲學-心性論(下)』, 坡州: 韓國學術情報[株], 2010.
北京大學校 哲學科硏究室 編, 박원재 譯, 『中國哲學史 II (漢唐篇)』, 서울: 간디서원, 2005.
B. 러셀 著, 최민홍 譯, 『西洋哲學史 下』, 서울: 집문당, 2002.
山口瑞鳳·矢岐正見 著, 李浩根·안영길 譯, 『티베트 佛敎史』, 서울: 民族社, 1995.
徐復觀 著, 劉日煥 譯, 『中國人性論史(道家·法家 人性論)』, 서울: 乙酉文化社, 1995.
徐小躍 著, 金鎭戊 譯, 『禪과 老莊』, 서울: 운주사, 2000.
松長有慶 著, 許一範 譯, 『密敎歷史』, 서울: 經書院, 1990.

狩野直喜 著, 吳二煥 譯,『中國哲學史』, 서울: 乙酉文化社, 1997.
시마다 겐지 著, 김석근·이근우 譯,『朱子學과 陽明學』, 서울: 까치, 1990.
시모다 마사히로 著, 이자랑 譯,『涅槃經 硏究-大乘經典의 硏究 方法 試論』, 서울: CIR, 2018.
阿辻哲次 著, 沈慶昊 譯,『漢字學』, 서울: 이회, 1996.
앙리 마스페로 著, 신하령·김태완 譯,『道敎』, 서울: 까치, 1999.
야나기다 세이잔 著, 추만호·안영길 譯,『禪의 思想과 歷史』, 서울: 民族社, 1992.
에릭 쥐르허 著, 최연식 譯,『佛敎의 中國 征服-中國에서 佛敎의 수용과 변용』, 서울: CIR, 2010.
鈴木大拙 著, 沈在龍 譯,「6章. 禪의 日常性」『아홉 마당으로 풀어 쓴 禪』, 서울: 玄音社, 1992.
吳經熊 著, 徐燉珏·李楠永 譯,『禪學의 黃金時代』, 서울: 天池, 1997.
오하마 아키라 著, 이형성 譯,『範疇로 보는 朱子學』, 서울: 예문서원, 1997.
위안싱페이 著, 장연·김호림 譯,『中國文明大視野3』, 서울: 김영사, 2007.
柳田聖山 著, 김성환 譯,『달마』, 서울: 民族社, 1992.
柳田聖山 著, 추만호·안영길 譯,『禪의 思想과 歷史』, 서울: 民族社, 1992.
李宗桂 著, 李宰碩 譯,『中國文化槪論』, 서울: 東文選, 1993.
李澤厚·劉綱紀 著, 權德周·金勝心 譯,『中國美學史』, 서울: 大韓敎科書株式會社, 2001.
張岱年 著, 김백희 譯,『中國哲學史大綱 上』, 서울: 까치, 2000.
張德麟 著, 박상리 外 譯,『程明道의 哲學』, 서울: 예문서원, 2004.
張立文 著, 안유경 譯,『理의 哲學』, 서울: 예문서원, 2004.
田村芳郎·新田雅章 著, 出版部 譯,『天台大師-그 生涯와 思想』, 서울: 靈山法華寺 出版部, 1997.
趙吉惠 外 著, 김동휘 譯,『中國儒學史2』, 서울: 신원문화사, 1997.
周桂鈿 著, 문재곤 譯,『講座 中國哲學』, 서울: 예문서원, 1996.
中村元 外 著, 釋元旭 譯,『華嚴思想論』, 서울: 운주사, 1990.
陳來 著, 안재호 譯,『宋明 性理學』, 서울: 예문서원, 1997.
陳來 著, 이종란 外 譯,『朱熹의 哲學』, 서울: 예문서원, 2002.
K.S. 케네쓰첸 著, 朴海鐺 譯,『中國佛敎 上』, 서울: 民族社, 1991.
_____,『中國佛敎 下』, 서울: 民族社, 1994.
平川彰·梶山雄一·高崎直道 著, 宗浩 譯,『如來藏思想』, 서울: 經書院, 1996.
平川彰·梶山雄一·高崎直道 著, 鄭舜日 譯,『華嚴思想』, 서울: 經書院, 1996.
馮禹 著, 김갑수 譯,『東洋의 自然과 人間 理解-中國의 天人關係論』, 서울: 논형, 2008.
馮友蘭 著, 곽신환 譯,『中國 哲學의 精神(新原道)』, 서울: 瑞光社, 1993.
쿠보 노리타다 著, 鄭舜日 譯,『道敎와 神仙의 世界』, 서울: 法仁文化社, 1993.
토오도오 교슌·시오이리 료오도 著, 차차석 譯,『中國佛敎史』, 서울: 대원정사, 1992.
洪修平 著, 金鎭戊 譯,『禪學과 玄學』, 서울: 운주사, 1999.
黃有福·陳景富 著, 權五哲 譯,『韓-中 佛敎文化交流史』, 서울: 까치, 1995.
후루타 쇼킨·다나카 료쇼 著, 남동신·안지원 譯,『中國禪宗의 六祖, 혜능』, 서울: 玄音社, 1993.

3) 외국 단행본

鎌田茂雄 著, 『華嚴の思想』, 東京: 講談社, 1988.
高崎直道 著, 『寶性論』, 東京: 講談社, 1989.
高峯了州 著, 『華嚴思想史』, 京都: 興教書院, 1942.
駒澤大學禪宗史硏究會 編, 『慧能硏究: 慧能の傳記と資料に關する基礎的硏究』, 東京: 大修館書店, 1979.
郭志坤 著, 『荀學論稿』, 上海: 上海三聯書店, 1991.
吉津宜英 著, 『華嚴禪の思想史的 硏究』, 東京: 大東出版社, 1985.
吉田公平 著, 『日本における陽明學』, 東京: ぺりかん社, 1999.
吉田公平 著, 『陽明學からのメッセージ』, 東京: 硏文出版, 2013.
勞思光 著, 『新編 中國哲學史(3卷4冊)』, 台北: 三民書局, 1980~1986.
戴瑞坤 著, 『中日韓朱子學陽明學之硏究』, 臺北: 文史哲, 2000.
馬淵昌也 編著, 『東アジアの陽明學: 接觸·流通·變容』, 東京: 東方書店, 2011.
牟宗三 主講, 林淸臣 記錄, 『中西哲學之會通十四講』, 台北: 學生書局, 民國85.
方立天 著, 『中国古代哲學問題發展史』, 北京: 中華書局, 1990.
范文瀾 著, 『中國通史4』, 北京: 人民出版社, 1986.
蔡方鹿 著, 『中國道統思想發展史』, 成都: 四川人民出版社, 2003.
安藤俊雄 著, 『天台思想史』, 京都: 法藏館, 2024.
櫻井唯 著, 『華嚴教学の形成と展開』, 京都: 法藏館, 2025.
呂妙芬 著, 『陽明學士人社群: 歷史·思想與實踐』, 臺北: 中央硏究院近代史硏究所, 2003.
王巍 編, 『中國考古學百年史(1921-2021)』第1卷(上冊), 北京: 中國社會科學出版社, 2021.
李澤厚 著, 『華夏美學』, 天津: 天津社會科學院出版社, 2002.
日比宣正 著, 『唐代天台學書說-湛然の著作に關する硏究』, 東京: 山喜房佛書林, 1975.
日比宣正 著, 『唐代天台學硏究』, 東京: 山喜房佛書林, 1975.
張岱年 著, 『中國哲學大綱-中國哲學問題史』, 北京: 商務印書館, 1958.
莊明興 著, 『中國中古的地藏信仰 國立臺灣大學文史叢刊110』, 台北: 國立臺灣大學校大學院, 1999.
鄭德熙 著, 『陽明學對韓國的影響』, 臺北: 文史哲出版社, 1986.
周夏 著, 『華嚴仏教思想の形成』 名古屋: あるむ, 2011.
池麗梅 著, 『唐代天台佛教復興運動硏究序說-荊溪湛然とその"止觀輔行傳弘決"』, 東京: 大藏出版, 2008.
陳來 著, 『有無之境-王陽明哲學精神』, 北京: 人民出版社, 1991.
蔡仁厚 著, 『中国哲学史大綱』, 台北: 学生書局, 1988.
平川彰, 『原始佛教の硏究-敎團組織の原型』, 東京: 春秋社, 1964.
馮友蘭 著, 『中國哲學簡史』, 北京: 北京大學出版社, 1996.
_____, 『中國哲學史(上冊)』, 上海: 華東師範大學出版社, 2003.

_____,『中國哲學史(下冊)』, 上海: 華東師範大學出版社, 2003.
_____,『中國哲學史(上·下冊)』, 北京: 商務印書館, 1948.
叶朗 著,『中国美學史大綱』, 上海: 上海人民出版社, 2005.
胡適 著,『中國哲學史大綱』, 北京: 商務印書館, 1919.

Kim, Sungmoon, *Theorizing Confucian Virtue Politics: The Political Philosophy of Mencius and Xunzi*, New York: Cambridge University Press, 2020.

3. 논문

1) 학위논문

길훈섭,「性理學의 道德 體系에 대한 現代 科學的 再構成-『北溪字義』와『朱子語類』를 中心으로」, 서울: 成均館大 博士學位論文, 2020.
金東鉉,「朱子易學의 先代易學 受容樣相 研究」, 大邱: 慶北大 博士學位論文, 2022.
박시연,「朝鮮의 性理學 公職倫理와 大韓民國의 公職倫理 關係 分析」, 水原: 京畿大 博士學位論文, 2023.
朴彩淑,「法藏의 法界性起思想 研究」, 서울: 東國大 博士學位論文, 1998.
서세영,「性理學의 善惡論에 관한 研究-善의 根源과 惡의 發生에 관하여」, 서울: 韓國外國語大 博士學位論文, 2021.
宋在雲,「王陽明 心學의 研究」, 서울: 東國大 博士學位論文, 1985.
申明姬(定芸),「馬祖禪 研究」, 서울: 東國大 博士學位論文, 2009.
廉仲燮,「高麗佛畫의 地藏菩薩 圖像 研究」, 서울: 東國大 博士學位論文, 2021.
_____,「梵日의 生涯와 江陵 地域에서의 傳承 및 神格化」, 서울: 東國大 博士學位論文, 2023.
_____,「漢嚴重遠의 禪佛敎와 敎育思想 研究」, 서울: 東國大 博士學位論文, 2020.
尹永海,「朱子의 佛敎批判 硏究」, 서울: 西江大 博士學位論文, 1997.
李偉偉,「『朱子語類』的体貌类型及表达体系研究-『朱子語類』의 体貌類型 및 表現體系 硏究」, 大邱: 慶北大 博士學位論文, 2020.
이종미,「栗谷·巍巖·鹿門의 性理學 體系에 있어 '氣'의 役割과 位相에 관한 硏究」, 서울: 成均館大 博士學位論文, 2020.
장학,「感情科學에 基礎한 朱子와 王陽明의 '格物致知' 理論 硏究 分析」, 서울: 國民大 博士學位論文, 2024.
정순일,「華嚴性起思想史硏究-中國華嚴宗을 中心으로」, 益山: 圓光大 博士學位論文, 1988.
鄭惠蓮(如現),「馬祖道一에 관한 硏究-禪과 敎의 融攝關係를 中心으로」, 서울: 東國大 博士學位論文, 2012.

鄭滈泳,「『寶性論』의 如來藏思想 硏究」, 서울: 東國大 博士學位論文, 1991.

尹富,「中國地藏信仰硏究」, 四川: 四川大 博士學位論文, 2005.

2) 학회논문

강기선(도엄),「中國佛敎思想에 나타난 佛性의 변천과 如來藏의 解釋-『華嚴經』『如來出現品』과『寶王如來性起品』을 중심으로」,『哲學論叢』91, 2018.
고승학,「華嚴 敎學에서의 緣起 개념」,『佛敎學硏究』37, 2013.
고영섭,「浮石 의상의 華嚴은 性起思想이 아닌가?-'의상 華嚴思想의 性起的 理解에 대한 재검토'의 비판적 고찰」,『東아시아佛敎文化』44, 2020.
고혜련,「北魏正統性과 王卽佛思想의 구현」,『先史와 古代』37, 2012.
郭靑靑,「荀子『勸學』편 '學'에 대한 考察」,『東洋古典硏究』93, 2023.
구미숙,「『肇論』에 있어서 般若中觀佛敎와 玄學의 융합-非有非無와 卽體卽用 논리를 중심으로」,『東아시아佛敎文化』21, 2015.
具瑟娸,「『孝順事實』과『三綱行實孝子圖』간의 거리-15世紀 朝·明이 구상한 '儒敎的 인간다움'의 共有 方式 考察」,『東方漢文學』99, 2024.
권상우,「儒學과 社會生物學의 對話-道德의 기원과 정당성을 중심으로」,『東洋哲學硏究』59, 2009.
권운영,「실크로드에 관한 문화콘텐츠 스토리텔링 구성 연구-《史記》와《漢書》를 중심으로」,『中國小說論叢』65, 2021.
금경숙,「高句麗 建國神話의 形成과 變容」,『國學硏究』28, 2015.
김갑균,「周 宗法封建 내 庶弟(小宗)와 縣의 역할-宗法制度 解釋에 대한 새로운 試論」,『歷史와 境界』21, 1991.
김경순,「韓愈의 哲學과 北宋學의 相關性에 관한 硏究」,『東西哲學硏究』67, 2013.
金寥淑(志恩),「圭峯宗密의 知思想 硏究」,『韓國佛敎學』51, 2008.
_____,「『圓覺經』에 설해진 本有圓覺과 漸修證의 체계-圭峯宗密의 해석을 중심으로」,『普照思想』38, 2012.
김광일,「宋襄公을 위한 辨明-信과 春秋時期 霸主의 資格」,『中國文學』107, 2021.
김기현,「孟子의 性善說과 荀子의 性惡說에 대한 현대적 조명」,『哲學硏究』79, 2001.
김대열,「禪修行의 過程과 그 實踐에 관한 연구-廓庵의 十牛圖·頌을 통해」,『韓國敎授佛子聯合學會誌』24-3, 2018.
김덕균,「孝子傳, 感性과 理性의 사이-朝鮮 初 孝關聯 政策을 중심으로」,『儒學硏究』55, 2021.
김덕소,「唐 武宗 廢佛의 원인과 영향에 관한 小考」,『韓國佛敎學』69, 2014.
김두진,「宗密의 一心觀에 대한 小考」,『佛敎硏究』55, 2012.
金命鎬(法志),「黃檗의 禪思想과 禪宗思想史的 意義」,『圓佛敎思想과 宗敎文化』85, 2020.

김방룡, 「普照知訥과 太古普愚의 禪教觀」, 『哲學研究』 99, 2006.
김백녕·이경무, 「孟子의 性善과 荀子의 僞善에 대한 다원주의적 統合」, 『東西哲學研究』 106, 2022.
김상돈, 「아리스토텔레스의 幸福의 두 가지 概念」, 『倫理研究』 1-73, 2009.
김상범, 「北宋時期 景靈宮과 國家儀禮」, 『東洋史學研究』 136, 2016.
김성실, 「儒敎의 宗敎性에 관한 일고찰-成均館과 成均館 儀禮를 중심으로」, 『退溪學論叢』 39, 2022.
김수청, 「儒教의 靈魂觀에 대한 분석적 고찰」, 『韓國民族文化』 25, 2005.
김연재, 「佛學의 緣起本體說에서 본 朱子學의 心性觀과 本體論의 類比의 사유-理一分殊의 논법에 착안하여」, 『東아시아佛敎文化』 48, 2021.
김영진, 「初期 中國의 統一國家 形成 기제에 대한 이론적 고찰-權力規模의 觀點」, 『韓國政治學會報』 47-1, 2013.
김원중, 「『世說新語』와 魏晋淸談의 關聯問題」, 『中國小說論叢』 2, 1993.
김인호, 「楚辭의 범위와 의미 고찰」, 『中國文學』 81, 2014.
金廷禧, 「大足 寶頂山 石窟의 地獄變相 研究」, 『美術史學研究』 224, 1999.
_____, 「中國 道敎의 十王信仰과 圖像-『玉歷寶鈔』를 중심으로」, 『美術史學』 6, 1994.
김정희, 「湛然의 性具說 研究-眞如隨緣과 관련하여」, 『東西哲學研究』 108, 2023.
_____, 「天台智顗의 性具說에 대한 小考」, 『東洋哲學』 34, 2010.
김종두, 「『摩訶止觀』의 禪定境에 대한 고찰」, 『禪學』 20, 2008.
김종용, 「儒·佛 性論에 대한 比較 分析-孟子와 六祖慧能을 中心으로」, 『圓佛敎思想과 宗敎文化』 81, 2019.
김준승, 「王陽明 致良知論 分析」, 『陽明學』 56, 2020.
김지견, 「海東華嚴의 뿌리와 흐름」, 『범한철학』 4, 1986.
金鎭戌, 「格義佛敎新探」, 『韓國佛敎學』 30, 2001.
_____, 「明代 陽明學 泰州學派의 祖師禪 認識」, 『淨土學研究』 39, 2023.
_____, 「「言意之辨」과 玄學 展開」, 『東洋哲學研究』 64, 2010.
_____, 「祖師禪의 卽心卽佛과 卽相卽眞에 나타난 禪思想」, 『密敎學研究』 6, 2024.
_____, 「中國의 佛敎 傳來와 初期 中國禪」, 『淨土學研究』 41, 2024.
_____, 「卓吾 李贄의 佛敎思想과 그 意義」, 『東아시아佛敎文化』 40, 2019.
_____, 「荷澤神會 禪思想의 淵源과 그 意義」, 『普照思想』 18, 2002.
김치온, 「摩訶衍의 禪法 研究-돈황본 『頓悟大乘正理決』을 중심으로」, 『普照思想』 31, 2009.
金昌淑(曉吞), 「石顚 朴漢永의 〈戒學約詮〉과 歷史的 性格」, 『韓國史研究』 107, 1999.
김천학, 「東아시아 華嚴學에서의 成佛論」, 『韓國思想史學』 32, 2009.
김치온, 「瑜伽行派 五性各別說의 淵源에 대한 고찰」, 『淨土學研究』 36, 2021.
_____, 「中國 唯識學派들의 思想的 展開에 있어서 玄奘의 位置」, 『韓國敎授佛子聯合學會誌』 25-3, 2019.
김태용, 「「解老」·「喩老」의 韓非子 法治思想 研究」, 『韓國哲學論集』 63, 2019.

金學睦,「裵頠의『崇有論』에 對한 考察-王弼의 有無觀과 比較를 中心으로」,『道教文化研究』 12, 1998.
김혜경,「李卓吾의 認識世界」,『中國語文學誌』10, 2001.
김호귀,「看話禪의 成立 背景」,『普照思想』19, 2003.
_____,「黙照禪 修行의 實際」,『禪學』14, 2006.
_____,「大慧의 黙照禪 批判에 대하여-『書狀』을 중심으로」,『普照思想』13, 2000.
南東信,「玄奘의 印度 求法과 玄奘像의 推移-西域記, 玄奘傳, 慈恩傳의 비교 검토를 중심으로」,『佛教學研究』20, 2008.
남상호,「朱熹의 理一分殊의 방법」,『東西哲學研究』44, 2007.
_____,「慧能의 一行三昧의 방법」,『東西哲學研究』49, 2008.
박길수,「朱熹 人心道心論의 心性論의 含意-人心道心은 已發인가?」,『哲學研究』46, 2012.
박미라,「文廟 祭祀에서의 孔子 位相 문제-先師·先聖·文宣王의 尊號를 중심으로」,『東洋古典研究』53, 2013.
박성규,「朱子의 厲鬼論」,『奎章閣』26, 2003.
박인석,「禪宗의 붓다관-祖佛과 心佛 개념을 중심으로」,『韓國哲學論集』84, 2025.
박재현,「入塵垂手를 통해 본 禪의 自我觀」,『禪文化研究』25, 2018.
박정훈,「感性學과 趣味批判-바움가르텐과 칸트의 美學 構想」,『美學』83-4, 2017.
_____,「美學의 始作, 感性學-바움가르텐의『에스테티카』에 나타난 哲學的 美學의 현재적 의의」,『美學』85-2, 2019.
박종식,「칸트의 코페르니쿠스적 轉回와 이성의 異質性 問題」,『大同哲學』18, 2002.
박태원,「붓다의 緣起法과 佛敎의 緣起說-緣起解釋學들에 대한 의문」,『哲學論叢』82, 2015.
박현숙,「郭熙의『林泉高致』에 나타난 新儒學 藝術觀」,『東洋藝術』31, 2016.
방경훈,「朱熹의 理一分殊의 원리개념과 자아전개에 관한 연구」,『圓佛教思想과 宗教文化』76, 2018.
방인,「丁若鏞의 春秋官占補註의 "夏商之舊法"설에 대한 비판적 고찰」,『退溪學報』131, 2012.
백영선·고승환,「孟子의 性善說에 대한 재고찰-생물학적 욕구와 도덕적 경향선의 관계를 중심으로」,『哲學』157, 2023.
변원종,「朱子의 格物致知에 관한 연구」,『東西哲學研究』37, 2005.
변희욱,「教學 以後, 教外別傳 以後-教外別傳의 解釋學」,『哲學思想』55, 2015.
서근식,「『大學』解釋을 통해 본 朱子의 格物致知論」,『東洋古典研究』33, 2008.
서대원,「逍遙·齊物에 대한 郭象의 이해」,『東方學志』117, 2002.
서보근,「中國 董仲舒의 統治思想」,『大韓政治學會報』18-2, 2010.
석길암,「『大乘起信論』을 읽어온 文獻學과 教學의 시선들-『大乘起信論』의 성립을 둘러싼 논의의 진전 혹은 성립 論爭의 脫皮를 위한」,『韓國佛教學』93, 2020.
_____,「義湘의 行路와 사상적 변화에 대한 고찰」,『佛教學報』59, 2011.
_____,「華嚴經의 編輯의 思想的 背景에 대한 고찰」,『印度哲學』40, 2014.

_____,「華嚴經의 編輯은 호탄(Khotan)에서 이루어졌는가」,『佛教學研究』42, 2015.
선병삼,「王陽明 知行合一說을 어떻게 이해할 것인가?-知行合一의 正當化 論理를 중심으로」,『栗谷學研究』56, 2024.
_____,「王陽明 致良知論을 어떻게 이해할 것인가?」,『東洋哲學』48, 2017.
_____,「致良知를 어떻게 實踐할 것인가?」,『陽明學』68, 2023.
소현성,「朱子의『太極解義』일고-그 세계관을 중심으로」,『忠南大學校 儒學研究』39, 2017.
손병석,「아리스토텔레스의 幸福(eudaimonia)과 외적좋음의 관계에 대한 考察」,『哲學研究』118, 2017.
손정일,「楚辭學의 成立과 發展」,『中國語文學論集』10, 1998.
손흥철,「董仲舒의 人間觀 研究」,『南冥學』17, 2012.
송인범,「無我說에 대한 一考察」,『韓國禪學』30, 2011.
신명희(정운),「깨달음과 教化에 관한 小考-十牛圖의 入廛垂手 思想을 중심으로」,『韓國佛教學』80, 2016.
_____,「十牛圖와 牧牛圖의 比較 考察」,『동아시아불교문화』34, 2018.
신상후,「王弼과 程頤 周易 해석의 불일치 사례 연구」,『道教文化研究』60, 2024.
신예진,「『孟子』〈牛山之木章〉의 '心'에 대한 研究-『孟子集註大全』을 중심으로」,『儒學研究』52, 2020.
안영석,「陸象山과 王陽明 心學의 비교 研究-工夫論을 중심으로」,『哲學論叢』66, 2011.
_____,「心學의 觀點으로 본 '新儒學 思想 흐름의 特徵-程朱學과 陸王學을 중심으로」,『哲學論叢』41, 2005.
廉仲燮,「南宗禪의 感情 受容 과정과 타당성 검토」,『瞑想相談과 人文教育』1, 2023.
_____,「붓다의 사회변화 수용과 승려의 威儀 문제 검토」,『圓佛教思想과 宗教文化』60, 2014.
_____,「붓다의 和合精神 강조와 그 현대적 의의-律 제정의 의미와 정신을 중심으로」,『大覺思想』19, 2013.
_____,「中國哲學的 思惟에서의 '理通氣局'에 관한 고찰」,『東洋哲學研究』50, 2007.
_____,「指空의 家系주장에 대한 검토」,『震檀學報』120, 2014.
_____,「한국불교의 戒律 변화에 대한 타당성 모색-手段으로서의 율과, 시대와 문화권에 따른 변화수용 가능성」,『宗教文化研究』24, 2015.
_____,「韓國佛教 戒律觀 根本問題 考察-中國文化圈의 特殊性을 중심으로」,『宗教研究』72, 2013.
_____,「韓國 傳統袈裟 日月光紋의 來源 고찰-日本 知恩院所藏 刺繡9條袈裟貼屛風의 문제를 중심으로」,『震檀學報』119, 2013.
_____,「韓國 傳統袈裟의 裝飾과 日月五嶽圖의 관계성 고찰」,『佛教學研究』31, 2012.
염호택,「王陽明의 知行合一에 관한 연구」,『陽明學』26, 2010.
오명지,「鳩摩羅什의 대승적 입장과 그 영향」,『韓國佛教學』71, 2014.
오종일,「孟子의 井田論과 井田制度의 思想的 淵源」,『東洋哲學研究』37, 2004.

오홍석,「『禪門寶藏錄』에 나타난 禪思想과 韓國禪에 미친 影響」,『東西哲學硏究』81, 2016.
원필성,「格義佛敎에 대한 再考-釋道安의 例를 중심으로」,『佛敎學報』58, 2011.
유권종,「爲己之學의 槪念化 過程」,『哲學探究』32, 2012.
_____,「朱熹의 爲己之學 考察」,『哲學探究』33, 2013.
유성욱,「佛敎 야마(Yama) 神格의 기원과 특성」,『人文科學』60, 2016.
_____,「『孟子』王道政治의 理念과 實現 方案」,『哲學·思想·文化』2020, 34.
유희성,「孟子의 道德創造論」,『陽明學』19, 2007.
윤무학·김종범,「荀子의 道家 批判과 受容」,『栗谷學硏究』43, 2020.
尹武學,「荀子와 法家-禮·法 관계의 변화를 중심으로」,『東洋哲學硏究』15, 1995.
윤민향,「未發修養論의 人性敎育的 意義」,『栗谷學硏究』57, 2024.
_____,「憂患意識과 朱子의 存天理 滅人欲 意味 再考-포스트 팬데믹 時代의 憂患과 共存의 유토피아」,『東洋哲學硏究』113, 2023.
윤재석,「中國 古代〈死者의 書〉와 漢代人의 來世觀-鎭墓文을 중심으로」,『中國史硏究』90, 2014.
윤창준,「甲骨卜辭를 통해 본 商代의 崇拜對象 고찰(1)-自然神의 최고 지위를 갖는 上帝」,『中國言語硏究』52, 2014.
尹暢和,「鏡虛의 酒色과 삼수갑산」,『佛敎評論』52, 2012.
이경무,「儒學의 道統과 學的 傳統」,『哲學硏究』92, 2004.
이규상,「『荀子』「勸學篇」의 교육철학적 검토」,「儒學硏究』21, 2010.
이광혁,「『孟子』民本思想과 현대적 의의」,『中國學』81, 2022.
이기운,「天台의 本迹思想 수용과 그 전개」,『禪學』27, 2010.
이동희,「朱熹의 生涯와 思想」,『東西文化』34, 2001.
_____,「朱子學 形成에 관한 一考察」,『東西文化』29, 1997.
이만형,「周代 井田制 실시 지역과 采地制度」,『農業史硏究』8-3, 2009.
林明熙,「中國哲學史上의 "系統說"與 "道統" 觀念」,『哲學과 文化』18, 2009.
이병욱,「中國佛敎에 나타난 業과 輪廻의 두 가지 양상」,『佛敎學硏究』29, 2011.
_____,「天台哲學과 華嚴哲學의 比較-實相論과 十玄緣起를 중심으로」,『中國學論叢』10, 1997.
이상돈,「理一分殊論으로 보는 朱子의 格物致知說」,『韓國哲學論集』44, 2015.
이상훈,「王門의 陽明學 理解와 體得-良知現成派와 良知歸寂派를 中心으로」,『東洋哲學硏究』40, 2004.
이석명,「『解老』·『喩老』의 黃老學的 性格과 그 思想史的 의미」,『東洋哲學』23, 2005.
李成九,「秦漢時代 泰山觀의 變化-秦始皇刻石과 『淮南子』의 泰山記事에 대한 比較分析」,『蔚山史學』11, 2004.
_____,「漢武帝時期의 皇帝儀禮-太一祀·明堂·封禪의 二重性에 대한 검토」,『東洋史學硏究』80, 2002.
이승환,「陸象山 修養論에 대한 朱子의 批判-'剝落'에서 '窮理'로」,『哲學硏究』29, 2010.

이시우, 「『周易』 "生生之謂易"을 통해 본 儒家의 死生觀 考察」, 『東西哲學研究』 58, 2010.
이연정, 「唐末 道統意識 변화 양상-王通의 道統意識을 중심으로」, 『中國學論叢』 76, 2022.
_____, 「先秦時代 道統 意識 검토-荀子의 道統 意識을 중심으로」, 『儒敎思想文化硏究』 86, 2021.
이우진, 「王陽明의 龍場悟道 다시 읽기-龍場의 생활을 중심으로」, 『陽明學』 59, 2020.
이은호, 「中國의 『尙書』僞篇 論爭과 『尙書講義』의 僞 『書』 論議」, 『儒學研究』 35, 2016.
이장희, 「荀子 性惡說의 의미」, 『社會와 哲學』 9, 2005.
이재권, 「王弼의 本無論」, 『東西哲學研究』 72, 2014.
_____, 「王弼의 本體論-體用論과 관련해서」, 『道敎文化硏究』 45, 2016.
이재영, 「로크의 敎育 哲學: 習慣의 帝國과 自由의 逆說」, 『近代哲學』 15, 2020.
이주강, 「性理學의 觀點에서 본 多文化社會-「太極圖」와 「西銘圖」 및 情 개념을 중심으로」, 『大丘慶北研究』 21, 2022.
이진영·신창호, 「'牛山之木'의 擴張을 통해 본 마음 工夫論 考察-『孟子』에서 『心經附註』로의 性理學的 認識을 중심으로」, 『敎育哲學』 65, 2017.
李溱鎔, 「郭象의 相因 개념 고찰」, 『中國學報』 111, 2025.
_____, 「裵頠 崇有論의 存在論 研究」, 『儒學研究』 49, 2019.
_____, 「裵頠 崇有論의 名敎와 玄學」, 『陽明學』 55, 2019.
이찬, 「性善說의 메타-倫理學的 構造: 性理學의 道德의 自然主義 解釋을 위한 試論」, 『東洋哲學』 33, 2010.
이평래, 「如來藏思想 형성의 역사적 고찰」, 『佛敎學報』 29, 1992.
이하운, 「삼예논쟁의 背景과 展開過程에 대한 社會·思想的 고찰-8세기 티베트의 政治變動과 宗敎社會的 要求를 중심으로」, 『悔堂學報』 15, 2010.
이현우, 「19世紀 末~20世紀 初 西寇 學者들의 中國 考古 調査와 그 影響」, 『東北亞歷史論叢』 84, 2024.
이호근, 「梵我一如 思想과 緣起說」, 『印度哲學』 12-1, 2003.
李洪滿, 「法藏에 있어 如來藏緣起說의 發展形態」, 『人文學研究』 1, 2000.
林明熙, 「唐宋 시기 道統 내용의 전환-唐末에서 北宋시기 道의 전승 내용에 관한 담론을 중심으로」, 『韓國哲學論集』 36, 2013.
_____, 「中國哲學史上的 "系統說" 與 "道統" 觀念」, 『哲學과 文化』 18, 2009.
_____, 「『國朝儒先錄』에 나타난 선조대 사림파의 道統 인식과 관념의 변화」, 『民族文化論叢』 60, 2015.
임현수, 「中國 古代 都市의 宗敎的 性格에 관한 硏究-大邑商 殷墟를 중심으로」, 『宗敎文化批評』 41, 2022.
임홍태, 「王陽明의 朱陸觀 硏究-「朱子晩年正論」을 중심으로」, 『東方學』 23, 2012.
玆玄, 「佛敎, '幸福'을 말하는 宗敎-佛敎의 幸福論」, 『文學·史學·哲學』 30, 2012.
_____, 「呪術時代의 復活과 人間幸福의 價値-『金剛經』의 現代社會의인 安當性을 중심으로」, 『文學·史學·哲學』 36, 2014.

장수,「朱熹 心性論의 體驗主義的 解釋」,『東洋哲學硏究』70, 2012.
장종원,「中國 古代人性論 발생의 역사적 배경과 古代人性論 비교 연구」,『水産海洋教育硏究』27-3, 2015.
장진영,「佛教의 마음 理解-緣起的 觀點과 性起的 觀點을 중심으로」,『哲學硏究』123, 2012.
_____,「緣起와 性起의 관계-『華嚴經問答』을 중심으로」,『禪文化硏究』10, 2011.
錢明,「從"圣人可学而至"到"满街人都是圣人"—兼论阳明学的生活化与平民化」,『退溪學論集』12, 2013.
全海住,「一乘法界圖에 나타난 義湘의 性起思想」,『韓國佛教學』13, 1988.
정갑임,「觀點의 轉換-王陽明의 心學을 중심으로」,『陽明學』73, 2024.
_____,「王陽明의 '龍場悟道'에 대한 治癒哲學的 解釋」,『범한철학』53, 2009.
정상봉·황갑연·전병술·안재호,「中國儒家哲學에 있어서의 理性과 欲望의 關係 硏究」,『時代와 哲學』14-2, 2003.
鄭性本,「初期 中國禪宗史에 있어서 頓漸의 問題」,『普照思想』4, 1990.
정성희,「朝鮮 道統論의 批判的 檢討-金宗直을 中心으로」,『儒教思想文化研究』31, 2008.
정세근,「竹林七賢의 정체와 그 비판」,『東西哲學硏究』21, 2001.
정순종,「『太極圖說』의 宇宙 生成論 淵源 考察-「太極圖」와 「無極圖」의 圖像 比較를 中心으로」,『人文學과 藝術』14, 2023.
정영식,「高麗中期의 『禪門寶藏錄』에 나타난 九山禪門의 禪思想」,『韓國思想과 文化』50, 2009.
_____,「朝鮮時代 禪思想 硏究의 現況과 몇 가지 論點에 대하여」,『禪學』47, 2017.
정원재,「李珥 哲學을 보는 두 가지 시각-主氣論과 理氣之妙論」,『哲學思想』26, 2007.
정유진,「荷澤神會의 生涯와 著作」,『佛教學報』56, 2010.
정준기,「荷澤神會의 明鏡에 대하여」,『佛教硏究』35, 2011.
정지욱,「良知 自己展開의 메카니즘-現成良知의 構造」,『陽明學』16, 2006.
_____,「聖人觀을 통해 본 朱子學과 陽明學-自力主義를 中心으로」,『東洋哲學研究』44, 2005.
鄭濬泳,「廓庵[十牛圖]의 思想」,『人文學志』32, 2006.
_____,「如來藏의 개념과 전개」,『人文學誌』30, 2005.
조원일,「陸象山의 天人關係論 硏究」,『儒學硏究』37, 2016.
조용성(원공),「雲門의 現成公案 考察」,『禪學』6, 2003.
陳寅恪, 金智英 譯,「韓愈에 대하여 논함(韩愈建立道统直指人伦)」,『中國語文論譯學會』28, 2011.
차차석,「天台 性惡說의 倫理性 探究」,『韓國佛教學』52, 2008.
최몽룡,「中國 三皇五帝 時代와 考古學」,『유라시아文化』5, 2021.
최연식,「韓國佛教에서의 性起와 緣起-의상 華嚴思想의 性起的 이해에 대한 재검토」,『佛教學報』74, 2016.
하유진,「『涅槃經』의 佛性 개념에 대한 靈性的 이해-涅槃師의 一闡提成佛에 대한 논의를 중심으로」,『印度哲學』41, 2014.
한정길,「朱子의 佛教批判-作用是性說과 心識說에 대한 비판을 중심으로」,『東方學志』제116집, 2002.
한형조,「初期禪宗史」,『宗教研究』6, 1990.
황금중,「朱子學의 工夫 原理로서의 '爲己之學', '下學而上達', '尊德性而道問學'」,『韓國教育史學』31-2, 2009.
황상희,「退溪에서의 上帝와 理到說에 관하여」,『退溪學論集』21, 2017.
黄娟,「告子人性論考辨」,『東北亞文化研究』1-79, 2024.
홍린,「王陽明 工夫論에서의 靜坐工夫의 지위와 기능」,『陽明學』73, 2024.

3) 외국 논문

山内弘一,「北宋の国家と玉皇-新禮恭謝天地を中心に」,『東方學』62, 1981.
李英华,「"六祖革命"与佛教中国化」,『新东方』3, 2011.
Whalen Lai, "Chinese Buddhist Causation Theories: An Analysis of the Sinitic Mahāyana Understanding of Pratītya-samutpāda", *Philosophy East and West* 27, no. 3.

부록 참고문헌

『增壹阿含經』,『大正藏』2.
『大般涅槃經』,『大正藏』12.
『大方等如來藏經』,『大正藏』16.
『阿毘達磨俱舍論』,『大正藏』29.
『鎮州臨濟慧照禪師語錄』,『大正藏』47.
『無門關』,『大正藏』48.
『六祖大師法寶壇經』,『大正藏』48.
『南宗頓教最上大乘摩訶般若波羅蜜經六祖惠能大師於韶州大梵寺施法(寶)壇經』,『大正藏』48.

『論語』.
『孟子』.
『史記』.
『尚書』.
『世說新語』.
『荀子』.
『莊子』.
『傳習錄』.

『朱子語類』.
『中庸』.
『晏子春秋』.
『禮記』.

劉向 撰, 『新序』.
丁若鏞 著, 『論語古今注』.

나카가와 다카 註解, 양기봉 譯, 『六祖壇經』, 서울: 김영사, 1994.

김능근 著, 『儒敎의 天思想』, 서울: 崇實大學校 出版部, 1988.
金忠烈 著, 『中國哲學史 1』, 서울: 藝文書院, 1999.
윤천근 著, 『楊朱의 生命哲學』, 서울: 外界出版社, 1990.
鄭性本 著, 『禪의 歷史와 禪思想』, 서울: 三圓社, 1994.
_____, 『中國禪宗의 成立史 硏究』, 서울: 民族社, 2000.
鄭滈泳 著, 『如來藏 思想』, 서울: 대원정사, 1993.

다마키코 기로・카마타 시게오 外 著, 정순일 譯, 『中國佛敎의 思想』, 서울: 民族社, 1991.
牟宗三 著, 鄭仁在・鄭炳碩 譯, 『中國哲學特講』, 서울: 螢雪出版社, 1996.
木村泰賢 著, 朴京俊 譯, 『原始佛敎 思想論』, 서울: 經書院, 1992.
蒙培元 著, 李尙鮮 譯, 『中國 心性論』, 서울: 法印文化社, 1996.
方立天 著, 이봉순・황성규・김봉희 譯, 『中國佛敎哲學-心性論(上)』, 坡州: 韓國學術情報[株], 2010.
狩野直喜 著, 吳二煥 譯, 『中國哲學史』, 서울: 乙西文化社, 1997.
야나기다 세이잔 著, 추만호・안영길 譯, 『禪의 思想과 歷史』, 서울: 民族社, 1992.
張岱年 著, 김백희 譯, 『中國哲學大綱(上)-中國哲學問題史』, 서울: 까치, 2000.
陳來 著, 전병욱 譯, 『陽明哲學』, 서울: 藝文書院, 2003.
周桂鈿 著, 문재곤 外 譯, 『講座 中國哲學』, 서울: 藝文書院, 1996.
沖本克己 著, 佐藤繁樹 譯, 『새롭게 쓴 禪宗史』, 서울: 佛敎時代社, 1993.
K.S. 케네쓰 첸 著, 박해당 譯, 『中國佛敎 上』, 서울: 民族社, 1991.
후루타 쇼킨・다나카 료쇼 著, 남동신・안지원 譯, 『中國禪宗의 六祖, 혜능』, 서울: 玄音社, 1993.

高崎直道 譯, 『寶性論』, 東京: 講談社, 1989.
牟宗三 著, 林淸臣 譯, 『中西哲學之會通十四講』, 台北: 學生書局, 民國 85.
李澤厚 著, 『華夏美學』, 天津: 天津社會科學院出版社, 2002.
馮友蘭 著, 『中國哲學簡史』, 北京: 北京大學出版社, 1996.
_____, 『中國哲學史(下冊)』, 上海: 華東師範大學出版社, 2003.

김인호,「楚辭의 범위와 의미 고찰」,『中國文學』제81권, 韓國中國語文學會, 2014.
남기호,『孟子』修養論과 敎育的 實踐方案」,『仁荷敎育硏究』제19권 4호, 仁荷大學校 敎育硏究所, 2013.
손정일,「楚辭學의 成立과 發展」,『中國語文學論集』제10호, 中國語文學硏究會, 1998.
沈成鎬,「屈原의 歷史 認識」,『國際言語文學』제40호, 國際言語文學會, 2018.
양태호,「王陽明의 '致良知說'에 관한 硏究」,『東西哲學硏究』제8권, 韓國東西哲學會, 1991.
廉仲燮,「董其昌 南北宗論의 내원과 의의」,『禪學』제19호, 韓國禪學會, 2008.
_____,「불교의 人性論과 中國繪畵藝術」,『東洋藝術』제32호, 韓國東洋藝術學會, 2016.
_____,「禪宗과 繪畫의 南北宗論에 관한 同·異 고찰」,『東洋哲學硏究』제53집, 東洋哲學硏究會, 2008.
_____,「律의 改變 가능성과 〈僧侶法〉의 당위성 검토」,『佛敎學報』제61집, 東國大學校 佛敎文化硏究院, 2012.
_____,「中國哲學的 思惟에서의 '理通氣局'에 관한 考察」,『東洋哲學硏究』제50집, 東洋哲學硏究會, 2007.
_____,「한국불교의 戒律 변화에 대한 타당성 모색」,『宗敎文化硏究』제24호, 韓神大學校 宗敎와文化硏究所, 2015.
吳錫源,「孟子의 浩然之氣 硏究」,『儒敎思想文化硏究』제34집, 儒敎思想硏究所, 2008.
유희성,「楊朱는 극단적 이기주의자인가?」,『東洋哲學硏究』제47집, 東洋哲學硏究會, 2006.
李康範,「竹林七賢을 통해 본 隱逸文化와 司馬氏의 정치폭력」,『中國語文學論集』제88호, 中國語文學硏究會, 2014.
이평래,「如來藏思想 형성의 역사적 고찰」,『佛敎學報』제29호, 東國大學校 佛敎文化硏究院, 1992.
정세근,「有와 無-魏晉玄學에서의 有無 論爭」,『人文學誌』제16권, 忠北大學校 人文硏究所, 1998.
_____,「竹林七賢의 정체와 그 비판」,『東西哲學硏究』제21권, 韓國東西哲學會, 2001.
정용환,「告子의 性無善惡說과 孟子의 性善說」,『東洋哲學硏究』제51권, 東洋哲學硏究會, 2007.
鄭湛泳,「如來藏의 개념과 전개」,『人文學誌』제30권, 忠北大學校 人文硏究所, 2005.
조송식,「董其昌의 繪畫史觀 및 藝術思想」,『韓國美學會誌』제36권, 韓國美學會, 2003.
최준호,「바움가르텐 美學과 행복한 美學的 인간」,『哲學探求』제40권, 中央大學校 中央哲學硏究所, 2015.

黄雲明 著, 李榮子 譯,「道生의 涅槃佛性論에 대하여」,『東西思想』제7집, 慶北大學校 人文學術院, 2009.

李英华,「"六祖革命"与佛教中国化」,『新东方』제3期, 2011.

사진 출처

- 이 책에 실린 모든 사진의 저작권은 각 저작권자 혹은 단체에 있습니다.
- 사진 소장처를 확인하지 못하였거나 잘못 기재된 경우 추후 정보가 확인하는 대로 다음 쇄에 반영토록 하겠습니다.

국가유산청	68
국립중앙박물관	80(우), 170-171, 222-223
대만 국립고궁박물원	35, 40, 54, 63(상·하), 66(우), 85, 95, 102, 107, 108, 146, 182, 192, 207, 240, 241(우), 243, 245
미국 메트로폴리탄미술관	49, 66(좌)
미국 예일대박물관	41
미국 클리블랜드미술관	259
미국 필라델피아미술관	39, 63(중), 138
미국 하버드미술관	166
범어사성보박물관	219
불광미디어	161, 212
셔터스톡	23, 24, 26, 29
위키미디어	50, 56, 124, 197, 210, 238, 241(좌)
일본 도쿄박물관	233, 247, 261
자현	203
통도사성보박물관	78

한 방에 깨닫는 법
마음 혁명

동아시아 정신문화의 정수, 선 수행의 기원과 완성

ⓒ 자현, 2025

2025년 10월 21일 초판 1쇄 발행
2025년 11월 13일 초판 2쇄 발행

지은이 자현
발행인 박상근(至弘) • 편집인 류지호 • 편집이사 양동민
책임편집 김재호 • 편집 양민호, 김소영, 최호승, 정유리, 이란희, 이진우 • 디자인 쿠담디자인
제작 김명환 • 마케팅 김대현, 김대우, 이선호, 류지수 • 관리 윤정안
콘텐츠국 유권준, 김희준
펴낸 곳 불광출판사 (03169) 서울시 종로구 사직로10길 17 인왕빌딩 301호
　　　대표전화 02) 420-3200 편집부 02) 420-3300 팩시밀리 02) 420-3400
　　　출판등록 제300-2009-130호(1979. 10. 10.)

ISBN 979-11-7261-208-5 (03150)

값 30,000원

잘못된 책은 구입하신 서점에서 바꾸어 드립니다.
독자의 의견을 기다립니다. www.bulkwang.co.kr
불광출판사는 (주)불광미디어의 단행본 브랜드입니다.